Bewältigung von Masseneinsprüchen

Europäische Hochschulschriften

European University Studies

Publications Universitaires Européennes

Reihe II	**Rechtswissenschaft**
Series II	Law
Série II	Droit

Band/Volume **5691**

Mirko Daniels

Bewältigung von Masseneinsprüchen

Die Teileinspruchsentscheidung gem. § 367 Abs. 2a AO

PL ACADEMIC RESEARCH

Bibliografische Information der Deutschen Nationalbibliothek
Die Deutsche Nationalbibliothek verzeichnet diese Publikation in der Deutschen Nationalbibliografie; detaillierte bibliografische Daten sind im Internet über http://dnb.d-nb.de abrufbar.

Zugl.: Köln, Univ., Diss., 2014

Gedruckt auf alterungsbeständigem,
säurefreiem Papier.

D 38
ISSN 0531-7312
ISBN 978-3-631-65865-9 (Print)
E-ISBN 978-3-653-05155-1 (E-Book)
DOI 10.3726/978-3-653-05155-1

PL Academic Research ist ein Imprint der Peter Lang GmbH.
Peter Lang – Frankfurt am Main · Bern · Bruxelles · New York · Oxford · Warszawa · Wien

Diese Publikation wurde begutachtet.

www.peterlang.com

Meinen Eltern

In Gedenken an Omi Thea

Vorwort

Bereits mit dem Jahressteuergesetz 2007 wurde den Finanzbehörden mit der Teileinspruchsentscheidung ein Instrument zur effektiven und zeitnahen Bewältigung von Masseneinsprüchen an die Hand gegeben. Insbesondere die Blockade des Einspruchsverfahrens mangels geeigneter verfahrensrechtlicher Möglichkeiten zur Beendigung der gesetzlichen Verfahrensruhe sollte künftig vermieden werden. Die Änderung der für das außergerichtliche Einspruchsverfahren zentralen Norm des § 367 AO hat zu weitreichenden Auswirkungen auf den praktischen Umgang mit Einsprüchen geführt. Die enge Verflechtung der Norm mit einer Reihe anderer wesentlicher Verfahrensvorschriften sorgt für erhebliche Brisanz bei der Beantwortung der bestehenden Streitfragen und beeinflusst den Charakter des gesamten Einspruchsverfahrens in seiner bekannten Form. Gerade aufgrund der noch in weiten Teilen ausstehenden höchstrichterlichen Klärung ist der Themenkomplex hoch aktuell.

Die vorliegende Arbeit wurde im Sommersemester 2014 von der Juristischen Fakultät der Universität zu Köln als Dissertation angenommen.

Die Anregung, mich mit dem Thema der Teileinspruchsentscheidung zu beschäftigen, erhielt ich von meiner Doktormutter, Frau Prof. Dr. Johanna Hey. Ihr danke ich sehr herzlich für die gute Betreuung der Arbeit. Insbesondere die Praxisnähe der Thematik und ihre Bedeutung für den Rechtsschutz der Steuerpflichtigen haben mich von Beginn an begeistert. Herrn Prof. Dr. Christian von Coelln bin ich für die zügige Erstellung des Zweitgutachtens zu Dank verpflichtet.

Meiner Frau Heide danke ich von Herzen für Ihre stetige und jederzeitige liebevolle Unterstützung und die vielen Stunden, die sie geopfert hat, um mir den nötigen Freiraum für die Fertigstellung dieser Arbeit zu schaffen. Ihre wertvollen kritischen Anmerkungen und unsere regelmäßigen fruchtbaren fachlichen Diskussion waren mir ein Ansporn. Außerdem gilt meinen Eltern Doris und Will Daniels besonderer Dank. Ihre immerwährende liebevolle Unterstützung hat das Gelingen der Arbeit erst möglich gemacht. Ihnen und dem Gedenken an meine Omi Thea soll die Arbeit gewidmet sein.

Düsseldorf im September 2014

Mirko Daniels

§ 367 AO – Entscheidung über den Einspruch*

(1) Über den Einspruch entscheidet die Finanzbehörde, die den Verwaltungsakt erlassen hat, durch Einspruchsentscheidung. Ist für den Steuerfall nachträglich eine andere Finanzbehörde zuständig geworden, so entscheidet diese Finanzbehörde; § 26 Satz 2 bleibt unberührt.

(2) Die Finanzbehörde, die über den Einspruch entscheidet, hat die Sache in vollem Umfang erneut zu prüfen. Der Verwaltungsakt kann auch zum Nachteil des Einspruchsführers geändert werden, wenn dieser auf die Möglichkeit einer verbösernden Entscheidung unter Angabe von Gründen hingewiesen und ihm Gelegenheit gegeben worden ist, sich hierzu zu äußern. Einer Einspruchsentscheidung bedarf es nur insoweit, als die Finanzbehörde dem Einspruch nicht abhilft.

(2a) Die Finanzbehörde kann vorab über Teile des Einspruchs entscheiden, wenn dies sachdienlich ist. Sie hat in dieser Entscheidung zu bestimmen, hinsichtlich welcher Teile Bestandskraft nicht eintreten soll.

(2b) Anhängige Einsprüche, die eine vom Gerichtshof der Europäischen Union, vom Bundesverfassungsgericht oder vom Bundesfinanzhof entschiedene Rechtsfrage betreffen und denen nach dem Ausgang des Verfahrens vor diesen Gerichten nicht abgeholfen werden kann, können durch Allgemeinverfügung insoweit zurückgewiesen werden. Sachlich zuständig für den Erlass der Allgemeinverfügung ist die oberste Finanzbehörde. Die Allgemeinverfügung ist im Bundessteuerblatt und auf den Internetseiten des Bundesministeriums der Finanzen zu veröffentlichen. Sie gilt am Tag nach der Herausgabe des Bundessteuerblattes, in dem sie veröffentlicht wird, als bekannt gegeben. Abweichend von § 47 Abs. 1 der Finanzgerichtsordnung endet die Klagefrist mit Ablauf eines Jahres nach dem Tag der Bekanntgabe. § 63 Abs. 1 Nr. 1 der Finanzgerichtsordnung gilt auch, soweit ein Einspruch durch eine Allgemeinverfügung nach Satz 1 zurückgewiesen wurde.

(3) Richtet sich der Einspruch gegen einen Verwaltungsakt, den eine Behörde auf Grund gesetzlicher Vorschrift für die zuständige Finanzbehörde erlassen hat, so entscheidet die zuständige Finanzbehörde über den Einspruch. Auch die für die zuständige Finanzbehörde handelnde Behörde ist berechtigt, dem Einspruch abzuhelfen.

* *In der Fassung des Amtshilferichtlinie-Umsetzungsgesetzes v. 26.6.2013, BGBl I 2013, 1809.*

Inhaltsverzeichnis

A. Problemaufriss

Die vorliegende Arbeit beschäftigt sich mit den Voraussetzungen und Rechtsfolgen der im Rahmen des Jahressteuergesetzes 2007[1] eingeführten Möglichkeit der Teileinspruchsentscheidung.

I. Das Instrument der Teileinspruchsentscheidung

Vor dem Hintergrund stetig steigender Einspruchszahlen[2] und der damit einhergehenden zunehmenden Arbeitsbelastung in den Steuerbehörden hat der Gesetzgeber Ende 2006 die Norm des § 367 AO um die Absätze IIa und IIb ergänzt. Frühere Versuche, der Flut an Einsprüchen insbesondere durch die breite Verwendung von Vorläufigkeitsvermerken einzudämmen, waren gescheitert, da die Steuerpflichtigen ihnen keine ausreichende Schutzwirkung beimaßen oder die Einleitung eines Rechtsbehelfsverfahrens aus anderen Gründen für vorteilhaft hielten. Die neu implementierten Vorschriften sollen es der Finanzverwaltung ermöglichen, über Einsprüche möglichst frühzeitig und umfassend zu entscheiden.

§ 367 IIa AO dient dazu, über abtrennbare und entscheidungsreife Teile eines Einspruchs unter bestimmten Umständen vorab zu entscheiden. Die Norm wird flankiert durch § 367 IIb AO, der es erlaubt, Einsprüche in dem Umfang durch Allgemeinverfügung zurückzuweisen, wie dies in einem obergerichtlichen Verfahren geschehen ist.

Damit hat die Finanzverwaltung nunmehr neben dem Teilabhilfebescheid nach §§ 172 I Nr. 2a, 367 II 3 AO, mit dem sie über entscheidungsreife Streitfragen zugunsten des Steuerpflichtigen entscheiden kann, mit der Teileinspruchsentscheidung auch die Möglichkeit, entscheidungsreife Streitfragen zu Lasten des Steuerpflichtigen vorab aus dem Einspruchsverfahren herauszulösen. Die Finanzverwaltung hat diese willkommene Neuregelung umfassend genutzt und zur Bewältigung der Einspruchsflut eingesetzt. Ein Hauptaugenmerk der Finanzämter lag dabei darauf, sog. „Massenrechtsbehelfe“ einzudämmen und durchzuentscheiden. In diesen Fällen wendet sich der Steuerpflichtige nicht (nur) gegen Fehler bei der individuellen Steuerfestsetzung, sondern bezieht sich in seiner Einspruchsbegründung (ggf. ausschließlich) auf anhängige Musterver-

---

1 Jahressteuergesetz 2007 (JStG 2007), Gesetz vom 13.12.2006, BGBl I 2006, 2878.

2 Veröffentlichungen des Bundesfinanzministeriums zur jährlichen Einspruchsstatistik, abrufbar unter www.bundesfinanzministerium.de; vgl. zur Entwicklung auch *Hagen*, NWB Fach 2, 9453 (9454).

fahren[3], die die Verfassungsmäßigkeit oder einfachgesetzliche Auslegung einer Steuernorm betreffen[4]. Der verbreitete Einsatz dieses neuen Instruments bei der Handhabung solcher Einsprüche hat jedoch mehr und mehr zu Kritik bei den Steuerpflichtigen und in der Literatur sowie nunmehr auch in der finanzgerichtlichen Rechtsprechung geführt. Hierbei zeigt sich, dass die Finanzämter Zweck und Reichweite der Neuregelung deutlich großzügiger interpretieren als weite Teile der Literatur und einige Finanzgerichte.

Streitig sind insbesondere zwei Fragenkomplexe, welche für die betroffenen Steuerpflichtigen jedoch von herausragender Bedeutung sind. Zunächst stellt sich Frage, ob eine Teileinspruchsentscheidung auch in Frage kommt, um Einsprüche insoweit als unbegründet zurückzuweisen, als der Einspruchsführer keine individuellen Einwendungen gegen den Steuerbescheid erhoben hat[5], sich also in seiner Einspruchsbegründung ausschließlich auf vor Obergerichten anhängige Verfahren beruft. Die Handhabe dieser Fälle hat erhebliche Auswirkungen auf den im Rahmen des Einspruchsverfahrens verbleibenden Handlungsspielraum beider Seiten. Bisher konnte ein Einspruchsverfahren nur einheitlich und grundsätzlich erst dann abgeschlossen werden, wenn sämtliche Streitfragen entschieden waren. Die Einführung der Möglichkeit einer Teileinspruchsentscheidung stellt die Fortgeltung dieses Grundsatzes jedoch in Frage. Die Strategie des Steuerpflichtigen im Umgang mit den sich im Rahmen eines Rechtsbehelfsverfahrens bietenden Reaktionsmöglichkeiten ist daher stark vom konkreten Anwendungsbereich und der Reichweite der Teileinspruchsentscheidung abhängig. Anhaltspunkte für eine Lösung bieten hier insbesondere eine Analyse der vom Gesetzgeber verfolgten Zweckrichtung sowie die Frage, ob eine Teileinspruchsentscheidung ohne Streitfrage mit der Systematik des Einspruchsverfahrens vereinbar ist. Tatbestandlich ist diese Streitfrage bei der Sachdienlichkeit der Teileinspruchsentscheidung zu verorten. Die Finanzbehörden[6] und ein

---

3 Allg. zu Musterverfahren vgl. BFH, Beschluss v. 27.11.1992 – III B 133/91, BStBl II 1993, 240 (242); Beschluss v. 10.2.1995 – III B 73/94, BStBl II 1995, 415 (416). Demnach müssen Musterverfahren und Besteuerungsverfahren dieselbe Vorschrift betreffen, nicht notwendigerweise aber dasselbe Streitjahr.

4 *Hagen*, NWB Fach 2, 9453 (9454) geht gar von einem Anteil solcher Massenrechtsbehelfe von 60-70 % aus. Vgl. auch *Steinhauff* in HHS, § 44 FGO Rz 44 und *Steinbeiß-Winkelmann/Ott*, NVwZ 2011, 914 (916).

5 Sog. „Teileinspruchsentscheidung ohne Streitfrage", *Seer* in Tipke/Kruse, § 367 AO, Rz 62.

6 Vgl. der kürzlich aktualisierte AEAO Nr. 6.1 zu § 367 v. 31.1.2013, BStBl I 2013, 118 sowie FinMin NRW vom 28.3.2007, S-0622, AO-StB 2007, 152 (153).

Teil der Literatur[7] halten die Möglichkeit der Teileinspruchsentscheidung ohne Streitfrage für gegeben. Sie verweisen insbesondere auf den verfahrensbeschleunigenden und vereinfachenden Charakter der Norm. Ein Großteil der Literatur[8] tritt dem jedoch entgegen und bezweifelt, dass es sachdienlich sei, über unstreitige Teile des Einspruchs vorab zu entscheiden.

Zum anderen ist umstritten, welche konkreten Rechtsfolgen sich an eine bestandskräftige Teileinspruchsentscheidung knüpfen. Hier stellt sich insbesondere die Frage, ob die Bestandskraft – wie im Regelfall üblich – nur den Steuerbetrag oder unter Durchbrechung des Grundsatzes aus § 157 II AO auch die der Entscheidung zugrunde liegende Besteuerungsgrundlage erfasst. Es ist daher zu diskutieren, ob es dem Gesetzgeber gelungen ist, mit der Einführung des § 367 IIa AO eine sachverhaltsbezogene Bestandskraft zu etablieren. Die divergierenden Auffassungen werden vor allem im Rahmen der Fortsetzung des übrigen Einspruchsverfahrens relevant. Hier stellt sich vor allem die Frage, inwiefern ein Vorbringen des Steuerpflichtigen, das in inhaltlichem Zusammenhang zu dem bereits vorab entschiedenen Sachverhalt steht, nach Ergehen der Teileinspruchsentscheidung noch berücksichtigt werden kann. Spiegelbildlich stellt sich die Frage nach den Verböserungsmöglichkeiten der Finanzbehörden im Nachgang einer Teileinspruchsentscheidung. Auch auf Rechtsfolgenseite kommt damit dem Systemverständnis des Einspruchsverfahrens entscheidende Bedeutung zu.

II. Die Teileinspruchsentscheidung in der Rechtsprechung

Die bisherige Rechtsprechung zeigt, dass viele Facetten des neuen Instruments der Teileinspruchsentscheidung noch ungeklärt sind und bietet ebenfalls Anlass für eine eingehende Beschäftigung mit der Thematik.

So versucht das Finanzgericht Niedersachsen[9] dem extensiven Gebrauch der Norm Einhalt zu gebieten und hat die Praxis der Finanzverwaltung, auch ohne konkrete Streitfrage Teileinspruchsentscheidungen zu erlassen, als rechtswidrig angesehen. Nachdem das Finanzgericht Niedersachsen die Revision zum Bundesfinanzhof wegen grundsätzlicher Bedeutung zugelassen hat, haben sowohl

7 Klein/*Brockmeyer*, § 367 AO, Rz 19; *Steinger*, DStZ 2008, 674 (676); *Krüger*, DStZ 2009, 810 (812); *Baum/Szymczak*, NWB 2011, 1772 (1781); wohl auch *Carlé*, KÖSDI 1/2009, 16342 (16347).

8 Siehe nur *Seer* in Tipke/Kruse, § 367 AO, Rz 62; *Bergan/Martin*, DStR 2007, 1384 (1387), *dies.* DStZ 2008, 518 (521 f.); *Intemann*, DB 2008, 1005 (1006 f.); *Mann*, Stbg 2008, 394 (402).

9 FG Niedersachsen v. 12.12.2007 – 7 K 249/07, EFG 2008, 1082.

Verwaltung als auch Steuerpflichtiger die Möglichkeit einer ersten höchstrichterlichen Klärung ergriffen und Revision eingelegt[10]. Auch das Finanzgericht Düsseldorf hat in einer neueren Entscheidung angedeutet, dass es eine Teileinspruchsentscheidung im Hinblick auf die Interessen des Steuerpflichtigen regelmäßig für ermessensfehlerhaft hält, wenn über nicht entscheidungserhebliche Punkte vorab entschieden werde[11].

Demgegenüber hat das Finanzgericht Hamburg geurteilt[12], dass § 367 IIa AO auch die Fälle umfasse, in denen nicht weiter begründete Teile eines Einspruchs durch Teileinspruchsentscheidung entschieden werden. Es vertritt mithin im Wesentlichen die Rechtsauffassung der Finanzverwaltung. Auch in diesem Fall hat das Finanzgericht die Revision wegen der grundsätzlichen Bedeutung der Rechtssache zugelassen[13].

Eine höchstrichterliche Entscheidung hat lange auf sich warten lassen. Zwischenzeitlich hat sich der Bundesfinanzhof mit einer Anfang 2011 veröffentlichten Entscheidung[14] erstmals zum Problemkreis der Teileinspruchsentscheidung geäußert. Im Revisionsverfahren zur vorzitierten Entscheidung des Finanzgerichts Niedersachsen hat der dritte Senat in der Frage der Sachdienlichkeit eine eher großzügige Auffassung vertreten. Erst kürzlich hat der Bundesfinanzhof im Nachgang zu der Entscheidung des Finanzgerichts Hamburg erstmals zum Teilkomplex der Sachdienlichkeit einer Teileinspruchsentscheidung ohne Streitfrage entschieden und sich der Auffassung der Finanzbehörden angeschlossen[15]. Dennoch ist die Problematik kritisch zu beleuchten und das Ergebnis zu hinterfragen.

Aufgabe der Dissertation wird es daher sein, sich mit den verschiedenen Auffassungen umfassend auseinander zu setzen und ihre jeweiligen argumentativen Stärken und Schwächen darzulegen und zu analysieren. Die Arbeit wird aufzeigen, welche gegenläufigen Interessen zwischen Finanzbehörden und Steuerpflichtigen bestehen und welche Möglichkeiten zu einer interessengerechten Handhabung gegeben sind. Dabei wird auch herauszuarbeiten sein, wo der praktischen Umsetzung Grenzen zu setzen sind.

---

10 Siehe nunmehr Fußnote 14.

11 FG Düsseldorf v. 23.06.2009 – 11 V 1839/09 A (F), EFG 2009, 1817.

12 FG Hamburg v. 17.8.2009 – 5 K 208/08, EFG 2010, 374.

13 Revision eingelegt beim BFH unter X R 50/09. Zwischenzeitlich entschieden, vgl. Fußnote 15.

14 BFH, Urteil v. 30.9.2010 – III R 39/08, BStBl II 2011, 11.

15 BFH, Urteil v. 14.3.2012 – X R 50/09, BStBl II 2012, 536. Danach kann sich eine Teileinspruchsentscheidung auch nur auf unstreitige Teile eines Bescheids beziehen.

III. Gang der Untersuchung

Die Arbeit wird sich im Rahmen einer Heranführung an die Thematik zunächst mit dem bisherigen Umgang mit der Teileinspruchsentscheidung vor ihrer gesetzlichen Kodifizierung beschäftigen. Hierbei wird insbesondere herausgestellt, welche Nachteile und Rechtsschutzdefizite mit der bisherigen lückenhaften Gesetzeslage einhergingen und wie die sich hieraus ergebenden Spielräume durch die Steuerpflichtigen und die Finanzbehörden genutzt wurden.

Im Folgenden wendet sich die Arbeit unmittelbar der Norm des § 367 IIa AO zu. Im Rahmen der Auseinandersetzung mit den Entscheidungsvoraussetzungen wird die Teilbarkeit der Entscheidung beleuchtet. In diesem Zusammenhang werden Parallelen zum finanzgerichtlichen Verfahren erörtert und hieraus Schlussfolgerungen für die Teileinspruchsentscheidung gezogen.

Das Tatbestandsmerkmal der Sachdienlichkeit bildet einen für die Bestimmung des Anwendungsbereichs der Teileinspruchsentscheidung zentralen Punkt. Dementsprechend wird es im Anschluss an die Ausführungen zur Teilbarkeit in seinen verschiedenen Facetten eingehend dargestellt. Eingangs werden Sinn und Zweck der Norm behandelt, um im Anschluss daran einzelne Kriterien wie die Entscheidungsreife und die Unabhängigkeit von der Schlussentscheidung herauszuarbeiten, anhand derer der unbestimmte Rechtsbegriff der Sachdienlichkeit konkretisiert werden kann.

Im Folgenden wendet sich die Arbeit zwei besonders problematischen Streitfällen im Zusammenhang mit der Sachdienlichkeit zu. Zunächst wird auf Basis der bisherigen Ausführungen die kontrovers diskutierte Frage der Sachdienlichkeit einer Teileinspruchsentscheidung ohne Streitfrage behandelt. Im Rahmen verschiedener Auslegungsmethoden wird die Problematik unter Berücksichtigung des Wortlauts, von Sinn und Zweck sowie der Gesetzessystematik erläutert. Hierbei kommen der Abwägung gegenläufiger Interessen, Rechtsschutzgesichtspunkten, der Vereinbarkeit mit dem Vollüberprüfungsgrundsatz und der Befassung mit bestehenden Alternativmöglichkeiten besondere Bedeutung zu. Der weitere Sonderfall der Sachdienlichkeit bei Vorbehaltsfestsetzungen bzw. bei vorläufigen Steuerfestsetzungen wird im Anschluss thematisiert. Einen Schwerpunkt bildet hierbei insbesondere die Differenzierung nach verschiedenen Arten von Musterverfahren. Abschließend wird auf das zwingende Erfordernis der Bestimmung der Reichweite eingegangen.

Nach der Befassung mit den Entscheidungsvoraussetzungen wendet sich die Arbeit in dem nun folgenden Kapitel der Rechtsfolgenseite einer Teileinspruchsentscheidung zu. Den Schwerpunkt bilden hier die Ausführungen zur Reichweite der Bestandskraft. In diesem Zusammenhang werden auch der Grundsatz der Vollanfechtung sowie Möglichkeiten und Rechtsfolgen einer Teilanfechtung diskutiert, um hieraus systematische Argumente zu gewinnen. Zudem wird auf weitere gesetzlich vorgesehene Fälle sachverhaltsbezogener Bestandskraft eingegangen und diese analysiert.

Im Anschluss daran wird das Verhältnis von Teileinspruchsentscheidung und abschließender Entscheidung beleuchtet, bevor sich die Arbeit im Folgenden den Rechtsschutzmöglichkeiten und der Anfechtbarkeit der Teileinspruchsentscheidung zuwendet. Hierzu wird zunächst herausgearbeitet, dass es sich bei der Sachdienlichkeit um einen unbestimmten Rechtsbegriff mit Ermessensspielraum handelt. Hierauf aufbauend wird sodann der gerichtliche Überprüfungsumfang diskutiert und auf mögliche Ermessensfehler eingegangen. In den folgenden Ausführungen werden verschiedene Aspekte der Anfechtbarkeit unter wechselnden Blickwinkeln erläutert und so ein umfassendes Bild von den im Zusammenhang mit Rechtsschutzfragen auftauchenden Problemen gezeichnet.

Im folgenden Teil setzt sich die Arbeit mit der zeitgleich zur Teileinspruchsentscheidung eingefügten Möglichkeit der Allgemeinverfügung gem. § 367 IIb AO auseinander. Der Regelungszusammenhang zwischen den beiden Instrumenten wird erläutert und im Anschluss auf den Anwendungsbereich und die Tatbestandsvoraussetzungen eingegangen. Einen Schwerpunkt der Befassung bilden die Rechtsfolgen sowie Ausführungen zum Verhältnis von Allgemeinverfügung und Teileinspruchsentscheidung.

Die Arbeit schließt mit einem zusammenfassenden Resümee, in dem noch einmal erörtert wird, ob die gesetzgeberischen Ziele mit den Neuregelungen erreicht werden konnten, sowie mit einem Ausblick, der konkreten Handlungsbedarf für den Gesetzgeber aufzeigt.

An den vorgenannten beiden Kernfragen – der Sachdienlichkeit einer Teileinspruchsentscheidung ohne Streitfrage und der Frage nach der Reichweite der Bestandskraft – soll sich der Gang der Untersuchung orientieren und versuchen, die mit ihnen verbundenen Probleme aufzuzeigen und einer Lösung zuzuführen. Allein die steigende Anzahl von Einsprüchen und Musterprozessen zeigt die Bedeutung, welche die ins Auge gefasste Thematik hat.

IV. Bedürfnis nach Kodifizierung der Teileinspruchsentscheidung

Die Implementierung der Teileinspruchsentscheidung im Rahmen des Jahressteuergesetzes 2007 kam spät. Bereits lange vor der Neuregelung hatte das Verhältnis von Vollüberprüfungsgrundsatz und gesetzlicher Verfahrensruhe Anlass zu Diskussionen gegeben.

1. Grundsatz der einheitlichen Vollüberprüfung

Die Anfechtung mit dem Einspruch führt gem. § 367 II 1 AO zu einer erneuten und umfassenden Überprüfung des angefochtenen Bescheides.

Das Einspruchsverfahren ist als verlängertes Verwaltungsverfahren darauf ausgerichtet, die Überprüfung des Steuerbescheids in vollem Umfang zu gewährleisten. Daher ist es auch nicht allein durch eine Rechtmäßigkeitsprüfung gekennzeichnet. Neben der gesetzlich durch § 367 II 1 AO angeordneten Überprüfung in rechtlicher Hinsicht ermöglicht die Einspruchseinlegung es der zuständigen Finanzbehörde auch, den Bescheid auf seine Zweckmäßigkeit hin zu überprüfen. Von seiner Konzeption her war das Einspruchsverfahren bisher auf eine einheitliche Überprüfung des angefochtenen Bescheids angelegt, an deren Ende die – gegebenenfalls auch nur teilweise – Abhilfe oder aber die Zurückweisung des Einspruchs mittels förmlicher Einspruchsentscheidung gem. § 367 II 3 AO stand.

Kommt die Behörde zum Ergebnis, dass dem Begehren des Steuerpflichtigen nur teilweise zu entsprechen ist, so kann sie hinsichtlich des begründeten Teils einen (Teil-)Abhilfebescheid auf Grundlage von § 172 I Nr. 2a AO erlassen, während der restliche Teil durch förmliche Einspruchsentscheidung als unbegründet zurückgewiesen werden muss. Das Einspruchsverfahren wird dabei erst mit Erlass der Einspruchsentscheidung oder durch eine Erledigungserklärung des Einspruchsführers beendet. Der Teilabhilfebescheid wird dagegen nach § 365 III AO Teil des laufenden Einspruchsverfahrens und kann – nach entsprechendem behördlichen Hinweis – in der abschließenden Einspruchsentscheidung auch noch verbösert werden[16]. Da das bisherige Einspruchsverfahren fortgeführt wird und der Teilabhilfebescheid an die Stelle des ursprünglich angefochtenen Bescheides tritt, ist gegen ihn ein erneuter Einspruch nicht möglich[17].

2. Möglichkeit der Teileinspruchsentscheidung vor dem JStG 2007?

Bereits vor Inkrafttreten des JStG 2007 war die Möglichkeit einer Teileinspruchsentscheidung umstritten[18]. Dabei ging es im Kern um die Frage, ob die Abgabenordnung eine gesetzliche Grundlage für eine solche Entscheidung bereitstellte. Aus § 367 II 1 AO war die Behörde verpflichtet, den Steuerbescheid auf den Einspruch hin vollumfänglich zu überprüfen. Eine dem heutigen § 367 IIa AO ver-

16 BFH, Urteil v. 6.9.2006 – XI R 51/05, BStBl II 2007, 83 (86); *Pahlke* in Pahlke/Koenig, § 367 AO Rz 9.

17 *Tipke* in Tipke/Kruse, § 367 Rz 42.

18 Zum Streitstand vgl. *Bergan/Martin*, DStR 2006, 1923 (1924).

gleichbare Regelung existierte nicht. Daher wurde die Möglichkeit einer Teileinspruchsentscheidung nach damaliger Rechtslage auch überwiegend abgelehnt[19]. Ein Hinweis auf die Möglichkeit von Teileinspruchsentscheidungen konnte jedoch aus den Vorschriften über die zwangsweise Verfahrensruhe nach § 363 II 2 AO abgeleitet werden. Die Regelung sah (und sieht auch weiterhin) nach ihrem Wortlaut eine Verfahrensruhe nur vor, *soweit* ein entsprechendes Musterverfahren vor einem der genannten Gerichte anhängig ist. Umfang und Reichweite der Verfahrensruhe waren damit begrenzt. Die Vertreter der Gegenauffassung leiteten aus dieser Formulierung die Möglichkeit einer Teileinspruchsentscheidung ab[20]. Mit der Fassung der Norm durch das Grenzpendlergesetz[21], nach der das Verfahren nur „insoweit" ruht, als es um die in dem Gerichtsverfahren anhängige Rechtsfrage geht, sei zugleich zwingend die Möglichkeit der Teileinspruchsentscheidung über den nicht ruhenden Teil eingeführt worden.

Auch wenn der Wortlaut der Norm verunglückt und missverständlich ist[22], wird dennoch hinreichend deutlich klar, dass die Verfahrensruhe nur die vom Musterverfahren betroffenen Rechtsfragen betrifft. Soweit argumentiert wird, die Beschränkung der Reichweite der Verfahrensruhe sei ein Redaktionsversehen[23], so ist dem entgegenzutreten. Es mag angehen, dass die entsprechende Formulierung auf einen Referentenentwurf eines AOÄndG 1992[24] zurückgeht, welcher schon die Möglichkeit einer Teileinspruchsentscheidung vorsah, später aber nicht Gesetz wurde. Die Streichung der entsprechenden Passage mag spä-

19 *Pahlke* in Pahlke/Koenig, AO (1. Aufl. 2004), § 363 Rz 52; *Bartone* in Beermann/Gosch, § 367 AO Rz 50; *Jesse*, Einspruch (Vorauflage 2002), Rz B 211; *Szymczak*, DB 1994, 2254 (2260); *Tiedchen*, BB 1996, 1033 (1036); *Bergan/Martin*, DStR 2006, 1923 (1924) m.w.N.; *Birkenfeld/Daumke*, Rechtsbehelfsverfahren, VI 1; vgl. auch *Martin*, Steuerfestsetzung, 2007, S. 66; ebenso die Finanzverwaltung, vgl. AEAO zu § 363 Nr. 2; teilweise wird auch auf die zeitgleich eingefügten §§ 354 Ia, 362 IIa AO rekurriert.

20 Klein/*Brockmeyer*, AO (bis 9. Aufl.), § 363 Rz 20 f.; *Hettler*, Rechtsbehelfsverfahren, 1999, S. 172; *v. Wedelstädt*, DB 1994, 1260 (1262); wohl auch *Söffing*, DStR 1995, 1489 (1492) – dem ist der BFH zuletzt auch für das Streitjahr 2001 entgegengetreten: BFH, Urteil v. 26.09.2006 – X R 39/05, BStBl II 2007, 222 (225).

21 Gesetz zur Entlastung von Grenzpendlern und anderen beschränkt steuerpflichtigen natürlichen Personen und zur Änderung anderer gesetzlicher Vorschriften (Grenzpendlergesetz) v. 24.6.1994, BGBl I 1994, 1395.

22 So auch *Szymczak* in Koch/Scholtz, § 363 AO, Rz 10/5.

23 *Tiedchen*, BB 1996, 1033 (1036).

24 Den Verbänden zugeleiteter Referentenentwurf eines AÖAG 1992, Stand: 11.8.1992 – vgl. *Szymczak*, DB 1994, 2254 (2254); *ders.* in Koch/Scholz, AO, § 363 Rz 10/5 und vor § 347 Rz 15 ff.

ter dann schlichtweg vergessen worden sein[25]. Diese Erkenntnis kann aber nicht dazu führen, dass der Gesetzestext ignoriert wird. Die subjektive Vorstellung der am Gesetzgebungsverfahren beteiligten Organe über die Bedeutung der Bestimmung ist gerade nicht entscheidend[26]. Der Wortlaut zeigt klar die Reichweite der Zwangsruhe auf und bildet hier die Grenze der Auslegung[27]. Eine Ausdehnung der Verfahrensruhe auf das gesamte Verfahren kann § 363 II 2 AO daher nicht entnommen werden und folglich mit ihr auch nicht gerechtfertigt werden. Sie würde sich vielmehr als ein Fall unzulässiger Rechtsfortbildung entpuppen. Die von den Musterverfahren nicht betroffenen Streitpunkte blieben daher von den Rechtswirkungen der Zwangsruhe unberührt[28].

Hiervon zu trennen ist allerdings die Frage, welche Auswirkung diese Erkenntnis auf die Frage nach der Möglichkeit einer Teileinspruchsentscheidung unter Geltung der alten Rechtslage hat. Fest steht zunächst lediglich, dass der nicht betroffene Teil für Verfahrenshandlungen offen ist. Welche dies sein können, bestimmt sich jedoch nach den allgemeinen Regeln, da § 363 II 2 AO hierzu keine Aussage trifft[29]. Die Norm regelt allein die Voraussetzungen und Rechtsfolgen im Zusammenhang mit der Verfahrensruhe. Die gesetzliche Anerkennung von Teileinspruchsentscheidung und Teilbestandskraft ist hiermit jedoch nicht verbunden. Hier ist § 367 II AO die deutlich sachnähere Norm, welche durch die Vorschriften über die Verfahrensruhe nicht ausgehebelt werden kann[30]. Sie sah vor Inkrafttreten des JStG 2007 jedoch gerade keine Teileinspruchsentscheidung vor und ging weiter vom Postulat der einheitlichen Vollüberprüfung aus. Die vom Steuerpflichtigen begehrte Vollüberprüfung kann jedoch nicht beendet werden und ist daher insgesamt nicht möglich, solange das Einspruchsverfahren auch nur teilweise ruht. Die zwingende Verfahrensruhe stand somit auch

---

25 So *Szymczak*, DB 1994, 2254 (2260).

26 BVerfG, Urteil v. 21.5.1952 – 2 BvH 5/52, BVerfGE 1, 299 (312); *Woerner*, DStJG 5 (1982), 23 (33); *Birk*, StuW 1990, 300 (303).

27 BVerfG, Urteil v. 21.5.1952 – 2 BvH 5/52, BVerfGE 1, 299 (312); BFH, Urteil v. 19.11.1985 – VIII R 4/83, BStBl II 1986, 289 (292); *Tipke*, StRO III, S. 1271; *Woerner*, DStJG 5 (1982), 23 (39); *Englisch* in Tipke/Lang, § 5 Rz 58.

28 So auch Klein/*Brockmeyer*, AO (bis 9.Aufl.) §363 Rz 21; *Pahlke* in Pahlke/Koenig, AO (1. Aufl. 2004), § 363 Rz 51; *Jesse*, Einspruch (Vorauflage 2002), Rz B 211; *Martin*, Steuerfestsetzung, 2007, S. 65 f.; *Hettler*, Rechtsbehelfsverfahren, 1999, S. 172; *v. Wedelstädt*, DB 1994, 1260 (1262); *Söffing*, DStR 1995, 1489 (1492).

29 Ähnlich auch BFH, Urteil v. 26.09.2006 – X R 39/05, BStBl II 2007, 222 (225) und *Jesse*, Einspruch (Vorauflage 2002), Rz B 211.

30 *Pahlke* in Pahlke/Koenig, AO (1. Aufl. 2004), § 363 Rz 52; ähnlich auch *Jesse*, Einspruch (Vorauflage 2002), Rz B 211 und *Martin*, Steuerfestsetzung, 2007, S. 65 f.

dem nur teilweisen Abschluss des Einspruchsverfahrens entgegen[31]. Hätte der Gesetzgeber eine solche Möglichkeit beabsichtigt, wäre eine klarere und deutlichere Regelung erforderlich gewesen.

Festzuhalten ist demnach, dass vor Inkrafttreten des JStG 2007 keine Möglichkeit zum Erlass von Teileinspruchsentscheidungen bestand. Dem haben sich auch der Bundesfinanzhof[32] und die Finanzverwaltung angeschlossen. Die in ihrem Umfang nur beschränkte Verfahrensruhe führte im Übrigen dazu, dass hinsichtlich des nicht ruhenden Teils weitere Verfahrenshandlungen möglich blieben. Durch das Festhalten am Postulat der Vollüberprüfung ausgeschlossen war lediglich jede Form des Verfahrensabschlusses während der Verfahrensruhe. Damit war auch die teilweise Verfahrensbeendigung durch den Erlass einer Teileinspruchsentscheidung nicht möglich. Die Finanzbehörden waren jedoch nicht gehindert, das Verfahren im Übrigen weiter zu betreiben und dem Einspruch teilweise abzuhelfen oder den angefochtenen Bescheid zu ändern[33]. Diese Fälle hatten keine Auswirkung auf das laufende Einspruchsverfahren, da jegliche Änderungsbescheide gem. § 365 III AO an die Stelle der angefochtenen Bescheide traten. Im Gegensatz zu einer Teileinspruchsentscheidung trat also gerade keine verfahrensbeendigende Wirkung ein, da das ursprüngliche Verfahren fortgesetzt wurde.

Aufgrund der fehlenden Möglichkeit einer Teileinspruchsentscheidung führte die teilweise Zwangsruhe hinsichtlich einzelner Streitpunkte somit zu einer weitgehenden Lähmung des gesamten Einspruchsverfahrens.

Diesen Effekt nutzen viele Steuerpflichtigen zu ihren Gunsten. Obwohl der Gesetzgeber mit der Normierung der Zwangsruhe beabsichtigte, Finanzbehörden und Finanzgerichte zu entlasten[34], war in der Praxis das Gegenteil der Fall. Oftmals wurden Einsprüche unter Verweis auf ein bei einem der relevanten Gerichte in Frage kommendes anhängiges Verfahren eingelegt. Durch die infolge der zwangsweisen Verfahrensruhe eintretende umfassende Hemmung der Bestandskraft wurde der Steuerfall so möglichst lange für etwaige künftige Änderungen zugunsten

31 So ausdrücklich auch BFH, Urteil v. 26.09.2006 – X R 39/05, BStBl II 2007, 222 (224 f.).

32 BFH v. 26.09.2006 – X R 39/05, BStBl II 2007, 222 (225).

33 BMF, AEAO zu § 363 Nr. 3; FG Düsseldorf, Urteil v. 16.8.2005 – 10 K 4173/02 E, EFG 2005, 1831 (1832); *Pahlke* in Pahlke/Koenig, AO (1. Aufl. 2004), § 363 Rz 51; *Brandis* in Tipke/Kruse, § 363 Rz 16; *Birkenfeld* in HHS, § 363 AO Rz 226 und 260; *Thouet/Thouet*, DStZ 1999, 87 (90); *Bergan/Martin*, DStR 2006, 1923 (1924); *Martin*, Steuerfestsetzung, 2007, S. 65 f.

34 Beschlussempfehlung des Finanzausschusses v. 27.4.1994, BT-DrS 12/7427, S. 37.

des Steuerpflichtigen offen gehalten[35]. Eine Änderung des Steuerbescheides während des laufenden bzw. ruhenden Einspruchsverfahrens war wegen § 367 II 1 AO selbst hinsichtlich solcher Punkte möglich, die im Zeitpunkt der Einspruchseinlegung nicht Anlass für die Anfechtung der Steuerfestsetzung gewesen waren. Stellte sich dagegen heraus, dass die Steuer zugunsten des Rechtsbehelfsführers unberechtigterweise zu niedrig festgesetzt war, musste die Finanzbehörde zunächst auf die Änderungsmöglichkeit zum Nachteil des Steuerpflichtigen hinweisen. Dieser konnte der drohenden Verböserung dann durch Rücknahme des Einspruchs entgehen. Das Vorgehen barg damit kaum Risiken für die Steuerpflichtigen, hielt die Steuerfestsetzung aber für vielfältige Entwicklungen zu seinen Gunsten offen.

Dabei hat sich in der Praxis gezeigt, dass es den Einspruchsführern oftmals gar nicht auf den Ausgang des konkret in Bezug genommenen Musterverfahrens ankam[36]. Sie strebten vielmehr – letztlich losgelöst von einer konkreten Rüge – alleine die Verhinderung der Bestandskraft an. Endete daher das zur Begründung der Verfahrensruhe herangezogene Musterverfahren, wurde nach einem passenden neuen Verfahren gesucht, um die Verfahrensruhe erneut eintreten zu lassen[37]. Dieses Vorgehen führte dazu, dass die Finanzbehörden eine stetig steigende Masse an offenen Einspruchsverfahren vor sich herschob.

Die Finanzverwaltung versuchte daher, dieser missliebigen Entwicklung entgegenzusteuern und im Interesse von Rechtssicherheit und Verfahrensbeschleunigung die Einspruchsverfahren möglichst zügig und umfassend abzuschließen. Ein geeignetes Werkzeug hierfür sah die Finanzverwaltung in der vorläufigen Steuerfestsetzung gem. § 165 AO.

3. Verhältnis von Zwangsruhe und vorläufiger Steuerfestsetzung

Zur Vermeidung divergierender Entscheidungen sieht die Abgabenordnung in § 363 I die Aussetzung des Verfahrens bis zur Entscheidung über ein vorgreifliches Rechtsverhältnis vor. Den Finanzbehörden ist so die Möglichkeit gegeben, die Entscheidung über für das Einspruchsverfahren erhebliche Rechtsverhältnisse, die eine andere Behörde zu treffen hat, abzuwarten[38]. Ebenfalls auf Verfah-

---

35 *Brockmeyer*, DStZ 1996, 1 (1); *Bergan/Martin*, DStR 2006, 1923 (1923); ebenso bereits *Seer*, DStR 1993, 307 (310).

36 BFH, Urteil v. 6.10.1995 – III R 52/90, BStBl II 1996, 20 (22) sowie *Bergan/Martin*, DStR 2006, 1923 (1923); *Hagen*, NWB Fach 2, 9453 (9454); vgl. auch *Thouet/Thouet*, DStZ 1999, 87 (87).

37 *Bergan/Martin*, DStR 2006, 1923 (1923).

38 *Jesse*, Einspruch, Teil B Rz 552; *Birkenfeld* in HHS, § 363 AO Rz 72 f.; *Brandis* in Tipke/Kruse, § 363 Rz 5.

rensstillstand gerichtet[39] ist die Verfahrensruhe. Die Regelungen über das Ruhen des Verfahrens stehen unabhängig neben denen über die Aussetzung des Verfahrens[40]. § 363 II AO unterscheidet hierbei die drei Fälle der Zustimmungsruhe, der Zwangsruhe sowie der Verfahrensruhe aufgrund einer Allgemeinverfügung. Der Zwangsruhe nach Satz 2 der Norm kommt besondere Bedeutung zu, da sie – anders als die beiden Alternativen – nicht unmittelbar vom Willen oder der Zustimmung eines Verfahrensbeteiligten abhängt.

Das Ruhen kraft Gesetzes gem. § 363 II 2 AO setzt voraus, dass wegen der Verfassungsmäßigkeit einer Rechtsnorm oder wegen einer Rechtsfrage ein Verfahren beim Europäischen Gerichtshof, beim Bundesverfassungsgericht oder bei einem obersten Bundesgericht anhängig ist. Weiterhin ist es erforderlich, dass der Einspruch auf dieses Verfahren gestützt wird. Der Einspruchsbegründung mit dem Ziel der gesetzlichen Verfahrensruhe kommt verfahrensgestaltende Bedeutung zu. Daher ist es erforderlich, dass der Einspruchsführer das in Bezug genommene Musterverfahren eindeutig identifizierbar benennt[41]. Darüber hinaus tritt die zwangsweise Verfahrensruhe nur ein, wenn der Entscheidung in dem anhängigen Musterverfahren für die Entscheidung im Einspruchsverfahren präjudizielle Wirkung zukommt, sie also entscheidungserheblich ist[42]. In dem Einspruchsverfahren muss sich daher die gleiche Rechtsfrage wie in dem Musterverfahren stellen.

Ein Ruhen des Verfahrens nach § 363 II 2 AO kommt jedoch nicht in Betracht, soweit die Steuer nach § 165 I 2 Nr. 3 AO vorläufig festgesetzt wurde. Da im Umfang der vorläufigen Festsetzung keine materielle Bestandskraft eintritt, trägt sie den Interessen des Einspruchsführers nach einem „Offenhalten" seines Steuerfalles Rechnung und macht das Ruhen entbehrlich[43].

Dem negativen Tatbestandsmerkmal der fehlenden Vorläufigkeit kommt im Rahmen der gesetzlichen Zwangsruhe mithin eine entscheidende Bedeutung zu.

---

39 *Brandis* in Tipke/Kruse, § 363 Rz 1.

40 *Jesse*, Einspruch, Teil B Rz 562.

41 *Birkenfeld* in HHS, § 363 AO Rz 181; *Dumke* in Schwarz, § 363 AO Rz 33a; *Jesse*, Einspruch, Teil B Rz 570 – sofern das Musterverfahren im BStBl oder einer vergleichbaren öffentlichen Liste veröffentlicht ist, ist die Angabe eines Aktenzeichens oder einer Fundstelle nicht erforderlich.

42 Zu den Kriterien eines „Musterverfahrens" BFH, Beschluss v. 22.3.1996 – III B 173/95, BStBl II 1996, 506 (508) und Urteil v. 26.09.2006 – X R 39/05, BStBl II 2007, 222 (224); vgl. auch BMF, AEAO zu § 363 Nr. 2; *Thouet/Thouet*, DStZ 1999, 87 (88); *Birkenfeld* in HHS, § 363 AO Rz 195; *Jesse*, Einspruch, Teil B Rz 571; *Brandis* in Tipke/Kruse, § 363 Rz 13; Klein/*Brockmeyer*, AO, §363 Rz 14.

43 BFH, Beschluss v. 9.8.1994 – X B 26/94, BStBl II 1994, 803 (805 f.); *Brandis* in Tipke/Kruse, § 363 Rz 15; *Jesse*, Einspruch, Teil B Rz 567.

a. Möglichkeiten der Finanzbehörden

Den Finanzbehörden boten sich zwei Möglichkeiten, um eine Blockade der anhängigen Einsprüche infolge der gesetzlichen Zwangsruhe zu vermeiden und den hohen Bestand an Einspruchsverfahren abzubauen. In Frage kam die Aufnahme eines geeigneten Vorläufigkeitsvermerks oder die – auch im Rahmen der Zwangsruhe mögliche – Fortführung des Verfahrens nach Mitteilung an den Einspruchsführer gem. § 363 II 4 AO. Für die Finanzbehörden bestand folglich keine gesetzliche Pflicht, den Ausgang des Musterverfahrens abzuwarten[44].

In der Praxis erwies sich die Fortsetzungsmitteilung jedoch in vielen Fällen als ungeeignet. Als verfahrensgestaltende Maßnahme stellt sie eine Ermessensentscheidung dar und ist als solche begründungspflichtig[45]. Bei der Ausübung des pflichtgemäßen Ermessens ist zu beachten, dass der Einspruchsführer kraft gesetzlicher Anordnung bereits den verfahrensrechtlichen Status erreicht hat, ohne Kostenrisiko die Entscheidung des Musterverfahrens abwarten zu können[46]. Dieser würde ihm durch die Fortsetzungsmitteilung wieder genommen. Die Finanzbehörde ist grundsätzlich nicht berechtigt, vor Entscheidung über die anhängigen Musterverfahren das Einspruchsverfahren fortzusetzen[47], es sei denn es liegen im Einzelfall besondere sachliche Rechtfertigungsgründe vor[48]. Der mithin vor allem im Hinblick auf das Gleichbehandlungsgebot erforderliche hohe individuelle Begründungs und Rechtfertigungsaufwand macht die Fortsetzungsmitteilung zu einem zur Bewältigung von Masseneinsprüchen unpraktikablen Mittel[49].

---

44 BFH, Urteil v. 26.09.2006 – X R 39/05, BStBl II 2007, 222 (225); *Birkenfeld* in HHS, § 363 AO Rz 236; *Werth* in Beermann/Gosch, § 363 AO Rz 40; *Jesse*, Einspruch, Teil B Rz 577 – a.A. *Tiedchen*, BB 1996, 1033 (1037); *Löhlein*, DStR 1998, 282 (283); *Thouet/Thouet*, DStZ 1999, 87 (89).

45 *Birkenfeld* in HHS, § 363 AO Rz 247, 251 – *Thouet/Thouet*, DStZ 1999, 87 (89) halten die Fortsetzungsmitteilung dagegen für eine bloße verfahrensfördernde Maßnahme ohne eigenen Regelungscharakter, die den Finanzbehörden keine weiteren Rechte einräumt.

46 BFH, Urteil v. 26.09.2006 – X R 39/05, BStBl II 2007, 222 (226); *Werth* in Beermann/Gosch, § 363 AO Rz 40.

47 FG Münster, Urteil v. 4.5.2000 – 3 K 8622/97 VSt, EFG 2000, 911 (913).

48 Z.B. Herbeiführung eines weiteren gerichtliches Musterverfahrens oder Entscheidung in einem Parallelverfahren; BFH, Urteil v. 26.09.2006 – X R 39/05, BStBl II 2007, 222 (227); BMF, AEAO zu § 363 Nr. 2; *Werth* in Beermann/Gosch, § 363 AO Rz 40.

49 Will der Einspruchsführer die Rechtswidrigkeit der Fortsetzungsmitteilung geltend machen, kann er dies nur mit einer Klage gegen die Einspruchsentscheidung erreichen. Die Anfechtung der Fortsetzungsmitteilung selbst ist in § 363 III AO ausge-

Die Finanzbehörden haben im Rahmen der Bewältigung von Masseneinsprüchen daher vor allem von der Möglichkeit der vorläufigen Steuerfestsetzung in Bezug auf die im Musterverfahren streitigen Punkte Gebrauch gemacht, um die Anzahl von unerledigten Einsprüchen einzudämmen.

Allerdings war der Umfang der eine Verfahrensruhe verhindernden potentiellen Vorläufigkeitsgründe vor dem Inkrafttreten der Änderungen durch das JStG 2007 begrenzt. In Frage kam nur eine Vorläufigkeit gem. § 165 I Nr. 3 AO. Danach kann eine Steuer vorläufig festgesetzt werden, wenn die Vereinbarkeit eines Steuergesetzes mit höherrangigem Recht Gegenstand eines Verfahrens beim Europäischen Gerichtshof, dem Bundesverfassungsgericht oder einem obersten Bundesgericht ist[50].

Die Vorläufigkeitserklärung steht als gleichberechtigte Alternative neben dem zwingenden Ruhen des Verfahrens. Sie führt dazu, dass für die Verfahrensruhe kein Raum mehr ist, soweit die Steuer vorläufig festgesetzt wurde. Denn durch die Vorläufigkeitserklärung wird den Interessen des Steuerpflichtigen bereits ausreichend Rechnung getragen[51], da über den vorläufigen Teil trotz Einspruchsentscheidung nicht endgültig entschieden wird. Mit beiden Verfahrensalternativen – Verfahrensruhe und Vorläufigkeit – kann grundsätzlich sichergestellt werden, dass die Erkenntnisse aus dem Musterverfahren noch in der Veranlagung des Einspruchsführers Berücksichtigung finden[52].

Nutzt die Finanzverwaltung die Möglichkeit der vorläufigen Steuerfestsetzung, führt dies jedoch richtigerweise nur im Umfang der konkret verfügten Vorläufigkeit zum Ausschluss der Verfahrensruhe[53]. Die Gegenauf-

---

schlossen – vgl. auch *Pahlke* in Pahlke/Koenig, AO, § 363 Rz 71 und *Werth* in Beermann/Gosch, § 363 AO Rz 43.

50 § 165 I Nr. 4 AO, wonach eine vorläufige Steuerfestsetzung auch bei einfachgesetzlichen Auslegungsfragen möglich ist, wurde erst Ende 2008 aufgenommen, § 363 II 2 AO ebenfalls entsprechend angepasst.

51 *Jesse*, Einspruch, Teil B Rz 567 f.; Klein/*Brockmeyer*, AO, § 363 Rz 27; vgl. auch BFH, Urteil v. 18.12.2001 – VIII R 27/96, BFH/NV 2002, 747. Diese Aussage wird an anderer Stelle noch zu überprüfen sein, vgl. hierzu unten bei B.I.3.g.cc.

52 *Seer* in Tipke/Kruse, § 165 Rz 19 weist jedoch zu Recht darauf hin, dass der Einspruchsführer ein Interesse daran haben kann, dass das Einspruchsverfahren nicht beendet wird, wenn er Gründe geltend macht, die eine Aussetzung der Vollziehung rechtfertigen. Da diese ein anhängiges Rechtsbehelfsverfahren voraussetzt, besteht sein Rechtsschutzinteresse fort.

53 *Jesse*, Einspruch, Teil B Rz 568; *Bergan/Martin*, DStR 2006, 1923 (1924); wohl auch *Dumke* in Schwarz, § 363 AO Rz 33c, der annimmt, dass eine Zwangsruhe nicht eintritt, „wenn in diesem Punkt" eine vorläufige Steuerfestsetzung erfolgte.

fassung[54], wonach die Vorläufigkeit die Zwangsruhe vollumfänglich ausschließt, ist mit dem Wortlaut des § 363 II 2 HS 2 AO („insoweit") nicht zu vereinbaren. Darüber hinaus ist der Einspruchsführer aufgrund des Vorläufigkeitsvermerks gerade nur in dessen Umfang geschützt. Erfasst der Vermerk daher die in dem Musterverfahren zur Entscheidung stehende Streitfrage nicht umfassend, ist der Einspruchsführer darauf angewiesen, dass die Verfahrensruhe im Übrigen fortdauert. Gerade weil Verfahrensruhe und Vorläufigkeit nebeneinanderstehen und sich ergänzen, müssen sie – einzeln oder gemeinsam – die gesamte Streitfrage erfassen, auf die der Steuerpflichtige seinen Einspruch durch Bezugnahme auf das Musterverfahren gestützt hat. Diese Betrachtung ist auch aus gesetzessystematischer Sicht einleuchtend. Unabhängig vom Streit über die Reichweite der Verfahrensruhe sind sich alle Auffassungen darüber einig, dass jedenfalls im Hinblick auf die in Bezug genommenen Streitfragen[55] ein Abschluss des Einspruchsverfahrens nicht in Betracht kommt. Dies kann aber folgerichtig nur bedeuten, dass der nach einhelliger Auffassung garantierte Mindestschutz nicht dadurch umgangen werden kann, dass stattdessen ein in seiner Reichweite begrenzter Vorläufigkeitsvermerk erlassen wird. Demzufolge kann die Steuerfestsetzung in einem Punkt vorläufig erfolgen, während das Einspruchsverfahren im Übrigen zwangsweise ruht.

Die Finanzbehörden haben die Möglichkeit der vorläufigen Steuerfestsetzung daher gezielt und in großem Umfang[56] genutzt, um Fälle abzuschließen und anhängige Einspruchsverfahren zu beenden. Dabei profitierten sie davon, dass der Vorläufigkeitsvermerk nicht schon im Ursprungsbescheid enthalten sein musste, sondern auch noch während des laufenden Einspruchsverfahrens und zusammen mit der Einspruchsentscheidung erlassen werden konnte[57].

---

54 *Pahlke* in Pahlke/Koenig, AO, § 363 Rz 49; OFD Hannover, v. 28.1.1999 – S 0622-859-StO 321, Ziff. 2.1 und nun erneut in der ersetzenden Verfügung v. 12.4.2011, dort Ziff. 4.1 (BeckVerw 249329); unklar *Birkenfeld* in HHS, § 363 AO Rz 212 u. 229.

55 Nach der weitergehenderen Auffassung tritt die Zwangsruhe hinsichtlich des gesamten Verfahrens ein.

56 Vgl. die regelmäßigen BMF-Schreiben zur vorläufigen Steuerfestsetzung mit umfangreichen Katalogvermerken, veröffentlicht im BStBl I. Zuletzt aktualisiert am 7.2.2014, BStBl I 2014, 160.

57 *Birkenfeld* in HHS, § 363 AO Rz 215 f.; Klein/*Brockmeyer*, AO (bis 9.Aufl.), § 363 Rz 27; *Brandis* in Tipke/Kruse, § 363 Rz 15; *Werth* in Beermann/Gosch, § 363 AO Rz 36; *Bergan/Martin*, DStR 2006, 1923 (1926).

b. Nachteile der Verfahrensbeendigung unter Rückgriff auf § 165 I 2 Nr. 3 AO

Dennoch traf diese Handhabe auf Widerspruch bei den Steuerpflichtigen. Sie bemängelten insbesondere, dass sie – trotz regelmäßig anders lautendem Hinweis im Erläuterungstext – mit einem Vorläufigkeitsvermerk nicht in jedem Fall umfassend geschützt waren[58].

§ 165 I 2 Nr. 3 AO ermöglicht eine vorläufige Steuerfestsetzung, wenn die Vereinbarkeit eines Steuergesetzes mit höherrangigem Recht Gegenstand eines Verfahrens bei den genannten Obergerichten ist. Nur wenn die Unvereinbarkeit der Regelung mit höherrangigem Recht festgestellt wurde, war die Änderungsmöglichkeit letztlich eröffnet. Für die Steuerpflichtigen stellte sich aufgrund der begrenzten Reichweite der Vorläufigkeitsvermerke daher immer wieder die Frage, ob diese auch tatsächlich die gewünschte Sicherheit vermittelten und sie an später zu ihren Gunsten ergehenden Urteilen auch ohne Einlegung eines Einspruchs partizipieren würden können[59].

Hieraus resultierten für die betroffenen Steuerpflichtigen gleich mehrere Probleme. Eine vorläufige Steuerfestsetzung nach § 165 I 2 Nr. 3 AO ist ausgeschlossen, sofern sich das Gerichtsverfahren lediglich auf die einfachgesetzliche Auslegung oder Anwendung der Norm bezog. In diesen Fällen kommt es nicht zu einer auch nur ansatzweisen verfassungsrechtlichen Prüfung, weil das Gericht bereits durch Anwendung des einfachen Rechts zu dem vom Kläger angestrebten günstigeren Ergebnis gelangt[60]. Der erforderliche Bezug zum Verfassungsrecht ist in diesen Fällen also nicht gegeben. Der Steuerpflichtige hatte daher zunächst die anhängigen Musterverfahren zu identifizieren, um in einem weiteren Schritt festzustellen, mit welchem konkreten Vorbringen der Musterkläger argumentierte. Festzustellen, auf welche(s) konkrete Verfahren sich der amtliche Vorläufigkeitsvermerk bezog, war mitunter jedoch mit erheblichen Schwierigkeiten verbunden, da die entsprechenden Vorläufigkeitsvermerke lediglich abstrakt die streitige Rechtsfrage beschreiben, nicht aber das konkrete Verfahren, in dem dies zur Entscheidung steht, benennen. Auch die im Bundessteuerblatt veröffentlichte Liste der anhängigen Verfahren bie-

---

58 *Seer* in Tipke/Kruse, VerfRS Rz 10, 12 und § 165 AO Rz 18; Klein/*Brockmeyer*, AO, bis 9. Aufl., § 363 Rz 9; *Ende*, DStR 2006, 878 (879); *Hagen*, NWB Fach 2, 9453 (9454); *Schneider*, StC 8/2009, 20 (22); *Lühn/Tepper*, BB 2009, 591 (592).

59 *Lühn/Tepper*, BB 2009, 591 (592).

60 OFD Hannover, Verfügung v. 2.12.2009 – S 0338 – 11 – StO 141, Tz. 1.2 (BeckVerw 232580).

tet hier keine große Hilfe, da die streitigen Rechtsfragen regelmäßig nur sehr allgemein wiedergegeben werden[61]. Da auch den Finanzämtern keine weiteren Informationen zu den betroffenen Verfahren zur Verfügung stehen, konnte es selbst auf Seiten der nachgeordneten Finanzbehörden zu Unklarheiten über die vom amtlichen Vorläufigkeitsvermerk betroffenen Musterverfahren kommen.

Ähnlich stellt sich die Lage dar, wenn eine verfassungskonforme Auslegung der Norm erforderlich wurde. Eine solche ist angezeigt, wenn sich unter Berücksichtigung verschiedener Methoden der juristischen Lückenausfüllung mehrere Deutungsmöglichkeiten ergeben, von denen nicht alle, aber zumindest eine zu einem verfassungsgemäßen Ergebnis führen. In diesem Fall gebührt der Interpretation der Vorzug, die mit dem Grundgesetz vereinbar ist, oder ihm am besten entspricht[62]. Obwohl in diesen Fällen – anders als in den Fällen der vorgenannten einfachgesetzlichen Auslegung – das Ergebnis unmittelbar vom Verfassungsrecht beeinflusst wird, kam es in der Vergangenheit dennoch nicht zu einer Änderung der Steuerbescheide, die nach § 165 I 2 Nr. 3 AO vorläufig waren. Die Änderung einer maßgeblichen höchstrichterlichen Rechtsprechung durch eine verfassungskonforme Auslegung einer gesetzlichen Vorschrift stellt keine Änderung der Regelung dar, auf die die entsprechenden Vorläufigkeitsvermerke nach ihrer Formulierung regelmäßig Bezug nahmen, weil die Regelung – also das Gesetz selbst – keine Änderung erfährt[63]. Betroffen waren vor allem Fälle, in denen das Bundesverfassungsgericht[64] im Musterverfahren nicht die Norm für verfassungswidrig erklärte, sondern dem Musterkläger durch eine verfassungskonforme Auslegung zum Erfolg verhalf[65]. In diesen Fällen war eine Änderungs-

---

61 *Ende*, DStR 2008, 2197 (2199); *Lühn/Tepper*, BB 2009, 591 (593).

62 BVerfG, Beschluss v. 17.6.1953 – 1 BvR 668/52, BVerfGE 2, 336 (340 f.); *Tipke*, StRO III, S. 1255 f.; *Englisch* in Tipke/Lang, § 5 Rz 92; *Birk*, StuW 1990, 300 (303); OFD Hannover, Verfügung v. 2.12.2009 – S 0338 – 11 – StO 141, Ziff. 1.2 (BeckVerw 232580).

63 FG Niedersachsen, Urteil v. 12.12.2007 – 7 K 249/07, EFG 2008, 1082 (1086); ein Beispiel für eine damals übliche Vorläufigkeitsformulierung findet sich weiter unten in Fußnote 69.

64 Oder der BFH, wenn er sich wegen der Möglichkeit einer verfassungskonformen Auslegung gegen eine Vorlage an das BVerfG entschied.

65 So z.B. geschehen in den Beschlüssen des BVerfG v. 11.1.2005 – 2 BvR 167/02, BVerfGE 112, 164 und des BFH v. 14.3.2003 – XI B 226/02, BStBl II 2003, 708; vgl. auch *Strahl*, KÖSDI 12/2008, 16312; *Lühn/Tepper*, BB 2009, 591 (592); *Ende*, DStR 2008, 2197 (2198) sowie die Kritik in FG Niedersachsen, Urteil v. 12.12.2007 – 7 K 249/07, EFG 2008, 1082 (1084).

möglichkeit nach § 165 I 2 AO daher nicht gegeben[66]. Auch der Gesetzgeber erkannte die sich aus der Beschränkung auf verfassungsrechtliche Streitigkeiten ergebenden Regelungsdefizite. Um auch bei einfachgesetzlichen Auslegungsfragen die Aufnahme eines Vorläufigkeitsvermerks zu ermöglichen, wurde die bestehende Lücke Ende 2008 geschlossen und § 165 I AO hierzu um eine neue Nr. 4 ergänzt, die eine vorläufige Steuerfestsetzung auch dann zulässt, wenn die Auslegung eines Steuergesetzes Gegenstand eines Verfahrens beim Bundesfinanzhof ist. Im gleichen Zuge wurde auch § 363 II 2 AO entsprechend angepasst.

Vor diesen Ergänzungen bestand für die Steuerpflichtigen Unklarheit hinsichtlich des weiteren Vorgehens daher vor allem in Fällen, in denen eine streitige Frage sowohl unter verfassungsrechtlichen als auch unter einfachgesetzlichen Aspekten zu beurteilen war[67]. Mitunter lässt sich selbst unter Heranziehung des erstinstanzlichen Urteils nicht verlässlich prognostizieren, welche Auslegungsfragen der Bundesfinanzhof voraussichtlich für maßgebend erachten wird und ob er überhaupt dazu Stellung nehmen wird[68]. Selbst wenn zunächst davon ausgegangen werden konnte, dass es in dem anhängigen Musterverfahren um die Vereinbarkeit einer Norm mit höherrangigem Recht gehen werde, so dass dieses Verfahren zunächst vom Vorläufigkeitsvermerk umfasst schien, kann das Gericht später durch bloße einfachgesetzliche Auslegung der maßgeblichen gesetzlichen Bestimmung zu einer Entscheidung kommen, so dass die Frage der Verfassungswidrigkeit der Norm nicht relevant wird. Eine solche Auslegung der Norm verhilft zwar dem Musterkläger ebenso zum gewünschten Erfolg wie die Feststellung der Verfassungswidrigkeit, hat aber für alle übrigen Steuerpflichtigen, die ihre Bescheide im Vertrauen auf ausreichenden Schutz durch die verfügten Vorläufigkeitsvermerke bestandskräftig werden ließen, gravierende Nachteile. Durch eine einfachgesetzliche oder verfassungskonforme Auslegung war die Änderungsmöglichkeit aufgrund der beschränkten Reichweite der Vorläufigkeitsvermerke gerade nicht eröffnet. Hier konnte allein die rechtzeitige Einlegung eines Einspruchs helfen.

---

66 Anders bei den nunmehr verwendeten Formulierungen der Vorläufigkeitsvermerke, die nicht mehr auf die Änderung der „Regelung", sondern der Steuerfestsetzung abstellen. Vgl. daher auch die aktuelle Rechtsprechung in BFH, Urteil v. 30.9.2010 – III R 39/08, BStBl II 2011, 11 (16).

67 Referentenentwurf zum Gesetz zur Modernisierung und Entbürokratisierung des Steuerverfahrens (SteuerbürokratieabbauG), Stand: 20.6.2008, S. 37, abrufbar unter www.bundesfinanzministerium.de; *Ende*, DStR 2008, 2197 (2198).

68 So auch *Heuermann* in HHS, § 165 AO Rz 19d; *Buciek* in Beermann/Gosch, § 165 AO Rz 51.

Von der Einschätzung, ob das Gericht eine stattgebende Entscheidung damit begründen würde, dass die Regelung verfassungswidrig ist, oder ob ein vergleichbares Ergebnis (noch) durch eine verfassungskonforme Auslegung erreicht werden konnte, hing auch das zu wählende Verfahren ab. Die Einlegung eines Einspruchs war nur für den Fall der verfassungskonformen Auslegung erforderlich, bei festgestellter Verfassungswidrigkeit der Norm würde der Vorläufigkeitsvermerk ausreichen. Um sicherzugehen und die Möglichkeit einer späteren Herabsetzung der Steuerlast nicht von vornherein zu vereiteln, sahen sich die Steuerpflichtigen in vielen Fällen gezwungen, trotz bestehender Vorläufigkeit Einspruch einzulegen.

Die Finanzämter verstärkten die bei den Steuerpflichtigen entstehende Unsicherheit weiter, indem sie trotz der nur eingeschränkten Änderungsmöglichkeiten bei einer vorläufigen Steuerfestsetzung nach § 165 I 2 Nr. 3 AO missverständliche Vorläufigkeitsvermerke verwendeten, bei denen sich die Steuerpflichtigen in trügerischer Sicherheit wiegen konnten[69]. Insbesondere der letzte Halbsatz, nach dem ein Einspruch nicht erforderlich sei, da entsprechende Änderungen von Amts wegen berücksichtigt würden, konnte zu Missverständnissen führen. Es erscheint tatsächlich zweifelhaft, ob dem durchschnittlichen Steuerzahler bei aufmerksamem Lesen des Vermerks klarwerden konnte, dass nicht jedes, die entsprechende Streitfrage zu seinen Gunsten entscheidende Urteil zu einer Änderung führen würde, sondern es entscheidend auf die Argumentation des Gerichts zur Gesetzesauslegung ankommen würde. Die Finanzämter erweckten so den Eindruck, vom Vorläufigkeitsvermerk seien auch einfachgesetzliche Auslegungsfragen umfasst[70].

---

69 „ […] *Die Vorläufigkeitserklärung erfasst nur die Frage, ob die angeführten gesetzlichen Vorschriften mit höherrangigem Recht vereinbar sind. Die Vorläufigkeitserklärung erfolgt aus verfahrenstechnischen Gründen und ist nicht dahin zu verstehen, dass die Regelungen als verfassungswidrig oder als gegen Europäisches Gemeinschaftsrecht verstoßend angesehen werden. Änderungen dieser Regelungen werden von Amts wegen berücksichtigt; ein Einspruch ist insoweit nicht erforderlich.*“ – *zitiert nach* FG Niedersachsen v. 12.12.2007 – 7 K 249/07, EFG 2008, 1082.

70 Zu weitgehend jedoch FG Niedersachsen, Urteil v. 12.12.2007 – 7 K 249/07, EFG 2008, 1082 (1086) – aufgehoben durch die Revisionsentscheidung des BFH, Urteil v. 30.9.2010 – III R 39/08, BStBl II 2011, 11 (16); wie das FG Niedersachen *Balke*, NWB Fach 2, 9863 (9867). Für die vom FG Niedersachsen mit Hilfe einer systematischen und verfassungskonformen Auslegung gerechtfertigte Ausdehnung solcher Vorläufigkeitsvermerke auch auf alle einfachrechtlichen gerichtlichen Auslegungen zu den genannten Punkten fehlte es nach damaliger Rechtslage an einer Rechtsgrundlage. Diese wurde erst durch die Einfügung des § 165 I 2 Nr. 4 AO zum Jahresende 2008 geschaffen.

Die spezifischen, mit der Vorläufigkeit nach § 165 I 2 AO einhergehenden Rechtsschutzdefizite lassen es fraglich erscheinen, ob die vorläufige Steuerfestsetzung tatsächlich gleichwertig neben der gesetzlichen Zwangsruhe steht. Die Finanzbehörden sind daher im Rahmen ihrer Ermessensentscheidung verpflichtet, die möglichen Rechtsschutzlücken eines Vorläufigkeitsvermerks im konkreten Fall zu bedenken und bei ihrer Entscheidung nach § 363 II 2 HS 2 AO zu berücksichtigen. In vielen Fällen wird festzustellen sein, dass nur eine Verfahrensruhe dem Rechtsschutzinteresse des Steuerpflichtigen umfassend Rechnung trägt.

c. *Verfahrensrechtliche Lückenschließung*

Die nicht aufeinander abgestimmten verfahrensrechtlichen Instrumente der gesetzlichen Zwangsruhe und der Vorläufigkeit haben teilweise zu einer Verschiebung der ursprünglich gleichgerichteten Interessen von Steuerpflichtigen und Finanzbehörden an einem zügigen Abschluss des Einspruchsverfahrens geführt. Aus Sicht der Steuerpflichtigen konnte auf die Einlegung eines Einspruchs oftmals nicht verzichtet werden, da bestehende Vorläufigkeitsvermerke nicht mit Sicherheit die Möglichkeit einer späteren Anpassung der Steuerfestsetzung garantierten. Die Finanzbehörden versuchten dagegen mit Hilfe von immer zahlreicheren Vorläufigkeitsvermerken, eine zwangsweise Verfahrensruhe weitgehend zu verhindern.

Die für beide Seiten unbefriedigende Situation konnte nur durch eine Ergänzung der rechtlichen Rahmenbedingungen auf zwei Ebenen beseitigt werden: Die Blockade des gesamten Einspruchsverfahrens durch die Verfahrensruhe musste abgestellt werden. Hierzu war eine Regelung nötig, die es den Finanzämtern ermöglicht, das Einspruchsverfahren soweit wie möglich abzuschließen und nur die derzeit noch nicht endgültig zu klärenden Punkte ruhen zu lassen. Zu der erforderlichen Teilbeendigung des Einspruchsverfahrens bedurfte es daher der Kodifizierung einer Teileinspruchsentscheidung. Um den Finanzbehörden die erforderliche Flexibilität im Einzelfall zu eröffnen, war zudem eine Ausdehnung der Vorläufigkeitsgründe auf einfachgesetzliche Streitfragen erforderlich.

V. Fazit

Die vorstehenden Ausführungen zeigen auf, warum trotz der Einführung von verfahrensrechtlichen Regelungen zur Eindämmung von Masseneinsprüchen die tatsächliche Entlastung der Finanzbehörden und Gerichte nicht in erhofftem Maße eingetreten ist. Durch den ausufernden Gebrauch von Vorläufigkeitsvermerken zur Verhinderung einer zwangsweisen Verfahrensruhe sowie das Bestreben, den eigenen Steuerfall möglichst lange für günstige Entwicklungen offen zu halten, haben sowohl Finanzverwaltung als auch die Steuerpflichtigen zu einer sich stetig verschärfenden Spirale beigetragen, von der letztlich keiner profitierte. Die oft bestehende Unklarheit hinsichtlich der konkreten Reichweite vorläufiger Steuerbescheide machte es zudem vielfach unmöglich einzuschätzen, ob ein Einspruch entbehrlich war oder ob der Steuerpflichtige ohne ihn Gefahr lief, von einem späteren günstigen Urteil nicht profitieren zu können.

Die skizzierte Rechtslage stellt den Ausgangspunkt für die Reform durch das JStG 2007 dar, welche im Bereich des steuerlichen Verfahrensrechts zu einer Eindämmung der Masseneinsprüche beitragen sollte. Als rechtliches Instrument zur Umsetzung dieser Vorgabe wurde durch die Reform mit der Möglichkeit der Teileinspruchsentscheidung nach § 367 IIa AO eine wesentliche Neuerung zur vorzeitigen Beendigung des Einspruchsverfahrens eingeführt. Ihr soll sich die Arbeit im Folgenden widmen.

B. Die Teileinspruchsentscheidung

Die im vorstehenden Abschnitt dargestellten Lücken und die nicht immer hinreichende Effizienz des außergerichtlichen Rechtsbehelfsverfahrens waren der Anlass für den Gesetzgeber, den Finanzbehörden weitere verfahrensrechtliche Möglichkeiten einzuräumen, um der hohen Arbeitsbelastung Herr zu werden.

Im Rahmen des JStG 2007 erfolgte daher die erstmalige Kodifizierung einer Teileinspruchsentscheidung sowie, sie flankierend, die Möglichkeit der Einspruchszurückweisung aufgrund einer Allgemeinverfügung. Die entsprechenden Neuregelungen in § 367 IIa/IIb AO traten gem. Art. 20 I JStG 2007 am 19. Dezember 2006, am Tag nach der Verkündung des Steueränderungsgesetzes im Bundesgesetzblatt, in Kraft und sind auch auf vorher gestellte Änderungsanträge und zuvor eingelegte Einsprüche anwendbar[71]. Die Einfügung der §§ 172 III, 348 Nr. 6 AO rundet den Kernbereich der Reform ab und dehnt die Zurückweisungsmöglichkeit durch Allgemeinverfügung auf schlichte Änderungsanträge außerhalb des Einspruchsverfahrens sowie den Ausschluss des Einspruchs auf diese Fälle aus.

I. Die Voraussetzungen der Teileinspruchsentscheidung

Entsprechend der gesetzlichen Vorgaben in § 367 IIa AO kann die Finanzbehörde vorab über Teile des Einspruchs entscheiden, wenn dies sachdienlich ist. Sie hat in der Entscheidung zu bestimmen, hinsichtlich welcher Teile Bestandskraft nicht eintreten soll. Ein Rückgriff auf die Möglichkeit einer Teileinspruchsentscheidung ist den Finanzbehörden folglich schon bei Vorliegen weniger und wenig konkreter Voraussetzungen möglich. Dies macht die Diskussion um das Vorliegen und die Reichweite der gesetzlichen Anforderungen umso brisanter und interessanter. Neben den formalen Sachentscheidungsvoraussetzungen werden insbesondere die Teilbarkeit der Entscheidung und die Sachdienlichkeit der Teileinspruchsentscheidung zu erörtern sein. Abschließend wird die Arbeit sich mit dem Erfordernis der zwingenden Bestimmung der Reichweite der Teileinspruchsentscheidung auseinandersetzen.

1. Wirksame Einspruchseinlegung

Die Teileinspruchsentscheidung stellt eine materielle Entscheidung dar. In formaler Hinsicht ist ihre Möglichkeit daher wie bei jeder Sachentscheidung über

---

71 *Birkenfeld* in HHS, § 367 AO Rz 482, 601.

einen Einspruch nur gegeben, wenn dieser zulässig ist, da ein unzulässiger Einspruch nur insgesamt nach § 358 S. 2 AO verworfen werden kann. Eine teilweise Zulässigkeit gibt es nicht – der Einspruch ist entweder insgesamt zulässig oder unzulässig.

2. Teilbarkeit

Der Charakter der Teileinspruchsentscheidung als Vorabentscheidung ist weitgehend unstreitig. § 367 IIa AO berechtigt die Finanzbehörden „vorab" über Teile des Einspruchs zu entscheiden. Demnach sind die Finanzämter berechtigt, den Zeitpunkt zu bestimmen, ab dem die Teilentscheidung über den Einspruch wirksam werden soll. Vorgegeben ist hiermit zugleich, dass die Teilentscheidung getrennt ergehen und zeitlich der abschließenden Entscheidung vorangehen muss.

Gleichwohl liegt hierin kein klassisches Tatbestandsmerkmal, sondern eine sonstige Anwendungsvoraussetzung, mit der sich eingehend zu beschäftigen ist. Dies gilt vor allem vor dem Hintergrund, dass das Einspruchsverfahren regelmäßig einheitlich und als Ganzes betrachtet wurde.

Damit setzt der Erlass einer Teileinspruchsentscheidung zunächst die Teilbarkeit der Einspruchsentscheidung an sich voraus. Die gesetzliche Regelung in § 367 IIa AO trifft jedoch keine Aussage dazu, unter welchen Voraussetzungen ein Einspruch derartig teilbar ist, dass eine Vorabentscheidung über einen Teil möglich ist. Hier offenbart sich eine erste Schwäche der Neuregelung. Obwohl der Gesetzgeber mit der Einführung der Teileinspruchsentscheidung bewusst die Aufspaltung des Rechtsbehelfsverfahrens gefördert und in Kauf genommen hat, hat er es dennoch versäumt, einen eindeutigen Aufteilungsmaßstab oder Anknüpfungspunkt für die Verfahrenstrennung zu kodifizieren.

Eine Teileinspruchsentscheidung kommt jedenfalls nur in Betracht, sofern es sich um Teilkomplexe eines einheitlichen Bescheides handelt. Hat der Steuerpflichtige sich dagegen in seinem Einspruchsschreiben gegen die Einkommensteuerfestsetzungen mehrerer Jahre gewendet und entscheidet das Finanzamt zunächst nur hinsichtlich eines Veranlagungszeitraumes, so liegt hierin kein Fall der Teileinspruchsentscheidung. Das Einspruchsschreiben des Steuerpflichtigen ähnelt vielmehr den Fällen objektiver Klagehäufung und ist als Einlegung mehrerer gesonderter Einsprüche gegen selbständige Verwaltungsakte zu werten. Über solche Sammeleinsprüche können die Finanzämter jedoch nach und nach durch selbständige Einspruchsentscheidungen und unabhängig von den Voraussetzungen des § 367 IIa AO entscheiden[72].

---

72 Vgl. auch *Birkenfeld* in HHS, § 367 AO Rz 519 f.

Die Frage nach den konkreten Voraussetzungen einer Teilbarkeit von Einspruchsentscheidungen ist unter verschiedenen Prämissen zu betrachten. Einen ersten Ausgangspunkt kann zunächst die Gesetzessystematik bilden. Im Rahmen der systematischen Interpretation ist um der Widerspruchsfreiheit der Rechtsordnung willen der Standort einer Bestimmung im Gesetz, ihre Stellung und Funktion im Gefüge der Rechtsinstitute sowie ihr Zusammenspiel mit anderen Vorschriften innerhalb der Normordnung zu erforschen[73]. Dabei ist grundsätzlich davon auszugehen, dass die einzelnen, in einem sachlichen Zusammenhang stehenden Rechtssätze so logisch aufeinander abgestimmt sind, dass sie ein widerspruchsfreies Regelungsgefüge ergeben[74]. Entscheidend ist demnach der Sinn- oder Verwendungszusammenhang der konkreten Vorschrift und ihre Einordnung in das Normgefüge[75]. In Ergänzung hierzu fragt die historisch-teleologische[76] Auslegung nach Sinn und Zweck der Rechtsnorm[77]. Es ist stets im Auge zu behalten, dass Gesetze im Allgemeinen und Verfahrensgesetze im Besonderen keinen Selbstzweck verfolgen, sondern allein oder im Regelungszusammenhang mit anderen Vorschriften der Verwirklichung bestimmter Ziele dienen sollen. Auch verfahrensrechtliche Vorschriften sind daher einer teleologischen Auslegung zugänglich[78]. Die Heranziehung der Gesetzeshistorie bildet die Grundlage einer am Zweck orientierten Auslegung. Neben der Gesetzesbegründung ist hierbei auch die Interessenlage, die der Norm zugrunde liegt, zu berücksichtigen. Generell gilt aber wiederum, dass das gefundene Ergebnis dem Wortsinn der Regelung Rechnung zu tragen hat und nicht über ihn hinaus gehen darf[79]. Ausgehend von diesem theoretischen Hintergrund ist zu klären, wann die Teilbarkeit einer Entscheidung im Einspruchsverfahren gegeben ist.

---

73 *Tettinger/Mann*, Juristische Arbeitstechnik, S. 134.

74 BVerfG, Beschluss v. 9.5.1978 – 2 BvR 952/75, BVerfGE 48, 246 (257); *Tettinger/Mann*, Juristische Arbeitstechnik, S. 134.

75 BVerwG, Urteil v. 29.1.1973 – I C 38/68, BVerwGE 41, 334 (339); vgl. auch *Tipke*, StRO III, S. 1253.

76 Die Auslegungskriterien von historischer und teleologischer Methode sind oftmals nicht sauber zu trennen, vgl. *Tipke*, StRO III, S. 1254 f. und *Bydlinski*, Methodenlehre, S. 451 f., jeweils m.w.N.

77 *Tettinger/Mann*, Juristische Arbeitstechnik, S. 137 f.; *Bydlinski*, Methodenlehre, S. 451 f.; *Steinger*, DStZ 2008, 674 (676 f.).

78 *Drüen* in Tipke/Kruse, § 4 AO Rz 284; *Birk*, StuW 1990, 300 (305).

79 BVerfG, Urteil v. 21.5.1952 – 2 BvH 2/52, BVerfGE 1, 299 (312); BFH, Urteil v. 19.11.1985 – VIII R 4/83, BStBl II 1986, 289 (292); *Tipke*, StRO III, S. 1271; *Bydlinski*, Methodenlehre, S. 441; *Woerner*, DStJG 5 (1982), 23 (39); *Drüen* in Tipke/Kruse, § 4 AO Rz 276; *Englisch* in Tipke/Lang, § 5 Rz 74.

a. Parallelen im finanzgerichtlichen Verfahren

Die Frage der Teilbarkeit einer Entscheidung stellt sich auch im finanzgerichtlichen Verfahren. Der Erlass eines Teilurteils hängt dort nach § 98 FGO davon ab, ob nur ein Teil des Streitgegenstandes zur Entscheidung reif ist. Damit stellten sich in der gerichtlichen Praxis ähnliche Probleme wie nun im Rahmen der Teileinspruchsentscheidung. Eine gesetzliche Legaldefinition des Begriffs des Streitgegenstandes für das steuergerichtliche Verfahren kannte und kennt die Finanzgerichtsordnung nicht. Zudem wurde der Begriff an verschiedenen Stellen des Gesetzes mit unterschiedlicher Bedeutung verwendet[80]. Unklar war daher zunächst, ob als Streitgegenstand nur der vom Kläger gerügte Ausschnitt des zugrunde liegenden besteuerungsrelevanten Lebenssachverhalts zu berücksichtigen war (enge Theorie) oder ob allein die Richtigkeit der Steuerfestsetzung maßgeblich war (weite Theorie)[81]. Die Möglichkeit von Teilurteilen bot sich vor allem bei Zugrundelegung der engen Theorie, da in diesen Fällen über einzelne Besteuerungsgrundlagen vorab und endgültig entschieden werden konnte. Die Bestimmung des Streitgegenstands würde dann vor allem durch das Rechtsbehelfsbegehren und den gestellten Antrag gekennzeichnet. Hätte der Einspruchsführer beispielsweise mit seiner Klage ausschließlich die Behandlung der Werbungskosten und Sonderausgaben angegriffen, so könnte ein Teilurteil bei Klärung dieser Streitfragen bereits hinsichtlich der Werbungskosten ergehen, während über den Umfang des Sonderausgabenabzugs erst später entschieden würde.

Der Bundesfinanzhof ist in einer Entscheidung seines Großen Senats jedoch der weiten Theorie gefolgt und hat eine entsprechende Beschränkung des Streitgegenstandsbegriffs abgelehnt[82]. Damit schließt er sich der auch im allgemeinen Verwaltungsverfahrensrecht vorherrschenden Auffassung an[83]. Danach steht nicht der vom Steuerpflichtigen konkret gerügte Sachverhalt im Zentrum der Überprüfung, sondern vielmehr die Rechtmäßigkeit des Steuerbescheides insgesamt. Unter anderem aus § 40 II FGO, wonach die Klagebefugnis nur gegeben ist, wenn der Kläger geltend macht, durch den Verwaltungsakt in seinen Rechten verletzt zu sein, schließt der Große Senat, dass es auf die Gesetzmä-

---

80 Z.B. in §§ 65 I a.F. (dort nunmehr „Gegenstand des Klagebegehrens"), 98, 110, 114, 115 a.F.; vgl. auch BFH, Beschluss v. 17.7.1967 – GrS 1/66, BStBl II 1968, 344 (346); *Gräber*, DStR 1968, 491 (491 ff.).

81 Vgl. zu den Theorien insgesamt auch *v.Groll* in Gräber, FGO, § 65 Rz 40 ff.

82 BFH, Beschluss v. 17.7.1967 – GrS 1/66, BStBl II 1968, 344 (347).

83 *v. Nicolai* in Redeker/v. Oertzen, VwGO, § 121 Rz 10; *Lindner* in Posser/Wolff, VwGO, § 121 Rz 34; *Kilian* in Sodan/Ziekow, VwGO, § 121 Rz 50.

ßigkeit der Steuerfestsetzung im Ganzen ankomme, da nur dann eine Rechtsverletzung anzunehmen sei. Gleichen sich also Fehler im Hinblick auf einzelne Besteuerungsgrundlagen in ihrer steuerlichen Auswirkung gegenseitig aus, ist eine Rechtsverletzung im Ergebnis zu verneinen[84]. Streitgegenstand sei demzufolge nicht das einzelne Besteuerungsmerkmal, sondern die Rechtmäßigkeit der konkreten Steuerfestsetzung. Dies hat für das finanzgerichtliche Verfahren zur Folge, dass die Gerichte die Rechtmäßigkeit des angefochtenen Bescheides nicht nur im Lichte der von Steuerpflichtigem und Finanzamt vorgebrachten Gründe zu prüfen haben. Sie sind darüber hinaus verpflichtet, die Rechtmäßigkeit des Steuerbescheides im Rahmen des Klagebegehrens, aber ohne Rücksicht und Beschränkung auf die von den Verfahrensbeteiligten in Bezug genommenen Besteuerungsgrundlagen zu überprüfen. Diesem Grundsatz folgend ordnet auch § 126 IV FGO die Zurückweisung der Revision an, wenn geltendes Recht zwar falsch angewendet wurde, die Entscheidung selber sich aber aus anderen Gründen als richtig herausstellt.

Für die Prüfungs- und Entscheidungspraxis der Finanzgerichte bedeutet dies, dass sie den angefochtenen Bescheid umfassend und auch im Hinblick auf bisher nicht aufgedeckte materielle Fehler überprüfen müssen. Werden solche Fehler durch das Gericht festgestellt, müssen sie im Rahmen der durch den Klageantrag gezogenen betragsmäßigen Grenzen mit anderen gegenläufigen Fehlern saldiert werden. Zwingende Folge hiervon ist aber, dass aufgrund der Saldierungspflicht die abschließende Entscheidung nur einheitlich und nach vollumfänglicher Prüfung ergehen kann, da erst ab diesem Zeitpunkt sicher feststeht, ob bzw. welche Saldierungsposten zur Verfügung stehen. Da alle Besteuerungsgrundlagen gemeinsam und untrennbar den einheitlichen Streitgegenstand bilden, ist trotz Entscheidungsreife hinsichtlich einzelner Besteuerungsgrundlagen kein selbständiger „Teil des Streitgegenstandes zur Entscheidung reif". Auch bei entscheidungsreifen Rechtsfragen über einzelne Besteuerungsgrundlagen darf das Gericht daher kein Teilurteil erlassen[85]. § 98 FGO ist in diesen Fällen unanwendbar, weshalb Teilurteilen in der Entscheidungspraxis der Finanzgerichte kaum Bedeutung zukommt[86].

---

84 BFH, Urteil v. 25.10.2010 – IV R 24/07, BFH/NV 2010, 1491 (1492).

85 BFH, Beschluss v. 17.7.1967 – GrS 1/66, BStBl II 1968, 344 (347) und zuletzt Urteil v. 25.10.2010 – IV R 24/07, BFH/NV 2010, 1491 (1492); *Bittner*, FGO, § 98 Rz 3; *Tipke* in Tipke/Kruse, § 98 FGO Rz 2; *Gräber*, DStR 1968, 491 (493); *Woerner*, BB 1968, 1030 (1032); *Rößler*, BB 1984, 204 (207); *Intemann*, DB 2008, 1005 (1007).

86 BFH, Beschluss v. 17.7.1967 – GrS 1/66, BStBl II 1968, 344 (347); Urteil v. 9.12.2003 – VI R 148/01, BFH/NV 2004, 527 (528); *Woerner*, BB 1968, 1030 (1032); *Schmidt-*

Hiervon zu unterscheiden ist der Fall, dass der Steuerpflichtige von vornherein nur einen Teil der Steuerfestsetzung angreift. Obwohl der Bundesfinanzhof für den Umfang der Anfechtung davon ausgeht, dass im Rahmen der Überprüfung der Rechtmäßigkeit der Steuerfestsetzung ein teilbarer Streitgegenstand vorliegt, weil ein Geldbetrag – vorliegend die Steuerschuld – stets teilbar sei[87], zieht das Gericht keine Parallele bei der Behandlung des Teilurteils. Vielmehr soll allein die Teilbarkeit der Steuerschuld für die Anwendung des § 98 FGO gerade nicht ausreichen[88].

Obwohl diese Differenzierung auf den ersten Blick spitzfindig oder gar befremdlich und widersprüchlich erscheint, ist ihr im Ergebnis beizupflichten. Bei der Teilanfechtung geht es um die Frage, in welchem Umfang der Steuerpflichtige die gerichtliche Überprüfung der Steuerfestsetzung eröffnet. Eine Entscheidung über sein Vorbringen bleibt auch dann sinnvoll, wenn nur über einen ausgewählten Teilsteuerbetrag entschieden wird. Daher kann der Steuerpflichtige mit seiner Anfechtung sein Rechtsschutzbegehren äußern und gegebenenfalls auch betragsmäßig beschränken. Ob er die Festsetzung insgesamt rügt oder sie mit besonderen Argumenten auf ein bestimmtes Begehren begrenzt, steht dabei in seinem Belieben. Nur im Umfang seines Antrags stellt er die Steuerfestsetzung zur Disposition des Gerichts. Dieses ist über § 96 I 2 FGO hieran gebunden. Mit seinem Klageantrag bestimmt und begrenzt der Kläger daher auch den Streitgegenstand.

Bei der Frage der Zulässigkeit eines Teilurteils stellt sich die Frage der Teilbarkeit dagegen in einem anderen Verfahrensabschnitt. Hier ist zu klären, ob innerhalb der Grenzen des vom Steuerpflichtigen geltend gemachten Klagebegehrens ein abgrenzbarer Teil des Streitgegenstands entscheidungsreif ist. Wie bereits dargelegt, kann der Steuerpflichtige mit einer Teilanfechtung den gerichtlichen oder behördlichen Prüfungsumfang nicht beeinflussen und einschränken. Bei der Entscheidung über die Anfechtung kommt der Steuerfestsetzung als einheitliches Ganzes daher eine besondere Bedeutung zu, die auf der Ebene der Anfechtung selbst noch keine Rolle spielt. Die Entscheidung darüber, ob die Steuerfestsetzung tatsächlich, d.h. im Ergebnis unzutreffend ist, kann erst nach ihrer vollständigen Überprüfung unter Berücksichtigung eventueller zu saldierender Fehler erfolgen. Trotz Teilbarkeit der festgesetzten Steuerschuld und einer dementsprechend möglichen partiellen Anfechtung durch den Steuer-

---

Troje/Schaumburg, Steuerrechtsschutz, Rz II-717; *Lange* in HHS, § 98 FGO Rz 10; *Tipke* in Tipke/Kruse, § 98 FGO Rz 1.

87 BFH, Urteil v. 8.2.1989 – II R 85/86, BStBl II 1990, 587 (588), m.w.N.

88 Vgl. auch *Lange* in HHS, § 98 FGO Rz 10 a.E.

pflichtigen folgt hieraus keineswegs auch die Teilbarkeit des finanzgerichtlichen Streitgegenstandes und damit die Möglichkeit eines Teilurteils nach § 98 FGO.

Teilurteile kommen in der finanzgerichtlichen Praxis daher insbesondere noch bei objektiver[89] (§ 43 FGO) oder eventueller Klagehäufung oder bei der gerichtlichen Überprüfung von Haftungsbescheiden (§ 191 AO) in Betracht. Auch die subjektive Klagehäufung (§ 59 FGO) kann die Möglichkeit eines Teilurteils gegenüber einzelnen Klägern eröffnen. Fehlt etwa einem der Kläger gegen einen Haftungsbescheid die erforderliche Klagebefugnis, kann ihm gegenüber vorab ein Teilurteil erlassen werden. Etwas anderes gilt nur, wenn es sich um einen Fall notwendiger Streitgenossenschaft handelt. Hier ist eine Vorabentscheidung gegenüber einzelnen Rechtsbehelfsführern ausgeschlossen, da eine Entscheidung allen Beteiligten gegenüber nur einheitlich ergehen kann[90].

b. *Folgerungen für die Teileinspruchsentscheidung*

Überträgt man die Rechtsprechung des Bundesfinanzhofs zur Zulässigkeit von Teilurteilen auf das Einspruchsverfahren und die Teileinspruchsentscheidung nach § 367 IIa AO, so verbliebe ebenfalls kaum ein praxisrelevanter Anwendungsbereich[91]. Gerade im Hinblick auf Einkommensteuerbescheide, die einen Großteil der Masseneinsprüche ausmachen, wäre aufgrund der Rechtsprechung die Vorabentscheidung über entscheidungsreife Rechtsfragen bezüglich unselbständiger Besteuerungsgrundlagen nicht möglich. Denn bei Anwendung dieses Rechtsgedankens könnte eine Teileinspruchsentscheidung mangels Teilbarkeit des Einkommensteuerbescheids nicht ergehen. Der vom Gesetzgeber mit der Einführung der Norm bezweckte Beschleunigungs- und Entlastungseffekt wäre im Bereich der Einkommensteuer faktisch nicht gegeben. Die Gesetzesbegründung geht dagegen von der Teilbarkeit des Einspruchs aus. Sie stellt dem entscheidungsreifen Teil ausdrücklich den nicht entscheidungsreifen Teil des Einspruchs gegenüber[92]. Mit der Einfügung des § 367 IIa AO sollte es nach der

---

89 Es scheint jedoch fraglich, ob bei Betroffenheit mehrerer Veranlagungszeiträume oder Steuerarten nach der zitierten Rechtsprechung tatsächlich noch von *einem* und nicht bereits von *mehreren* Streitgegenständen ausgegangen werden muss – ebenfalls kritisch *Gräber*, DStR 1968, 491 (493).

90 *Lange* in HHS, § 98 FGO Rz 12 ff.; *Tipke* in Tipke/Kruse, § 98 FGO Rz 2; *Schmidt-Troje* in Beermann/Gosch, § 98 FGO Rz 2; *Bittner*, FGO, § 98 Rz 1.

91 So auch *Intemann*, DB 2008, 1005 (1007) und *Krüger*, DStZ 2009, 810 (813).

92 BT-DrS 16/3368, S. 25; BMF, AEAO Nr. 6.1 zu § 367; vgl. auch FG Niedersachsen, Urteil v. 12.12.2007 – 7 K 249/07, EFG 2008, 1082 (1084) und *Balke*, NWB Fach 2, S. 9863 (9865).

Gesetzesbegründung den Finanzbehörden ermöglicht werden, entscheidungsreife von noch nicht entscheidungsreifen Rechtsfragen zu trennen und über erstere bereits vorab endgültig zu entscheiden. Auf die von der Regelung erfassten Verwaltungsakte geht die Begründung nicht konkret ein. Hieraus dürfte zu schließen sein, dass dem Gesetzgeber eine allgemeine und einheitliche Regelung für alle Arten von nach § 347 I AO anfechtbaren Steuerverwaltungsakten und ausnahmslos für alle Steuerarten vorschwebte. Der inhaltliche Regelungszusammenhang zur Zurückweisung durch Allgemeinverfügung nach § 367 IIb AO zeigt darüber hinaus deutlich, dass es dem Gesetzgeber bei den Ergänzungen des § 367 AO um die Bewältigung von Masseneinsprüchen ging. Aus dieser Zielrichtung lässt sich ebenfalls schließen, dass der Bereich der Einkommensteuerveranlagungen, auf den ein Großteil der Einspruchsverfahren zurückgeht, von den Neuregelungen zwingend erfasst sein sollte. Eine vergleichbare Aufgabe ist dem Teilurteil dagegen nicht zugedacht. Zwar soll es ebenfalls das Verfahren vereinfachen und beschleunigen[93], die Bewältigung von Massenverfahren spielt jedoch im Rahmen des gerichtlichen Individualrechtsschutzes keine Rolle.

Nach dem Telos der Norm und dem Willen des historischen Gesetzgebers ist daher eine Auslegung angezeigt, die die Möglichkeit von Teileinspruchsentscheidungen auch im Bereich der Einkommensteuer eröffnet[94]. Dementsprechend müsste auch im Rahmen von Einsprüchen gegen Einkommensteuerbescheide eine Teilbarkeit gegeben sein, sofern die steuerliche Behandlung eines konkreten Lebenssachverhalts bereits vorab gewürdigt werden kann.

Fraglich ist jedoch, ob einer solchen Auslegung die höchstrichterliche Rechtsprechung zum Teilurteil entgegen steht. Seine Rechtsprechung begründet der Bundesfinanzhof auch mit der nach §§ 40 II, 100 I FGO erforderlichen Rechtsverletzung aufgrund eines rechtswidrigen Verwaltungsakts[95]. Die Rechtswidrigkeit soll sich jedoch nicht nach der zutreffenden Würdigung einzelner Besteuerungsgrundlagen richten, sondern nur gegeben sein, wenn der in dem angefochtenen Bescheid letztendlich festgesetzte Steuerbetrag nicht dem Gesetz entspricht. Eine weitgehend vergleichbare Regelung enthält jedoch auch § 350 AO für das Verwaltungsverfahren. Hiernach besteht die Einspruchsbefugnis nur, wenn eine Beschwer durch den angefochtenen Verwaltungsakt geltend gemacht wird. Auch im Rahmen des Einspruchsverfahrens ist dabei unstreitig,

93 *Lange* in HHS, § 98 FGO Rz 3.

94 Im Ergebnis ebenso, jedoch ohne sich mit der Problematik auseinanderzusetzen *Intemann*, DB 2008, 1005 (1007); *Krüger*, DStZ 2009, 810 (813); *Pahlke*/König, § 367 AO Rz 65; *Seer* in Tipke/Kruse, § 367 AO Rz 61.

95 BFH, Beschluss v. 17.7.1967 – GrS 1/66, BStBl II 1968, 344 (347).

dass sich die Beschwer allein auf die festgesetzte Steuer, nicht auf die zugrunde liegende Begründung bezieht[96]. Eine endgültige Entscheidung über die Rechtmäßigkeit des angefochtenen Bescheids kann – im Hinblick auf eine ggf. erforderliche Fehlersaldierung – demnach auch im Einspruchsverfahren erst nach vollumfänglicher Überprüfung des Bescheides ergehen, was für den Bereich der Einkommensteuer die Möglichkeit der Teileinspruchsentscheidung tatsächlich ausschließen würde.

Es stellt sich also die Frage, warum eine Teilbarkeit und damit auch eine Teilentscheidung im Verwaltungsverfahren anders als im finanzgerichtlichen Verfahren möglich sein sollte. Ein solches Ergebnis wäre nur zu rechtfertigen, wenn sich aufgrund des konkreten Gesetzeswortlauts oder den Besonderheiten des Einspruchsverfahrens Abweichungen vom finanzgerichtlichen Verfahren ergeben.

In systematischer Hinsicht besteht der Unterschied zwischen den beiden Verfahrensabschnitten insbesondere darin, dass es sich beim Einspruchsverfahren immer noch um ein (verlängertes) Verwaltungsverfahren handelt, während das gerichtliche Verfahren bereits einen Parteiprozess darstellt. Daher sind die Finanzbehörden, anders als die Gerichte, auch nicht an das Klagebegehren gebunden und haben die Möglichkeit, die Steuerfestsetzung – nach entsprechendem Hinweis – zu verbösern. Aus ihrer janusköpfigen Verfahrensposition einerseits als Verfahrensbeteiligte und andererseits als entscheidende Stelle erwachsen den Finanzbehörden im Einspruchsverfahren weitreichende Befugnisse. Dies erklärt, warum dem Begehren des Einspruchsführers eine geringere Bedeutung zukommt als dem Klageantrag im finanzgerichtlichen Verfahren. Damit spielt auch der hiermit in unmittelbarem Zusammenhang stehende Streitgegenstand eine weitaus weniger zentrale Rolle für die im Einspruchsverfahren zu treffende Entscheidung. Sofern der Bundesfinanzhof seine strenge Auffassung im Bereich des § 98 FGO mit der fehlenden Teilbarkeit des Streitgegenstands im gerichtlichen Verfahren begründet, kann diesem Argument daher für die Möglichkeit von Teileinspruchsentscheidungen nicht dieselbe entscheidende Bedeutung zukommen.

Auch in sprachlicher Hinsicht hat sich der Normgeber des § 367 IIa AO bzgl. der Teilbarkeit deutlich von der entsprechenden Formulierung beim Teilurteil abgesetzt. Anders als § 98 FGO oder der wortgleiche § 110 VwGO stellt § 367 IIa AO bei der Teileinspruchsentscheidung nicht mehr auf die Entscheidungsreife des „Streitgegenstands" ab. Die Norm sieht eine Vorabentscheidung schlicht über „Teile des Einspruchs" vor. Zwar wird weiterhin die Teilbarkeit vorausgesetzt, wel-

96 BFH, Urteil v. 26.9.1952 – III 134/52 U, BStBl III 1952, 289 (290); Klein/*Gersch*, § 350 AO Rz 5; *Birkenfeld* in HHS, § 350 AO Rz 86; vgl. auch BMF, AEAO Nr. 1 zu § 350.

cher Art sie ist, bleibt jedoch offen[97]. Unter Zugrundelegung des Normzwecks liegt es nahe, dass die problematische Anknüpfung an den Streitgegenstand gerade vermieden werden sollte. Anders als der eng gefasste § 98 FGO beinhaltet § 367 IIa AO die behördliche Befugnis, die Teilbarkeit des Einspruchs anhand anderer geeigneter Kriterien zu bestimmen. Da die Norm darauf abzielt, einzelne Streitfragen herauszulösen und einer Entscheidung zuzuführen, kommt den Besteuerungsgrundlagen, an denen sich der Streit entzündet, eine besondere Bedeutung zu. Jeder Streitentscheidung hinsichtlich einzelner Besteuerungsgrundlagen kann eine konkrete Steuerauswirkung zugeordnet werden, welche sich im Tenor des Bescheides auf die festzusetzende Steuer unmittelbar auswirkt. Das ist die Steuer, um die die Steuerfestsetzung ermäßigt werden müsste, wenn der Einspruch insoweit Erfolg hätte. Hat aber jede Streitfrage eine Komplementärgröße in einem entsprechenden Steuerfestsetzungsbetrag, so sollte an diesen Teilsteuerbetrag angeknüpft werden. Ein Problem mit der Teilbarkeit besteht dann nicht, da dieser nach höchstrichterlicher Rechtsprechung regelmäßig teilbar ist[98].

Eine solche Anknüpfung an einen Teilsteuerbetrag zur Bestimmung der Teilbarkeit kommt jedoch nur in Frage, wenn die entsprechenden Streitfragen, d.h. die konkrete rechtliche Behandlung einzelner Besteuerungsgrundlagen überhaupt Teil des Einspruchsverfahrens sind. Dies ist keinesfalls selbstverständlich, da die im Rahmen der zur Zulässigkeit erforderliche Beschwer nur auf die Höhe der festgesetzten Steuer abstellt. Auch wenn die der Steuerfestsetzung zugrunde liegenden Besteuerungsgrundlagen nicht selbständig anfechtbar sind, bilden sie jedoch nach § 157 II AO „Teil(e) des Steuerbescheids“. Richtet sich der Einspruch nunmehr richtigerweise gegen den Steuerbescheid mit der Steuerfestsetzung, so bilden die Angriffe gegen die Rechtmäßigkeit der einzelnen Besteuerungsgrundlagen auch Teile des Einspruchs i.S.v. § 367 IIa AO[99]. Darüber hinaus betrifft die Teileinspruchsentscheidung – anders als § 157 II AO – auch nicht die Frage der selbständigen Anfechtbarkeit einzelner Besteuerungsgrundlagen. Während § 157 II AO die Anfechtung und ihren Umfang bestimmt, betrifft § 367 IIa AO bereits die Entscheidungsphase und damit ein anderes, fortgeschrittenes Verfahrensstadium. Regelungsgehalt der Teileinspruchsentscheidung ist die vom Gesetzgeber bewusst geschaffene Möglichkeit, im Interesse einer effizienten Einspruchserledigung hinsichtlich des angefochtenen Bescheides eine abschließen-

---

97 *Bartone* in Beermann/Gosch, § 367 AO Rz 51.

98 BFH, Beschluss v. 23.10.1989 – GrS 2/87, BStBl II 1990, 327 (330); Urteil v. 8.2.1989 – II R 85/86, BStBl II 1990, 587 (588) – vgl. auch die vorstehenden Ausführungen bei B.I.2.a.

99 *Birkenfeld* in HHS, § 367 AO Rz 515 f.

de Vorabentscheidung zu treffen, sofern der konkrete Lebenssachverhalt eine Teilbarkeit ermöglicht[100]. Aufgrund der unterschiedlichen Regelungsmaterien steht § 157 II AO in keinem unmittelbaren Zusammenhang mit der Teileinspruchsentscheidung und der Teilbarkeit des Einspruchs folglich nicht entgegen[101]. Eine sachgerechte Auslegung ergibt daher, dass im Rahmen des § 367 IIa AO von einer Teilbarkeit im Sinne der Norm auszugehen ist, wenn die Entscheidung über die steuerrechtliche Behandlung eines konkreten Lebenssachverhaltes in einer konkreten steuerlichen Auswirkung resultiert. Eine Teileinspruchsentscheidung kann somit eine oder mehrere vorgreifliche, nicht aber sämtliche Teilentscheidungen betreffen, auf denen der Entscheidungssatz des angefochtenen Verwaltungsakts beruht.

Auch ein Blick auf eine andere Entscheidungsmöglichkeit im Einspruchsverfahren zeigt, dass innerhalb des Einspruchsverfahrens auch schon bisher auf die Teilbarkeit des zugrundeliegenden Steueranspruchs abgestellt wurde. Gegen eine Übernahme der Rechtsprechung zum Teilurteil kann auf die im Einspruchsverfahren anerkannte Möglichkeit der Teilabhilfe[102] verwiesen werden. Aufgrund der gesetzlichen Regelung in § 367 II 3 AO ist eine Einspruchsentscheidung nur erforderlich, soweit dem Einspruch nicht abgeholfen wird. Entschließt sich die Finanzbehörde dagegen dem Rechtsschutzbegehren (teilweise) stattzugeben, kann dies auch durch einfachen (Teil-)Abhilfebescheid geschehen. Anders als die Teileinspruchsentscheidung beendet er das Rechtsbehelfsverfahren zwar nicht, sondern wird über § 365 III AO zum Gegenstand des laufenden Einspruchsverfahrens. Eines erneuten Einspruchs bedarf es insoweit nicht. Bei der Teilabhilfe handelt es sich daher systematisch um keine abschließende Entscheidung. Sie beruht letztlich auf § 172 I Nr. 2a AO und kommt ebenfalls nur in Frage, wenn es sich um einen teilbaren Verwaltungsakt handelt, der in Teilentscheidungen aufgespalten werden kann[103]. Teilabhilfebescheide kommen jedoch ebenfalls bereits in Betracht, wenn dem Einspruchsbegehren teilweise und im Hinblick auf einen abgrenzbaren Teil des Sachverhalts stattgegeben werden soll. Auch hier soll der Festsetzung eines Geldbetrages bzw. einer Steuer diese Teilbarkeit zukommen. Eine Vergleichbarkeit mit der Teileinspruchsentscheidung drängt sich in diesem Punkt daher auf.

---

100 *Steinger*, DStZ 2008, 674 (678).

101 *Steinger*, DStZ 2008, 674 (678); ebenso *Krüger*, DStZ 2009, 810 (814).

102 Vgl. zur Teilabhilfe BFH, Urteil v. 6.9.2006 – XI R 51/05, BStBl II 2007, 83; *Birkenfeld* in HHS, § 367 AO Rz 390 ff.

103 *Birkenfeld* in HHS, § 367 AO Rz 391; *Jesse*, Einspruch, Teil B Rz 692; *Birkenfeld/Daumke*, Rechtsbehelfsverfahren, V 19 ff.

Der finanzgerichtliche Streitgegenstandsbegriff findet zur Bestimmung der Teilbarkeit im Einspruchsverfahren mithin keine Anwendung. Abzustellen ist allein auf den der Entscheidung zu Grunde liegenden Teilsteueranspruch. Teilbarkeit ist daher gegeben, soweit im Rahmen der steuerlichen Würdigung eines konkreten Lebenssachverhalts einzelne Besteuerungsgrundlagen oder voneinander unabhängige Feststellungen betroffen sind[104].

Mit der Einführung der Teileinspruchsentscheidung hat der Gesetzgeber damit den Finanzbehörden die Möglichkeit eröffnet, auch im Bereich der Einkommensteuer über ausgewählte Streitpunkte vorab und abschließend zu entscheiden. Die strenge Rechtsprechung des Bundesfinanzhofs zum Teilurteil steht einer Vorabentscheidung im Einspruchsverfahren nicht entgegen, sofern die isolierte steuerliche Würdigung einzelner Besteuerungsgrundlagen mit der Festsetzung eines bestimmten Teilsteueranspruchs in Verbindung zu bringen ist. § 367 IIa AO räumt den Finanzbehörden einen größeren Spielraum bei Teilentscheidungen ein als die Parallelnorm des § 98 FGO den Finanzgerichten. Gerade aufgrund des klaren gesetzgeberischen Willens und der andersartigen Gesetzesformulierung kommt dem einheitlichen Streitgegenstand des steuergerichtlichen Verfahrens daher für die Frage der Teilbarkeit einer Einspruchsentscheidung keine Bedeutung zu. Die Herauslösung einzelner Besteuerungsgrundlagen als Bestandteile eines Einspruchs ist daher zulässig.

c. *Kritik*

Obwohl die vorstehenden Ausführungen zeigen, dass dem Willen des Gesetzgebers im Rahmen einer sachgerechten Auslegung Rechnung getragen werden kann, so darf dies nicht darüber hinwegtäuschen, dass die gesetzliche Anordnung der Teilbarkeit der Einspruchsentscheidung von der bisherigen gesetzlichen Regelungssystematik abweicht. Die strenge Rechtsprechung des Bundesfinanzhofs zum Teilurteil im finanzgerichtlichen Verfahren steht im Einklang mit dem (allein[105]) für das Einspruchsverfahren vorgesehenen Grundsatz der Vollüberprüfung. Eine Entscheidung kann danach erst nach vollständiger Überprüfung des angefochtenen Verwaltungsakts erfolgen. Soweit der Gesetzgeber nun ausdrücklich die Vorabentscheidung im Verwaltungsverfahren vorsieht, leitet er

104 Im Ergebnis ebenso *Intemann*, DB 2008, 1005 (1007); *Steinger*, DStZ 2008, 674 (678); *Dumke* in Schwarz, § 367 AO Rz 65; *Pahlke*/König, § 367 AO Rz 65 oder *Seer* in Tipke/Kruse, § 367 AO Rz 61.

105 Durch die Gerichte findet ebenfalls grds. eine umfängliche Überprüfung statt, aufgrund des Dispositionsgrundsatzes aber nur im Rahmen des Klägerantrags.

hiermit in einem ersten Schritt die Abkehr von diesem Grundsatz ein. Die Gesetzesänderung kann nur dahingehend verstanden werden, dass die gesetzlich vorgesehene Vollüberprüfung in ihrer bisherigen Form modifiziert und außer Kraft gesetzt wird, sofern und soweit der Anwendungsbereich der Teileinspruchsentscheidung eröffnet ist und von ihr Gebrauch gemacht wird. Der Gesetzgeber ermöglicht nun erstmals eine abschließende Entscheidung über Teilaspekte bereits zu einem Zeitpunkt, indem die Rechtmäßigkeit des übrigen Teils noch gar nicht feststeht. Auch die Begründetheit des Einspruchs insgesamt ist damit noch offen. Die Würdigung der übrigen Streitfragen bleibt der abschließenden Entscheidung vorbehalten. Insgesamt erfährt der angefochtene Verwaltungsakt also weiterhin eine umfassende Überprüfung[106]. Allerdings wird die einheitliche und konzentrierte Vollüberprüfung zugunsten einer sukzessiven Prüfung einzelner Teilbereiche aufgegeben, an deren Ende dennoch – theoretisch – eine umfassende Prüfung steht. Anders als bei einer zusammengefassten Vollüberprüfung besteht im Hinblick auf die verbleibenden Saldierungsmöglichkeiten jedoch ein deutlich geringerer Spielraum, wenn die Teileinspruchsentscheidung auch stattgebende (steuermindernde) Elemente enthält. Zudem besteht die Gefahr, dass es – insbesondere bei mehreren aufeinander folgenden Teileinspruchsentscheidungen[107] – zu einer Verfahrenszersplitterung kommen kann.

Offensichtlich wird die angesprochene Problematik der sukzessiven Überprüfung, wenn dem Steuerpflichtigen von der bei § 19 EStG begehrten Steuerminderung von EUR 4.000 im Wege der Teileinspruchsentscheidung eine Minderung von nur EUR 2.000 zugesprochen wird, die übrigen geltend gemachten Werbungskosten aber zurückgewiesen werden. Nach Bestandskraft der Teileinspruchsentscheidung stellt sich im übrigen Verfahren heraus, dass aufgrund eines Rechtsfehlers nicht abziehbare Betriebsausgaben mit einem Steuerminderungspotential von ebenfalls EUR 2.000 fälschlicherweise anerkannt wurden. Im Rahmen einer einheitlichen Vollüberprüfung wären die gegenläufigen Fehler zu saldieren gewesen, eine Änderung wäre nicht erfolgt. Aufgrund der bereits bestandskräftigen Teileinspruchsentscheidung ist die Steuerminderung von EUR 2.000 bereits definitiv geworden, aufgrund der Vorabentscheidung steht nun kein saldierungsfähiger gegenläufiger Fehler mehr zur Verfügung. Die eigentlich erforderliche Steuererhöhung um den gleichen Betrag steht nun plötzlich unter dem Vorbehalt des Verböserungshinweises. – Bei einer reinen Zurückweisung mittels Teileinspruchsentscheidung ohne Änderung (d.h. Minderung) der festgesetzten Steuer besteht diese Problematik nicht.

---

106 Ebenso *Steinger*, DStZ 2008, 674 (677) und FG Hamburg, Urteil v. 17.8.2009 – 5 K 208/08, EFG 2010, 374 (375).

107 Zu dieser Möglichkeit vgl. *Birkenfeld* in HHS, § 367 AO Rz 502 und *Jesse*, Einspruch, Teil B Rz 712.

Andererseits ist zu berücksichtigen, dass auch nach der bisherigen Systematik von einer Teilbarkeit des Einspruchs ausgegangen wurde und daher nicht in jedem Fall eine konzentrierte Vollüberprüfung stattfand. Auch bisher schon konnte die Teilabhilfe je nach Sachlage die Festsetzung einer unzutreffenden Steuer begünstigen.

Wird in einem Teilbereich dem auf Steuerminderung gerichteten Einspruchsbegehren durch Teilabhilfe i.H.v. EUR 1.000 stattgegeben, stellt sich später aber heraus, dass die übrige Steuerfestsetzung um EUR 1.500 zu niedrig erfolgte, so kann der angefochtene bzw. der nach § 365 III AO an seine Stelle getretene Änderungsbescheid zwar theoretisch insgesamt noch geändert und angepasst werden, um die materiell zutreffende Steuer festzusetzen. Allerdings muss das Finanzamt den Steuerpflichtigen vorab auf die beabsichtigte Verböserung hinweisen[108]. Dies wird im Regelfall dazu führen, dass der Einspruchsführer sich mit der Teilabhilfe zufrieden gibt und er sich der für ihn nachteiligen weiteren Änderung durch Einspruchsrücknahme entziehen wird. Eine konzentrierte Vollüberprüfung und eine einheitliche Einspruchsentscheidung hätten dagegen bei Saldierung zu einer Steuererhöhung von EUR 500 geführt. Wäre der Steuerpflichtige der drohenden nachteiligen Änderung ebenfalls durch Rücknahme des Einspruchs entgangen, wäre es zumindest bei der ursprünglichen Steuerfestsetzung geblieben. Diese wäre zwar immer noch nicht zutreffend gewesen, jedoch um EUR 1.000 näher an der gesetzlichen Steuerlast gewesen, als es aufgrund der vorgezogenen Teilabhilfe der Fall war.

Das Beispiel zeigt, dass vor allem übereilte Teilabhilfen zugunsten des Steuerpflichtigen die Festsetzung der materiell-rechtlich geschuldeten Steuer vereiteln können. Die Zersplitterung von Rechtsbehelfsentscheidungen bezüglich einheitlicher Steuerbescheide kann demnach dazu führen, dass Saldierungsmöglichkeiten aufgrund gegenläufiger Fehler zugunsten einer an höhere verfahrensrechtliche Anforderungen geknüpften Verböserungsmöglichkeit aufgegeben werden. Für die Finanzverwaltung bedeutet dies, bei Vorabentscheidungen erhöhte Sorgfalt walten zu lassen. Dies gilt vor allem bei Vorabentscheidungen, die – sei es als Teilabhilfe oder als Teileinspruchsentscheidung – zu einer Minderung der Steuerlast führen.

Aus dogmatischer wie fiskalischer Sicht wäre ein striktes Festhalten an der konzentrierten Vollüberprüfung und eine Verneinung der Teilbarkeit daher sicherlich vorzugswürdig. Eine umfassende und einheitliche Selbstüberprüfung bietet die größtmögliche Gewähr für die Festsetzung der materiell-rechtlich zu-

---

108 Unterstellt, dass keine eigenständigen Korrekturregeln greifen. Zur Möglichkeit der Verböserung nach Teilabhilfe vgl. BFH, Urteil v. 6.9.2006 – XI R 51/05, BStBl II 2007, 83.

treffenden Steuer. Auch unter dem Gesichtspunkt der Herstellung von Belastungsgleichheit und der Wahrung des Leistungsfähigkeitsprinzips[109] erscheint sie daher vorzugswürdig. Allerdings ermöglichte es auch die bisherige Gesetzessystematik den Finanzbehörden bereits, durch Teilabhilfen umfassende Korrektur- und Saldierungsmöglichkeiten zu verwässern. Zudem ist den Anforderungen an eine Vollüberprüfung in der täglichen Veranlagungspraxis kaum noch Rechnung zu tragen. Die hohe Arbeitsbelastung und Fallzahl in den Finanzämtern und Rechtsbehelfsstellen führen bereits jetzt dazu, dass die Steuerfestsetzung im Regelfall nur im Hinblick auf die konkret gerügten Punkte überprüft wird[110].

Die abschließende Vorabentscheidung über einzelne Streitpunkte stellt im bisherigen Regelungsgefüge der Abgabenordnung einen Fremdkörper dar, trägt aber den praktischen Bedürfnissen Rechnung und ist daher grundsätzlich zu begrüßen. Es ist jedoch zu befürchten, dass der gesetzgeberische Reformwille nicht beherzt genug umgesetzt wurde. Das Nebeneinander von Vollüberprüfungsgrundsatz und punktueller Vorabentscheidung lässt eine klare Linie vermissen und führt – wie noch zu zeigen sein wird – bei der Anwendung der Normen zu erheblichen Unklarheiten und Reibungsverlusten. Die Einfügung des § 367 IIa AO kann daher nur als ein erster Reformansatz verstanden werden.

Unverständlich ist zudem, weshalb die Legislative einen solchen Paradigmenwechsel nicht offenlegt und klar und deutlich in der Norm zum Ausdruck bringt. So wäre es wünschenswert gewesen, hinsichtlich der Voraussetzungen für eine Teilbarkeit des Einspruchs einen eindeutigen Aufteilungsmaßstab oder Anknüpfungspunkt zu kodifizieren. Jedenfalls in der Gesetzesbegründung hätte es nahegelegen, auch das Verhältnis der Neuregelung zum Anwendungsbereich der Gesamtüberprüfung zu klären. Auch eine deutliche Positionierung des Bundesfinanzhofs zum genauen Verhältnis zwischen der Teilbarkeit einer Entscheidung im Einspruchs- und im finanzgerichtlichen Verfahren hätte zur Aufklärung beitragen können. Stattdessen hat er sich in den bisherigen Entscheidungen zur Teilbarkeit zu diesem Punkt nicht geäußert[111].

---

109 Zur Konkretisierung des Leistungsfähigkeitsprinzips und seinen Restriktionen vgl. *Lang*, FS Kruse, S. 313 (326 ff.); *ders.*, DStJG 24 (2001), S. 49 (55 ff.). Ausführlich auch *Kirchhof*, StuW 1985, 319 ff. und *Tipke*, StRO I, S. 479 ff. Zur Ableitung aus dem Sozialstaatsprinzip vgl. auch *Bauersfeld*, Verbandslast, S. 126 f., m.w.N.

110 Vgl. auch *Seer* in Tipke/Kruse, § 367 AO Rz 11. Zum derzeitigen Risiko-Management der Finanzverwaltung vgl. *Seer*, DStJG 31 (2008), 1 (29 ff.) und *Schmidt*, DStJG 31, (2008), 37 (43 ff.) sowie bereits *Eckhoff*, StuW 1996, 107 (115 f.).

111 BFH, Urteil v. 30.9.2010 – III R 39/08, BStBl II 2011, 11 (17 f.) – kritischer noch die Vorinstanz, vgl. FG Niedersachsen, Urteil v. 12.12.2007 – 7 K 249/07, EFG 2008,

3. Das Tatbestandsmerkmal der Sachdienlichkeit

Das einzige und daher gewichtige und zugleich hochstreitige Tatbestandsmerkmal des § 367 IIa AO ist die Sachdienlichkeit. Die Entscheidung ist rechtsfehlerhaft, wenn diese Voraussetzung auf Tatbestandsebene nicht vorhanden ist[112]. Differenzen bestehen vor allem darüber, wessen Interessen im Rahmen der Sachdienlichkeit vordringlich zu berücksichtigen sind. Kernpunkt des Streits ist die Frage, ob es sachdienlich im Sinne der Norm ist, wenn dem Steuerpflichtigen durch Erlass einer zeitnahen Teileinspruchsentscheidung die Möglichkeit genommen wird, den Eintritt der Bestandskraft des angefochtenen Steuerbescheids weitestgehend zu verhindern.

Die Auseinandersetzung mit dieser Problematik darf jedoch nicht den Blick auf die übrigen Aspekte im Zusammenhang mit diesem Tatbestandsmerkmal verstellen. Da die Teileinspruchsentscheidung von nur wenigen Voraussetzungen abhängig ist, wird eine Reihe von Argumenten und gegenläufigen Interessen im Rahmen der Sachdienlichkeit zu berücksichtigen sein. Die Sachdienlichkeit wird damit zu einer Art Schaltstelle für die Rechtmäßigkeit der Teileinspruchsentscheidung.

a. Zweckrichtung des Einspruchsverfahrens

Die Teileinspruchsentscheidung stellt eine wesentliche Neuerung in der Systematik des Einspruchsverfahrens dar und soll den Finanzbehörden die nötige Flexibilität bei einer effektiven Bearbeitung der Rechtsbehelfe ermöglichen, ohne den Rechtsschutz des Steuerbürgers zu beschneiden. Um die sich aufgrund dieses Spannungsverhältnisses im Rahmen der Sachdienlichkeit ergebenden konträren Zielsetzungen im Folgenden besser verorten zu können, ist es erforderlich, die dem Einspruchsverfahren zugedachten Aufgaben zu kennen.

Das Einspruchsverfahren erfüllt mehrere Zwecke. Durch die zwingende Vorschaltung vor ein gerichtliches Verfahren kommt ihm eine Filterfunktion zu, die verhindern soll, dass die Finanzgerichte mit Rechtsbehelfen überschwemmt werden[113]. Es stellt die Fortsetzung des Veranlagungsverfahrens dar, welches erst

---

1082 (1084), welche im Streitfall die Teilbarkeit verneinte. Wie der BFH bereits FG Düsseldorf, Beschluss v. 23.6.2009 – 11 V 1839/09 A (F), EFG 2009, 1817 (1817).

112 *Birkenfeld* in HHS, § 367 AO Rz 508.

113 *Seer* in Tipke/Lang, § 22 Rz 9; *Bartone* in Beermann/Gosch, vor §§ 347-368 AO, Rz 13; *Bilsdorfer/Morsch/Schwarz*, Handbuch, S. 32; *Günther*, AO-StB 2008, 280 (280).

mit Erlass der Einspruchsentscheidung zum Abschluss gebracht wird[114]. Ausfluss und Folge dieser Kategorisierung ist folgerichtig die Kostenfreiheit des Einspruchsverfahrens[115]. Die Rechtsnatur als Verwaltungsverfahren führt zudem zu erheblichen Unterschieden im Vergleich zum finanzgerichtlichen Verfahren. Anders als die Gerichte ist die zur Entscheidung berufene Verwaltungsbehörde an Verwaltungsvorschriften[116] gebunden[117].

Das außergerichtliche Rechtsbehelfsverfahren ermöglicht zudem eine Selbstkontrolle der Verwaltung. Ziel ist es, der Behörde die Möglichkeit zu eröffnen, sich im Rahmen einer letzten Überprüfung Gewissheit darüber zu verschaffen, ob der – häufig in einem Massenverfahren ergangene – Steuerbescheid tatsächlich geltendem Recht entspricht und ob er der Kontrolle durch ein Gericht anheimgestellt werden soll[118]. In Anbetracht der erheblichen Arbeitsbelastung in den Veranlagungsbezirken der Finanzämter muss jedoch wohl davon ausgegangen werden, dass in vielen Fällen erstmals im Rahmen des Einspruchsverfahrens eine eingehende und ordnungsgemäße Befassung mit dem Steuerfall erfolgt[119]. Insbesondere im Bereich der Ermessensnormen oder Billigkeitsmaßnahmen führt die mit dem Einspruch einhergehende Überprüfung zu einer gewissen Vereinheitlichung der Rechtsanwendung innerhalb der Behörde[120]. Die weitgehende Einführung gesonderter Rechtsbehelfsstellen in den Finanzämtern ermöglicht es, im Rahmen der Vollüberprüfung konkrete Ermessensentscheidungen einzelner Veranlagungsbezirke aufzuheben und anhand einheitlicher Kriterien auszurichten. Ausfluss der Selbstkontrolle und der Fortführung des Verwaltungsverfahrens ist die gesetzlich angeordnete Vollüberprüfung. Mit Einlegung des Einspruchs soll die Finanzbehörde (erneut) in die Prüfung des Falles unter allen Gesichtspunkten eintreten. Wie beim Ausgangsbescheid können sowohl alle rechtserheblichen als auch zweckdienlichen Überlegungen angestellt werden.

---

114 *Stolterfoht*, DStJG 18 (1995), 77 (84); vgl. auch BT-DrS. VI/1982, S. 187 und BT-DrS. VII/4292, S. 8; *Seer* in Tipke/Kruse, vor § 347 AO, Rz 17, 24.

115 Klein/*Brockmeyer*, vor §§ 347 ff. AO, Rz 4; *Stolterfoht*, DStJG 18 (1995), 77 (99); *Streck*, Steuerstreit, Rz 389.

116 In Betracht kommen z.B. Richtlinien, BMF-Schreiben, Erlasse oder OFD-Verfügungen.

117 *Seer* in Tipke/Lang, § 22 Rz 10.

118 *Stolterfoht*, DStJG 18 (1995), 77 (88).

119 *Stolterfoht*, DStJG 18 (1995), 77 (100); *Streck*, Steuerstreit, Rz 388; *Steinhauff* in HHS, § 44 FGO, Rz 44; *Lüdicke*, Kostenerstattungsansprüche, 1986, S. 51 ff. – *Steinbeiß-Winkelmann/Ott*, NVwZ 2011, 914 (916) sprechen gar von einer Art „Reparaturbetrieb".

120 *Bilsdorfer/Morsch/Schwarz*, Handbuch, S. 32.

Dagegen steht im finanzgerichtlichen Verfahren der individuelle Rechtsschutz im Vordergrund, was für das Gericht eine Bindung an das Klagebegehren gem. § 96 I 2 FGO zur Folge hat.

Dennoch dient auch das Einspruchsverfahren dem Rechtsschutz des Steuerpflichtigen[121]. Er allein kann das Verfahren in Gang setzen und durch Rücknahme nach § 362 AO jederzeit wieder beenden und so über die Durchführung der Überprüfung bestimmen. Auch wenn aufgrund von Art. 92 GG die rechtsprechende Gewalt allein den Richtern anvertraut ist, spricht dies nicht gegen die Rechtsschutzfunktion auch schon des außergerichtlichen Rechtsbehelfsverfahrens[122]. Denn die Finanzämter können dem Steuerpflichtigen auf dessen Einspruch hin ebenfalls effektiv Schutz vor gesetzeswidriger Besteuerung bieten, auch wenn hierin kein gerichtlicher Rechtsschutz liegt[123]. Gegenüber dem finanzgerichtlichen Verfahren bietet das weniger formale Einspruchsverfahren insbesondere den Finanzbehörden mehr Handlungsmöglichkeiten und ist wesentlich flexibler ausgestaltet[124], was sich auch in der uneingeschränkten Überprüfungs- und Korrekturmöglichkeit von Ermessensentscheidungen niederschlägt[125].

Schlagwortartig lassen sich die wesentlichen Funktionen des außergerichtlichen Rechtsbehelfsverfahrens zu den Kernpunkten Entlastung der Gerichte, Selbstüberprüfung der Verwaltung und Rechtsschutz des Steuerpflichtigen zusammenfassen. In der Praxis hat sich das Einspruchsverfahren bewährt und konnte viele der zugrunde gelegten Zwecke und Erwartungen erfüllen. Im Hinblick auf seine Filterfunktion sind die Erfolge besonders deutlich geworden[126].

b. Intention bei der Einführung der Teileinspruchsentscheidung

Im Rahmen der vorskizzierten allgemeinen Zwecke des Einspruchsverfahrens kommt der Teileinspruchsentscheidung eine besondere Bedeutung zu. Um das bisherige Regelungsdefizit in der Abstimmung zwischen gesetzlicher Verfah-

---

121 *Birkenfeld* in HHS, vor § 347 AO, Rz 7; *Seer* in Tipke/Lang, § 22 Rz 9; *ders.* in Tipke/Kruse, vor § 347 Rz 10; *Bilsdorfer/Morsch/Schwarz*, Handbuch, S. 32; *Pelka*, FS Lang, S. 981 (989) – ablehnend *Stolterfoht*, DStJG 18 (1995), 77 (85).

122 So aber *Stolterfoht*, DStJG 18 (1995), 77 (85).

123 *Seer* in Tipke/Kruse, vor § 347 Rz 10; *Pelka*, FS Lang, S. 981 (989).

124 *Bilsdorfer/Morsch/Schwarz*, Handbuch, S. 31.

125 Im Gegensatz zu § 5 AO schränkt § 102 FGO diese Möglichkeit für weite Bereiche ein; vgl. auch *Seer* in Tipke/Kruse, vor § 347 Rz 10 und *Bilsdorfer/Morsch/Schwarz*, Handbuch, S. 31.

126 *Tipke* in Tipke/Kruse, vor § 347 Rz 12, *Bilsdorfer/Morsch/Schwarz*, Handbuch, S. 32; *Streck*, Steuerstreit, Rz 393.

rensruhe und einheitlicher Vollüberprüfung zu beheben und künftig trotz anhängiger Musterverfahren mit Breitenwirkung eine flächendeckende Blockade beim Abschluss von Einspruchsverfahren zu verhindern, hat sich der Gesetzgeber entschlossen, den Handlungsspielraum der Finanzbehörden erheblich zu erweitern. Durch die Einführung der Teileinspruchsentscheidung sollen sie die Möglichkeit erhalten, das Einspruchsverfahren in Teilen vorab zu beenden, wenn ein Teil des Einspruchs entscheidungsreif ist, während über einen anderen Teil des Einspruchs zunächst nicht entschieden werden soll oder kann[127]. Das Einspruchsverfahren soll folglich auf die tatsächlich streitigen Punkte beschränkt und ansonsten zügig beendet werden.

Die Beschleunigungsfunktion und die Herbeiführung einer zeitnahen Entscheidung spielen somit eine zentrale Rolle auch bei der Bestimmung der Sachdienlichkeit. Der Erlass einer Teileinspruchsentscheidung zielt damit nach der Vorstellung des Gesetzgebers auf eine Abschichtung der Rechtsprobleme ab.

c. *Begriff der Sachdienlichkeit*

Der Gesetzgeber hat die Möglichkeit einer Teileinspruchsentscheidung davon abhängig gemacht, dass diese sachdienlich ist. Eine nähere Erläuterung oder Regelfälle, in denen Sachdienlichkeit anzunehmen ist, enthält das Gesetz nicht. Zu klären ist demnach, welche Fälle erfasst und welche Interessen abgewogen werden müssen.

Der Wortlaut gibt für die Auslegung des Begriffs der Sachdienlichkeit wenig her. Allgemein wird etwas für sachdienlich gehalten, wenn es einer Sache dienlich oder nützlich ist[128], also ihr Zweck gefördert wird. Der Anwendungsbereich ist demnach denkbar weit und nicht auf konkrete Sachverhalte begrenzt. Klar wird aber, dass die Sachdienlichkeit ein Bezugsobjekt erfordert, dessen Zweck gefördert werden soll. Das Bezugsobjekt der Sachdienlichkeit im Rahmen von § 367 IIa AO wird nicht ausdrücklich benannt. Unter Berücksichtigung der vorstehend dargestellten Intention des Gesetzgebers, kann nur die Förderung und Beschleunigung des außergerichtlichen Rechtsbehelfsverfahrens gemeint sein. Eine Teileinspruchsentscheidung kommt demnach nur in Betracht, wenn mit ihr ein Vorteil bei der Durchführung oder Beendigung des Einspruchsverfahrens verbunden ist.

Da der Inhalt der Sachdienlichkeit wesentlich von ihrem Bezugsobjekt abhängig ist, scheidet ein Vergleich mit anderen Normen mit demselben oder ähn-

---

127 Gesetzesbegründung zum JStG 2007, v. 9.11.2006, BT-DrS. 16/3368, S. 25; vgl. auch BMF, AEAO Nr. 6.1 zu § 367.

128 Duden, Bedeutungswörterbuch, Stichwort „sachdienlich".

lichem Wortlaut aus. Sie betreffen jeweils andere Fälle, so dass eine Bezugnahme auf §§ 93 IV 2, 363 II 1, 364a I 3 und III 2 AO nicht weiter führt.

Zur Bestimmung des objektivierten Willens des Gesetzgebers[129] und des Normzwecks ist daher auch die Gesetzesbegründung heranzuziehen. Ihr ist zu entnehmen, dass eine Teileinspruchsentscheidung für „*sinnvoll*" gehalten wird, wenn sich entscheidungsreife und noch nicht entscheidungsreife Teile eines Einspruchs gegenüber stehen. Die Regelung solle einerseits bezwecken, dass streitige von unstreitigen Teilen des Einspruchs getrennt werden und der Steuerpflichtige insofern die Möglichkeit erlangt, schnelleren gerichtlichen Rechtsschutz in Anspruch zu nehmen. Andererseits wird auch explizit auf das Interesse der Finanzbehörden abgestellt, zeitnah über entscheidungsreife Streitfragen zu entscheiden. Es solle vermieden werden, dass sich die Entscheidung so lange hinzieht, dass im tatsächlichen Entscheidungszeitpunkt längst überholte rechtliche Vorschriften anzuwenden sind oder sich die Beweislage durch Zeitablauf erheblich verschlechtert hat und undurchsichtig geworden ist. Es sind damit sowohl die Interessen des Einspruchsführers als auch der Finanzverwaltung zu berücksichtigen. Von der vom Gesetzgeber angestrebten Abschichtung der Rechtsprobleme wird insbesondere auszugehen sein, wenn durch die Entscheidung der Streitstoff begrenzt wird[130].

d. Entscheidungsreife

Sachdienlich kann eine Teileinspruchsentscheidung nur sein, wenn sich entscheidungsreife und noch nicht entscheidungsreife Streitpunkte gegenüberstehen. Hinsichtlich des vorgezogenen Teils muss folglich Entscheidungsreife eingetreten sein[131]. Erst ab diesem Zeitpunkt ist eine Entscheidungsmöglichkeit der Finanzbehörden eröffnet[132] und nur in diesem Fall kann an eine sukzessive Überprüfung des angefochtenen Bescheids gedacht werden. Entscheidungsreife ist gegeben, sobald die Finanzbehörden darüber befinden können, ob dem Einspruch (insoweit) abzuhelfen oder er als unbegründet zurückzuweisen ist. Da es sich auch bei der Teileinspruchsentscheidung um eine das außergerichtliche

---

129 Vgl. auch BVerfG, Urteil v. 16.2.1983 - 2 BvE 1/83 u.a., BVerfGE 62, 1 (45); *Drüen* in Tipke/Kruse, § 4 AO Rz 232.

130 *Birkenfeld* in HHS, § 367 AO Rz 508; *Seer* in Tipke/Kruse, § 367 AO Rz 63; *Krüger*, DStZ 2009, 810 (813); ebenso FG Hamburg, Urteil v. 17.8.2009 - 5 K 208/08, EFG 2010, 374 (375).

131 BFH, Urteil v. 14.3.2012 - X R 50/09, BStBl II 2012, 536 (538).

132 *Birkenfeld* in HHS, § 367 AO Rz 507.

Rechtsbehelfsverfahren insoweit abschließende Entscheidung handelt, setzt dies voraus, dass der zur Entscheidung stehende Sachverhalt in rechtlicher und tatsächlicher Hinsicht hinreichend geklärt ist.

Ist der Einspruch bereits unzulässig, verbietet sich jegliche Entscheidung in der Sache (§ 358 S. 2 AO) – auch eine Teileinspruchsentscheidung ist mithin ausgeschlossen. Kann der zulässige Einspruch dagegen in streitige und unstreitige Punkte aufgeteilt werden, so ist der Erlass einer Teileinspruchsentscheidung jedenfalls nur dann sachdienlich, wenn über alle zu diesem Zeitpunkt entscheidungsreifen Streitpunkte einheitlich entschieden wird[133]. § 367 IIa AO eröffnet den Finanzbehörden die Möglichkeit einer Vorabentscheidung. Die damit einhergehende Zersplitterung des außergerichtlichen Rechtsbehelfsverfahrens ist gewollt und daher hinzunehmen. Unter der vom Gesetzgeber vorgesehenen Prämisse der Verfahrensbeschleunigung ist es jedoch erforderlich, dass dem Einspruchsführer hinsichtlich möglichst weiter Teile frühzeitiger Rechtsschutz ermöglicht wird. Eine scheibchenweise Entscheidung über nur einzelne von mehreren bereits entscheidungsreifen Punkten ist daher nicht hinnehmbar. Dies würde eine willkürliche Entscheidungspraxis begünstigen. Nicht ausgeschlossen ist dagegen die Möglichkeit mehrere aufeinander folgende Teileinspruchsentscheidungen zu erlassen, wenn die Entscheidungsreife zeitlich nacheinander eintritt. Ist allerdings zu erwarten, dass kurzfristig weitere Teile oder der gesamte Einspruch entscheidungsreif werden, kann die Finanzbehörde mit dem Erlass einer Teileinspruchsentscheidung die Erledigung des Einspruchsverfahrens nicht fördern[134]. In diesem Fall sollte abgewartet werden, um den Steuerpflichtigen nicht durch eine Vielzahl aufeinander folgender Bescheide zu verunsichern und ihm einen möglichst einheitlichen gerichtlichen Rechtsschutz zu ermöglichen.

Ausgeschlossen ist eine Teileinspruchsentscheidung dagegen, wenn der Einspruch insgesamt entscheidungsreif ist. In diesem Fall ist sie – ähnlich wie bei der entsprechenden Konstellation beim Teilurteil[135] – weder verfahrensförderlich noch ansonsten sinnvoll. Die – gewissermaßen künstlich vorgezogene – Entscheidung lediglich über Teile des Einspruchs, um in einem späteren finanzgerichtlichen Verfahren Kosten zu sparen bzw. das Kostenrisiko zu minimieren, lässt sich nicht mit dem Gesetzeszweck vereinbaren[136].

---

133 *Dumke* in Schwarz, § 367 AO Rz 69.

134 *Birkenfeld* in HHS, § 367 AO Rz 513 – hier dürfte es auch generell an der Sachdienlichkeit einer solchen Entscheidung fehlen.

135 BFH, Urteil v. 30.11.1993 – IX R 92/91, BStBl II 1994, 403 (404); *Lange* in HHS, § 98 FGO Rz 22; vgl. für den Zivilprozess MüKo/*Musilak*, ZPO, § 301 Rz 8.

136 Ähnlich *Dumke* in Schwarz, § 367 AO Rz 69; *Hagen*, NWB, Fach 2, S. 9453 (9457).

e. *Unabhängigkeit von der Schlussentscheidung*

Eine Teileinspruchsentscheidung kann zudem nur ergehen, wenn sie von der noch ausstehenden Schlussentscheidung unabhängig ist. Im Rahmen des finanz- bzw. zivilgerichtlichen Teilurteils wird die Unabhängigkeit als selbständige ungeschriebene Zulässigkeitsvoraussetzung behandelt[137]. Da § 367 IIa AO aber, anders als die prozessualen Vorschriften, die Rechtmäßigkeit der Vorabentscheidung im außergerichtlichen Rechtsbehelfsverfahren ausdrücklich von ihrer Sachdienlichkeit abhängig macht, erscheint es naheliegend, die Unabhängigkeit als unselbständiges Kriterium innerhalb der Sachdienlichkeit zu prüfen.

Selbst wenn eine Teilbarkeit des Einspruchs gegeben ist, muss eine Teileinspruchsentscheidung unterbleiben, sofern nicht sichergestellt ist, dass die Vorabentscheidung unabhängig von der Schlussentscheidung über den restlichen Einspruch ergehen kann. Zu einander widersprechenden Entscheidungen darf es nicht kommen[138]. Schon bei Gefahr widersprüchlicher Entscheidungen verbietet sich der Erlass einer Teileinspruchsentscheidung[139]. Die entsprechende Rechtsprechung zum gerichtlichen Verfahren ist auch im Rahmen des außergerichtlichen Rechtsbehelfsverfahrens zu beachten, da die Konfliktlage hier vergleichbar ist.

Die Gefahr widersprüchlicher Entscheidungen kann sich beispielsweise beim Streit um die Rechtmäßigkeit eines Feststellungsbescheids ergeben. Soweit es um Fragen geht, die in tatsächlicher oder rechtlicher Hinsicht sowohl die Gesellschaft als solche als auch die Gesellschafter persönlich betreffen, kann nicht immer sichergestellt werden, dass die rechtliche Würdigung der Vorabentscheidung im Einklang mit der Schlussentscheidung steht.

So darf das Finanzgericht über die Frage, ob einzelnen Kommanditisten einer Kommanditgesellschaft wegen fehlender Einkünfteerzielungsabsicht negative Einkünfte zuzurechnen sind, dann nicht durch Teilurteil entscheiden, wenn das Feh-

---

137 BGH, Urteile vom 19. 4. 2000 – XII ZR 334/97, NJW 2000, 2512 (2513) und v. 25.11.2003 – VI ZR 8/03, NJW 2004, 1452 (1452); Zöller/*Vollkommer*, ZPO, § 301 Rz 2 und 7; *Lange* in HHS, § 98 FGO Rz 23; a.A. MüKo/*Musilak*, ZPO, § 301 Rz 9, der diese Voraussetzung im Rahmen der Entscheidungsreife abhandelt.

138 BFH, Urteile v. 30.11.1993 – IX R 92/91, BStBl II 1994, 403 (404) und v. 17.12.2002 – IX R 18/00, BFH/NV 2003, 749 (749); *v. Groll* in Gräber, FGO, § 98 Rz 2; *Lange* in HHS, § 98 FGO Rz 22; *Tipke* in Tipke/Kruse, § 98 FGO Rz 2; vgl. für das zivilrechtliche Teilurteil BGH, Urteile vom 19. 4. 2000 – XII ZR 334/97, NJW 2000, 2512 (2513) und v. 25. 11. 2003 –VI ZR 8/03, NJW 2004, 1452 (1452); Zöller/*Vollkommer*, ZPO, § 301 Rz 2 und 7.

139 Für das Teilurteil vgl. *v. Groll* in Gräber, FGO, § 98 Rz 2 unter Verweis auf BFH, Urteil v. 30.11.1993 – IX R 92/91, BStBl II 1994, 403 (404).

len einer solchen Absicht ausschließlich mit Umständen begründet wird, die alle Kommanditisten betreffen[140]. In dem vom Bundesfinanzhof entschiedenen Fall hatten zwei der insgesamt fast 600 Gesellschafter eines Immobilienfonds geklagt, nachdem gegen den Fonds wegen Liebhaberei ein negativer Feststellungsbescheid hinsichtlich der Einkünfte aus Vermietung und Verpachtung ergangen war. Um nicht sämtliche übrige Gesellschafter zwecks Überprüfung der Gewinnerzielungsabsicht auf Fondsebene beiladen zu müssen[141], entschied das Finanzgericht per Teilurteil, dass den Klägern persönlich die Gewinnerzielungsabsicht fehle. Hierbei berief es sich jedoch allein auf Gründe, die alle Gesellschafter betrafen. Die Entscheidung, ob auch auf Ebene des Fonds Liebhaberei vorgelegen habe, wurde zunächst zurückgestellt. Der Bundesfinanzhof hielt das Teilurteil unter anderem für unzulässig, weil nicht ausgeschlossen sei, dass das Finanzgericht bei weiteren Teilurteilen über die Klagen anderer Gesellschafter oder bei der abschließenden Entscheidung von seiner bisherigen Rechtsauffassung abweichen könnte und dann zu einer Entscheidung kommen würde, die diesem Teilurteil widerspräche[142]. Auch wenn es im entschiedenen Fall äußerst fraglich erscheint, ob aufgrund der erforderlichen notwendigen Beiladung der übrigen Gesellschafter überhaupt eine Teilbarkeit vorgelegen hat – dies lässt der Bundesfinanzhof in seinem Urteil ausdrücklich offen – führt der Fall dennoch deutlich vor Augen, dass vor Erlass von Vorabentscheidungen deren Vereinbarkeit mit den möglichen Alternativen der Schlussentscheidung sorgfältig abgewogen und überprüft werden sollte.

Im außergerichtlichen Rechtsbehelfsverfahren stellen sich vergleichbare Probleme. Hier erwächst die Teileinspruchsentscheidung in Bestandskraft, so dass die verbleibenden Korrekturmöglichkeiten begrenzt sind. Auch durch die Finanzbehörden sind widersprüchliche Entscheidungen daher in jedem Falle zu vermeiden. Dies gilt unabhängig von der Frage, ob die Problematik prüfungs- und aufbautechnisch innerhalb der Teilbarkeit, Entscheidungsreife oder als eigener Unterpunkt im Rahmen der Sachdienlichkeit zu verorten ist.

f. Sachdienlichkeit als unbestimmter Rechtsbegriff

Der Gesetzgeber hat den Erlass einer Teileinspruchsentscheidung von deren Sachdienlichkeit abhängig gemacht. Was genau als sachdienlich im Sinne des Gesetzes gelten muss ist nicht offensichtlich, sondern durch Auslegung zu ermit-

140 Vgl. hierzu BFH, Urteil v. 30.11.1993 – IX R 92/91, BStBl II 1994, 403.

141 Die Vorschrift des § 60a FGO über die Einschränkung der Beiladung existierte zum Zeitpunkt der untergerichtlichen Entscheidung noch nicht.

142 BFH, Urteil v. 30.11.1993 – IX R 92/91, BStBl II 1994, 403 (404).

teln. Insofern handelt es sich bei der Sachdienlichkeit um einen unbestimmten Rechtsbegriff[143]. Er legt auf Tatbestandsseite die Handlungsvoraussetzung für die Finanzbehörden fest.

Durch die Verknüpfung des unbestimmten Rechtsbegriffs mit einer Ermessensermächtigung („kann") auf Rechtsfolgenseite in § 367 IIa 1 AO wird zugleich ein Ermessensspielraum für die Finanzbehörden eröffnet. Die Ermessenausübung betrifft jedoch die Rechtsfolgenebene und ist als solche auch im Fall der hier gegebenen „Koppelungsnorm" strikt von den an dieser Stelle allein relevanten Ausführungen zur Tatbestandsseite zu trennen. Das Vorliegen der Sachdienlichkeit auf Tatbestandsebene eröffnet überhaupt erst den Ermessensspielraum der Finanzbehörden[144]. Aus diesem Grund sind Tatbestand und Rechtsfolge auch bei Koppelungsnormen regelmäßig nach den jeweils für sie geltenden Regeln zu beurteilen und zu überprüfen[145].

Das Tatbestandsmerkmal der Sachdienlichkeit ist folglich unabhängig von Ermessenserwägungen zu bestimmen. Auch wenn ihm bereits ein gewisser Bewertungsspielraum immanent ist, muss auf Basis der vorstehend herausgearbeiteten Kriterien im Wege der Auslegung zunächst objektiv ermittelt werden, ob eine Teileinspruchsentscheidung im konkreten Fall sachdienlich wäre. Erst in einem zweiten Schritt ist auf Ermessensebene in der Folge zu klären, ob die Finanzbehörden von der ihnen eröffneten Möglichkeit des frühzeitigen partiellen Verfahrensabschlusses auch tatsächlich Gebrauch machen wollen oder welche gleichwertigen Handlungsalternativen ihnen ansonsten zur Verfügung stehen.

Die vorstehend angegerissenen Fragen des Entschließungs- und Auswahlermessens sowie die vorgelagerte Frage in wieweit die Ermessensentscheidung durch das Bejahen der Sachdienlichkeit vorgeprägt oder das Ermessen reduziert ist, betreffen allein die Rechtsfolgenebene und werden daher auch erst im Rahmen der entsprechenden Ausführungen thematisiert[146].

---

143 BFH, Urteil v. 30.9.2010 – III R 39/08, BStBl II 2011, 11 (17) sowie Beschluss v. 21.5.2010 – IV B 88/09, BFH/NV 2010, 1613 (1615); Klein/*Brockmeyer*, § 367 AO Rz 19; *Seer* in Tipke/Kruse, § 367 AO Rz 61; *Bartone* in Beermann/Gosch, § 367 AO Rz 52; ebenso *Intemann*, DB 2008, 1005 (1006).

144 Ähnlich auch *Sachs* in Stelkens/Bonk/Sachs, VwVfG, § 40 Rz 32; für ein „nacheinander" auch *Müller-Franken*, Maßvolles Verwalten, S. 433.

145 BFH, Urteil v. 30.9.2010 – III R 39/08, BStBl II 2011, 11 (17); vgl. auch *Kruse* in Tipke/Kruse, § 5 AO Rz 23; *Wernsmann* in HHS, § 5 AO Rz 91; *Müller-Franken*, Maßvolles Verwalten, S. 431 ff.; *Maurer*, Verwaltungsrecht, § 7 Tz 55 ff.; *Sachs* in Stelkens/Bonk/Sachs, VwVfG, § 40 Rz 36 ff.

146 Vgl. unten B.II.1.

g. Systematisierung der für eine Teileinspruchsentscheidung in Betracht kommenden Fallkostellationen

Aufgrund ihrer herausragenden Bedeutung für die Rechtmäßigkeit einer Teileinspruchsentscheidung kommt es zwischen Finanzverwaltung und Steuerpflichtigen immer wieder zu Differenzen darüber, ob ein konkretes Vorgehen der Finanzbehörden noch als sachdienlich im Sinne der Norm angesehen werden kann und noch von der Ermächtigung umfasst ist.

Von besonderer Relevanz, weil in einer Vielzahl von Fällen bedeutsam, ist die Frage der Zulässigkeit einer Teileinspruchsentscheidung im Hinblick auf vom Steuerpflichtigen nicht konkret gerügte Punkte sowie das Verhältnis der Teileinspruchsentscheidung zu vorläufigen Steuerfestsetzungen. Beiden Problemstellungen soll im Folgenden nachgegangen werden.

aa. Teileinspruchsentscheidung ohne Streitfrage – (keine) Begrenzung auf die streitbefangene Frage

Stehen die im Rahmen der Sachdienlichkeit zu berücksichtigenden Kriterien nunmehr fest, so ist zu klären, wie sie sich bei einer Kollision divergierender Interessen von Behörden und Steuerpflichtigen auswirken. Nach dem Vorstehenden ist von der Sachdienlichkeit einer Teileinspruchsentscheidung insbesondere auszugehen, wenn von mehreren Streitpunkten alle bis auf einen entscheidungsreif sind und dessen Entscheidung vom Ausgang eines anhängigen höchstrichterlichen Verfahrens abhängig ist. In einem solchen Fall können alle entscheidungsreifen Streitfragen einer vorläufigen Klärung zugeführt werden, die der Steuerpflichtige im Anschluss nach seinem Belieben gerichtlich überprüfen lassen kann[147]. Hinsichtlich der noch anhängigen Streitfrage ist eine Entscheidungsreife dagegen noch nicht gegeben – das Verfahren ruht insoweit nach § 363 II 2 AO. Es ist allerdings davon auszugehen, dass nach Ergehen der höchstrichterlichen Entscheidung auch diese Streitfrage zwischen Einspruchsführer und Finanzbehörde einvernehmlich beigelegt werden kann[148]. Der Erlass einer Teileinspruchsentscheidung beschleunigt daher den effektiven Rechtsschutz des Steuerpflichtigen sowie den Verfahrensablauf insgesamt und trägt erheblich

---

147 Zu den Auswirkungen der Verfahrenstrennung für ein evtl. finanzgerichtliches Verfahren vgl. die Ausführungen zum Rechtsschutz unten v.a. bei B.IV.1.c.

148 So auch die Gesetzesbegründung v. 9.11.2006, BT-DrS 16/3368, S. 25; ebenso *Seer* in Tipke/Kruse, § 367 AO Rz 63; *Bartone* in Beermann/Gosch, § 367 AO Rz 52; *Birkenfeld* in HHS, § 367 AO Rz 511; Klein/*Brockmeyer*, § 367 AO Rz 18; *Bergan/Martin*, DStR 2007, 1384 (1384).

dazu bei, den vorhandenen Streitstoff zu begrenzen. Die Vorabentscheidung liegt damit sowohl im Interesse des Einspruchsführers als auch der Finanzbehörden.

Weniger eindeutig liegt der Fall dagegen, wenn der Steuerpflichtige seinen Einspruch allein auf ein anhängiges Musterverfahren stützt und ansonsten keine Einwendungen vorträgt. Hier stellt sich die Frage, ob der Erlass einer Teileinspruchsentscheidung hinsichtlich des Einspruchs im Übrigen noch gesetzmäßig sein kann. Im Kern geht es also darum, ob von Sachdienlichkeit noch gesprochen werden kann, wenn mit der Teileinspruchsentscheidung keine Rechtsfragen entschieden werden, die der Steuerpflichtige zur Begründung seines Einspruchs aufgeworfen hat (sog. Teileinspruchsentscheidung ohne Streitfrage). Für den Steuerpflichtigen war es bisher oftmals vorteilhaft, den Einspruch nicht nur auf individuelle Streitfragen bei der konkreten Steuerfestsetzung zu stützen, sondern ihn – ggf. ausschließlich – im Hinblick auf bei den Obergerichten anhängige Verfahren einzulegen. Aufgrund der hiermit einhergehenden zwangsweisen Verfahrensruhe blieb die gesamte Veranlagung offen, so dass er von jeglichen späteren Entscheidungen zu seinen Gunsten auch in anderen Bereichen noch profitieren und seinen Einspruch zusätzlich auf diese stützen konnte.

Weite Teile der Literatur[149] verneinen eine Sachdienlichkeit der Teileinspruchsentscheidung in diesen Fällen, da bei einer solchen Handhabung das berechtigte Interesse des Steuerbürgers vernachlässigt werde, durch Bezugnahme auf anhängige Verfahren den Eintritt der Bestandskraft zu verhindern und von weiteren günstigen Entscheidungen und Entwicklungen zu profitieren. An einer vorgreiflichen Entscheidung über (derzeit) nicht streitige Punkte habe er kein Interesse. Da die Teileinspruchsentscheidung insoweit keine Streitfrage kläre, schaffe sie auch keine weitere Rechtssicherheit. Die Finanzverwaltung bezwecke mit ihrer Handhabe allein eine vom Gesetzgeber nicht vorgesehene Rechtsschutzverkürzung zu Lasten der Steuerpflichtigen. Demgegenüber erhält die Finanzverwaltung Unterstützung[150] ihrer bisherigen Entscheidungspraxis[151] mit

149 *Seer* in Tipke/Kruse, § 367 AO Rz 62; *Bergan/Martin*, DStR 2007, 1384 (1387); *dies.*, DStZ 2008, 518 (521 f.); *Intemann*, DB 2008, 1005 (1006 f.); *Mann*, Stbg 2008, 394 (402); *Balke*, NWB Fach 2, S. 9863 (9865).

150 FG Hamburg Urteil v. 17.8.2009 – 5 K 208/08, EFG 2010, 374 (375) mit Anmerkung *Zimmermann*, EFG 2010, 376 (376); Klein/*Brockmeyer*, § 367 AO Rz 19; *Steinger*, DStZ 2008, 674 (676); *Krüger*, DStZ 2009, 810 (812); kritisch auch *Pahlke*/König, § 367 AO Rz 63.

151 BMF, AEAO zu § 367 Nr. 6.2 – die Finanzbehörden sind angehalten in solchen Fällen zeitnah von der Möglichkeit von Teileinspruchsentscheidungen Gebrauch zu machen.

dem Hinweis, dass es auch dem Verfahren dienlich sei, wenn es durch Abschichtung der Rechtsprobleme beschleunigt werde. Auch das Interesse des Staates daran, möglichst große Teile der Steuerschuld bestandskräftig festzusetzen, sei in Betracht zu ziehen. Zudem sei bei einem nicht weiter begründeten Teil des Einspruchs davon auszugehen, dass dieser entscheidungsreif sei, da sich die Ermittlungspflichten des Finanzamtes gem. § 88 AO am Änderungswunsch des Steuerpflichtigen orientierten. Teilweise wird – auch mit Hinweis auf die Rechtsprechung des Bundesfinanzhofs[152] – ein subjektives Recht auf Untätigkeit der Finanzbehörden abgelehnt.

Anknüpfend an die bisherigen allgemeinen Ausführungen und die dargestellten konträren Argumentationsansätze ist daher im Folgenden zu klären, ob das Tatbestandsmerkmal der Sachdienlichkeit weit zu verstehen ist, oder ob es infolge einer restriktiven Auslegung nur in Fällen der streitigen Sachentscheidung vorliegt. Die Frage hat erhebliche Praxisrelevanz, da nur bei einer extensiven Auslegung überhaupt die theoretische Möglichkeit in Frage kommt, nicht benannte Einwendungen für die Zukunft auszuschließen und das Einspruchsverfahren auf die streitigen, bei den Obergerichten anhängigen Punkte zu beschränken[153]. Nach Entscheidung über die anhängigen Verfahren könnten die offenen Punkte dann etwa durch Allgemeinverfügung erledigt werden.

(1) Grammatikalische Auslegung

Den Ausgangspunkt zur Klärung dieses Streits bildet erneut der Wortlaut der Norm. Für die hier konkret zu untersuchende Frage gibt er wenig Anhaltspunkte, da die entsprechende Fallkonstellation nicht erwähnt wird. Eine ausdrückliche Beschränkung der Entscheidungsmöglichkeit auf Streitfragen enthält der Gesetzestext – anders als die entsprechende Formulierung im Rahmen der Allgemeinverfügung[154] – jedenfalls nicht. Nach dem möglichen Wortsinn des § 367 IIa 1

152 BFH, Beschluss v. 6.7.1999 – IV B 14/99, BFH/NV 1999, 1587 sowie Urteil v. 26.9.2006 – X R 39/05, BStBl II 2007, 222 (225) jeweils in Bezug auf § 363 AO, wonach das bloße Interesse des Einspruchsführers einen Steuerfall „offen" zu halten, um an künftigen Neuregelungen teilzuhaben keinen wichtigen Grund für eine Verfahrensruhe darstellt; vgl. hierzu *Pahlke*/König², § 367 AO Rz 63 und *Birkenfeld* in HHS, § 363 AO Rz 146.

153 Ob und in wieweit diese Möglichkeit dann tatsächlich gegeben ist, wird ausführlich im Anschluss bei den Ausführungen zu den Rechtsfolgen diskutiert, vgl.B.II.3.c.

154 Die Allgemeinverfügung kommt gem. § 367 IIb 1 AO nur in Betracht, soweit eine konkrete Streitfrage in einem näher definierten obergerichtlichen Musterverfahren entschieden worden ist.

AO lassen sich alle Fälle unter die Vorschrift subsumieren, in denen das außergerichtliche Rechtsbehelfsverfahren gefördert wird. Es erscheint daher nicht von vorneherein ausgeschlossen, dass grundsätzlich auch jene Fälle das Kriterium der Sachdienlichkeit erfüllen, in denen nicht weiter begründete Teile eines Einspruchs durch Teileinspruchsentscheidung beschieden werden, sofern dies das außergerichtliche Rechtsbehelfsverfahren fördert. Jedenfalls aus Sicht der Finanzbehörden hat eine solche Entscheidung durch ihre Begrenzung des Streitstoffes einiges für sich. Gerade in Verbindung mit einer sich anschließenden Allgemeinverfügung nach § 367 IIb AO kann sie eine effektive Maßnahme zur Abwicklung von Masseneinsprüchen bieten[155]. Darüber hinaus schafft sie auch Rechtssicherheit und unter haushalterischen Gesichtspunkten Planungs- und Budgetsicherheit.

Ein Hinweis im Normtext auf eine gebotene restriktive Auslegung könnte allenfalls angenommen werden, wenn man die Möglichkeit einer „Entscheidung“ terminologisch ausschließlich bei streitigen Sachverhalten für gegeben hält. Dies dürfte jedoch nicht der Fall sein. So ist mit einer Entscheidung zwar die Wahl zwischen mehreren (Handlungs-)Alternativen oder Varianten verbunden, sie erfordert aber nicht zwingend einen Streit über diese Punkte. Entschließt sich die Finanzbehörde dazu, das Einspruchsverfahren bis auf einen bestimmten, nach § 367 IIa AO bezeichneten Punkt durch Teileinspruchsentscheidung zu beenden, liegt auch hierin die gezielte Auswahl einer bestimmten Handlungsalternative. Die Finanzbehörde hat sich dazu entschlossen, das Verfahren nicht im Ganzen bis zur Entscheidung über den vom Einspruchsführer gerügten Punkt ruhen zu lassen, sondern vorab teilweise abzuschließen. Auch im Hinblick auf den (modifizierten) Grundsatz der Vollüberprüfung ist mit dem Erlass einer weitreichenden Teileinspruchsentscheidung die Entscheidung verbunden, den angefochtenen Bescheid – abgesehen von dem konkret geäußerten Anfechtungsbegehren – jedenfalls nicht mehr zu ändern und keine weiteren Punkte von Amts wegen aufzugreifen. Dem Wortlaut der Norm kann daher insgesamt kein Anhaltspunkt für eine Einschränkung der Entscheidungsmöglichkeiten entnommen werden[156].

(2) Historisch-teleologische Auslegung

Auch unter Einbeziehung der Gesetzesmaterialien lässt sich eine Beschränkung der Sachdienlichkeit auf Fälle der streitigen Entscheidung nicht rechtfertigen.

---

155 BFH, Urteil v. 30.9.2010 – III R 39/08, BStBl II 2011, 11 (17); *Steinger*, DStZ 2008, 674 (675).

156 So auch BFH, Urteil v. 30.9.2010 – III R 39/08, BStBl II 2011, 11 (17); *Krüger*, DStZ 2009, 810 (813).

Der Gesetzgeber hält eine Teileinspruchsentscheidung insbesondere dann für sinnvoll, „*wenn ein Teil des Einspruchs entscheidungsreif ist, während über einen anderen Teil des Einspruchs zunächst nicht entschieden werden sollte, weil beispielsweise eine vom Einspruchsführer aufgeworfene Rechtsfrage Gegenstand eines beim Bundesfinanzhof anhängigen Verfahrens ist und nach einer Entscheidung des Bundesfinanzhofs eine einvernehmliche Erledigung des Rechtsstreits erwartet werden kann. Die Regelung ermöglicht es, dass der Steuerpflichtige hinsichtlich des entscheidungsreifen Teils seines Einspruchsbegehrens ggf. schnelleren gerichtlichen Rechtsschutz erlangen kann. Es liegt sowohl im Interesse der Steuerpflichtigen als auch im Interesse der Finanzverwaltung, wenn über entscheidungsreife Teile zeitnah entschieden wird und nicht ggf. erst nach Ablauf mehrerer Jahre, wenn möglicherweise längst überholte rechtliche Vorschriften anzuwenden wären und erforderliche Nachweise ggf. nicht mehr beigebracht werden können. Durch die Verpflichtung der Finanzbehörde, in der Teil-Einspruchsentscheidung ausdrücklich zu bestimmen, hinsichtlich welcher Teile Bestandskraft nicht eintreten soll, wird Klarheit darüber geschaffen, inwieweit der Steuerfall „offen“ bleibt*“[157].

(a) Grundsätzliche Berücksichtigung der gegenläufigen Interessen im Wege einer Abwägungsentscheidung

Die Kritiker einer extensiven Auslegung durch die Finanzbehörden leiten aus der vorstehend zitierten Gesetzesbegründung die vorrangige Berücksichtigung der Interessen des Steuerpflichtigen ab[158]. Mitunter geht die Tendenz gar dahin, die Sachdienlichkeit einer Teileinspruchsentscheidung allein an den Interessen des Steuerpflichtigen zu messen[159].

Zutreffend ist zumindest, dass der Gesetzgeber mit dem Hinweis auf den schnelleren gerichtlichen Rechtsschutz auch den Steuerpflichtigen im Blick hatte. Entscheidet die Finanzbehörde nun nur über Teile des Einspruchs, die vom Steuerpflichtigen nicht infrage gestellt wurden, so ist diesem mit der Teileinspruchsentscheidung nicht gedient, da die für ihn (derzeit) relevanten und gerügten Streitpunkte gerade von der Entscheidung ausgenommen sind. Auf einen schnelleren gerichtlichen Rechtsschutz kommt es ihm in diesen Fällen gar nicht an. Hieraus aber nun zu schließen, Sachdienlichkeit setze zwingend das Vorliegen bzw. die Entscheidung über eine konkrete Streitfrage voraus, weshalb eine

157 Gesetzesbegründung zu § 367 IIa AO, Bericht des Bundestags-Finanzausschusses v. 9.11.2006, BT-DrS 16/3368, S. 25.

158 *Bergan/Martin*, DStR 2007, 1384 (1387); *Intemann*, DB 2008, 1005 (1006 f.); *Balke*, NWB Fach 2, S. 9863 (9865 f.); wohl auch *Seer* in Tipke/Kruse, § 367 AO Rz 62.

159 *Schneider*, StC 2007, 29 (30); *ders.*, StC 2009, 20 (20 f.).

Teileinspruchsentscheidung ohne Streitfrage ausgeschlossen sei, geht indes zu weit. Die Interessen des Einspruchsführers müssen richtigerweise und zwingend im Rahmen der Sachdienlichkeit beachtet werden. Sie stellen aber – und auch dies ist der Gesetzesbegründung zu entnehmen – keineswegs die einzigen Abwägungskriterien dar. Die Sachdienlichkeit betrifft die Förderung des Einspruchsverfahrens in all seinen Facetten. So hat die Gesetzesbegründung ausdrücklich auch das Interesse der Finanzverwaltung an einer Verfahrensbeschleunigung im Blick[160]. Ein solcher Beschleunigungseffekt wird jedoch nicht nur in Fällen einer streitigen Entscheidung, sondern auch bei der Entscheidung über derzeit nicht streitbefangene Teile erzielt.

In beiden Fällen kommt es zu einer Reduzierung des Verfahrensumfangs durch Abschichtung von Rechtsproblemen bzw. jedenfalls zu einer betragsmäßigen Begrenzung der noch offenen Steuerfestsetzung. Das anhängige Einspruchsverfahren wird zunächst auf die tatsächlich streitigen und vom Steuerpflichtigen gerügten Punkte reduziert. Durch eine solche Verfahrenskonzentration und die hiermit für die Steuerpflichtigen verbundene Reduzierung ihres Gestaltungsspielraums wird es für viele von ihnen weniger attraktiv, mit oftmals vorgeschobenen Argumenten eine dauerhafte Verfahrensruhe zu erreichen und so eine bestandskräftige Steuerfestsetzung zu vermeiden[161]. Aus Sicht der Finanzverwaltung ist daher zu hoffen, dass die breite Verwendung von Teileinspruchsentscheidungen dazu führt, dass für die Steuerpflichtigen ein Offenhalten der Steuerfestsetzung weniger attraktiv wird und ein Großteil von ihnen künftig auf mehr oder weniger *pro forma* eingelegte Einsprüche verzichten wird. Würden sich die Einspruchsverfahren entsprechend ihrer eigentlichen Konzeption künftig auf Fälle beschränken, in denen die Steuerpflichtigen sich konkret und individuell beschwert fühlen, so wäre hiermit für die Finanzbehörden eine deutliche Arbeitsreduzierung erreicht und neuen Masseneinsprüchen entgegengewirkt. Gleichzeitig könnten die Finanzbehörden ihre Ressourcen auf diese Fälle konzentrieren und so eine – vermutlich im Interesse der Steuerpflichtigen liegende – eingehendere und zügigere Befassung sicherstellen.

Für eine besondere Effizienz und Verfahrensbeschleunigung sorgt die Teileinspruchsentscheidung, wenn sie den endgültigen Abschluss des Einspruchsverfahrens durch eine spätere Allgemeinverfügung i.S.v. § 367 IIb AO vorbereiten soll. Eine Vorabentscheidung über den Einspruch und seine Sach- und Rechts-

160 Ebenso BFH, Urteil v. 30.9.2010 – III R 39/08, BStBl II 2011, 11 (17).

161 Diese Tendenz missbilligte der BFH bereits in seinem Urteil v. 6.10.1995 – III R 52/90, BStBl II 1996, 20 (22) als „nicht im Interesse einer ordentlichen Rechtspflege" liegend.

fragen ist daher sachdienlich, wenn nur ein Teil offen bleibt, der die in dem anhängigen höchstrichterlichen Musterverfahren zu klärenden Fragen betrifft. In diesen Fällen zielt die Teileinspruchsentscheidung darauf ab, eine Menge an individuellen Verfahren auf einen einheitlichen Stand zu bringen, deren offener Teil geeignet ist, einheitlich durch Allgemeinverfügung beschieden zu werden.

Sachdienlich ist die Teileinspruchsentscheidung aus Behördensicht jedoch auch dann, wenn eine Bezugnahme auf anhängige Massenverfahren durch den Steuerpflichtigen gar nicht erfolgt ist, und von ihm nur konkrete Streitpunkte gerügt werden. Bleibt infolge einer Teileinspruchsentscheidung nur noch eine konkrete und individuelle Streitfrage offen – bezieht sich die Vorabentscheidung mithin also auch auf unstreitige Fragen, da sie den Einspruch im Übrigen umfassend zurückweist – so scheidet die Vorbereitung einer abschließenden Allgemeinverfügung als Sachdienlichkeitskriterium aus, weil der Abschluss des Einspruchsverfahrens nicht vom Ausgang eines Musterprozesses abhängig ist. Die Angleichung des Verfahrensstands an den anderer (Massen-)Verfahren ist folglich nicht möglich. Der förmliche Verfahrensabschluss kann daher nur durch eine individuelle Entscheidung – sei es Abhilfe oder Einspruchsentscheidung – erreicht werden. Wird der Umfang einer solchen Teileinspruchsentscheidung nicht auf einen oder mehrere vorab entschiedene konkrete Streitpunkte begrenzt, kann sich die Sachdienlichkeit einer den Einspruch im Übrigen zurückweisenden Teileinspruchsentscheidung nur aus anderen Gründen ergeben. Die Gefahr einer zweckwidrigen Nutzung des Rechtsbehelfsverfahrens um zu einer umfassenden Verfahrensruhe zu gelangen, besteht bei diesen Steuerpflichtigen gerade nicht, da sie ein individuelles Rechtsschutzbegehren unabhängig von einem Musterverfahren äußern. Dennoch wird auch in diesen Fällen aufgrund der durch sie eintretenden Verfahrenskonzentration regelmäßig noch von der Sachdienlichkeit einer auch unstreitige Punkte erfassenden Teileinspruchsentscheidung auszugehen sein[162]. Auch wenn der Rechtsbehelfsführer seinen Einspruch nicht auf anhängige Musterverfahren stützt, sondern bspw. zwei konkrete, seine individuelle Steuerfestsetzung betreffende Punkte rügt, findet durch eine Teileinspruchsentscheidung, welche nicht nur den einen entscheidungsreifen Streitpunkt erfasst, sondern darüber hinaus den Einspruch im Übrigen zurückweist, soweit er nicht die zweite Streitfrage betrifft, dennoch eine Begrenzung des Streitstoffs und damit eine Verfahrenskonzentration statt[163]. Der Erlass einer

162 So nun jüngst auch der BFH, Urteil v. 14.3.2012 – X R 50/09, BStBl II 2012, 536 (539).

163 Vgl. zur geminderten Effektivität bei fehlendem Einwendungsausschluss weiter unten im Rahmen der Ausführungen zur Systematik bei B.I.3.g.aa(3)(d).

Teileinspruchsentscheidung wird daher aus Behördensicht oftmals sachdienlich sein.

Über den Gesichtspunkt der weitgehenden Verfahrenskonzentration hinaus beanspruchen auch die weiteren nach der Gesetzesbegründung für eine Teileinspruchsentscheidung sprechenden Gründe bei der Teileinspruchsentscheidung ohne Streitfrage gleichermaßen Geltung. Sie sind keineswegs auf Fälle beschränkt, in denen lediglich eine Entscheidung über konkrete Streitfragen in Rede steht. Gerade der Gesichtspunkt des langen Zeitablaufs bei einer umfassenden Verfahrensruhe und die hiermit verbundenen Probleme wie eine geänderte Rechtslage oder fehlende Unterlagen treffen – nach dem Verständnis des Gesetzgebers von der eintretenden Bestandskraft der zugrundeliegenden Besteuerungsgrundlagen – auch auf Fälle zu, in denen der Steuerpflichtige erstmals neue, bisher unbekannte Gründe und Argumente für seinen Einspruch vorträgt[164]. Auch insofern ist der Gesetzesbegründung daher kein Anhaltspunkt dafür zu entnehmen, dass die Teileinspruchsentscheidung nur in streitigen Fällen zulässig sein sollte.

Zusätzlich wird die Notwendigkeit der Berücksichtigung der Verwaltungsinteressen im Übrigen auch aus den einleitenden Ausführungen der Gesetzesbegründung zu den Änderungen in § 367 AO deutlich[165]. Hier wird für die Änderungen in § 367 IIa und IIb AO insgesamt auf die Vermeidung von Verwaltungsaufwand und den damit einhergehenden Bürokratieabbau eingegangen.

(b) Keine unzulässige Einschränkung des Rechtsschutzes durch Ausschluss unbenannter Einwendungen

Den genannten Effizienzgesichtspunkten aus Verwaltungssicht sind folglich die berechtigten Interessen des Einspruchsführers gegenüberzustellen. Oftmals wird der Einspruchsführer mit seinem Einspruch vor allem bezwecken, die Steuerfestsetzung insgesamt nicht bestandskräftig werden zu lassen, um von künftigen günstigen Entwicklungen der höchstrichterlichen Rechtsprechung zu derzeit nicht streitigen Rechtsfragen noch profitieren zu können. Der Bezugnahme auf ein bereits anhängiges Musterverfahren und dessen konkreter Ausgang kommt daher vielmals eine untergeordnete Bedeutung zu. Sie dient oft lediglich als Mittel zum Zweck. Tatsächlich wird der Einspruch in diesen Fällen losgelöst vom in

164 Ebenso *Steinger*, DStZ 2008, 674 (676) sowie FG Hamburg, Urteil v. 17.8.2009 – 5 K 208/08, EFG 2010, 374 (375).

165 Gesetzesbegründung zu § 367 IIa AO („zu den Nummern 13a und 13b“), Bericht des Bundestags-Finanzausschusses v. 9.11.2006, BT-DrS 16/3368, S. 25; vgl. auch *Steinger*, DStZ 2008, 674 (676).

Bezug genommenen Musterverfahren ersichtlich nur zu dem Zweck eingelegt, die Steuerfestsetzung nicht bestandskräftig werden zu lassen. So nachvollziehbar ein solches Bestreben des Steuerpflichtigen auch ist, so stellt sich dennoch die Frage, ob das Offenhalten der Steuerfestsetzung für einen möglichst langen Zeitraum gegenüber der von der Finanzverwaltung beabsichtigten vorzeitigen Beendigung des Rechtsbehelfsverfahrens als schützenswertes Interesse Berücksichtigung finden kann. Vielfach wird aus dem in der Gesetzesbegründung enthaltenen Hinweis auf den schnelleren Rechtsschutz des Steuerpflichtigen geschlossen, dass dessen Wunsch nach Offenhalten des Verfahren zu entsprechen sei, da er schon aus Rechtsschutzgesichtspunkten an einer vorzeitigen Entscheidung über derzeitig unstreitige Punkte kein Interesse habe. Zudem ergebe eine verfassungskonforme Auslegung auch im Hinblick auf die Rechtsschutzgarantie des Art. 19 IV GG, dass die Sachdienlichkeit restriktiv zu bestimmen sei[166].

Der Berücksichtigung dieser Interessen könnte jedoch die Rechtsprechung des Bundesfinanzhofs entgegenstehen, wonach sich auch aus Art. 19 IV GG kein Rechtsanspruch auf eine möglichst späte Entscheidung ergibt, damit der Steuerpflichtige möglichst umfassend an günstigen Entwicklungen teilhaben kann[167]. Ein subjektives Recht auf umfassende Verfahrensruhe kann der Einspruchsführer demnach nicht reklamieren. Dies gilt auch in der Konstellation der Teileinspruchsentscheidung. Der Steuerpflichtige hat ausreichend Gelegenheit, seine Beschwer umfassend darzutun und die aus seiner Sicht kritischen Punkte streitig zu stellen.

Auch aus dem – ebenfalls aus Art. 19 IV GG abgeleiteten – Gebot rechtsschutzgewährender Auslegung von Verfahrensvorschriften[168] folgt nicht, dass die Teileinspruchsentscheidung nur zur Klärung konkreter Streitfragen sachdienlich wäre. Hiernach wird nicht nur das formelle Recht und die theoretische Möglichkeit, die Gerichte anzurufen, sondern auch und gerade die Effektivität des Rechtsschutzes garantiert. Der Bürger hat einen substantiellen Anspruch auf eine möglichst wirksame gerichtliche Kontrolle in den ihm von der Prozessord-

166 *Balke*, NWB Fach 2, 9863 (9864 f.); *Mann*, Stbg 2008, 394 (401); ähnlich *Schneider*, StC 2007, 29 (30); *Bergan/Martin*, DStZ 2008, 518 (521); so auch noch FG Niedersachsen, Urteil v. 12.12. 2007 – 7 K 249/07, EFG 2008, 1082 (1084).

167 BFH, Urteile v. 6.10.1995 – III R 52/90, BStBl II 1996, 20 (22 f.); v. 26.9.2006 – X R 39/05, BStBl II 2007, 222 (225); ebenso bestätigt durch Urteil v. 30.9.2010 – III R 39/08, BStBl II 2011, 11 (17).

168 BFH, Urteil v. 18.4.2007 – XI R 47/05, BStBl II 2007, 736 (737); BVerfG, Beschlüsse v. 29.10.1975 – 2 BvR 630/73, BVerfGE 40, 272 (275); v. 19.6.1973 1 BvL 39/69 und 14/72, BVerfGE 35, 263 (274).

nung zur Verfügung gestellten Instanzen[169]. Besteht daher Unklarheit an der von ihm tatsächlich gewollten Art oder Reichweite des Rechtsschutzes, haben die Behörden den Antrag im Zweifel so auszulegen, dass zugunsten des Bürgers und zur Verwirklichung des Rechtsgedankens aus Art. 19 IV GG möglichst weitgehender Rechtsschutz gewährleistet wird. Im Zweifel ist also davon auszugehen, dass der Steuerpflichtige denjenigen Rechtsbehelf hat einlegen wollen, der seinem materiell-rechtlichen Begehren am ehesten zum Erfolg verhilft.

Eine vergleichbare Konstellation ist im Falle der Teileinspruchsentscheidung jedoch nicht gegeben, auch wenn diese dazu führt, dass dem Steuerpflichtigen die spätere Geltendmachung bisher unbenannter Einwendungen im laufenden Einspruchsverfahren eingeschränkt bzw. unmöglich gemacht wird. Durch die vorgezogene Entscheidung werden die Reaktionsmöglichkeiten im Einspruchsverfahren – oftmals auch gegen seinen erklärten Willen – unbestreitbar verringert. Dennoch wird der Schutzbereich des Art. 19 IV GG nicht tangiert. Die Verfassung gewährleistet hiernach einen lückenlosen *gerichtlichen* Schutz des Einzelnen gegen Eingriffe durch die öffentliche Gewalt[170]. Dem Steuerpflichtigen wird der Rechtsschutz jedoch weder vorenthalten noch in sonstiger Art und Weise verkürzt. Auch nach Ergehen der Teileinspruchsentscheidung steht ihm die gerichtliche Anfechtung und Überprüfung der insoweit beschiedenen Steuerfestsetzung vollumfänglich offen. Anders als bei der regulären, einheitlichen Einspruchsentscheidung besteht die Möglichkeit der Geltendmachung effektiven Rechtsschutzes allerdings zu einem früheren Zeitpunkt.

Geht es jedoch nicht um den Ausschluss von Rechtsschutz, sondern um dessen vorzeitige Einräumung, besteht kein Grund, das Verfahren durch rechtsschutzgewährende Auslegung zu modifizieren. Dem rechtsschutzsuchenden Bürger soll die Möglichkeit gegeben werden, hoheitliche Maßnahmen durch unabhängige Gerichte effektiv überprüfen zu lassen. Mit der staatlichen Gewährleistung effektiven Rechtsschutzes nichts mehr zu tun hat es jedoch, wenn der Steuerpflichtige zunächst auf einen solchen Rechtsschutz verzichten möchte, um so von der fehlenden Entscheidungsreife einzelner streitiger Punkte über

169 BVerfG, Beschluss v. 19.6.1973 – 1 BvL 39/69 und 14/72, BVerfGE 35, 263 (274).

170 BVerfG, Beschluss v. 20.4.1982 – 2 BvL 26/81, BVerfGE 60, 253 (290 f.); *Sachs* in Sachs, GG, Art. 19 GG Rz 134; *Kirchhof*, DStJG 18 (1995), 17 (21 f.). Mit anderer Schwerpunktsetzung *Pelka*, FS Lang, S. 981 (987, 993), der zu dem Ergebnis kommt, dass die in einigen Bundesländern erfolgte vollständige Abschaffung des Widerspruchsverfahrens im Abgabenrecht verfassungsrechtlichen Mindestanforderungen nicht genügt, da sie zu einer Überforderung der (Verwaltungs-)Gerichte führe.

Gebühr zu profitieren. Zwar liegt die Kompliziertheit und Streitanfälligkeit des Steuerrechts nicht im Verantwortungsbereich des Steuerpflichtigen, sondern des Gesetzgebers[171]. Für die tatsächlich streitigen, von der Teileinspruchsentscheidung bewusst nicht erfassten Punkte wird der mangelnden Verantwortung des Steuerbürgers denn auch durch Verfahrensruhe bis zur höchstrichterlichen Entscheidung über diese Frage Rechnung getragen. Bei den von der Teileinspruchsentscheidung erfassten Punkten, steht die Kompliziertheit und Streitanfälligkeit des Steuerrechts dagegen gar nicht in Rede, da diese aktuell zwischen den Parteien gerade nicht streitig sind.

Auch in dem der vorzitierten Entscheidung des Bundesfinanzhofs vom 18. April 2007 zum Gebot der rechtsschutzgewährenden Auslegung von Verfahrensvorschriften zugrunde liegenden Sachverhalt war nicht die zeitliche Zersplitterung des gerichtlichen Rechtsschutzes problematisch. Streitpunkt war in erster Linie die Frage, ob gegen einen Vollabhilfebescheid überhaupt ein Einspruch bzw. anderweitiger Rechtsschutz gegeben ist. Diese Frage hat der Bundesfinanzhof unter Bezugnahme auf das Verfahrensgrundrecht des Art. 19 IV GG bejaht. Der Ausschluss des Rechtsweges steht bei der Diskussion um die Sachdienlichkeit der Teileinspruchsentscheidung jedoch in keinem Fall zur Debatte, so dass die Rechtsprechung zur rechtsschutzfördernden Auslegung von Verfahrensvorschriften nicht dazu geeignet ist, das Offenhalten der Steuerfestsetzung im Hinblick auf unbenannte Einwendungen zu begründen[172]. Daher ist insoweit auch *Intemann* zu widersprechen, der der Auffassung ist, dass der Ausschluss unbenannter Einwendungen zur Verfahrenskomprimierung mangels Streitbefangenheit kein die Sachdienlichkeit rechtfertigendes Argument sei[173]. Die vorstehenden Ausführungen haben gezeigt, dass gerade umgekehrt das Interesse des Steuerpflichtigen an einer umfassenden und andauernden Verfahrensruhe zum Nachschieben von Gründen für sich genommen ungeeignet ist, die Sachdienlichkeit einer Teileinspruchsentscheidung ohne Streitfrage zu verhindern.

Soweit der Große Senat des Bundesfinanzhofs entschieden hat[174], dass eine Klageerweiterung auch nach Ablauf der Klagefrist möglich ist, steht dies der Zulässigkeit einer Teileinspruchsentscheidung ohne Streitfrage ebenfalls nicht

---

171 *Tipke*, Deutscher Finanzgerichtstag 2007, 21 (36 f.); *Balke*, NWB Fach 2, 9863 (9865).

172 Ähnlich *Steinger*, DStZ 2008, 674 (677) und BFH, Urteil v. 30.9.2010 – III R 39/08, BStBl II 2011, 11 (17).

173 *Intemann*, DB 2008, 1005 (1006 f.); ähnlich *Seer* in Tipke/Kruse, § 367 AO, Rz 62.

174 BFH, Beschluss v. 23.10.1989 – GrS 2/87, BStBl II 1990, 327.

entgegen[175]. Aufgrund der Kompliziertheit des Steuerrechts hat es der Große Senat für angemessen erachtet, dass auch von einer betragsmäßig beschränkten Anfechtung nicht ohne Weiteres auf den Willen zur Herbeiführung einer Teilbestandskraft geschlossen werden kann. Im Regelfall wird durch die Anfechtung daher der Eintritt der Bestandskraft in vollem Umfang verhindert. Als Folge hiervon sind die Erweiterung des Rechtsschutzbegehrens und das Nachschieben von Gründen während des laufenden Verfahrens jederzeit möglich.

Das Recht, das laufende Verfahren jederzeit zu beeinflussen, korrespondiert jedoch nicht mit einem Anspruch des Steuerpflichtigen, das Einspruchsverfahren auch insgesamt möglichst lange offen zu halten und seinen ordnungsgemäßen Abschluss zu verzögern. In dem vom Bundesfinanzhof entschiedenen Fall zum Erweiterungsverbot hätte die erstinstanzlich angenommene betragsmäßig beschränkte Anfechtung den Eintritt der Bestandskraft des betroffenen Bescheids im Übrigen zur Folge gehabt. Weiterer Rechtsschutz wäre für diesen Teil demnach endgültig ausgeschlossen gewesen, obwohl der Steuerpflichtige trotz der Nennung eines bestimmten Teilbetrages den gesamten Bescheid anfechten wollte. Die einschränkende Auslegung des Rechtsschutzbegehrens hätte unwiderruflich dazu geführt, dass dem Steuerpflichtigen im Zeitpunkt des Nachschiebens aufgrund der zwischenzeitlich eingetretenen Bestandskraft jegliche Handlungs- bzw. Heilungsalternativen genommen wären. Der Bundesfinanzhof hat daher zu Recht festgestellt, dass dies auf eine unzulässige echte Beschränkung der verfassungsmäßig verbürgten Rechtsschutzgarantie hinausliefe. Anders hingegen bei der Teileinspruchsentscheidung. Sie führt zwar ebenso dazu, dass letztlich nur noch der vom Einspruchsführer konkret gerügte Teil offen bleibt und eine (zumindest betragsmäßige) nachträgliche Erweiterung des Rechtsschutzbegehrens unzulässig wird. Durch sie wird jedoch – und insofern anders als bei der Teilanfechtung – auch über die vom Steuerpflichtigen nicht gerügten Punkte entschieden und das Verfahren insoweit ordnungsgemäß beendet. Bei den nach Ergehen der Teileinspruchsentscheidung nachgeschobenen Gründen handelt es sich jedoch dann gerade nicht mehr um einen Fall der Erweiterung des Rechtsschutzbegehrens während des *laufenden* Einspruchsverfahrens. Ihre Nichtberücksichtigung ist vielmehr natürliche Folge des partiellen Abschlusses des außergerichtlichen Rechtsbehelfsverfahrens.

Entscheidend ist zudem, dass die Interessenlage bei der Teileinspruchsentscheidung vollkommen anders zu beurteilen ist, weil die Klagefrist mit Erlass der Entscheidung überhaupt erst beginnt und die Rechtsschutzmöglichkeit daher nicht

175 So aber *Balke*, NWB Fach 2, 9863 (9866, 9868) und *Mann*, Stbg 2008, 394 (401).

(nachträglich) wegfällt, sondern erst geschaffen wird. Dem Steuerpflichtigen steht auch bei Erlass einer Teileinspruchsentscheidung umfassender und effektiver Rechtsschutz in Form der Klage zu. Hierbei kann er wählen, ob er sich mit seiner Klage isoliert gegen die Zulässigkeit der Teileinspruchsentscheidung wendet oder sich zu einer materiell-rechtlichen Anfechtung des Steuerbescheides in Gestalt der Teileinspruchsentscheidung entschließt. Eine unzumutbare Einschränkung oder Erschwerung des Rechtsschutzes kann auch nicht darin gesehen werden, dass bereits zu diesem Zeitpunkt im Verfahren vom Steuerpflichtigen gefordert wird, sein Anfechtungsbegehren vollständig darzulegen und zu begründen[176]. Anders als im Streitfall über die Zulässigkeit der nachträglichen Klageerweiterung[177] wird ihm mit der Klage eine zusätzliche Rechtsschutzmöglichkeit geschaffen und nicht genommen. Ihm fehlt es daher schon an einer subjektiven Verletzung seiner individuellen Verfahrensposition[178]. Nur wenn der Steuerpflichtige die Klagefrist verstreichen lässt, ist ihm das Nachschieben von zusätzlichen Begründungen genommen, so dass es sich faktisch gerade nicht um eine Vereitelung effektiven Rechtsschutzes, sondern um ihr Gegenteil handelt. Soweit *Intemann*[179] davon ausgeht, dass die Finanzbehörden mit Teileinspruchsentscheidungen über Besteuerungsgrundlagen, die nicht im Streit stehen, den Zweck des § 367 IIa AO in ihr Gegenteil verkehren, muss dem mithin widersprochen werden.

Nach alledem ist festzuhalten, dass der Steuerpflichtige zwar ein nachvollziehbares Interesse an einer späten und einheitlichen Entscheidung haben mag, diese Erwartungshaltung aber rechtlich nicht begründet ist und bei der vorzunehmenden Abwägung daher nicht als berechtigtes entgegenstehendes Interesse im Rahmen der Sachdienlichkeit berücksichtigt werden kann. Die Absicht des Steuerpflichtigen, die Bestandskraft einer Steuerfestsetzung auch ohne Geltendmachung einer Rechtsverletzung zu verhindern, ist nicht schützenswert[180].

(c) Zusätzliche Berücksichtigung objektiver Kriterien

Der Gesetzesbegründung lässt sich jedoch nicht nur die Berücksichtigung gegenläufiger Interessen entnehmen. Sie nimmt darüber hinaus auch auf objektive

---

176 FG Hamburg, Urteil v. 17.8.2009 – 5 K 208/08, EFG 2010, 374 (376).

177 Würde eine solche nachträgliche Erweiterung innerhalb des laufenden Einspruchsverfahrens abgelehnt, würde für den Steuerpflichtigen effektiver Rechtsschutz insoweit praktisch ausscheiden, da ein erneuter Einspruch verfristet wäre und es für eine direkte Klageerhebung am hierzu erforderlichen erfolglosen Vorverfahren fehlt.

178 Insoweit ähnlich *Pahlke* in Pahlke/König, § 367 Rz 63.

179 *Intemann*, DB 2008, 1005 (1007).

180 Vgl. nun auch BFH, Urteil v. 14.3.2012 – X R 50/09, BStBl II 2012, 536 (538).

und wertungsfreie Merkmale Bezug. So stellt sie dem entscheidungsreifen Teil den nicht entscheidungsreifen gegenüber. Auf dieser Beurteilungsebene bleiben subjektive Nützlichkeitserwägungen außen vor. Entscheidungsreife ist jedoch auch insoweit gegeben, als der eingelegte Einspruch nicht weiter begründet wurde[181]. Denn auch in diesem Fall ist mangels noch zu klärender Tatsachenfragen oder abzuwartender Musterverfahren eine Entscheidung bereits zum aktuellen Zeitpunkt möglich, wenn sich das Finanzamt entschlossen hat, die nicht gerügten Teile auch innerhalb des laufenden Einspruchsverfahrens nicht mehr aufzugreifen. Der Einspruch ist in diesen Fällen insoweit entscheidungs-, nämlich abweisungsreif[182]. Die mit der Teileinspruchsentscheidung bezweckte Abschichtung von Rechtsproblemen und die damit verbundene Begrenzung des Streitstoffes bzw. jedenfalls des verbleibenden steuerlichen Änderungsrahmens[183] werden auch in diesem Fall erfüllt. Die Behörde richtet mit dieser Maßnahme das Einspruchsverfahren an der konkreten Beschwer des Einspruchsführers aus. Für diesen besteht darüber hinaus mit Erlass der Vorabentscheidung und der in Bestandskraft erwachsenden Steuerfestsetzung weitgehende Rechtssicherheit.

Wenn *Mann*[184] fragt, warum es für den Steuerpflichtigen sachdienlich sein solle, mittels Teileinspruchsentscheidung die Möglichkeit zeitnahen Rechtsschutzes zu erhalten, die er gar nicht eingefordert habe, so ist zu konstatieren, dass die Frage bereits zu einseitig gewählt ist. Es geht nicht darum, ob die Teileinspruchsentscheidung aus Sicht des Steuerpflichtigen sachdienlich ist. Entscheidend ist vielmehr, ob die Vorabentscheidung der Förderung des Einspruchsverfahrens selbst dienlich ist und welche Argumente sowohl aus Sicht der Verwaltung als auch des Steuerpflichtigen dafür oder dagegen sprechen. Dabei ist nach dem Willen des Gesetzgebers neben objektiven Gesichtspunkten wie der Entscheidungsreife *auch* dem Gedanken des beschleunigten Rechtsschutzes und der Verfahrensökonomie Rechnung zu tragen. Ist dem Wunsch des Steuerpflichtigen nach einer umfassenden Verfahrensruhe jedoch auch unter verfassungsrechtlichen Gesichtspunkten nur eine untergeordnete Bedeutung zuzumessen, so führt dies in vielen Fällen dazu, dass die für eine zugunsten des Einspruchsführers einschränkende Auslegung der Sachdienlichkeit erforderlichen Argumente nicht gegeben sind.

---

181 *Steinger*, DStZ 2008, 674 (676); *Baum/Szymczak*, NWB 2011, 1772 (1781); ähnlich *Krüger*, DStZ 2009, 810 (812 f.) und FG Hamburg, Urteil v. 17.8.2009 - 5 K 208/08, EFG 2010, 374 (375).

182 BFH, Urteil v. 14.3.2012 – X R 50/09, BStBl II 2012, 536 (538).

183 Dies ist abhängig von der angenommenen Reichweite der Bestandskraft der Teileinspruchsentscheidung – hierzu ausführlich unten unter B.II.3.

184 *Mann*, Stbg 2008, 394 (401); ähnlich *Schneider*, StC 2007, 29 (30).

Die Tatsache, dass mit der Rechtssicherheit für den Steuerpflichtigen gleichzeitig auch Rechtssicherheit auf Seiten des Fiskus eintritt, ist unschädlich. Wie sich aus dem Normzweck ergibt, hatte der Gesetzgeber nicht die staatliche Budgetsicherung im Blick[185]. Dies schließt jedoch nicht aus, dass die Teileinspruchsentscheidung sich auf die Budgetsicherung auswirken oder die finanzamtlichen Rechtsbehelfsstatistiken beeinflussen darf. Die Bestandskraft der Steuerfestsetzung und der weitgehende Abschluss des Rechtsbehelfsverfahrens sind vielmehr von § 367 IIa AO gedeckte notwendige und vom Gesetzgeber in Kauf genommene Folgen[186], welche die Sachdienlichkeit der Vorabentscheidung nicht ausschließen. Hierbei handelt es sich um einen bloßen Rechtsreflex. Zudem besteht auch für den Fiskus ein berechtigtes Interesse, die Steuer in Höhe der bisher nicht streitig gestellten Teile bestandskräftig festzusetzen[187]. Sofern die Budgetsicherung oder Bereinigung von Statistiken nicht im Vordergrund steht, sind diese Nebeneffekte vom Einspruchsführer hinzunehmen.

(d) Zwischenergebnis

Zusammengenommen ergeben weder der Wortlaut noch die Gesetzeshistorie ausreichende Anhaltspunkte dafür, dass eine restriktive Auslegung mit einer Beschränkung der Teileinspruchsentscheidung auf Fälle mit konkreter Streitfrage vom Gesetzgeber gewollt war. Gerade im Hinblick auf den Anforderungskatalog des Bundesverfassungsgerichts, nach dem der gesetzgeberische Wille nur Berücksichtigung finden kann, wenn er deutlich und hinreichend bestimmt in den Gesetzesmaterialien – und aus Gründen der Normenklarheit ebenfalls im Gesetz selbst – seinen zumindest ansatzweisen Niederschlag gefunden hat[188], erscheint eine einschränkende Auslegung schwer vertretbar. Selbst wenn man die Norm mit der subjektiven Theorie unter hervorgehobener Berücksichtigung des Regelungswillens des Gesetzgebers auslegt, lässt sich ein solches Ergebnis nur schwer begründen[189]. Wäre dennoch eine Beschränkung der Teileinspruchsentscheidung auf Fälle konkreter Streitentscheidung beabsichtigt gewesen, so hätten sich Hinweise auf eine solche Einschränkung

---

185 Insoweit zutreffend *Balke*, NWB Fach 2, 9863 (9868) und *Intemann*, DB 2008, 1005 (1007).

186 *Krüger* DStZ 2009, 810 (813); a.A. *Balke*, NWB Fach 2, 9863 (9868) und *Intemann*, DB 2008, 1005 (1007).

187 Dies erkennt auch *Intemann*, DB 2008, 1005 (1007) an.

188 BVerfG, Beschluss v. 17.5.1960 - 2 BvL 11/59, 11/60, BVerfGE 11, 126 (130); *Rüthers/Fischer/Birk*, Rechtstheorie, Tz 799.

189 *Steinger*, DStZ 2008, 674 (676).

deutlicher aus den Gesetzesmaterialien und vor allem aus dem Normtext selbst ergeben müssen. Weder aus dem Gesetzeswortlaut noch aus der Gesetzesbegründung kann hergeleitet werden, dass der Zweck der Teileinspruchsentscheidung allein auf schnelleren Rechtsschutz im Interesse des Einspruchsführers gerichtet ist. Im Gegenteil sprechen gute Argumente dafür, dass der Gesetzgeber den Anwendungsbereich der Norm gerade nicht auf Fälle mit konkreter Streitfrage beschränken wollte[190]. Bei Abwägung der gegenläufigen Interessen ist zu beachten, dass der Wunsch des Steuerpflichtigen nach einer umfassenden Verfahrensruhe auch unter Rechtsschutzgesichtspunkten kein berücksichtigungsfähiges Interesse darstellt. Wurde der Einspruch offenkundig nur eingelegt, um die Steuerfestsetzung nicht bestandskräftig werden zu lassen, ist eine Teileinspruchsentscheidung demnach auch insoweit sachdienlich und zulässig, als sie dazu dient, dem Einspruchsführer bisher unbenannte Einwendungen abzuschneiden.

(3) Systematische Folgerichtigkeit

Nach dem bisherigen Zwischenergebnis ist sowohl unter Wortlaut- als auch historisch-teleologischen Gesichtspunkten von einer Zulässigkeit der Teileinspruchsentscheidung ohne Streitfrage auszugehen. Es stellt sich die Frage, ob dieses Ergebnis auch unter Berücksichtigung der Gesetzessystematik aufrecht erhalten werden kann.

(a) Regelungszusammenhang mit anderen Änderungen durch das JStG 2007

Eng mit dem vorstehend behandelten Zweck der Neuregelung verbunden ist der Blick auf den Regelungszusammenhang der zeitgleich durch das JStG 2007 vorgenommenen Änderungen des außergerichtlichen Rechtsbehelfsverfahrens. Der Gesetzgeber hat das außergerichtliche Rechtsbehelfsverfahren in einem Zug um die Möglichkeit einer Teileinspruchsentscheidung sowie um das Instrument der Allgemeinverfügung erweitert. Letztere ermöglicht der Finanzverwaltung bei entsprechendem Ausgang obergerichtlicher Musterverfahren eine partielle

---

190 Im Ergebnis ebenso Klein/*Brockmeyer*, § 367 AO Rz 19; *Steinger*, DStZ 2008, 674 (676); *Krüger*, DStZ 2009, 810 (812 f.); *Zimmermann*, EFG 2010, 376 (376); *Baum/Szymczak*, NWB 2011, 1772 (1781). – BFH, Urteil v. 30.9.2010 – III R 39/08, BStBl II 2011, 11 (17) hatte einen Fall zu entscheiden, in dem sich der Einspruchsführer nicht ausschließlich auf ein Musterverfahren berufen hatte. Dennoch hatte der Senat keine Einwände gegen die Reichweite der ergangenen Teileinspruchsentscheidung, welche den Einspruch auch im Übrigen zurückwies.

Zurückweisung von Einsprüchen im Massenverfahren[191]. Dabei kommt der aufeinander abgestimmten Regelungstechnik von § 367 IIa und IIb AO besondere Bedeutung zu. Anstatt – wie es naheliegend gewesen wäre – die Reichweite der Teileinspruchsentscheidung positiv zu bestimmen, hat der Gesetzgeber in § 367 IIa 2 AO angeordnet, dass nur die Teile bestimmt werden sollen, hinsichtlich derer Bestandskraft *nicht* eintreten soll. Mit dieser Regelungstechnik hat der Gesetzgeber dafür Sorge getragen, dass mit der Teileinspruchsentscheidung über sämtliche (Streit-)Punkte entschieden werden kann, ausgenommen derer, die in dem entsprechenden Musterverfahren anhängig sind. So kann sichergestellt werden, dass eine Vielzahl von individuellen Einspruchsverfahren durch den umfassenden Gebrauch der Teileinspruchsentscheidung auf denselben Verfahrensstand gebracht werden. Mit einer späteren Allgemeinverfügung kann im Anschluss an die Entscheidung im Musterverfahren sodann die Masse der Verfahren einheitlich entschieden und die Verwaltungsverfahren beendet werden.

Der Einwand *Seers*[192], im Unterschied zur Allgemeinverfügung werde in den Gesetzesmotiven die Teileinspruchsentscheidung gerade nicht als Instrument zur Eindämmung von Masseneinsprüchen genannt, greift zu kurz und ist in dieser Absolutheit abzulehnen. Selbst isoliert betrachtet, greift die Gesetzesbegründung zu § 367 IIa AO die Verknüpfung mit der Allgemeinverfügung insofern auf, als sie darauf hinweist, dass die auch nach Ergehen der Teileinspruchsentscheidung noch erforderliche Verfahrensbeendigung durch Allgemeinverfügung erfolgen kann[193]. Insofern besteht ein direkter Zusammenhang zwischen der Teileinspruchsentscheidung und der unstreitig der Bewältigung von Masseneinsprüchen dienenden Allgemeinverfügung. Die Reduzierung der Einspruchsverfahren auf einen einheitlichen Stand zur späteren einheitlichen Zurückweisung durch Allgemeinverfügung ist nur möglich, wenn auch die Teileinspruchsentscheidung selbst in Massenverfahren Anwendung findet. Ein tatsächlicher und flächendeckender Abschluss anhängiger Massenrechtsbehelfe wäre praktisch ausgeschlossen, wenn durch Teileinspruchsentscheidungen nur konkrete Streitfragen herausgefiltert, nicht aber das Verfahren im Übrigen beendet werden könnte. Zudem – hierauf wurde bereits hingewiesen[194] – stellen auch

---

191 Ausführlich zur Allgemeinverfügung gem. § 367 IIb AO weiter unten im eigenen Teilabschnitt C dieser Arbeit.

192 *Seer* in Tipke/Kruse, § 367 AO, Rz 62.

193 Gesetzesbegründung zu § 367 IIa AO, Bericht des Bundestags-Finanzausschusses v. 9.11.2006, BT-DrS 16/3368, S. 25 „zu Absatz 2a – neu", vorletzter Absatz.

194 Vgl. die Ausführungen im Rahmen zur historisch-teleologischen Auslegung oben bei B.I.3.g.aa(2)(a) a.E. und die Nachweise in Fußnote 165.

die einleitenden Ausführungen zu den Änderungen in § 367 AO klar, dass die Neuregelungen insgesamt der Reduzierung von Verwaltungsaufwand und dem Bürokratieabbau dienen.

Darüber hinaus heißt es in der Gesetzesbegründung zu § 367 IIb AO, dass die Einführung der Allgemeinverfügung die Finanzbehörden in die Lage versetzen soll, der Bewältigung von Masseneinsprüchen Herr zu werden. Nach dem Verständnis des Gesetzgebers ist ihnen dies aufgrund der sprunghaft gestiegenen Anzahl der Rechtsbehelfe allein mit dem Erlass förmlicher Einspruchsentscheidungen nicht (mehr) möglich[195]. Die sachliche Verknüpfung von Teileinspruchsentscheidung und Allgemeinverfügung bietet daher ein deutliches Indiz dafür, dass der Gesetzgeber beide Instrumente aufeinander abgestimmt hat, um eine rationelle Abwicklung von Massenverfahren zu ermöglichen. Die beabsichtigte verbesserte Verwaltungseffizienz kann jedoch nur erreicht werden, wenn die Teileinspruchsentscheidung nicht nur möglich ist, um über konkrete Streitfragen vorab zu entscheiden, sondern auch und vor allem in Frage kommt, um den Umfang nicht weiter begründeter Einsprüche auf die Streitfragen der anhängigen Musterverfahren zu begrenzen[196]. Der (behördenfreundliche) Charme der Zurückweisung durch Allgemeinverfügung liegt nicht darin, dass durch sie nur eine schlichte punktuelle Streitentscheidung erfolgt, sondern gerade und insbesondere darin, dass eine erneute Befassung der Finanzämter mit den betroffenen Steuerfällen nicht mehr erforderlich ist[197]. Die Teileinspruchsentscheidungen bereiten demnach im Regelfall den Erlass späterer Allgemeinverfügungen vor. Diese Konnexität zwischen den beiden Neuregelungen macht nochmals deutlich, dass der Gesetzgeber auch bei der Einführung der Teileinspruchsentscheidung den Abbau von Verwaltungsaufwand bei der Bewältigung von Massenverfahren im Blick hatte. Auf Grundlage der eingangs dieser Arbeit dargestellten Überlastung der Finanzbehörden durch die stetig steigende Zahl von Einsprüchen

195 Gesetzesbegründung zu § 367 IIa AO, Bericht des Bundestags-Finanzausschusses v. 9.11.2006, BT-DrS 16/3368, S. 26.

196 Dies räumen auch *Bergan/Martin*, DStZ 2008, 518 (521) und wohl auch *Seer* in Tipke/Kruse, § 367 AO, Rz 64 ein.

197 Vgl. hierzu auch die Ausführungen des BMF in den jährlichen Einspruchsstatistiken. Das BMF weist darauf hin, dass Teileinspruchsentscheidungen statistisch als Erledigungsfälle behandelt werden, „da davon auszugehen ist, dass insoweit die Einspruchsverfahren in den meisten Fällen […] durch eine Allgemeinverfügung nach § 367 Abs. 2b AO abgeschlossen werden", z.B. Statistik für das Jahr 2011, Veröffentlichung 2012/0821398 v. 6.9.2012, abrufbar unter www.bundesfinanzministerium.de.

und die bisherigen fruchtlosen Versuche dieser Herr zu werden, ist davon auszugehen, dass der Ausschluss nachträglicher Einwendungen durchaus beabsichtigt war[198]. In diesem Zusammenhang klargestellt sei noch einmal, dass die Bewältigung von Massenverfahren wohl der Hauptanwendungsfall der Teileinspruchsentscheidung sein wird. Ihr Anwendungsbereich ist gleichwohl auch außerhalb und unabhängig von anhängigen Musterverfahren eröffnet, wenn sich entscheidungsreife und nicht entscheidungsreife Teile gegenüberstehen. Das Vorliegen eines entsprechenden Musterverfahrens ist daher weder notwendige noch hinreichende Bedingung für den Erlass einer Teileinspruchsentscheidung[199].

(b) Vereinbarkeit mit Vollüberprüfungsgrundsatz

Trotz Einführung der Teileinspruchsentscheidung ist das Einspruchsverfahren systematisch weiterhin an der Gesamtüberprüfung der Steuerfestsetzung ausgerichtet. Der Gesetzgeber hat an ihr festgehalten und § 367 II 1 AO nicht geändert. Das Einspruchsverfahren bleibt daher grundsätzlich weiterhin darauf angelegt, als verlängertes Verwaltungsverfahren die Überprüfung des Steuerbescheids in vollem Umfang zu gewährleisten[200]. Die Teileinspruchsentscheidung wirkt in diesem System nicht ohne Grund wie ein Fremdkörper. Sie greift in die bisherige Regelungssystematik erheblich ein und führt zu einer Reihe von Problemen. Wenn sich der Gesetzgeber aber dazu entschieden hat, die Teileinspruchsentscheidung bzw. Teilüberprüfung nicht anstelle der Vollüberprüfung einzuführen, sondern sie gleichberechtigt neben diese zu stellen, kann dies nur unter der Prämisse funktionieren, dass die Teileinspruchsentscheidung die Gesamtüberprüfung als *lex specialis* modifizieren soll, sofern und soweit ihr Anwendungsbereich eröffnet ist. *Intemann* fordert daher, dass mit der Teileinspruchsentscheidung in die Gesetzessystematik nur insoweit eingegriffen werden dürfe als zwischen den Beteiligten konkrete Streitfragen zu entscheiden sind[201].

---

198 Vgl. auch BFH, Urteil v. 30.9.2010 – III R 39/08, BStBl II 2011, 11 (17); *Steinger*, DStZ 2008, 674 (677); *Birkenfeld* in HHS, § 367 AO Rz 490; *Bartone* in Beermann/Gosch, § 367 AO Rz 50; *Dumke* in Schwarz, § 367 AO, Rz 61; *Zimmermann*, EFG 2010, 376 (376) sowie *Baum/Szymczak*, NWB 2011, 1772 (1781).

199 BFH, Urteil v. 14.3.2012 – X R 50/09, BStBl II 2012, 536 (539); Klein/*Brockmeyer*, AO, § 367 Rz 18; *Birkenfeld* in HHS, § 367 AO Rz 540.

200 BFH, Urteil v. 14.3.2012 – X R 50/09, BStBl II 2012, 536 (537); *Intemann*, DB 2008, 1005 (1007).

201 *Intemann*, DB 2008, 1005 (1007).

Aus der Gegenüberstellung von entscheidungsreifen und bisher nicht entscheidungsreifen Teilen in der Gesetzesbegründung[202] ergibt sich jedoch eine andere Betrachtungsperspektive. Entscheidend ist danach nicht das Bestehen einer Streitfrage, sondern das Vorhandensein entscheidungsreifer Verfahrensteile. Es kommt damit nicht auf die Entscheidung über zwischen den Parteien streitige Punkte an, sondern allein darauf, dass nach Ergehen der Teileinspruchsentscheidung lediglich solche Punkte übrig bleiben, über die derzeit nicht endgültig entschieden werden kann. Dies bedeutet aber auch, dass unstreitige Fragen gerade nicht Gegenstand des Einspruchsverfahrens bleiben müssen[203].

Ausgehend von einer grundsätzlich umfassenden, im Einzelfall aber dennoch gem. § 88 AO am Änderungsbegehren des Einspruchsführers orientierten Ermittlungspflicht[204] kann auch nicht davon gesprochen werden, dass die Finanzbehörde fiktiv über Punkte entscheidet, die vom Einspruchsführer gar nicht begehrt werden[205]. Richtig ist zwar, dass die vorab entschiedenen Punkte vom Steuerpflichtigen nicht ausdrücklich gerügt wurden. Nach dem Grundsatz der Vollanfechtung hat und sollte der beschränkte Antrag des Steuerpflichtigen aber nicht zu einer Teilanfechtung führen[206]. Dementsprechend war nach der Regelungssystematik die gesamte Steuerfestsetzung von der Anfechtung betroffen und mithin zwischen den Parteien auch insgesamt streitig gestellt. Auch wenn sie hierzu aufgrund des beschränkten Änderungsbegehrens nicht verpflichtet war, konnte und durfte die Finanzbehörde die Steuerfestsetzung in vollem Umfang überprüfen und – ggf. nach Verböserungshinweis – auch ändern. Erst das Ergehen der Teileinspruchsentscheidung führt insofern eine formale Beendigung des streitigen Verfahrens herbei. Auch unter diesem Gesichtspunkt spricht daher nichts dagegen, wenn sich die Finanzbehörde allein die Entscheidung über den angegriffenen Punkt vorbehält und ansonsten dem beschränkten Antrag Rechnung trägt und durch Teileinspruchsentscheidung entscheidet.

Ein Eingriff in die bisherige Regelungssystematik läge dagegen weitaus näher, wenn man aufgrund der Einführung der Teileinspruchsentscheidung zu dem Schluss kommen wollte, dass unbenannte Streitfragen bis zur endgültigen

202 Gesetzesbegründung zu § 367 IIa AO, Bericht des Bundestags-Finanzausschusses v. 9.11.2006, BT-DrS 16/3368, S. 25.

203 *Krüger*, DStZ 2009, 810 (813); ebenso nun BFH, Urteil v. 14.3.2012 – X R 50/09, BStBl II 2012, 536 (537 f.).

204 *Seer* in Tipke/Kruse, § 367 AO, Rz 17; FG München, Urteil v. 26.9.2006 – 13 K 4282/02, EFG 2007, 237 (239).

205 So aber *Bergan/Martin*, DStZ 2008, 518 (520).

206 Hierauf wird noch einmal ausführlich zurückzukommen sein, vgl. hierzu B.II.3.b.aa.

Entscheidung Bestandteil des Einspruchsverfahrens bleiben müssten. Denn auch bisher dienten Einspruchs wie Klageverfahren dazu, eine möglichst zügige Entscheidung in der Sache herbeizuführen. Als Instrument zum bloßen Offenhalten des Steuerfalles wegen möglicher zukünftiger Entwicklungen der Rechtsprechung in Verfahren anderer Steuerpflichtiger kamen sie auch bisher nicht in Betracht[207]. Warum gerade die Teileinspruchsentscheidung, die nach dem Willen des Gesetzgebers jedenfalls *auch* auf die Verfahrensbeschleunigung abzielt und die den Finanzbehörden die bisher nicht gegebene Möglichkeit der teilweisen Verfahrensbeendigung einräumt, nun dazu führen soll, dass es zu einer tatsächlichen Verfahrensentschleunigung oder verzögerung kommt, ist auch unter Berücksichtigung der Rechtsschutzaspekte auf Seiten des Steuerpflichtigen nur schwer nachvollziehbar.

Dem Grundsatz der Vollüberprüfung – hierauf sei nochmals hingewiesen – wird auch weiterhin Rechnung getragen. Die Vollüberprüfung erfolgt allerdings nicht mehr einheitlich, sondern sukzessive in zwei getrennten Verfahrensabschnitten. Dabei erfolgt die Vollüberprüfung soweit, wie es in dem jeweiligen Zeitpunkt möglich ist. Dies schließt aber die Entscheidung über unstreitige Fragen ein. Gerade weil der Gesetzgeber an der Vollüberprüfung festgehalten hat und der Eintritt der Bestandskraft in vollem Umfang gehemmt wird, muss sich die Überprüfung auch auf die unstreitigen Teile der Steuerfestsetzung erstrecken[208]. Dagegen würde eine zunächst nur auf konkret benannte und entscheidungsreife Streitfragen beschränkte Überprüfung der Regelungssystematik des § 367 AO widersprechen und die der Teileinspruchsentscheidung zugedachte Entlastungsfunktion nahezu vollumfänglich zunichtemachen.

(c) Umfassende Verfahrensruhe keine Alternative

In der Diskussion um die Möglichkeit, mithilfe der Teileinspruchsentscheidung unbenannte Einwendungen dauerhaft auszuschließen, wird immer wieder darauf hingewiesen, dass der Steuerpflichtige an einer solchen Entscheidung auch deshalb kein Interesse habe, da seinem Begehren schon durch eine umfassende Verfahrensruhe vollends entsprochen werden könne[209]. Aus Sicht des Steuerpflichtigen ist dem sicherlich oftmals zuzustimmen. Der Charme einer solchen bürgerfreundlichen Auslegung ist jedoch nur schwerlich mit der Regelungssystematik von Verfahrensruhe und Teileinspruchsentscheidung in Einklang zu brin-

207 BFH, Beschluss v. 6.7.1999 – IV B 14/99, BFH/NV 1999, 1587 und Urteil v. 6.10.1995 – III R 52/90, BStBl II 1996, 20 (22 f.).

208 BFH, Urteil v. 14.3.2012 – X R 50/09, BStBl II 2012, 536 (538).

209 *Bergan/Martin*, DStZ 2008, 518 (521); *dies.*, NWB direkt Nr. 23 v. 2.6.2008, S. 4.

gen. Die Verfahrensruhe nach § 363 II 2 AO ist ihrem Umfang nach begrenzt. Sie erfasst lediglich solche Rechtsfragen, zu denen obergerichtliche Verfahren anhängig sind. Nur die Tatsache, dass bisher die gesetzliche Möglichkeit einer Teileinspruchsentscheidung fehlte, hat dafür gesorgt, dass mit der partiellen Verfahrensruhe zwangsläufig auch der Verfahrensfortgang im Übrigen zum Erliegen kam. Die umfassende Verfahrensruhe war daher letztlich nur ein Reflex aufgrund der unzureichenden Möglichkeiten, das übrige Verfahren zu beenden[210]. Dieses Verfahrenshindernis ist mit den Änderungen durch das JStG 2007 jedoch beseitigt worden. Eine umfassende Verfahrensruhe, die auch bisher unstreitige Punkte erfasst, kann daher nach der Konzeption des § 363 II 2 AO gerade nicht mehr hergestellt werden. Hinzu kommt, dass der Steuerpflichtige hinsichtlich unbenannter Einwendungen zu derzeit unstreitigen Punkten naturgemäß kein konkretes Musterverfahren in Bezug nehmen kann, weshalb eine Anwendung des § 363 II AO bereits aus diesem Grund scheitert.

Die Teileinspruchsentscheidung schließt die bisher bestehende Lücke und ergänzt die Regelung in § 363 II 2 AO. Sofern nun mit der – nach § 363 II 2 AO gar nicht vorgesehenen – umfassenden Verfahrensruhe gegen die Zulässigkeit von Teileinspruchsentscheidungen ohne Streitfrage argumentiert wird[211], werden alte und überholte Kategorien wiederbelebt, die mit der geltenden Rechtslage nicht mehr in Einklang zu bringen sind. Die Argumentation orientiert sich zu sehr an dem nach der bisherigen Rechtslage für vorteilhaft erachteten Ergebnis und versucht dieses in die neue Regelungssituation hinüberzuretten. Dies wird dem Instrument des § 367 IIa AO jedoch nicht gerecht[212]. Der Regelungszusammenhang zwischen gesetzlicher Verfahrensruhe und Teileinspruchsentscheidung liegt auf der Hand. Während die Verfahrensruhe lediglich die streitbefangenen Punkte aus anhängigen Musterverfahren erfasst, ermöglicht es die Teileinspruchsentscheidung, über alle weiteren, entscheidungsreifen oder unstreitigen Punkte zu entscheiden und das Verfahren abzuschließen. Sie erfasst demnach all jene Punkte, die durch die Verfahrensruhe nicht erfasst werden und zudem entscheidungsreif oder unstreitig sind. Die aufeinander abgestimmten Regelungen stellen somit sicher, dass das Einspruchsverfahren verfahrensökonomisch und zügig in weiten Teilen beigelegt werden kann.

Jedem Teil der Steuerfestsetzung kann hiernach eine konkrete Rechtsfolge zugewiesen werden. Derzeit nicht aufzulösende Streitpunkte, egal ob auf ei-

---

210 Vgl. bereits die einleitenden Ausführungen im Problemaufriss unter A.IV.3.

211 *Bergan/Martin*, DStZ 2008, 518 (521); *dies.*, NWB direkt Nr. 23 v. 2.6.2008, S. 4.

212 *Steinger*, DStZ 2008, 674 (677); *Krüger*, DStZ 2009, 810 (813).

nem anhängigen obergerichtlichen Musterverfahren oder auf temporär noch nicht geklärter Sachverhaltsaufarbeitung etc. beruhend, führen dazu, dass die Entscheidung über sie zunächst aufgeschoben wird. Auch bei entscheidungsreifen tatsächlichen Streitpunkten besteht Einvernehmen darüber, dass die Teileinspruchsentscheidung hier die geeignete Maßnahme ist. Dagegen ist es unverständlich, weshalb Punkte, die einerseits mit Sicherheit nicht von der Verfahrensruhe erfasst sind und hinsichtlich derer es andererseits durchaus verständlich ist, dass sie das weitere Verfahren nicht mehr „belasten" sollen, da sie für die dort noch offenen Streitfragen irrelevant sind, trotz Einführung einer Möglichkeit zur weitgehenden Verfahrensbeendigung weiterhin Teil des Rechtsbehelfsverfahrens bleiben sollten.

Ein Anspruch auf eine umfassende Verfahrensruhe einschließlich momentan unstreitiger Punkte kann auch nicht mit Hilfe der Zustimmungsruhe nach § 363 II 1 AO begründet werden. Diese ist abhängig vom Vorliegen eines wichtigen Grundes. Maßgebend für diesen sind allein Zweckmäßigkeitserwägungen[213]. Hier werden vor allem Fälle erfasst, die denen der Zwangsruhe vergleichbar sind, ohne dass deren Voraussetzungen vorliegen. Zu denken ist insbesondere an Fälle, in denen die streitige Rechtsfrage noch nicht bei einem Obergericht, sondern erst auf Ebene der Finanzgerichte anhängig ist oder in einem anhängigen Musterverfahren nur eine ähnliche Streitfrage aufgeworfen wurde. Andere Gründe können auch der baldige Abschluss einer Außenprüfung oder das Abwarten von Verhandlungen mit Oberbehörden sein[214]. All diesen Fallgruppen ist jedoch gemein, dass sie sich stets auf eine konkrete Streitfrage beziehen, welche aus verschiedenen Gründen derzeit nicht abschließend beurteilt werden kann. Das Offenhalten des Steuerfalls für künftige unbenannte Einwendungen rechtfertigt dagegen auch die Zustimmungsruhe nicht. So hat auch der Bundesfinanzhof in mehreren Entscheidungen ausdrücklich klargestellt, dass das bloße Interesse des Steuerpflichtigen an einer späten Entscheidung kein Ruhen des Verfahrens rechtfertigt[215].

Dem Begehren des Steuerpflichtigen nach einer umfassenden Verfahrensruhe kann daher auch unter der Berücksichtigung von Umfang und Systematik der Verfahrensruhe nicht nachgekommen werden. Die Verfahrensruhe stellt gerade kein geeignetes Mittel dar, um den gewünschten rechtlichen Erfolg herbeizufüh-

---

213 Klein/*Brockmeyer*, AO, § 363 Rz 12.

214 *Birkenfeld* in HHS, § 363 AO Rz 157; *Brandis* in Tipke/Kruse, § 363 AO, Rz 7; Klein/*Brockmeyer*, AO, § 363 Rz 12 – jeweils mit weiteren Beispielen.

215 BFH, Beschluss v. 6.7.1999 – IV B 14/99, BFH/NV 1999, 1587 und Urteil v. 6.10.1995 – III R 52/90, BStBl II 1996, 20 (22 f.); ebenso jetzt BMF, Schreiben v. 16.5.2011, unter Ziff. II.2, BStBl I 2011, 464.

ren. Sie bietet in den streitigen Fällen mithin auch keine Handlungsalternative, die gegenüber einer möglichst umfassenden Teileinspruchsentscheidung vorzugswürdig wäre.

(d) Problematik der „antizipierten Schlussentscheidung“

Vor allem *Bergan/Martin*[216] gehen die Problematik der Sachdienlichkeit einer Teileinspruchsentscheidung ohne Streitfrage aus einer neuen Perspektive an. Sie argumentieren insbesondere mit der (beabsichtigten) verfahrensbeendigenden Wirkung der Teileinspruchsentscheidung. Ausgehend von ihrer These, dass sich die Bestandskraft infolge einer Teileinspruchsentscheidung allein auf die Steuerfestsetzung, nicht aber auf die zugrundeliegenden Besteuerungsgrundlagen erstreckt[217], halten die Verfasser die Teileinspruchsentscheidung als „antizipierte Schlussentscheidung“ für ungeeignet. Als solche bezeichnen sie Teileinspruchsentscheidungen, die bis auf die explizit offen gebliebenen Streitpunkte die gesamte Steuerfestsetzung erfassen und den Verfahrensabschluss durch eine Allgemeinverfügung vorbereiten sollen. Sie führen aus, dass mangels Bestandskraft der zugrundeliegenden Besteuerungsgrundlagen das Einspruchsverfahren trotz Ergehens der Teileinspruchsentscheidung nicht wirksam auf bestimmte Streitpunkte beschränkt werden könne, da allein ein entsprechender Steuerbetrag bestandskräftig werde. Dann aber sei auch eine anschließende Allgemeinverfügung nach § 367 IIb AO ungeeignet, das Verfahren abschließend zu beenden, da sich diese naturgemäß nicht auf zwischenzeitlich nachgeschobene individuelle Gründe und Einwendungen beziehen könne. Eine Teileinspruchsentscheidung zur weitgehenden Verfahrensbeendigung, die damit auch derzeit unbenannte Einwendungen erfasse, sei daher weder zweckmäßig noch sachdienlich und folglich zu unterlassen. Sie komme nur in Betracht, um vorab über konkrete Streitfragen zu entscheiden.

Die Argumentation erfasst somit letztlich zwei Problembereiche. Einmal die Frage nach der Sachdienlichkeit einer Teileinspruchsentscheidung ohne Streitfrage, andererseits die Problematik von Umfang und Reichweite ihrer Bestandskraft. Da sich diese Arbeit mit dem letztgenannten Punkt ausführlich in einem eigenständigen Teil auseinandersetzt, soll die Argumentation im Folgenden insbesondere unter dem Gesichtspunkt der Systematik des Einspruchsverfahrens untersucht werden.

---

216 Ausführlich *Bergan/Martin*, DStZ 2010, 643 (645); ähnlich bereits *dies.*, DStZ 2008, 518 (522).

217 Siehe hierzu die umfassende Diskussion dieser Problematik in dieser Arbeit unten unter B.II.3.c.

Die Autoren treffen mit ihrer Kritik einen wunden Punkt. Sie zeigen auf, dass der gesetzgeberische Wille in der verabschiedeten Norm möglicherweise nur unzureichend umgesetzt wurde und sie in ihrer jetzigen Ausgestaltung durchaus handwerkliche Fehler aufweist[218]. Allerdings dürfen die Argumente nicht unnötig vermischt werden. Die Sachdienlichkeit der Teileinspruchsentscheidung kann zwar nicht vollkommen losgelöst von der Bestimmung der Reichweite ihrer Bestandskraft beurteilt werden. Unter dem Gesichtspunkt der Regelungssystematik ist es jedoch problematisch, die ungenaue gesetzgeberische Umsetzung bei der Festlegung der Rechtsfolge heranzuziehen, um auf Tatbestandsebene hiermit das gewünschte Ergebnis zu begründen. Gerade der vom Gesetzgeber mit der Teileinspruchsentscheidung beabsichtigte Einwendungsausschluss spricht für eine entsprechend weite Auslegung der Sachdienlichkeit. Auch *Bergan/Martin* stellen fest, dass durch die Mängel bei der Umsetzung der Bestandskraft eine „nicht gewollte Situation entsteht“[219]. Dann ist aber nicht die Zulässigkeit bzw. Sachdienlichkeit einer Teileinspruchsentscheidung ohne Streitfrage systemwidrig, sondern vielmehr die – so nicht beabsichtigte – fehlerhafte Umsetzung des Einwendungsausschlusses auf der Rechtsfolgenseite.

In einem Vorgriff auf die ausführliche Diskussion und Stellungnahme zu dieser Problematik bei den Ausführungen zu den Rechtsfolgen[220], ist bereits an diesem Punkt der Arbeit offenkundig geworden, dass die Frage der tatsächlichen Beschränkung des übrigen Einspruchsverfahrens infolge der Teileinspruchsentscheidung auf bestimmte Streitfragen höchst problematisch ist. Ohne die Rechtsfolgenseite an dieser Stelle weiter thematisieren zu wollen, sollen sich die Ausführungen zunächst auf die Tatbestandsseite der Sachdienlichkeit beschränken. Infolge der Kritik von *Bergan/Martin* an der fehlenden Eignung der Teileinspruchsentscheidung zur Verfahrensbeendigung könnte sich zunächst der Verdacht aufdrängen, dass es den Finanzbehörden nur auf die bestandskräftige Festsetzung und die hiermit verbundene Sicherung des Steueraufkommens ankommt. Dennoch bleibt die Teileinspruchsentscheidung sinnvoll und sachdienlich, selbst wenn man eine Bestandskraft der Besteuerungsgrundlagen und damit den wirksamen Einwendungsausschluss verneint. Richtig ist zwar, dass sie einen Teil ihrer Effektivität verliert, wenn mit der Teileinspruchsentscheidung nicht zugleich auch die endgültige Zurückweisung der durch den Steuerpflichtigen vorgebrachten Rechtsauffassung verbunden ist. *Bergan/Martin* weisen insoweit

---

218 Hierzu auch weiter unten bei den systematischen Erwägungen zu den Rechtsfolgen unter B.II.3.c.bb sowie nochmals bei den Reformanregungen im Resümee bei D.II.

219 *Bergan/Martin*, DStZ 2010, 643 (645).

220 Hierzu sogleich unter B.II.3.

zu Recht darauf hin, dass die Teileinspruchsentscheidung als Vorbereitung auf eine sich ggf. anschließende Allgemeinverfügung ihre Eignung als Instrument zur Eindämmung von Masseneinsprüchen einbüßen kann. Dies muss allerdings keinesfalls so sein. Denn ein solcher Wirkungsverlust setzt zwingend voraus, dass der Einspruchsführer tatsächlich weitere Einwendungen nach Ergehen der Teileinspruchsentscheidung vorträgt. Nur dann reicht eine beabsichtigte Allgemeinverfügung zur Verfahrensbeendigung nicht mehr aus, da in dem konkreten Steuerfall aufgrund des nachgeschobenen Vorbringens des Steuerpflichtigen auch noch andere Punkte streitig (geworden) sind, auf die sich die Allgemeinverfügung nicht bezieht. Dies ist zum Zeitpunkt des Erlasses der Teileinspruchsentscheidung jedoch in aller Regel für die Finanzbehörden nicht vorhersehbar, da sich nicht absehen lässt, ob und auf welche weiteren Punkte, Entscheidungen oder Ereignisse sich der Einspruchsführer künftig berufen könnte[221]. Mit dem Erlass der Teileinspruchsentscheidung ist daher selbst in diesem Fall zunächst eine wesentliche Verfahrensbegrenzung verbunden. Sie schafft die tatsächliche Voraussetzung für die verfahrensbeendigende Zurückweisung von Masseneinsprüchen durch einheitliche Allgemeinverfügung. Der mögliche Eintritt einer hypothetischen Einspruchserweiterung kann daher letztlich keine Auswirkung darauf haben, ob die Teileinspruchsentscheidung im allein maßgeblichen Zeitpunkt ihres Ergehens sachdienlich ist. Ihre Zulässigkeit ist losgelöst davon zu bestimmen, ob die Sachdienlichkeit durch künftige Ereignisse möglicherweise geschmälert wird.

In der Argumentation von *Bergan/Martin* wird dagegen nicht deutlich, weshalb die Verfasser die Qualität der Teileinspruchsentscheidung als antizipierte Schlussentscheidung verneinen, die Sachdienlichkeit der Teileinspruchsentscheidung zur Entscheidung über konkrete Streitpunkte offenbar aber für zulässig erachten[222]. Im letztgenannten Fall erfasst die Teileinspruchsentscheidung zwar nicht den Großteil der Steuerfestsetzung, sondern führt nur eine konkrete Streitfrage einer Entscheidung zu. Da aber auch die auf die Klärung von konkreten Streitfragen begrenzte Teileinspruchsentscheidung letztlich zu keiner endgültigen Verfahrensbeendigung führt – einen Einwendungsausschluss auf-

---

221 Als etwas voreilig könnte sich in diesem Zusammenhang allerdings die Verwaltungspraxis herausstellen, für Statistikzwecke bereits mit Erlass der Teileinspruchsentscheidung eine Erledigung des Steuerfalls anzunehmen.

222 *Bergan/Martin*, DStZ 2010, 643 (645): „Gerade dieses Ziel wird jedoch mit einer Teileinspruchsentscheidung in den Fällen, in denen – abgesehen von der Bezugnahme auf ein anhängiges Gerichtsverfahren – kein konkreter Streit besteht, nicht erreicht."

grund der Bestandskraft von Besteuerungsgrundlagen lehnen die Autoren ab – bleibt unklar, worin die Autoren in diesem Fall die Sachdienlichkeit erblicken, wenn sie der Ansicht sind, dass die Sachdienlichkeit nicht in der Begrenzung des offenen Steuerbetrags liegen kann. Würde man ihrer Auffassung stringent folgen, dann müsste es schon aufgrund des nicht stattfindenden Einwendungsausschluss jeder Teileinspruchsentscheidung an Sachdienlichkeit mangeln. Im Fall der antizipierten Schlussentscheidung käme lediglich das Argument hinzu, dass die Teileinspruchsentscheidung auch zur Vorbereitung einer verfahrensabschließenden Allgemeinverfügung nicht geeignet sei.

Unter Rechtsschutzgesichtspunkten kann gegen die Argumentation von *Bergan/Martin* zudem eingewandt werden, dass gerade eine allein auf die Steuerfestsetzung bezogene Bestandskraft, wie von den Autoren vertreten, für ein weites Verständnis der Sachdienlichkeit spricht. Denn gegenüber dem Einspruchsführer ist die Wirkung der Teileinspruchsentscheidung deutlich weniger einschneidend und damit eher hinzunehmen, wenn sie nur zu einer betragsmäßigen Begrenzung seines Begehrens führt, nicht aber auch den sachlichen Inhalt seines künftigen Vorbringens beeinträchtigt.

Auch wenn umstritten ist (und an dieser Stelle der Arbeit auch noch bewusst offengelassen werden soll), ob mit der Teileinspruchsentscheidung ein wirksamer Einwendungsausschluss sowie die Bestandskraft der Besteuerungsgrundlagen einhergehen, steht fest, dass sich ihre Bestandskraft nach den allgemein gültigen Grundsätzen jedenfalls auf den entsprechenden Teilsteuerbetrag bezieht. Die damit zwingend einhergehende Begrenzung des streitigen und noch offenen Steuerbetrags führt darüber hinaus oftmals auch zu einer faktischen Beschränkung des Streitgegenstands. Selbst wenn in Höhe des noch offenen Betrages sämtliche Einwände vorgebracht werden könnten, wäre beim Nachschieben mehrerer steuermindernder Posten eine weitergehende Entscheidung überflüssig, sobald feststeht, dass der Einspruchsführer mit einem seiner Einwände durchdringt und den noch offenen Korrekturrahmen zu seinen Gunsten ausgeschöpft hat. Uneinigkeiten oder Nachweisprobleme hinsichtlich weiterer geltend gemachter Positionen oder die über diesen Betrag hinausgehende Bezugnahme auf langwierige streitige Rechtsfragen wären nicht mehr zu entscheiden, der Fall insgesamt zur Entscheidung reif. Der somit ergehende Abhilfebescheid würde daher das Verfahren zügig und umfassend beenden, ohne dass es auf die übrigen Streitentscheidungen noch ankäme. Auch wenn möglicherweise kein Einwendungsausschluss hergestellt werden kann, so erfolgt die Konzentration des Verfahrens jedenfalls durch eine Beschränkung des steuerlichen Änderungsrahmens auf das Nötigste. Die verfahrensoptimierende Wirkung der Teileinspruchsentscheidung wäre mithin auch in diesem Fall gegeben. Die nach Auffassung von *Bergan/Martin de lege lata* eingeschränkte Eignung der Teileinspruchsentscheidung ohne Streitfrage als Mittel zur weitgehenden Verfahrensbeendigung bietet daher zwar einen berechtigten Kritik- und Angriffspunkt, spricht aber im Ergebnis dennoch nicht gegen ihre Sachdienlichkeit.

Nicht von der Hand zu weisen ist zudem, dass § 367 IIa 1 AO als Ermessensvorschrift konzipiert ist. Durch eine restriktive Auslegung des Merkmals der Sachdienlichkeit fiele jedoch ein Großteil der Fälle bereits auf Tatbestandsebene aus dessen Anwendungsbereich heraus. Die Filterfunktion des Ermessens auf der Rechtsfolgenseite würde hierdurch unnötig stark eingeschränkt[223].

(4) Ankündigung der Teileinspruchsentscheidung und Präklusion

Der mit der Teileinspruchsentscheidung ohne Streitfrage verfolgte Einwendungsausschluss ist dem Steuerverfahrensrecht nicht vollkommen fremd. So können die Finanzbehörden den Umfang des Rechtsbehelfsverfahrens erheblich verringern, wenn sie von der Möglichkeit des § 364b AO Gebrauch machen und vom Steuerpflichtigen verspätet vorgebrachte Erklärungen und Beweismittel nicht mehr berücksichtigen[224]. Ähnlich wie bei der Teileinspruchsentscheidung ohne Streitfrage kommt die Präklusion in Betracht, um eine Verfahrenskonzentration zu erreichen, wenn Anhaltspunkte bestehen, dass der Steuerpflichtige den Einspruch nicht des Rechtsschutzes wegen, sondern zu sachfremden Zwecken, wie beispielsweise zum Zeitgewinn, eingelegt hat[225]. Hauptanwendungsfall ist dabei die Einspruchseinlegung nach Vollschätzung ohne gleichzeitige Abgabe der ausstehenden Steuererklärung. Die Wirkung der Präklusion kann dabei weiter gehen als beim partiellen Abschluss des Rechtsbehelfsverfahrens durch Teileinspruchsentscheidung. Denn aufgrund von § 76 III FGO kann die rechtmäßige Präklusion – anders als die Teileinspruchsentscheidung – eine Fernwirkung im Hinblick auf ein späteres finanzgerichtliches Verfahren entwickeln[226]. Um den Steuerpflichtigen vor den möglicherweise weitreichenden Folgen zu schützen,

223 *Steinger*, DStZ 2008, 674 (677).

224 Vgl. zu den Rechtsfolgen der Präklusion ausführlich *Lieber*, Präklusion, S. 157 ff. und *Wagner*, StuW 1996, 169 (177 f.).

225 *Seer* in Tipke/Kruse, § 364b AO, Rz 18; FG Niedersachsen, Urteil v. 27.2.1997 – X 128/96, EFG 1997, 939 (940); ausführlich *Lieber*, Präklusion, S. 46 ff; kritisch *Wagner*, StuW 1996, 169 (171).

226 Zur den Schwachpunkten dieser sog. Doppelpräklusion aufgrund nur fakultativer Wirkung im finanzgerichtlichen Verfahren vgl. *Seer* in Tipke/Kruse, § 364b AO, Rz 2; *Lieber*, Präklusion, S. 187 ff.

tritt die Präklusionswirkung erst nach ergebnislosem Ablauf einer angemessenen Frist und nach Belehrung über die entsprechenden Rechtsfolgen ein.

§ 367 IIa AO normiert dagegen keine Verpflichtung des Finanzamtes, den Erlass einer Teileinspruchsentscheidung vorher anzukündigen. Auch wenn dem Steuerpflichtigen aufgrund der Teileinspruchsentscheidung ein vergleichbarer Einwendungsausschluss in einem folgenden finanzgerichtlichen Verfahren nicht droht, erscheint es im Hinblick auf den Grundsatz des rechtlichen Gehörs dennoch angemessen, ihn auf den bevorstehenden Erlass einer solchen Entscheidung hinzuweisen und ihn hierzu anzuhören. Art. 103 I GG findet im Verwaltungsverfahren zwar keine unmittelbare Anwendung[227] und auch die Anhörung Beteiligter ist im Rahmen der Soll-Vorschrift des § 91 I AO nur für Tatsachenfragen vorgesehen, so dass ein fehlender Hinweis allein nicht zur Rechtswidrigkeit der Teileinspruchsentscheidung führen wird. Es ist jedoch zu erwarten, und im Hinblick auf die in der Bevölkerung auch noch nicht verbreitet bekannte Möglichkeit der Teileinspruchsentscheidung wohl auch ohne zwingende gesetzliche Regelung oftmals geboten, dass der rechtzeitige Hinweis auf die anstehende partielle Vorabentscheidung und das Recht auf jederzeitige Einspruchserweiterung[228] die Akzeptanz einer solchen Entscheidungspraxis deutlich erhöhen würde.

Auch unter Berücksichtigung der Interessen des Steuerpflichtigen nicht erforderlich ist der Hinweis auf eine Vorabentscheidung, wenn der Einspruch allein hinsichtlich eines konkreten Streitpunkts entschieden wird. Diesbezüglich ist grundsätzlich davon auszugehen, dass der Steuerpflichtige alle aus seiner Sicht relevanten Punkte bereits vorgetragen hat[229]. Etwas anderes gilt freilich, wenn erkennbar ist, dass er seine Begründung erweitern will. Sollen mit Hilfe der Teileinspruchsentscheidung ohne Streitfrage dagegen insbesondere künftige unbenannte Einwendungen ausgeschlossen werden, so spricht gerade unter dem Gesichtspunkt der Sachdienlichkeit einer solchen Entscheidung vieles dafür, dem Steuerpflichtigen Gelegenheit zu geben, seinen Vortrag zu konkretisieren bzw.

227 *Schmidt-Aßmann* in Maunz/Dürig, GG, Art. 103 Rz 62.

228 Unabhängig von der Streitfrage eines wirksamen Einwendungsausschlusses infolge der Teileinspruchsentscheidung besteht das Recht auf Erweiterung des Einspruchs bzw. seiner Begründung vor Erlass der Vorabentscheidung zweifelsfrei fest, vgl. hierzu nochmals grundlegend die Entscheidung des Großen Senats, BFH, Beschluss v. 23.10.1989 – GrS 2/87, BStBl II 1990, 327 (331).

229 Eine Aufforderung zur Ergänzung der Angaben im Einspruchsschreiben ist insbesondere erforderlich, wenn eine Begründung fehlt oder der bisherige Vortrag unvollständig ist, vgl. Klein/*Brockmeyer*, § 91 AO, Rz 4.

die steuerliche Behandlung weiterer Sachverhalte streitig zu stellen[230]. Der Bundesfinanzhof ist an dieser Stelle großzügiger und hält die Gewährung rechtlichen Gehörs auch vor dem Hintergrund des Gebots nach effektivem Rechtsschutz nicht für erforderlich, da es sich bei der ablehnenden Entscheidung über einen Einspruch nicht um eine Verböserung handelt[231]. Er geht vielmehr davon aus, dass ein Einspruchsführer, der seinen Einspruch begründet hat, dies vollständig getan hat. Dementsprechend haben die Finanzbehörden ihre Verwaltungspraxis angepasst und entsprechend kodifiziert[232].

Statt einer einfachen Anhörung kann es sich anbieten, den Rechtsbehelfsführer zunächst nach § 364b I Nr. 1 AO unter Fristsetzung aufzufordern, seinen Einspruch zu begründen[233] und dann durch Teileinspruchsentscheidung zu entscheiden[234]. Wählt die zuständige Rechtsbehelfsstelle diesen Weg, werden an der Sachdienlichkeit der Teileinspruchsentscheidung kaum noch Zweifel bestehen. Aufgrund des Fristablaufs ist der Steuerpflichtige mit weiterem Vortrag zu seinen Gunsten gem. § 364b II AO präkludiert. Das Verfahren kann von ihm daher insoweit nicht mit Erfolg weiterbetrieben und insbesondere sein Vorbringen nicht mehr erweitert werden. Es gibt daher nach Fristablauf keinen sachlichen Grund, das Einspruchsverfahren nicht soweit wie möglich zu beenden.

(5) Zwischenergebnis

Zusammenfassend ist festzustellen, dass es entgegen vielfältiger Kritik nicht unzulässig ist, wenn die Finanzbehörden mithilfe der Teileinspruchsentscheidung dem Steuerpflichtigen (auch) etwaige spätere Einwendungen abschneiden, sondern dass umgekehrt der Wunsch des Steuerpflichtigen nach einem dauerhaften Offenhalten der Steuerfestsetzung, um an unvorhergesehenen neuen Entwick-

---

230 *Zimmermann*, EFG 2010, 376 (377); *Bergan/Martin*, DStZ 2010, 643 (647); jetzt auch *Seer* in Tipke/Kruse, § 367 AO, Rz 62; a.A. FG Hamburg Urteil v. 17.8.2009 – 5 K 208/08, EFG 2010, 374 (376) sowie *Dumke* in Schwarz, § 367 AO, Rz 70c, der eine Ankündigung jedoch aus Gründen der Verfahrensfairness für geboten hält.

231 BFH, Urteil v. 14.3.2012 – X R 50/09, BStBl II 2012, 536 (537 f.).

232 Vgl. den jüngst aktualisierten AEAO Nr. 6.3 zu § 367 v. 31.1.2013, BStBl I 2013, 118 (146).

233 Zu „kreativen" Rechtsschutzmöglichkeiten des Steuerpflichtigen gegen eine solche Fristsetzung vgl. *Streck*, StuW 1996, 183 (184 f.).

234 Für ein Nacheinander von Fristsetzung nach § 364b AO und (anschließender) Teileinspruchsentscheidung *Birkenfeld* in HHS, § 367 AO Rz 512 und *Lingemann*, AO-StB 2008, 153 (154). Der BFH hält dies nicht für erforderlich, vgl. BFH, Urteil v. 14.3.2012 – X R 50/09, BStBl II 2012, 536 (538); vgl. daher nun auch AEAO Nr. 6.3 zu § 367 v. 31.1.2013, BStBl I 2013, 118 (146).

lungen in der Rechtsprechung teilhaben zu können, nicht im Interesse einer ordentlichen Rechtspflege liegt und daher keine Berücksichtigung finden kann. Auch spricht weder der Gesetzeszweck noch die Regelungssystematik dafür, dass dem Steuerpflichtigen ein Recht auf „Liegenlassen" seines Einspruchs zusteht. Der Gesetzgeber hat die neuen Instrumente der Teileinspruchsentscheidung und der Allgemeinverfügung aufeinander abgestimmt, um den Finanzbehörden ein Instrument zur effektiven Bearbeitung von Massenrechtsbehelfen an die Hand zu geben. Dabei ergänzen die Neuregelungen auch die Regelungen über die Verfahrensruhe und vervollständigen hier bestehende Regelungsdefizite. Mit Einfügung des § 367 IIa AO wurde eine generelle abstrakte Beschleunigungsmöglichkeit des Rechtsbehelfsverfahrens geschaffen, die auch eine ausreichende Rechtsgrundlage für den Erlass von Teileinspruchsentscheidungen ohne Streitfrage bietet. Der Bundesfinanzhof ist in einer neuen Entscheidung kürzlich zum gleichen Ergebnis gekommen und hält eine Teileinspruchsentscheidung auch hinsichtlich unbenannter Einwände für zulässig[235]. Es sei verfahrensrechtlich grundsätzlich zulässig, über den Einspruch nur insoweit vorab zu entscheiden, als er sich auf nicht ausdrücklich benannte Streitpunkte bezieht.

Allerdings sollte dem Einspruchsführer vor Erlass der Teileinspruchsentscheidung rechtliches Gehör gewährt werden, um ihm Gelegenheit zum umfassenden und abschließenden Vortrag zu geben. Etwaigen fortbestehenden Zweifeln an der Rechtmäßigkeit eines solchen Vorgehens können die Finanzämter dadurch begegnen, dass sie die Rechtsbehelfsführer vor Ergehen der Teileinspruchsentscheidung unter Fristsetzung nach § 364b AO auffordern, eine ggf. bestehende zusätzliche Beschwer darzulegen. Spätestens nach Fristablauf steht der avisierten Vorabentscheidung unter dem Gesichtspunkt der Sachdienlichkeit nichts mehr entgegen.

bb. Sachdienlichkeit bei Vorbehaltsfestsetzungen

Eine Verbindung der Teileinspruchsentscheidung mit einer Steuerfestsetzung unter dem Vorbehalt der Nachprüfung begegnet im Schrifttum teilweise Bedenken[236]. Die Kombination aus vorgreiflicher Entscheidung über Teile des Einspruchs bei und trotz noch ausstehender abschließender Überprüfung erscheint tatsächlich widersprüchlich.

---

235 BFH, Urteil v. 14.3.2012 – X R 50/09, BStBl II 2012, 536 (538).

236 *Bergan/Martin*, DStZ 2010, 643 (645); *Seer* in Tipke/Kruse, § 367 AO, Rz 63; kritisch auch *Zimmermann*, EFG 2010, 376 (377); a.A. *Birkenfeld* in HHS, § 367 AO Rz 546.

(1) Zweckfortfall einer Teileinspruchsentscheidung bei fortbestehenden Änderungsmöglichkeiten?

Solange der Nachprüfungsvorbehalt wirksam ist, kann die Steuerfestsetzung auch nach Ablauf der Einspruchsfrist gem. § 164 II 1 AO jederzeit und im vollen Umfang aufgehoben oder geändert werden. Die materielle Bestandskraft der Steuerfestsetzung tritt bis auf weiteres nicht ein. Ergeht die Teileinspruchsentscheidung erstmals oder fortbestehend unter dem Vorbehalt der Nachprüfung, weil eine abschließende Prüfung noch nicht stattgefunden hat, so tritt eine Begrenzung des Streitgegenstandes faktisch nicht ein. Die Finanzbehörde kann mit einer Teileinspruchsentscheidung unter Nachprüfungsvorbehalt weder einen Einwendungsausschluss noch eine Begrenzung der offenen Steuer erreichen. Auch bei einer späteren Änderung der durch Teileinspruchsentscheidung beschiedenen Vorbehaltsfestsetzung können Finanzbehörde und Steuerpflichtiger daher erneut und in vollem betragsmäßigen Umfang um die bereits in der Teileinspruchsentscheidung entschiedenen Fragen streiten – den vorangegangenen Bescheiden kommt keine Präjudizwirkung für die späteren Bescheide zu[237]. Entsprechendes gilt bei einer Aufhebung des Vorbehalts, bei der dem Steuerpflichtigen nach § 164 III 2 AO erneut Einspruch und Anfechtungsklage offen stehen.

Andererseits wird das Einspruchsverfahren trotz der weitgehenden Abänderbarkeit der Steuerfestsetzung regulär durchgeführt und von der Vorbehaltsfestsetzung nicht tangiert. Der Vorbehalt der Nachprüfung ist vom Einspruch unabhängig und berührt dessen Entscheidungsreife nicht[238]. Auch einer einheitlichen, das Verfahren insgesamt beendenden Einspruchsentscheidung kommt daher trotz der nach § 164 II AO verbleibenden Änderungsmöglichkeiten keine geringere Bedeutung zu. Oftmals wird trotz vorhandenen Nachprüfungsvorbehalts nicht sicher sein, ob es tatsächlich zu einer abschließenden Überprüfung der Steuerfestsetzung oder zu einer Außenprüfung kommen wird. Eine entsprechende Verpflichtung der Finanzbehörde besteht nicht[239]. Es ist daher keinesfalls ausgeschlossen, dass die Beendigung des Einspruchsverfahrens auch gleichzeitig den letzten Akt der Veranlagung darstellt und der Vorbehalt der Nachprüfung aufgrund der gesetzlichen Regelung in § 164 IV AO mit Ablauf der Festsetzungsfrist entfällt.

---

237 *Kammann*, StuW 1982, 149 (161).

238 BFH, Urteil v. 14.3.2012 – X R 50/09, BStBl II 2012, 536 (538).

239 Es handelt sich daher eben auch nur um einen Vorbehalt der Nachprüfung. Vgl. auch *Seer* in Tipke/Kruse, § 164 AO, Rz 27; *Cöster* in Pahlke/König, § 164 Rz 1.

Die jederzeit gegebene Änderungsmöglichkeit stellt die Anfechtbarkeit der Steuerfestsetzung nicht infrage[240]. Der Steuerpflichtige kann folglich mit der Anfechtungsklage zum Finanzgericht wie auch in den Fällen der herkömmlichen Einspruchsentscheidung Rechtsschutz erlangen, obwohl eine abschließende Überprüfung der Steuerfestsetzung durch den Veranlagungsbezirk in diesem Fall noch nicht stattgefunden hat. Die Anwendbarkeit der allgemeinen Verfahrensgrundsätze bedeutet aber auch, dass das Verfahren wie auch sonst darauf gerichtet sein muss, möglichst zügig abgeschlossen zu werden. Nur weil die Steuerfestsetzung unter dem Vorbehalt der Nachprüfung steht, hat dies nicht zur Folge, dass das Einspruchsverfahren sich länger hinziehen darf als sonst. Die umfassende Beendigung des Einspruchsverfahrens setzt jedoch voraus, dass auch über nicht ausdrücklich gerügte Punkte eine Entscheidung ergeht. Damit entspricht eine Teileinspruchsentscheidung unter dem Vorbehalt der Nachprüfung ebenfalls der gesetzgeberischen Intention der Ermöglichung schnelleren Rechtsschutzes. Als Instrument zur Verfahrenskonzentration kommt die Teileinspruchsentscheidung als verfahrensrechtliche Alternative neben der Möglichkeit einer einheitlichen Einspruchsentscheidung daher auch in Kombination mit Vorbehaltsfestsetzungen in Betracht[241].

Für diese Möglichkeit spricht zudem, dass die Steuerfestsetzung vielfach im Hinblick auf eine später beabsichtigte Außenprüfung unter dem Vorbehalt der Nachprüfung ergehen wird. Beiden Seiten kann dennoch daran gelegen sein, einzelne Rechtsfragen auf Grundlage der bisherigen Tatsachenfeststellungen bereits frühzeitig und jedenfalls vorübergehend gerichtlich geklärt zu bekommen und das Einspruchsverfahren weitestgehend abzuschließen. Aus Sicht des Steuerpflichtigen kann dies vor allem im Hinblick auf Rechtsfragen von Bedeutung sein, bei denen nicht zu erwarten ist, dass sie (noch) von einer abschließenden Prüfung oder Außenprüfung tangiert würden. In diesem Fall sind die Finanzbehörden nach klageweiser Anfechtung der unter Vorbehalt ergangenen Teileinspruchsentscheidung aufgrund entgegenstehender Rechtskraft nach § 110 I FGO trotz des Nachprüfungsvorbehalts an die Rechtsauffassung des Gerichts gebunden. Sofern infolge einer späteren Außenprüfung nicht neue Beweise auftauchen oder ein neuer Sachverhalt festgestellt wird, ist eine spätere Änderung insoweit nicht mehr möglich[242].

---

240 BFH, Urteil v. 28.5.1998 – V R 100/96, BStBl II 1998, 502 (503); Klein/*Rüsken*, AO, § 164 Rz 53; *Seer* in Tipke/Kruse, § 164 AO, Rz 55.

241 Im Ergebnis ebenso nun BFH, Urteil v. 14.3.2012 – X R 50/09, BStBl II 2012, 536 (538).

242 BFH, Beschluss v. 24.8.1990 – X R 45-46/90, BStBl II 1990, 1032 (1033); Klein/*Rüsken*, AO, § 164 Rz 29; *Seer* in Tipke/Kruse, § 164 AO, Rz 37.

Die Veranlagungsbehörde kann durch den Erlass der Teileinspruchsentscheidung klarstellen wollen, dass die vom Steuerpflichtigen im Rahmen der Anfechtung vorgebrachten Argumente nichts an ihrer bisherigen Rechtsauffassung geändert haben. Eine Verpflichtung der Finanzbehörde zur Aufhebung des Nachprüfungsvorbehalts im Rahmen der (Teil)Einspruchsentscheidung wäre gerade im Hinblick auf eine beabsichtigte Außenprüfung nicht vertretbar. Ansonsten könnte der Steuerpflichtige durch Einlegung des Einspruchs den Vorbehalt entgegen dem Zweck des § 164 AO aus der Welt schaffen. Die Prüfung im Einspruchsverfahren kann und soll die abschließende Prüfung i.S.v. § 164 AO, insbesondere eine Außenprüfung, aber nicht ersetzen[243].

(2) Erhöhte Verfahrensanforderungen aufgrund geminderter Effektivität

Gleichwohl wird die Finanzbehörde in derartigen Fällen den Erlass einer solchen Entscheidung genau zu bedenken haben. Dies gilt insbesondere in den Fällen, in denen eine Teileinspruchsentscheidung unter den Nachprüfungsvorbehalt gestellt wird und sich auch und vor allem auf zwischen den Parteien derzeit unstreitige Punkte erstreckt. Aufgrund der begrenzten Wirkung einer Teileinspruchsentscheidung unter dem Vorbehalt der Nachprüfung wird die Finanzbehörde genau abzuwägen haben, wo die Sachdienlichkeit einer solchen vorgezogenen Entscheidung im konkreten Fall liegen kann. Aus Behördensicht kann dabei auch in diesen Fällen die weitgehende Streitentscheidung zur Untermauerung ihrer bisherigen Rechtsauffassung und die Vorbereitung auf eine das Einspruchsverfahren im Übrigen abschließende mögliche Allgemeinverfügung ein Kriterium sein.

Parallel zu der verminderten Effektivität der Teileinspruchsentscheidung ist im Rahmen der gebotenen Abwägung auch zu berücksichtigen, dass die entgegenstehenden Interessen der Steuerpflichtigen weniger stark tangiert werden, als bei endgültigen Entscheidungen. Sie können unabhängig vom Ergehen der Teileinspruchsentscheidung durch einen entsprechenden Antrag nach § 164 II AO auf Änderung der Steuerfestsetzung jederzeit einen erneuten Bescheid erzwingen oder gegen die Ablehnung dieses Antrags Einspruch einlegen[244]. Auf diese Weise erhalten sie sich auch über den Zeitpunkt der Unanfechtbarkeit hinaus eine weitere Rechtsschutzmöglichkeit, mit der sie in vollem Umfang auch neue

243 BFH, Urteil v. 12.6.1980 – IV R 23/79, BStBl II 1980, 527 (528); *Schick*, StuW 1992, 197 (215); *Seer* in Tipke/Kruse, § 164 AO, Rz 55.

244 *Heuermann* in HHS, § 164 AO Rz 52; *Cöster* in Pahlke/König, § 164 Rz 96; *Kammann*, StuW 1982, 149 (164 f.).

Tatsachen, Beweismittel oder rechtliche Argumente vortragen können[245]. Die oftmals mit dem Wunsch nach einer umfassenden Verfahrensruhe verbundene Hoffnung der Einspruchsführer, von günstigen Entwicklungen in der Rechtsprechung zu profitieren, wird durch die Vorabentscheidung nicht vereitelt. Kann die Finanzbehörde die Sachdienlichkeit der Teileinspruchsentscheidung auch hinsichtlich unstreitiger Punkte begründen, kann sie von dieser Möglichkeit auch in Kombination mit Vorbehaltsfestsetzungen Gebrauch machen. Sie ist jedoch aufgrund der geminderten Effektivität einer solchen Entscheidung gehalten, die für die Sachdienlichkeit relevanten Erwägungen zu verdeutlichen und jedenfalls schlagwortartig darzulegen.

Eine Teileinspruchsentscheidung ist daher auch bei Vorbehaltsfestsetzungen sachdienlich und zulässig. Die jeweiligen Zwecke von Vorabentscheidung und Nachprüfungsvorbehalt stehen sich nicht diametral gegenüber, sondern können nebeneinander verwirklicht werden.

(3) Erstmalige Vorläufigkeit in der Teileinspruchsentscheidung

Besonderheiten bestehen, wenn der angefochtene Steuerbescheid nicht wie in den vorbehandelten Fällen bereits mit einem Nachprüfungsvorbehalt versehen war, sondern ein solcher erstmalig in der Teileinspruchsentscheidung aufgenommen wird[246].

Der Nachprüfungsvorbehalt ist mit seiner Konstruktion als umfassende Vorläufigkeit auf die Überprüfung der gesamten Steuerfestsetzung durch eine abschließende Außenprüfung gem. §§ 193 ff. AO angelegt – eine Teilaufhebung des Vorbehalts ist daher unzulässig[247]. Das Gleiche muss bei seiner erstmaligen Anordnung gelten. Auch sie muss die Steuerfestsetzung insgesamt betreffen. Im Falle einer Teileinspruchsentscheidung hat die Finanzbehörde daher sicherzustellen, dass nach vollständigem Abschluss des Einspruchsverfahrens die gesamte Steuerfestsetzung dem Nachprüfungsvorbehalt des § 164 AO unterliegt und für neue Erkenntnisse und Änderungen infolge einer eventuellen späteren Außenprüfung umfassend offen steht.

---

245 Zur Reichweite der Änderungsbefugnis zuletzt BFH, Urteil v. 24.1.2008 – IV R 87/06, BStBl II 2008, 428 (429).

246 Dies ist zulässig, unterliegt allerdings als Form der Verböserung der vorherigen Hinweispflicht, BFH, Urteil v. 12.6.1980 – IV R 23/79, BStBl II 1980, 527 (528). Vgl. auch *Thiel*, StuW 1977, 237 (239); Klein/*Rüsken*, AO, § 164 Rz 16; *Seer* in Tipke/Kruse, § 164 AO, Rz 23; kritisch *Heuermann* in HHS, § 164 AO Rz 13.

247 *Seer* in Tipke/Kruse, § 164 AO, Rz 48; Klein/*Rüsken*, AO, § 164 Rz 8; *Hey*, Steuerplanungssicherheit, S. 773.

Insbesondere wenn der Abschluss des übrigen Einspruchsverfahrens durch Allgemeinverfügung angedacht ist, bedeutet dies, dass der Nachprüfungsvorbehalt bereits in der ursprünglichen, also angefochtenen, Steuerfestsetzung enthalten gewesen sein sollte. Nur wenn er mangels ausdrücklicher Aufhebung auch nach Erlass der Einspruchsentscheidungen fort gilt[248], steht fest, dass er auch den durch Allgemeinverfügung beschiedenen Teil erfasst. Die Allgemeinverfügung selbst ist aufgrund ihrer Bedeutung und Wirksamkeit für eine Großzahl von Verfahren ungeeignet, selbst einen eigenen Nachprüfungsvorbehalt zu enthalten. Die Kombination aus erstmaligem Nachprüfungsvorbehalt in der (verbösernden) Teileinspruchsentscheidung und Abschluss des Einspruchsverfahrens durch anschließende Allgemeinverfügung wird daher regelmäßig nicht möglich sein. Die Entscheidung für eine Teileinspruchsentscheidung unter dem erstmaligen Vorbehalt der Nachprüfung hat damit zur Folge, dass ein Verfahrensabschluss durch Allgemeinverfügung ausscheidet. Möglich ist – neben der Abhilfe – allein eine sich anschließende individuelle Endeinspruchsentscheidung, welche ebenfalls den Nachprüfungsvorbehalt enthält. Um Rechtsunklarheiten und eine Verunsicherung bei den Steuerpflichtigen zu vermeiden, sollte von der erstmaligen Aufnahme eines Nachprüfungsvorbehalts in einer Teileinspruchsentscheidung jedenfalls dann abgesehen werden, wenn mit dem Erlass einer sich anschließenden Allgemeinverfügung zu rechnen ist.

(4) Zwischenergebnis

Im Ergebnis kann von einer Teileinspruchsentscheidung daher auch Gebrauch gemacht werden, wenn sie eine Steuerfestsetzung unter dem Vorbehalt der Nachprüfung betrifft. Trotz der weitgehenden Abänderbarkeit der Steuerfestsetzung infolge des Nachprüfungsvorbehalts können sowohl Finanzverwaltung als auch Steuerpflichtige ein Interesse an einer Vorabentscheidung haben. Allerdings wird der Erlass einer solchen Teileinspruchsentscheidung in Verbindung mit einem umfassenden Nachprüfungsvorbehalt gerade unter dem Gesichtspunkt der Sachdienlichkeit genau zu überdenken und abzuwägen sein. Noch mehr Sorgfalt ist bei der erstmaligen Aufnahme eines Vorbehalts in einer Teileinspruchsentscheidung geboten. In diesen Fällen scheidet ein Verfahrensabschluss durch anschließende Allgemeinverfügung aus.

---

248 Vgl. nur BFH, Urteile v. 18.8.2009 – X R 8/09, BFH/NV 2010, 161 (162) und v. 14.9.1993 – VIII R 9/93, BStBl II 1995, 2 (3) – ständige Rechtsprechung; *Cöster* in Pahlke/König, § 164 Rz 85.

cc. Sachdienlichkeit bei vorläufiger Steuerfestsetzung

Wie bereits eingangs der Arbeit[249] dargelegt, lag aus Sicht der Steuerpflichtigen ein wesentliches Rechtsschutzdefizit und damit zugleich auch ein wesentlicher Grund für die sprunghaft angestiegene Zahl von Einsprüchen darin, dass sie sich trotz der aufgenommenen Vorläufigkeitsvermerke nicht ausreichend geschützt fühlten[250]. Ihr Bestreben ging daher dahin, diesen Nachteil durch eine umfassende Verfahrensruhe auszugleichen.

Die Rechtslage vor Einführung der Teileinspruchsentscheidung war dadurch geprägt, dass es keine Möglichkeit für die Finanzbehörden gab, den nicht von der gesetzlichen Verfahrensruhe betroffenen Teil des Einspruchsverfahrens vorab einer Entscheidung zuzuführen. Sofern es den Steuerpflichtigen gelang, den Einspruch zumindest auch auf ein für ihren Fall relevantes anhängiges Musterverfahren zu stützen, konnte das Einspruchsverfahren insgesamt nicht abgeschlossen werden. Die eigentlich lediglich partielle Verfahrensruhe blockierte mangels Möglichkeit einer Teileinspruchsentscheidung das Rechtsbehelfsverfahren insgesamt. Damit blieb die Steuerfestsetzung für jegliche neue Argumente oder eine Erweiterung des Rechtsschutzbegehrens der Einspruchsführer offen. Da infolge des Einspruchs noch keine Bestandskraft eingetreten war, blieb die Änderung und Anpassung der Steuerfestsetzung nach einem günstigen Ausgang des Musterverfahrens unabhängig davon möglich, mit welcher konkreten Begründung das Musterverfahren im Sinne des Steuerpflichtigen entschieden worden war. Eine Beschränkung der Änderungsgründe wie im Falle einer Anpassung aufgrund von § 165 II, I 2 Nr. 3AO war gerade nicht gegeben. Im Folgenden setzt sich die Arbeit damit auseinander, wie sich bestehende Vorläufigkeitsvermerke auf das neue Instrument der Teileinspruchsentscheidung auswirken und welche Folgen eine Rechtsprechungsänderung in diesem Zusammenhang für das Rechtsschutzbedürfnis des Steuerpflichtigen hat.

Klargestellt sei vorab, dass eine Teileinspruchsentscheidung unproblematisch und nach den allgemeinen Regeln zulässig ist, wenn die Steuerfestsetzung zwar teilweise vorläufig ist, diese Punkte aber nicht mit dem Einspruch konkret gerügt, also von den Einwendungen des Steuerpflichtigen nicht berührt werden. Die vom Vorläufigkeitsvermerk erfassten Fragen können zusammen mit den anderen unstreitigen und entscheidungsreifen Teilen mittels Teileinspruchsentscheidung vorab beschieden werden, wenn das Verfahren im Hinblick auf andere Streitfragen noch nicht entscheidungsreif ist.

---

249 Siehe hierzu oben unter A.IV.3.b.

250 Zu dieser Kritik nimmt das BMF in seinem Schreiben v. 30.11.2009 – IV A 3 – S 0338/07/10010, BeckVerw 240543 (Beck-online Dokument) Stellung, vgl. auch die Neufassung des AEAO v. 17.3.2011, Nr. 8 zu § 165, BStBl I 2011, 241.

Eine eingehendere Betrachtung ist dagegen erforderlich, wenn der Steuerpflichtige sich gegen Punkte wendet, auf die sich die Vorläufigkeit bezieht. Hier besteht eine direkte Abhängigkeitsbeziehung zwischen Vorläufigkeit, gesetzlicher Verfahrensruhe und Teileinspruchsentscheidung. Das Dreiecksverhältnis ist dadurch geprägt, dass eine Teileinspruchsentscheidung ausscheidet, soweit entsprechende Streitfragen von der Zwangsruhe erfasst werden. Eine Entscheidungsreife dieser Punkte ist aufgrund der Verfahrensruhe gerade nicht gegeben. Andererseits scheidet die Verfahrensruhe gem. §§ 363 II 2 HS 2 AO aus, soweit die Steuer vorläufig festgesetzt wurde. Der Gesetzgeber sieht hier aufgrund der bestehenden Änderungsmöglichkeiten keinen Grund für eine Verfahrensruhe. Die Aufnahme einer Vorläufigkeit verhindert entsprechend dem Umfang ihrer Reichweite folglich, dass der Einspruch zu einer Verfahrensruhe führt und beeinflusst damit zugleich unmittelbar die Möglichkeiten eines partiellen Verfahrensabschlusses durch Teileinspruchsentscheidung.

Sofern Teile des Einspruchs jedoch nicht ruhen, besteht kein Bedürfnis, entsprechende Teile von einer Einspruchsentscheidung auszunehmen. Über den Rechtsbehelf kann daher in aller Regel einheitlich entschieden werden. Dementsprechend sind die Finanzämter vor Erlass einer Teileinspruchsentscheidung gehalten, die Alternative einer Erledigung des Einspruchsverfahrens durch die Aufnahme von Vorläufigkeitsvermerken zu erwägen[251]. Werden die vom Steuerpflichtigen vorgebrachten Anfechtungsgründe bereits vollumfänglich durch Vorläufigkeitsvermerke abgedeckt, so ist der Einspruch insgesamt entscheidungsreif und kann als unzulässig zurückgewiesen werden bzw. kann ihm bei erstmaliger Aufnahme der Vorläufigkeitsvermerke abgeholfen werden[252]. Für eine Teileinspruchsentscheidung ist dann grundsätzlich kein Raum mehr. Eignen sich jedoch nur einige der Streitpunkte zur Berücksichtigung in einem Vorläufigkeitsvermerk oder ist der angefochtene Bescheid bereits vorläufig, können auch diese Punkte durch Teileinspruchsentscheidung entschieden oder sie durch Teilabhilfebescheid erledigt werden, während die verbleibenden Streitpunkte mangels Entscheidungsreife von der gesetzlichen Verfahrensruhe erfasst bleiben.

---

251 Weisung des BMF im aktualisierten AEAO Nr. 6.2 zu § 367, v. 17.3.2011, BStBl I 2011, 241.

252 Zum letzteren Fall vgl. auch *Heuermann* in HHS, § 165 AO Rz 17; *Seer* in Tipke/Kruse, § 164 AO, Rz 19 und *Martin*, Steuerfestsetzung, S. 116, die alle von einer entsprechenden Änderungsbefugnis des Finanzamtes im Einspruchsverfahren ausgehen, zur Begründung aber teilweise auf § 367 II AO und teilweise auf § 172 I 1 Nr. 2a AO abstellen.

Eine Abhilfe durch die erstmalige Aufnahme eines Vorläufigkeitsvermerks im Einspruchsverfahren kommt allerdings nur in Betracht, falls es sich um die den konkreten Einzelfall betreffende Frage handelt, ob die Voraussetzungen für die Entstehung der Steuer eingetreten sind. Nur wenn es sich um eine die individuelle Steuerfestsetzung betreffende Streitfrage handelt, sind die Veranlagungsbezirke befugt, eigenständig einen Vorläufigkeitsvermerk nach § 165 I 1 AO aufzunehmen. Der Schwerpunkt wird hier in aller Regel in der derzeit nicht möglichen Feststellung einzelner Tatbestandsmerkmale liegen. Die Aufnahme von Vorläufigkeiten nach § 165 I 2 AO betrifft dagegen reine Rechtsfragen und ist nach einer Verwaltungsanweisung nur zulässig, soweit die Finanzbehörden hierzu durch Schreiben des Bundesfinanzministeriums oder gleich lautende Erlasse der obersten Finanzbehörden der Länder angewiesen worden sind[253].

Der Handlungsspielraum der Finanzbehörden im Hinblick auf die Aufnahme von Vorläufigkeitsvermerken hängt folglich entscheidend von den konkreten Streitpunkten im Einspruchsverfahren ab. Eine eigene Ermessensentscheidung über die vorläufige Steuerfestsetzung kommt nur bei individuellen Streitfragen, wie z.B. über das Bestehen einer Gewinnerzielungsabsicht oder das Vorliegen von Liebhaberei, in Frage. Diese Fälle führen jedoch im Regelfall ohnehin nicht zu einer partiellen Verfahrensruhe des Einspruchsverfahrens nach § 363 II AO, da zu diesen Streitfragen aufgrund ihres engen Bezugs zu den individuellen Lebensumständen des Steuerpflichtigen keine entsprechenden anderweitigen Musterverfahren anhängig sind, deren Ausgang abzuwarten wäre. Es besteht daher kein Grund dafür, mittels Teileinspruchsentscheidung nur über den nicht von der Vorläufigkeit betroffenen Teil vorab zu entscheiden. Vielmehr ist der Steuerfall insgesamt entscheidungsreif, wenn der Steuerpflichtige keine weiteren Punkte angegriffen hat. War die ursprüngliche Steuerfestsetzung daher bereits mit einem Vorläufigkeitsvermerk nach § 165 I 1 AO versehen, so ist der Ein-

253 BMF, AEAO Nr. 6 zu § 165, in der geänderten Fassung v. 2.1.2009 - IV A 3 - S 0062/08/10007; vgl. hierzu auch die Gesetzesbegründung zum SteuerbürokratieabbauG, BT-DrS 16/10188, 30: Die Entscheidung über die Anwendung des § 165 I Satz 2 Nr. 4 AO solle ebenso wie bisher schon bei der Anwendung des § 165 I Satz 2 Nr. 3 AO durch die obersten Finanzbehörden des Bundes und der Länder durch BMF-Schreiben oder Ländererlass erfolgen. Damit solle gewährleistet werden, dass die neue Regelung bundeseinheitlich und auch nur in „Massenfällen" angewandt werde. - Eine Ausdehnung der Vorläufigkeit nach § 165 I 2 AO im Rechtsbehelfsverfahren auf weitere anhängige Musterverfahren kommt für die Finanzämter daher nur in Betracht, wenn zwischenzeitlich die bundeseinheitlichen Erlasse ebenfalls erweitert wurden.

spruch mangels Rechtsschutzbedürfnis als unzulässig zu verwerfen, ansonsten führt die – in diesen Fällen zulässige – erstmalige Aufnahme einer solchen Vorläufigkeit zur Abhilfe.

Anders als bei den Vorläufigkeitsvermerken nach § 165 I 2 AO drohen in diesen Fällen dem Steuerpflichtigen auch keine Rechtsschutzdefizite, da die endgültige steuerliche Bewertung nicht vom Ausgang und der konkreten richterlichen Begründung der Entscheidung in einem Musterverfahren abhängt, sondern allein durch den noch nicht abschließend beurteilten individuellen Sachverhalt bestimmt wird.

Sofern der Einspruchsführer sich dagegen auf ein anhängiges Musterverfahren mit Breitenwirkung bezieht, sind die verfahrenstechnischen Möglichkeiten der Behörde eingeschränkt. Sie hat der bestehenden Verfahrenslage Rechnung zu tragen. Handelt es sich um ein von der Vorläufigkeit nicht umfasstes höchstrichterliches Musterverfahren, muss sich die Verwaltung mit einer möglichen Verfahrensruhe nach § 363 II 2 AO auseinandersetzen. Sind deren Voraussetzungen erfüllt, so ist aufgrund der gesetzlichen Verfahrensruhe eine Entscheidungsreife insoweit nicht gegeben. Sofern das Finanzamt keine Fortsetzungsmitteilung erlässt[254], kann sich eine etwaige Teileinspruchsentscheidung auf diese Frage daher nicht beziehen. Die Teileinspruchsentscheidung ermöglicht es den Finanzbehörden aber gerade in diesen Fällen erstmalig, das Rechtsbehelfsverfahren dennoch im Übrigen abzuschließen, so dass der Eintritt der partiellen Verfahrensruhe nicht mehr das gesamte Verfahren hemmt.

Im Hinblick auf Rechtsschutzfragen bedeutsamer bleibt aus Sicht des Einspruchsführers dagegen der Fall, dass er sich auf ein konkretes Musterverfahren beruft, dessen Streitfrage der Vorläufigkeitsvermerk bereits erfasst. Durch die Einführung der Teileinspruchsentscheidung hat sich die alte Rechtsschutzproblematik nur unwesentlich verschoben. Weiterhin muss der Steuerpflichtige sich fragen, wie weit der durch die entsprechenden Vorläufigkeitsvermerke gegebene Rechtsschutz tatsächlich reicht. Hierzu hat der Bundesfinanzhof in einem Grundsatzurteil kürzlich einige Klarstellungen vorgenommen, die es den Steuerpflichtigen erheblich leichter machen, künftig von Musterverfahren zu profitieren. So soll eine Änderung nach § 165 I 2 Nr. 3 AO vorläufiger Bescheide auch in Betracht kommen, wenn das Gericht in dem dem Vorläufigkeitsvermerk zugrunde liegenden Musterverfahren über die Vereinbarkeit eines Steuergesetzes mit höherrangigem Recht aufgrund verfassungskonformer Auslegung zu einem

254 § 363 II 4 AO – diese Möglichkeit besteht auch zur Beendigung der gesetzlichen Zwangsruhe, vgl. *Pahlke* in Pahlke/König, § 363 AO Rz 54.

für den Steuerpflichtigen günstigen Ergebnis kommt. Steuerpflichtige können folglich künftig auch von Entscheidungen profitieren, die Rechtsnormen zu ihren Gunsten verfassungskonform auslegen. Die verfassungskonforme Auslegung sei insoweit keine schlichte einfachgesetzliche Auslegung eines Steuergesetzes, sondern das Ergebnis der Prüfung, ob die betroffene Norm mit höherrangigem Recht vereinbar ist[255]. Dem ist uneingeschränkt zuzustimmen, da die Norm auf den Verfahrensgegenstand abstellt. Auch wenn in dem Musterverfahren nicht unmittelbar über die Verfassungsmäßigkeit einer Norm, sondern über die Verfassungsmäßigkeit der Auslegung einer an sich unumstrittenen gesetzlichen Regelung entschieden wird, ist das Ergebnis vom Verfassungsrecht determiniert. Daher wird auch im Rahmen einer verfassungskonformen Auslegung mittelbar das betreffende Steuergesetz auf seine Vereinbarkeit mit höherrangigem Recht geprüft. Diese Prüfung führt lediglich zu dem Ergebnis, dass die fragliche Norm jedenfalls in einer denkbaren Auslegungsvariante die verfassungsrechtlich gezogenen Grenzen einhält. Eine weitergehende Prüfung der materiellen Grundgesetzkonformität ist dann regelmäßig nicht mehr erforderlich. Da der Vorläufigkeitsvermerk nach § 165 I 2 Nr. 3 AO diese Entscheidungsalternative ebenfalls abdeckt, ist ein Rechtsschutzdefizit in diesen Fällen künftig nicht mehr zu befürchten. Einem diesbezüglichen Rechtsbehelfsbegehren des Steuerpflichtigen fehlt daher das Rechtsschutzbedürfnis, so dass der Einspruch – je nach übrigem Verfahrensstand – insoweit durch Teil- oder umfassende Einspruchsentscheidung zurückzuweisen ist. Die Feststellung des Bundesfinanzhofs, dass auch die in der Einspruchsbegründung substantiiert vorgetragene Befürchtung, das konkret bezeichnete Musterverfahren könne durch „verfassungskonforme einfachgesetzliche" Auslegung entschieden werden, reiche nicht aus, um eine gesetzliche Verfahrensruhe eintreten zu lassen, ist daher nur folgerichtig[256].

Die eindeutige Positionierung des 3. Senats zu der Reichweite von § 165 I 2 Nr. 3 AO war überfällig und ist insbesondere im Hinblick auf die bisher verbreitete Unsicherheit unter den Steuerpflichtigen sehr zu begrüßen. Die Anzahl der Einsprüche, die allein deshalb eingelegt werden, weil im Vorfeld der Beendigung des Musterverfahrens nicht erkennbar war, mit welcher genauen Begründung

---

255 BFH, Urteil v. 30.9.2010 – III R 39/08, BStBl II 2011, 11 (16); zustimmend auch *Steinhauff*, SteuK 2011, 139 und *v. Wedelstädt*, DB 2011, 788 (789) – vgl. nunmehr auch den überarbeiteten AEAO i.d.F. des BMF-Schreibens vom 17.3.2011 zu § 165 Nr. 8 Abs. 1.

256 BFH, Urteil v. 30.9.2010 – III R 39/08, BStBl II 2011, 11 (18). Sofern der BFH diese etwas nebulöse Aussage nicht auf schlichte einfach-rechtliche Fragen ausdehnen wollte.

das Gericht entscheiden wird[257], dürfte durch den extensiven Anwendungsbereich des § 165 I 2 Nr. 3 AO signifikant abnehmen.

(1) Differenzierung nach dem Musterverfahren: Anhängigkeit beim BFH
Ein Rechtsschutzbedürfnis ist nicht gegeben, wenn der Steuerpflichtige mit Einspruch oder Klage seinem Ziel nicht näher kommen kann. Es besteht daher kein schutzwürdiges Bedürfnis für den Übergang vom Einspruchsverfahren auf die neue Ebene des Klageverfahrens, wenn in Bezug auf den angefochtenen vorläufigen Steuerbescheid kein Fortschritt in der Sache, sondern nur das selbe Ergebnis wie im Verwaltungsverfahren erzielt werden kann[258]. Trotz eines entsprechenden Vorläufigkeitsvermerks werden ein Rechtsschutzbedürfnis sowie ein Grund für eine Verfahrensruhe regelmäßig jedoch weiterhin gegeben sein, wenn das vom Rechtsbehelfsführer in Bezug genommene Musterverfahren noch nicht beim Bundesverfassungsgericht, sondern erst beim Bundesfinanzhof anhängig ist. Hinsichtlich verfassungsrechtlicher Streitpunkte ist in diesen Fällen (noch) nicht zu erwarten, dass der Streit bereits in dem anhängigen Musterverfahren geklärt wird, weil über die Verfassungsmäßigkeit eines Gesetzes aufgrund seines Verwerfungsmonopols abschließend allein das Bundesverfassungsgericht entscheidet[259].

Selbst wenn der Bundesfinanzhof die angegriffene Norm für verfassungsgemäß hält, kann das Bundesverfassungsgericht dies anders sehen und eine konträre Entscheidung treffen. Aufgrund der weniger starken Bindungswirkung der Musterverfahren vor dem Bundesfinanzhof ist die Aussetzung eines vor dem Finanzgericht anhängigen Verfahrens auch nicht zwingend geboten. Anders als bei bereits vor dem Bundesverfassungsgericht anhängigen Musterverfahren[260],

---

257 Vgl. hierzu noch einmal die Kritiker in *Ende*, DStR 2008, 2197 (2198); *Schneider*, StC 2007, 29 (31); *Strahl*, KÖSDI 2008, 16312; *Lühn/Tepper*, BB 2009, 591 (593).

258 *Brockmeyer*, DStZ 1996, 1 (3).

259 So der BFH in seinem Beschluss v. 22.3.1996 – III B 173/95, BStBl II 1996, 506 (508), m.w.N. Als Musterverfahren in diesem Sinne kommen daher nur Verfahren in Betracht, in denen a) sich eine verfassungsrechtliche Streitfrage b) in einer Vielzahl gleichgelagerter Fälle (Massenverfahren) stellt und c) bereits ein nicht von vorneherein aussichtsloses Musterverfahren beim BVerfG anhängig ist – vgl. zu diesen Anforderungen ausführlich BFH, Beschluss v. 7.2.1992 – III B 24, 25/91, BStBl II 1992, 408 (410 f.) zum ähnlichen Fall der Verfahrensaussetzung nach § 74 FGO.

260 Hier sind die Finanzgerichte gehalten, das entsprechende Klageverfahren bis zu einer Entscheidung des BVerfG auszusetzen, vgl. BFH, Beschluss v. 8.5.1991 – I B 132, 134/90, BStBl II 1991, 641 (642) und v. 7.2.1992 – III B 24, 25/91, BStBl II 1992, 408 (410).

ist das Finanzgericht zur Sachentscheidung über den für vorläufig erklärten Punkt befugt[261]. Ist es von der Verfassungswidrigkeit der angegriffenen Regelung überzeugt, kann es zwar die Steuer nicht im begehrten Maße herabsetzen, wohl aber die Sache selber dem Bundesverfassungsgericht im Wege der konkreten Normenkontrolle[262] vorlegen. Hält das Finanzgericht dagegen die bestehende Ausgestaltung für verfassungskonform, so kann es in der Sache direkt entscheiden und die Klage abweisen, um so dem Steuerpflichtigen den Weg in die Revision zu eröffnen[263]. Der Steuerpflichtige kann daher sein Verfahren durch die Klageerhebung effektiv vorantreiben.

Dies gilt auch unter Berücksichtigung der neuesten Rechtsprechung des Bundesfinanzhofs. Der Senat hatte hier darauf hingewiesen, dass dem Steuerpflichtigen auch in den Fällen des § 165 I 2 Nr. 3 AO Einspruch und Klage nicht „generell mangels Rechtsschutzbedürfnisses verwehrt" seien, wenn „besondere Gründe materiell-rechtlicher oder verfahrensrechtlicher Art substantiiert geltend gemacht werden"[264]. Durch diese pauschale und sehr verkürzende Darstellung könnte der Eindruck entstehen, dass eben nur in den besonders gelagerten Fällen ein Rechtsschutzbedürfnis gegeben sei. Dies ist jedoch auf Grundlage der bereits zitierten älteren Rechtsprechung[265] gerade nicht der Fall. In seiner jüngsten Judikatur lässt der Bundesfinanzhof allerdings die gebotene klarstellende Differenzierung zwischen vor dem eigenen Gericht und vor dem Bundesverfassungsgericht anhängigen Musterverfahren vermissen. Die in dem Urteil enthaltene Verweisung auf die auch hier zitierte ältere Rechtsprechung lässt jedoch erkennen, dass er die erhöhten Begründungsanforderungen weiterhin nur im Fall der Bezugnahme auf ein vor dem Bundesverfassungsgericht anhängiges Musterverfahren fordert. Eine Abkehr von der bisherigen Rechtsprechung ist daher trotz der missverständlichen Formulierung nicht erfolgt. Einsprüchen, die sich trotz Vorläufigkeit nach § 165 I 2 Nr. 3 AO auf ein vor dem Bundesfinanzhof anhängiges Musterverfahren stützen, fehlt es daher auch weiterhin nicht am erforderlichen Rechtsschutzbedürfnis.

Enthält der Bescheid zudem keinen Vorläufigkeitsvermerk nach § 165 I 2 Nr. 4 AO, eröffnet die Vorläufigkeit auch keine Änderungsmöglichkeit bei einer gerichtlichen Streitentscheidung aufgrund einfachgesetzlicher Auslegung. Die

---

261 BFH, Beschlüsse v.7.2.1992 – III B 24 u.a., BStBl II 1992, 408 (410) und v. 22.3.1996 – III B 173/95, BStBl. II 1996, 506 (508).

262 Art. 100 I GG i.V.m. § 13 Nr. 11 BVerfGG.

263 *Brockmeyer*, DStZ 1996, 1 (3).

264 BFH, Urteil v. 30.9.2010 – III R 39/08, BStBl II 2011, 11 (16).

265 Vgl. die BFH-Rechtsprechung in Fußnote 259.

Zulässigkeit eines auf ein Musterverfahren vor dem Bundesfinanzhof gestützten Einspruchs scheitert in beiden Fällen daher jedenfalls nicht am fehlenden Rechtsschutzbedürfnis[266].

Fraglich ist, ob entsprechende Einspruchsbegehren dennoch insoweit durch (Teil-)Einspruchsentscheidung zurückgewiesen werden können, oder ob der Steuerpflichtige allein aufgrund einer entsprechenden gesetzlichen Verfahrensruhe ausreichend geschützt ist. Damit knüpft die Fragestellung unmittelbar an die bereits im Rahmen der Befassung mit den Gründen für die exzessive Einlegung von Masseneinsprüchen vor Inkrafttreten des JStG 2007 diskutierten[267] Unzulänglichkeiten an. Es ist im Folgenden zu prüfen, ob auch nach den Reformansätzen Fälle bleiben, in denen das Vorgehen der Finanzbehörden im Hinblick auf Rechtsschutzdefizite weiterhin kritisch zu überwachen ist.

(a) Rechtsschutzproblematik bei einfachgesetzlichen Streitfragen

Die ursprünglich bestehenden Rechtsschutzdefizite sind mit der Ausdehnung der Änderungsmöglichkeiten bei vorläufigen Steuerfestsetzungen nach § 165 I 2 Nr. 3 AO auf die Fälle verfassungskonformer Auslegung zweifelsohne deutlich geringer geworden. Virulent bleibt die Problematik jedoch hinsichtlich einer möglichen Entscheidung aufgrund rein einfachgesetzlicher Erwägungen. Ist eine Streitfrage erst vor dem Bundesfinanzhof anhängig, verhindert daher ein entsprechender Vorläufigkeitsvermerk weder das Rechtsschutzinteresse für einen Einspruch noch das Bedürfnis nach einer Verfahrensruhe. Allenfalls eine Kombination aus einer Vorläufigkeit nach § 165 I 2 Nr. 3 und 4 AO kann dazu führen, dass die Vorläufigkeit bereits für sich genommen ausreichend ist[268]. Erwartet der Steuerpflichtige eine klärende Musterentscheidung in einem auch für seinen Steuerfall bedeutsamen Streitpunkt, ist ihm daher in allen anderen Fällen zu empfehlen, weiterhin von der Einspruchsmöglichkeit Gebrauch zu machen und gegen die vorläufige Steuerfestsetzung Einspruch einzulegen. Das laufende Rechtsbehelfsverfahren eröffnet immer noch weitere Handlungsmöglichkeiten, als sie allein aufgrund eines Vorläufigkeitsvermerks möglich wären.

---

266 *Birkenfeld* in HHS, § 350 AO Rz 144; *Cöster* in Pahlke/König, § 165 AO Rz 63; Klein/*Brockmeyer*; § 350 AO Rz 16.

267 Vgl. hierzu die Ausführungen im Rahmen des Problemaufrisses oben bei A.IV.

268 *v. Wedelstädt*, DB 2011, 788 (790) weist zutreffend darauf hin, dass für einen Einspruch selbst dann ein Rechtsschutzbedürfnis gegeben sein kann, wenn die Festsetzung zusätzlich nach § 165 I 2 Nr. 4 AO vorläufig erfolgt ist, der Steuerpflichtige aber besondere Gründe materiell-rechtlicher oder verfahrensrechtlicher Art geltend macht.

(b) Relevanz des verfolgten Rechtsschutzbegehrens

Vor dem Hintergrund der hier zu klärenden Frage, ob und vor allem in welchem Umfang eine Teileinspruchsentscheidung in den Fällen vorläufiger Steuerfestsetzung sachdienlich ist, hängt die weitere Behandlung eines solchen Einspruchs durch die Finanzverwaltung vom konkreten Rechtsschutzbegehren des Steuerpflichtigen ab.

Bringt der Einspruchsführer zum Ausdruck, dass er mit seinem Einspruch über die bereits im Musterverfahren anhängigen Punkte hinausgehende Streitfragen oder zusätzliche Gesichtspunkte einer höchstrichterlichen Klärung zuführen möchte, kann er dieses Ziel nur erreichen, wenn er sein eigenes Verfahren aktiv möglichst weit durch die Instanzen verfolgt[269]. Denn nur der (teilweise) Abschluss des außergerichtlichen Vorverfahrens eröffnet die nach § 44 I FGO erforderliche Zugangsvoraussetzung für eine Anrufung des Finanzgerichts. Sein Interesse stimmt in diesen Fällen regelmäßig mit dem der Finanzbehörden überein, das Verfahren möglichst zügig und umfassend abzuschließen. Unter Berücksichtigung der beidseitigen Interessen wäre es daher sachdienlich, eine eventuelle Teileinspruchsentscheidung auch auf den vorläufigen Teil auszudehnen bzw. eine einheitliche Einspruchsentscheidung zu erlassen, falls alle weiteren umstrittenen Punkte zwischenzeitlich ebenfalls entscheidungsreif sind.

Anders ist die Lage dagegen, wenn der Grund für den Einspruch die Befürchtung des Steuerpflichtigen ist, der Bundesfinanzhof könne das anhängige Verfahren nicht wie erwartet unter verfassungsrechtlichen Gesichtspunkten würdigen, sondern möglicherweise allein aufgrund schlichter einfachgesetzlicher Auslegung zu einer günstigen Entscheidung kommen. Dies kann der Fall sein, wenn eine strittige Frage sowohl unter verfassungsrechtlichen als auch unter einfachgesetzlichen Aspekten zu beurteilen ist[270]. Da ein Vorläufigkeitsvermerk nach § 165 I 2 Nr. 3 AO in diesen Fällen keinen ausreichenden Schutz bietet und dem Finanzamt eine eigenverantwortliche Aufnahme einer Vorläufigkeit nach § 165 I 2 Nr. 4 AO nicht möglich ist[271], kommt es ihm darauf an, das Einspruchsverfahren insoweit offen zu halten. Anders als bei bereits vor dem Bundesverfassungsgericht anhängigen Musterverfahren, wo nur noch die Verletzung spezifischen Verfassungsrechts Verfahrensgegenstand sein kann, ist

---

269 *Brockmeyer*, DStZ 1996, 1 (4).

270 Vgl. auch die entsprechende Begründung des Regierungsentwurfs zur Einführung des § 165 I 2 Nr. 4 AO in BT-DrS 16/10188, 30 sowie *Seer* in Tipke/Kruse, § 165 AO, Rz 20.

271 BMF, AEAO Nr. 6 zu § 165, in der geänderten Fassung v. 2.1.2009 – IV A 3 – S 0062/08/10007, BStBl I 2009, 8.

der Bundesfinanzhof nicht daran gehindert, die Streitfrage unter einfachgesetzlichen Gesichtspunkten zu lösen[272]. Vielmehr kann er die vom Vorläufigkeitsvermerk erfasste Streitfrage bzgl. einer Rechtsnorm aufgrund einfachgesetzlicher Auslegung eines Steuergesetzes entgegen der bisherigen Verwaltungsauffassung klären und bereits hierdurch die vom Rechtsbehelfsführer beantragte Steuerminderung zusprechen. Fragen der Verfassungsmäßigkeit werden in diesen Fällen vom Bundesfinanzhof nicht für problematisch erachtet, auch eine Vorlage an das Bundesverfassungsgericht kommt nicht in Betracht. Durch diese Möglichkeit laufen Steuerpflichtige, die wegen der Vorläufigkeit auf einen Einspruch verzichten, jedoch weiterhin Gefahr, von einem günstigen Rechtsfolgenausspruch nicht zu profitieren. Denn die Vorläufigkeit nach § 165 I 2 Nr. 3 AO erfasst über die Verfassungswidrigkeit einer Norm hinaus richtigerweise zwar auch Fälle der verfassungskonformen Auslegung. Wird ein solcher Verfassungsbezug jedoch in dem Musterverfahren vom Bundesfinanzhof überhaupt nicht thematisiert, so ist eine Änderungsmöglichkeit nur aufgrund einer Vorläufigkeit nach § 165 I 2 Nr. 4 AO, nicht aber aufgrund einer solchen nach § 165 I 2 Nr. 3 AO eröffnet[273].

---

272 Exemplarisch sei auf die Rechtsprechung des BFH zur Frage nach dem Umfang der Kürzung des Vorwegabzugs verwiesen. Der BFH entschied im konkreten Fall aufgrund einfach-gesetzlicher Auslegung, dass nur ein Teil der in Frage kommenden Zahlungen aus verschiedenen Tätigkeiten zur „Summe der Einnahmen aus nichtselbständiger Tätigkeit" gehörten und dementsprechend zu einer Kürzung des Vorwegabzugs führten. Gleichzeitig stellte der Senat klar, dass jede andere Behandlung aus seiner Sicht zu einer Verletzung von Art. 3 GG geführt hätte. Während des laufenden Verfahrens war folglich – selbst wenn man letztlich vom Erfolg der Klage überzeugt war – keinesfalls klar, an welcher Stelle der BFH die steuerliche Behandlung durch das Finanzamt kippen würde, vgl. BFH, Urteil v. 26.2.2004 – XI R 54/03, BStBl II 2004, 720 (721 f.)
Ebenso die Frage, ob Beiträge zu Rentenversicherungen vorweggenommene Werbungskosten sind. Trotz verfassungsrechtlichen Bezugs wurde sie vorrangig durch einfachgesetzliche Auslegung der §§ 9 und 22 EStG entschieden. Vgl. hierzu auch BMF, Schreiben v. 30.11.2009 – IV A 3 – S 0338/07/10010, BeckVerw 240543 (Beck-online Dokument).

273 Vgl. zuletzt BFH, Urteil v. 30.9.2010 – III R 39/08, BStBl II 2011, 11 (16). Für den Fall, dass der Einspruch sich von Beginn an nur auf die Auslegung von einfachgesetzlichen Rechtsfragen bezieht vgl. BFH, Urteil v. 26.9.2006 – X R 9/05, BStBl II 2007, 222 (224); *Birkenfeld* in HHS, § 363 AO Rz 213; ähnlich bereits BFH, Urteil v. 27.11.1996 – X R 20/95, BStBl II 1997, 791 (793). Diese Sachverhalte liegen jedoch anders, da sich der Vorläufigkeitsvermerk auf einfachgesetzliche Rechtsfragen niemals bezog und daher die Verfahrensruhe „insoweit" gar nicht entfallen ist. Der oben in vorstehender Fußnote beschriebene Fall betrifft dagegen die Konstellation,

Der Steuerpflichtige muss zu Recht befürchten, dass sich Rechtsnachteile ergeben könnten, wenn seine rechtlichen Bedenken nicht Gegenstand eines Rechtsbehelfsverfahrens werden und bleiben. Er ist folglich darauf angewiesen, dass sein Einspruchsverfahren gem. § 363 II 2 AO ruht und jedenfalls hinsichtlich der einfachgesetzlichen Streitfragen nicht entschieden wird, da er nur so tatsächlich für jede der in Frage kommenden Entscheidungsalternativen im Musterverfahren geschützt ist. Auf den Vorläufigkeitsvermerk allein kann er sich nicht verlassen. Dies ist insofern bedeutsam, als die Finanzverwaltung von der entsprechenden gesetzlichen Möglichkeit des § 165 I 2 Nr. 4 AO bisher offensichtlich nur in einem einzigen Fall Gebrauch gemacht hat[274].

Dementsprechend weist der Bundesfinanzhof in seinem Urteil vom 30. September 2010 zu Recht darauf hin, dass Vorläufigkeitsvermerke nach § 165 I 2 Nr. 3 AO sich nicht auf alle denkbaren Fragen der Anwendung und Auslegung einfachen Rechts erstrecken. Daher könne es angebracht sein, das Verfahren trotz entsprechenden Vorläufigkeitsvermerks insoweit zum Ruhen zu bringen[275]. Der Senat billigte eine vom Finanzamt erlassene Teileinspruchsentscheidung, welche die einfachgesetzliche Frage der Abziehbarkeit von Rentenversicherungsbeiträgen als vorweggenommene Werbungskosten gerade nicht umfasste und das Rechtsbehelfsverfahren insoweit ruhen ließ[276]. Damit erkannte er *inzidenter* ein fortbestehendes Bedürfnis des Einspruchsführers nach einer Verfahrensruhe an.

Eine Verfahrensruhe ist jedoch nicht nur erforderlich, wenn sich der Steuerpflichtige auf einfachgesetzliche Argumente beruft, sondern auch dann, wenn er begründete Anhaltspunkte geltend macht, weshalb im laufenden Einspruchsverfahren noch nicht absehbar ist, ob der Bundesfinanzhof das Musterverfahren aufgrund einfachgesetzlicher Auslegung oder unter Verfassungsgesichtspunkten entscheiden wird. In beiden Fällen steht keinesfalls fest, ob der Vorläufigkeitsver-

---

dass bei Einspruchseinlegung unklar ist, ob der BFH das Musterverfahren aufgrund einfachgesetzlicher Auslegung oder unter Verfassungsgesichtspunkten entscheiden wird.

274 BMF, Schreiben v. 30.11.2009 – IV A 3 – S 0338/07/10010, BeckVerw 240543 (Beck-online Dokument) – betreffend die Abziehbarkeit von Rentenversicherungsbeiträgen als vorweggenommene Werbungskosten bei den Einkünften i.S.v. § 22 EStG.

275 BFH, Urteil v. 30.9.2010 – III R 39/08, BStBl II 2011, 11 (16).

276 BFH, Urteil v. 30.9.2010 – III R 39/08, BStBl II 2011, 11 (16) – diese Frage war jedoch bereits von dem im ursprünglichen Bescheid enthaltenen Vorläufigkeitsvermerk hinsichtlich „der beschränkten Abziehbarkeit von Vorsorgeaufwendungen (§ 10 Abs. 3, 4, 4a EStG)“ umfasst.

merk tatsächlich effektiven Rechtsschutz gewähren wird[277]. Eine solche Unsicherheit ist für den Steuerpflichtigen jedoch nicht hinnehmbar. Wie in dem Fall, dass nur – vom Vorläufigkeitsvermerk nach § 165 I 2 Nr. 3 AO schon gar nicht erfasste – einfachgesetzliche Auslegungsfragen geltend gemacht werden, darf eine Teileinspruchsentscheidung die entsprechende Streitfrage daher nicht erfassen.

Besteht die Möglichkeit einer Entscheidung des Musterverfahrens aufgrund schlichter einfachgesetzlicher Auslegung, kann eine Erstreckung der Teileinspruchsentscheidung auf diese Streitfragen auch nicht unter Hinweis auf hinreichende verbleibende Rechtsschutzmöglichkeiten nach Abschluss des Musterverfahrens gerechtfertigt werden. Nicht zumutbar wäre es daher, das Rechtsschutzbedürfnis für Einspruch und Verfahrensruhe zu verneinen und den Steuerpflichtigen allein darauf zu verweisen, den tatsächlichen Ausgang des Musterverfahrens bzw. seine konkrete Begründung abzuwarten. Zwar steht es dem Rechtsbehelfsführer – und auch hierauf weist der 3. Senat ergänzend hin – nach Erledigung des Musterverfahrens frei, gem. § 165 II 4 AO zu beantragen, dass die Steuerfestsetzung für endgültig erklärt wird. Gegen die entsprechende, dann endgültige Steuerfestsetzung stehe ihm sodann der Einspruch und ggf. die anschließende Klage offen[278].

Eine derartige Beschränkung des Rechtsschutzbedürfnisses ginge jedoch zu weit. Sie hätte zunächst zur Folge, dass die Steuerpflichtigen trotz berechtigter Bedenken im Einzelfall nicht nur die gesamte Dauer des Musterverfahrens abzuwarten hätten. Dies allein wäre noch hinzunehmen, da auch im Fall der Verfahrensruhe eine Änderung der Steuerfestsetzung nicht vor rechtskräftigem Abschluss des Musterverfahrens möglich gewesen wäre. Der gravierende Nachteil einer solchen Vorgehensweise läge vielmehr darin, dass der Steuerpflichtige – sollten sich seine Bedenken bewahrheiten und die gerichtliche Entscheidung

277 Dieses Problem erkannte auch die Vorinstanz des FG Niedersachsen, Urteil v. 12.12.2007 – 7 K 249/07, EFG 2008, 1082 (1086). Sie hatte noch die Vorläufigkeitsvermerke nach § 165 I 2 Nr. 3 AO im Hinblick auf die dargestellten Rechtsschutzdefizite dahingehend ausgelegt, dass sie alle denkbaren, auch einfachgesetzlichen Einwendungen umfassen. Mit der Revisionsentscheidung v. 30.9.2010 hat der BFH das Urteil aufgehoben und dieser weiten Auslegung einen Riegel vorgeschoben. Kann den Rechtsschutzinteressen des Steuerpflichtigen aber nicht mit Hilfe einer extensiven Auslegung der Vorläufigkeitsvermerke Rechnung getragen werden, so bleibt nur der Weg über eine andauernde gesetzliche Verfahrensruhe.

278 BFH, Urteil v. 30.9.2010 – III R 39/08, BStBl II 2011, 11 (16 f.); dementsprechend jetzt auch der überarbeitete AEAO i.d.F. des BMF-Schreibens vom 17.3.2011 zu § 165 Nr. 11; vgl. auch *v. Wedelstädt*, DB 2011, 788 (789).

tatsächlich allein auf einfachgesetzlicher Auslegung gründen – daran gehindert wäre, den nunmehr endgültigen Bescheid unter Berufung auf die Musterentscheidung erfolgreich anzufechten. Wie der Bundesfinanzhof zutreffend ausgeführt hat, gilt zwar die Anfechtungsbeschränkung des § 351 I AO in diesen Fällen nicht, da es sich bei der Endgültigkeitserklärung nach § 165 II 2 AO um keine Änderung der Steuerfestsetzung handelt[279]. Allerdings – und hier wäre den Ausführungen des Senats mehr Klarheit zu wünschen gewesen – ist die Anfechtung nach Endgültigkeitserklärung auf den Umfang der ursprünglichen Vorläufigkeit beschränkt[280]. Die Einleitung eines neuen Verfahrens und seine Verfolgung durch die Instanzen kommen für den Steuerpflichtigen daher nur in Betracht, wenn der Musterkläger mit seinen verfassungsrechtlichen Argumenten nicht durchdringen konnte. Hinsichtlich dieser Punkte kann eine erneute gerichtliche Klärung gesucht werden. Beruhen die tragenden Gründe der Musterentscheidung dagegen auf einer einfachgesetzlichen Auslegung, so ist nachträglicher Rechtsschutz auch infolge eines Einspruchs gegen die Endgültigkeitserklärung nicht möglich, da diese Fragen vom Vorläufigkeitsvermerk nach § 165 I 2 Nr. 3 AO gerade nicht umfasst waren. Selbst im Obsiegensfall des Musterklägers nehmen die nur durch eine unzureichende Vorläufigkeit geschützten Steuerpflichtigen nicht an einer günstigen Entscheidung teil.

Bei einer entsprechenden Verfahrensruhe wäre eine Anpassung der Steuerfestsetzung dagegen auch im Falle einer auf einfachgesetzlichen Gründen fußenden Musterentscheidung sichergestellt. Das Einspruchsverfahren hält Änderungsmöglichkeiten unabhängig von einer konkreten gerichtlichen Entscheidungsbegründung bereit. Da das Gesetz mit der Verfahrensruhe unter Berücksichtigung dieser Interessen bereits eine deutlich weniger einschneidende verfahrensrechtliche Handhabung ermöglicht, erschiene der Verweis auf ein erneutes Verfahren mit komplettem Instanzenzug nicht nur in vielen Fällen als ungeeignet, sondern auch in Anbetracht der regelmäßig ohnehin schon langen Verfahrensdauer des ersten Musterverfahrens nicht mehr hinnehmbar[281].

(c) Erleichterungen und Grenzen aufgrund von Teileinspruchsentscheidungen

Mit Einführung der Teileinspruchsentscheidung hat zudem eine deutliche Interessenverschiebung zugunsten des Steuerpflichtigen stattgefunden. Seinem Begehren nach einer Verfahrensruhe trotz bestehenden Vorläufigkeitsvermerks

279 BFH, Urteil v. 30.9.2010 – III R 39/08, BStBl II 2011, 11 (16 f.); *Heuermann* in HHS, § 165 AO Rz 19d; *v. Wedelstädt*, DB 2011, 788 (789).

280 *Seer* in Tipke/Kruse, § 165 AO, Rz 54; *v. Wedelstädt*, DB 2011, 788 (789).

281 Ebenfalls kritisch *Steinhauff*, SteuK 2011, 139.

können die Finanzämter nun deutlich einfacher nachkommen. Haben sie früher – nachvollziehbarer Weise – dahin tendiert, mit Hilfe von Vorläufigkeitsvermerken eine zwingend den gesamten Steuerfall umfassende Verfahrensruhe zu verhindern, so brauchen sie eine solche Verfahrensblockade nun nicht mehr zu befürchten. Bei zweckmäßigem Einsatz auch hinsichtlich derzeit unstreitiger Verfahrensteile, bietet die Teileinspruchsentscheidung hier die angemessene Möglichkeit, unter Ausräumung bestehender Rechtsschutzdefizite, dennoch einen zügigen und weitgehenden Abschluss des Einspruchsverfahrens zu finden. Die Gewährung der Verfahrensruhe muss daher nicht mehr zum Nachteil oder auf Kosten der Finanzbehörden erfolgen. Sie schafft vielmehr erst die Grundlage für eine sinnvolle Verfahrensabschichtung durch Teileinspruchsentscheidung.

Losgelöst von den teilweise problematischen Grenzen der Sachdienlichkeit einer Teileinspruchsentscheidung sei darauf hingewiesen, dass auch die vorgeschlagene Handhabung nicht in jedem Fall alle Unannehmlichkeiten für den Einspruchsführer beseitigt. Denn die Anstrengung eines neuen Verfahrens ist unvermeidbar, wenn das Musterverfahren nicht zu einer Entscheidung führt. Anwendungsfälle könnten die Unzulässigkeit des Rechtsmittels, eine Abhilfe oder auch die Rücknahme durch den Musterkläger sein. Die übrigen Steuerpflichtigen stecken dann in einem Dilemma, da sie keine verfahrensrechtliche Möglichkeit haben, zeitnah eine Entscheidung herbeizuführen. Regelmäßig wird weder ein umfassender Vorläufigkeitsvermerk noch eine Verfahrensruhe dem Finanzamt die Möglichkeit eröffnen, die Steuer ohne entsprechend geänderte Rechtsprechung abweichend festzusetzen. In eine ähnlich prekäre Lage kann der Steuerpflichtige gelangen, wenn die Finanzbehörden einen Nichtanwendungserlass verfügen, wonach das für den Steuerpflichtigen günstige Urteil über den Einzelfall hinaus nicht anzuwenden ist[282]. Positiv ist in diesem Zusammenhang immerhin anzumerken, dass die bestehenden Vorläufigkeitsvermerke sich in ihrer aktuellen Formulierung auch auf ein etwaiges neues Musterverfahren zum selben Streitpunkt beziehen, welches nach der vorzeitigen Beendigung des ersten Verfahrens durch einen anderen Steuerpflichtigen angestoßen wur-

282 Insoweit besteht kein wesentlicher Unterschied zwischen einem Nichtanwendungserlass und der fehlenden Beseitigung der Ungewissheit bei einer vorläufigen Steuerfestsetzung nach § 165 I 2 Nr. 4 AO durch eine ausbleibende Feststellung der Finanzbehörden gem. § 165 II 3 AO; zum Nichtanwendungserlass vgl. *Pezzer*, DStR 2004, 525 sowie kritisch *Spindler*, DStR 2007, 1061. Allgemein zur Nichtanwendung von BFH-Entscheidungen *Lang*, StuW 1992, 14 ff. und *Herden*, FS Spindler, S. 445 ff.

de[283]. Die Steuerpflichtigen können so auch von Verfahren profitieren, die zur Zeit des Erlasses des Vorläufigkeitsvermerks noch nicht anhängig waren. Eine wesentliche Verzögerung durch eine doppelte Verfahrensdauer kann hierdurch dennoch nicht vermieden werden.

(d) Reichweite der Verfahrensruhe und konkreter Umfang der Teileinspruchsentscheidung – restriktives Verständnis von § 363 II 2 HS 2 AO

Das enge Dreiecksverhältnis zwischen gesetzlicher Zwangsruhe, Vorläufigkeit und Teileinspruchsentscheidung sowie die gegenseitige Abhängigkeit voneinander wurde bereits mehrfach thematisiert und auftretende Konfliktfälle unter Beachtung von Rechtsschutzgesichtspunkten aufgelöst. Auch die Rechtsprechung hat den Rechtsschutzdefiziten aufgrund von Vorläufigkeitsvermerken teilweise Rechnung getragen, indem sie nun auch die verfassungskonforme Auslegung als vom Vorläufigkeitsvermerk erfasst ansieht.

Die Reichweite der Vorläufigkeit ist auch im Rahmen der Regelung zur Verfahrensruhe in § 363 II 2 HS 2 AO zu beachten. Danach ist die Verfahrensruhe ausgeschlossen, soweit die Steuerfestsetzung vorläufig erfolgt ist. Da der Anwendungsbereich der Zwangsruhe weiter reicht als der Umfang der Vorläufigkeit, führt nicht bereits die Tatsache, dass ein bestimmter Streitpunkt abstrakt vom Vorläufigkeitsvermerk erfasst wird, zu einem diesbezüglichen Ende der Zwangsruhe. Ausschlaggebend sind vielmehr der tatsächlich durch die Vorläufigkeit vermittelte Rechtsschutz und damit ihre konkrete Reichweite. Bei einem hinsichtlich bestimmter verfassungsrechtlicher Fragen nach § 165 I 2 Nr. 3 AO vorläufigem Bescheid besteht die Verfahrensruhe mithin fort, wenn in dem anhängigen Musterverfahren vor dem Bundesfinanzhof (auch) um Fragen der Anwendung und Auslegung einfachen Rechts gestritten wird[284]. Die Norm des § 363 II 2 HS 2 AO ist folglich dahingehend auszulegen, dass eine Verfahrensruhe aufgrund eines Vorläufigkeitsvermerks nur dann ausgeschlossen ist, wenn mit diesem dem Rechtsschutzinteresse des Steuerpflichtigen bereits ausreichend Rechnung getragen wird. Da die gesetzliche Zwangsruhe jedenfalls hinsichtlich der vom Vorläufigkeitsvermerk nach § 165 I 2 Nr. 3 AO weiterhin nicht erfassten einfachgesetzlichen Auslegungsfragen fortdauert, ist der entsprechende Streit-

---

283 BFH, Urteil v. 30.9.2010 – III R 39/08, BStBl II 2011, 11 (15 f.); *Buciek* in Beermann/Gosch, § 165 AO Rz 116.

284 BFH, Urteil v. 26.9.2006 – X R 39/05, BStBl II 2007, 222 (224); *Birkenfeld* in HHS, § 363 AO Rz 213.

punkt bis auf Weiteres nicht entscheidungsreif[285]. Einer Teileinspruchsentscheidung hinsichtlich dieses Teils ist daher ausgeschlossen, über den nicht von der Verfahrensruhe betroffenen Teil aber unproblematisch möglich.

Unter Berücksichtigung sowohl der Interessen des Einspruchsführers als auch der Verwaltung ist eine solche Handhabe sachdienlich, da sie einerseits zu einer zügigen und weitgehenden Verfahrensbeendigung führt, andererseits dem Antrag des Einspruchsführers Rechnung trägt und in fast[286] allen denkbaren Entscheidungsalternativen im Musterverfahren eine spätere Anpassung der Steuerfestsetzung ermöglicht. Da die eigenständige Aufnahme eines zusätzlichen Vorläufigkeitsvermerks nach § 165 I 2 Nr. 4 AO den Finanzämtern durch Verwaltungsanweisung untersagt ist[287], bietet eine auf die übrigen Punkte beschränkte Teileinspruchsentscheidung die einzige angemessene Reaktion der Finanzbehörden. Die Unklarheit über die tragenden Entscheidungsgründe kann nicht zu Lasten des Steuerpflichtigen gehen.

Ausreichend dürfte es jedoch sein, die Tenorierung des Nichtentscheidungsteils ggf. auf die einfachgesetzliche Auslegung der Punkte zu begrenzen, hinsichtlich derer die Steuerfestsetzung bereits nach § 165 I 2 Nr. 3 AO vorläufig ist[288]. Unter den entsprechenden Voraussetzungen bestünde zugunsten des Steuerpflichtigen, anders als in den Fällen der reinen Vorläufigkeit, zudem ggf. die Möglichkeit einer Aussetzung der Vollziehung nach § 361 AO.

Hieraus folgt, dass der Erlass einer Fortsetzungsmitteilung mit darauf folgender, auch den vorläufigen Punkt umfassender (Teil)Einspruchsentscheidung nicht sachdienlich wäre, da beides das berechtigte Rechtsschutzinteresse des Steuerpflichtigen ignoriert. Eine Teileinspruchsentscheidung respektiert dieses Rechtsschutzbedürfnis nur dann und ist in der Folge auch nur insoweit sachdienlich, als feststeht, dass der Einspruchsführer durch Vorläufigkeit einerseits und Verfahrensruhe andererseits geschützt ist.

Die Tatsache, dass der Einspruchsführer auch gegen eine die vorläufigen Punkte dennoch umfassende (Teil-)Einspruchsentscheidung gerichtlichen Rechtsschutz in Anspruch nehmen könnte, mindert zwar für ihn die Gefahr eines endgültigen Rechtsverlustes. Bei der Bestimmung der Sachdienlichkeit einer solchen Entscheidung überwiegt sein auf Verfahrensruhe gerichtetes

---

285 Im Ergebnis ähnlich *Birkenfeld* in HHS, § 363 AO Rz 213.

286 Ausgenommen den Fällen der *pro-futuro*-Rechtsprechung oder anderer Formen der „Fangprämien“, in denen nur die mit ihrem Verfahren zum Bundesverfassungsgericht durchgedrungenen Kläger profitieren.

287 BMF, AEAO Nr. 6 zu § 165, in der geänderten Fassung v. 2.1.2009.

288 *Steinger*, DStZ 2008, 674 (680); *Balke*, NWB Fach 2, S. 9863 (9870).

Rechtsschutzbedürfnis allerdings dennoch das Interesse der Finanzbehörden an einer Verfahrensbeschleunigung und konzentration. Denn anders als beim Ausschluss unbenannter Einwendungen hat der Rechtsbehelfsführer hier konkrete Argumente vorgebracht und eine bestimmte steuerliche Behandlung streitig gestellt, die die Veranlagungsbezirke zu bewerten und zu berücksichtigen haben.

(2) Differenzierung nach dem Musterverfahren: Anhängigkeit beim BVerfG

Ist das vom Steuerpflichtigen in Bezug genommene verfassungsrechtliche Musterverfahren dagegen bereits vor dem Bundesverfassungsgericht anhängig, ist er aufgrund des Vorläufigkeitsvermerks nach § 165 I 2 Nr. 3 AO regelmäßig bereits ausreichend geschützt. Ein für den Steuerpflichtigen günstiger Ausspruch wird auf der Ebene des Bundesverfassungsgerichts nur noch aufgrund einer festgestellten Verletzung spezifischen Verfassungsrechts möglich sein. Die Bewertung von Verfahrensfragen, die Feststellung und Würdigung des Tatbestands sowie die Auslegung des einfachen Rechts und seine Anwendung auf den Einzelfall sind allein Sache der Instanzgerichte und einer Nachprüfung durch das Bundesverfassungsgericht entzogen[289]. Dessen Zuständigkeit ist folglich auf die Überprüfung hinsichtlich der Verletzung spezifischen Verfassungsrechts beschränkt.

Genau diese Entscheidungsformen umfasst der bestehende Vorläufigkeitsvermerk nach § 165 I 2 Nr. 3 AO jedoch. Eine Klageerhebung bietet dem Steuerpflichtigen in diesem Fall keinen weitergehenden Rechtsschutz als die Vorläufigkeit, da die Finanzgerichte ohnehin gehalten sind, ein entsprechendes Klageverfahren bis zur Entscheidung des Bundesverfassungsgerichts auszusetzen[290]. Eine Entscheidung des Bundesverfassungsgerichts in dem Musterverfahren ist aufgrund der ihr zukommenden Gesetzeskraft für die Fachgerichte bindend und daher in besonderem Maße für Parallelverfahren vor den Fachgerichten vorgreiflich. Bis zu diesem Zeitpunkt kann der Steuerpflichtige daher keine Klärung seiner Rechtsfrage erwarten. Dies entspricht jedoch der bereits aufgrund der vorläufigen Steuerfestsetzung erreichten Lage.

Da einem Einspruch insoweit das Rechtsschutzbedürfnis fehlt, ist er, wenn keine weiteren Punkte gerügt werden, bereits insgesamt unzulässig, ansonsten jedenfalls insoweit unbegründet. Für die Sachdienlichkeit einer Teileinspruchsentscheidung gelten insoweit keine Besonderheiten. Ein Rechtsschutzbedürfnis

---

289 So bereits das Bundesverfassungsgericht in seinem Beschluss v. 18.9.1952 – 1 BvR 612/52, BVerfGE 1, 418 (420); vgl. zu dieser Formel eingehend *Herzog*, Bundesverfassungsgericht, S. 9 ff.

290 BFH, Beschluss v. 8.5.1991 – I B 132, 134/90, BStBl II 1991, 641 (642) und v. 7.2.1992 – III B 24, 25/91, BStBl II 1992, 408 (410).

könnte jedoch im Einzelfall gegeben sein, wenn der Rechtsbehelfsführer Besonderheiten seines Falles gegenüber dem Musterverfahren oder neue zusätzliche rechtliche Gründe für die Verfassungswidrigkeit der Norm geltend machen möchte[291]. Denkbar wäre auch, dass das beim Bundesverfassungsgericht anhängige Verfahren lediglich auf dem Vorlagebeschluss eines Finanzgerichts beruht. Strebt der Steuerpflichtige daher die erstmalige Entscheidung des Bundesfinanzhofs als des zuständigen obersten Bundesgerichts an, um das Gewicht von dessen Entscheidung in die Diskussion einzubringen, so kann sowohl für einen Einspruch als auch für ein sich anschließendes finanzgerichtliches Verfahren das Rechtsschutzbedürfnis dennoch gegeben sein[292]. Eine Vorabentscheidung (auch) hinsichtlich dieser Frage würde sich erneut als sachdienlich erweisen.

Kein Rechtsschutzbedürfnis wird dagegen begründet, wenn der Steuerpflichtige mit seinem Einspruch und der begehrten Verfahrensruhe lediglich die Voraussetzungen für eine Aussetzung der Vollziehung nach § 361 AO schaffen will. Denn Zweifel an der Verfassungsmäßigkeit einer im Streitfall angewendeten Norm führen in der Regel nicht zur Gewährung vorläufigen Rechtsschutzes durch Aussetzung der Vollziehung des Steuerbescheides[293]. Das Interesse des Steuerpflichtigen an der Gewährung vorläufigen Rechtsschutzes hat in diesem Fall hinter dem Geltungsanspruch eines formell verfassungsgemäß zustande gekommenen Gesetzes und dem öffentlichen Interesse an einer geordneten Haushaltsführung zurückzustehen[294].

(3) Differenzierung nach Umfang des Vorläufigkeitsvermerks

Hinsichtlich der bereits durch die koordinierten Schreiben des Bundesfinanzministeriums vorgegebenen Vorläufigkeitsvermerke bezüglich anhängiger Musterverfahren[295] werden sich die Finanzämter und insbesondere ihre vorgeordneten Behörden fragen müssen, ob nicht in deutlich größerem Umfang als bisher von der neugeschaffenen Möglichkeit einer Vorläufigkeit in Bezug auf einfachgesetzliche Auslegungsfragen gem. § 165 I 2 Nr. 4 AO Gebrauch gemacht werden sollte. Nur so besteht eine realistische Möglichkeit, dass Steuerpflichtige, die auch

291 BFH, Urteil v. 30.9.2010 – III R 39/08, BStBl II 2011, 11 (16), m.w.N.

292 *Brockmeyer*, DStZ 1996, 1 (4).

293 BMF, Schreiben vom 1. 4. 2009 IV A 3 – S 0338/07/10010, DStR 2009, 694 (695).

294 BFH, Beschluss v. 6.11.1987 – III B 101/86, BStBl II 1988, 134 (136 f.), bestätigt durch BVerfG, Beschluss v. 6.4.1988 – 1 BvR 146/88, StRK FGO § 69 R. 283; *Brockmeyer*, DStZ 1996, 1 (4); *Birkenfeld* in HHS, § 361 AO Rz 118.

295 Vgl. die Anlage zum Schreiben des BMF v. 16.5.2011, zuletzt aktualisiert in BStBl I 2014, 160.

eine Entscheidung auf Basis einfachgesetzlicher Auslegung durch den Bundesfinanzhof für möglich halten, auf weitere Rechtsbehelfe verzichten werden.

Soweit sich der Einspruch dagegen auf höchstrichterlich anhängige Verfahren bezieht, die von der Vorläufigkeit in den koordinierten Schreiben nicht erfasst sind, besteht am Vorliegen eines Rechtsschutzbedürfnisses kein Zweifel. In diesen Fällen kann das Entlastungspotential der Teileinspruchsentscheidung voll ausgeschöpft werden. Wie auch schon in der Vergangenheit sind die Finanzämter aufgrund verwaltungsinterner Anweisung weiterhin daran gehindert, die Steuer hinsichtlich des durch den Einspruchsführer konkret in Bezug genommenen Verfahrens eigenständig vorläufig festzusetzen und das Einspruchsverfahren hierdurch abzuschließen. Eine solche Möglichkeit besteht, wie bereits dargelegt[296], nur aufgrund bundeseinheitlicher Regelung. Da die gesetzliche Verfahrensruhe durch Beifügung eines entsprechenden Vorläufigkeitsvermerks folglich nicht beendet werden kann, ermöglicht die Teileinspruchsentscheidung erstmals auch in diesen Fällen einen zügigen Verfahrensfortgang, da sie die Entscheidungsmöglichkeit über den nicht von der Verfahrensruhe umfassten Teil eröffnet.

(4) Offene Problemfälle

Unter Rechtsschutzgesichtspunkten problematisch bleibt jedoch weiterhin die vom Bundesverfassungsgericht wiederholt angewandte *pro-futuro*-Rechtsprechung, nach der nur die konkreten Beschwerdeführer[297] von einer stattgebenden Entscheidung profitieren, während für die Masse der übrigen Steuerpflichtigen eine vorübergehende Weitergeltung der für verfassungswidrig erkannten Norm angeordnet wird[298]. Solche Urteile hatten kaum praktische Wirkung. Eine Än-

---

296 Vgl. oben bei B.I.3.g.cc, dort v.a. auch Fußnote 253.

297 Sog. „Anlassfall-Rechtsprechung“ oder „Ergreiferprämie“. Zum österreichischen Vorbild vgl. *Schwenke*, DStR 1999, 404 (406); *Seer/Wendt*, NJW 2000, 1904 (1911).

298 Beispielhaft hierfür BVerfG, Beschluss v. 10.11.1998 – 2 BvR 1057/91, 1226/91, 980/91, BStBl II 1999, 182 (Familienlastenausgleich) – vgl. auch *Sangmeister*, StuW 2001, 168 (176 ff.), durch welchen die angegriffenen Regelungen der §§ 32, 33c EStG für nicht mit dem Grundgesetz vereinbar erklärt wurden. Um die verfassungsrechtlich gebotene Berücksichtigung von Betreuungsaufwand und Haushaltsfreibetrag jedoch nicht vollkommen entfallen zu lassen und auf diesem Wege eine Rechtslage zu schaffen, die noch weniger verfassungsrechtlichen Anforderungen entspricht, sah das Bundesverfassungsgericht von einer Nichtigerklärung der Normen ab. Es setzte dem Gesetzgeber allerdings eine Frist zur verfassungskonformen und bürgerfreundlicheren Neuregelung der Norm. Für die Zwischenzeit ordnete es im Wege einer „verfassungsrechtlich gebotene(n) stufenweise(n) Angleichung des geltenden Rechts“ die weitere Anwendung der alten Norm an.

derung endgültiger Steuerbescheide nach § 173 I Nr. 2 AO[299] oder § 175 I Nr. 2 AO[300] ist selbst aufgrund höchstrichterlicher Entscheidungen nicht zulässig. Zudem ermöglichte aufgrund der expliziten Weitergeltungsanordnung durch das Bundesverfassungsgericht weder die wirksame Einlegung eines Einspruchs noch die Klageerhebung oder ein entsprechender Vorläufigkeitsvermerk die Teilhabe des eigenen Steuerfalls an einem günstigen Ausspruch des Bundesverfassungsgerichts[301]. In der Folge wird der Individualrechtsschutz des Steuerbürgers oftmals in unhaltbarer Weise verkürzt, während der Gesetzgeber geradezu ermutigt wird, aus monetären und finanzpolitischen Gründen eine verfassungswidrige Gesetzgebung sehenden Auges in Kauf zu nehmen.

An dieser zu missbilligenden[302], aber vom Bundesverfassungsgericht für unproblematisch gehaltenen Rechtsprechung kann weder die Ausdehnung des Vorläufigkeitsvermerks auf Fälle der verfassungskonformen Auslegung noch die Einführung der Teileinspruchsentscheidung etwas ändern. Selbst ein noch teilweise anhängiges, also offenes Einspruchsverfahren kann in diesen Fällen keinen ausreichenden Rechtsschutz bieten, da trotz festgestellten Verfassungsverstoßes eine Anpassung erst in der Zukunft erfolgen muss und allenfalls die Musterkläger bereits für Altfälle in den Genuss einer günstigeren Regelung kommen. Hier wäre es am Bundesverfassungsgericht, auf die von den Steuerpflichtigen aus seiner Rechtsprechung gezogenen Konsequenzen zu reagieren und ihnen durch eine Rechtsprechungsänderung Rechnung zu tragen. Als Vorbild könnte hier die Rechtsprechung des Europäischen Gerichtshofes dienen, der europarechtswidrige Normen konsequent und mit Rückwirkung unabhängig von staatlichen Fiskalinteressen für unanwendbar erklärt[303].

---

299 BFH, Urteil v. 12.5.2009 – IX R 45/08, BStBl II 2009, 891 (892); *Loose* in Tipke/Kruse, § 173 AO, Rz 3; Klein/*Rüsken*, § 173 AO, Rz 36.

300 BFH, Urteil v. 21.3.1996 – XI R 36/95, BStBl II 1996, 399 (401); *Loose* in Tipke/Kruse, § 175 AO, Rz 44 f.; Klein/*Rüsken*, § 175 AO, Rz 56a; bestandskräftige Bescheide profitieren gem. § 79 II 1 BVerfGG nicht von einer günstigen Entscheidung durch das BVerfG.

301 Klein/*Rüsken*, AO, § 165 Rz 24; Klein/*Brockmeyer*, AO, § 350 Rz 14 f., m.w.N.; *Seer* in Tipke/Lang, § 22 Rz 152; *Seer/Wendt*, NJW 2000, 1904 (1911); *Seer*, StuW 2001, 3 (16).

302 Zur Kritik vgl. Klein/*Brockmeyer*; § 350 AO Rz 15; *Schwenke*, DStR 1999, 404 (407 f.); *Arndt/Schumacher*, NJW 1999, 745 (749); *Thouet/Thouet*, Stbg 1999, 262 (262); *Balke*, FS Lang, S. 965 (968 ff.).

303 Z.B. EuGH, Urteil v. 17.2.2005 – Rs C-453/02 – Linneweber, EuGHE 2005, I 1131, Rz 44; vgl. zur Entscheidungspraxis des EuGH und den Folgen für die nationale Rechtslage *Hey*, StuW 2010, 301 (316 ff.).

(5) Zwischenergebnis

Die vorstehenden Ausführungen haben gezeigt, dass eine Teileinspruchsentscheidung auch hinsichtlich eines vorläufigen Punktes in vielen Fällen möglich ist, da ein Rechtsschutzbedürfnis für ein Offenhalten der Steuerfestsetzung mittels eines anhängigen Einspruchsverfahrens oft nicht gegeben ist. Dies gilt insbesondere bei Bezugnahme auf bereits vor dem Bundesverfassungsgericht anhängige Musterverfahren. Die Verfahrensbeendigung durch (Teil)Einspruchsentscheidung ist dagegen nicht sachdienlich, wenn der Vorläufigkeitsvermerk nicht die vom Steuerpflichtigen vorgebrachten Streitfragen erfasst oder der Steuerpflichtige bei einer Vorläufigkeit im Hinblick auf verfassungsrechtliche Fragen eine Klärung der Streitfrage durch den Bundesfinanzhof unter einfachgesetzlichen Gesichtspunkten befürchtet. Im ersten Fall besteht schon die gesetzliche Verfahrensruhe nach § 363 II 2 HS 2 AO fort, im letzteren Fall würde eine Fortsetzungsmitteilung samt sich anschließender (Teileinspruchs)Entscheidung dem Rechtsschutzbegehren des Einspruchsführers nicht hinreichend Rechnung tragen und daher nicht sachdienlich sein. Jedenfalls aufgrund einer restriktiven Auslegung des § 363 II 2 HS 2 AO ist zur Wahrung der Interessen des Steuerpflichtigen eine Verfahrensruhe insoweit gegeben, als der konkrete Vorläufigkeitsvermerk keinen ausreichenden Rechtsschutz bietet. In diesem Fall erfordert es die Sachdienlichkeit, trotz Vorläufigkeit nach § 165 I 2 AO nur über den Einspruch im Übrigen zu entscheiden. Die Ausklammerung des von der Vorläufigkeit betroffenen Teils ist dann zumindest im Hinblick auf sich aufdrängende einfachgesetzliche Entscheidungsalternativen geboten.

Im Hinblick auf Einsprüche gegen vorläufige Steuerfestsetzungen wird ein Rückgang der Einsprüche durch die Möglichkeit von Teileinspruchsentscheidungen daher nicht im erhofften Maße stattfinden. Bleiben über die Frage des Rechtsschutzumfangs durch den Vorläufigkeitsvermerk hinaus noch weitere Streitpunkte, sind die Finanzämter jedoch berechtigt, diese Streitfragen zusammen mit ggf. weiteren entscheidungsreifen Fragen durch Teileinspruchsentscheidung zurückzuweisen, sofern dem Steuerpflichtigen hierdurch keine Rechtsschutznachteile erwachsen. Die Frage nach der Sachdienlichkeit einer Teileinspruchsentscheidung im Einzelfall würde dagegen deutlich entschärft werden, wenn die obersten Finanzbehörden des Bundes und der Länder den Bedenken der Steuerpflichtigen bereits im Vorfeld eines Einspruchsverfahrens Rechnung tragen würden und in deutlich größerem Umfang als bisher von der Möglichkeit einer vorläufigen Steuerfestsetzung nach § 165 I 2 Nr. 4 AO Gebrauch machen würden. Dies dürfte dazu führen, dass eine Vielzahl der Steuerpflichtigen tatsächlich auf einen Einspruch verzichten würde. Der Gesetzgeber hat in einem ersten Schritt den Finanzbehörden weitreichende Möglichkeiten nicht nur zur repressiven Bekämpfung, sondern auch zur präventiven Vermeidung von Masseneinsprüchen an die Hand gegeben. Jetzt liegt es zunächst an den (obersten) Finanzbehörden, diese Möglichkeiten auch entsprechend einzusetzen.

Obwohl der Bundesfinanzhof durch seine Grundsatzentscheidung die Rechtsschutzdefizite aufgrund unzureichender Vorläufigkeitsvermerke zugunsten der Steuerpflichtigen deutlich entschärft hat, bleibt die grundsätzliche Problematik defizitären Rechtsschutzes aufgrund der *pro-futuro*-Rechtsprechung des Bundesverfassungsgerichts auch weiterhin bestehen und kann auch durch die Finanzbehörden nicht abgestellt werden.

dd. Wegfall einer Aussetzung der Vollziehung gem. § 361 AO

Ein weiteres, bei allen Formen der Teileinspruchsentscheidung generell zu berücksichtigendes Kriterium der Sachdienlichkeit ist, dass regelmäßige Folge auch der vorgezogenen partiellen Beendigung des Einspruchsverfahrens der Wegfall einer möglicherweise gewährten Aussetzung der Vollziehung sein dürfte. Dies gilt selbst dann, wenn man davon ausgeht, dass die einmal gewährte Aussetzung gemäß §§ 361 II; 124 II AO nicht automatisch mit der Beendigung des Rechtsbehelfsverfahrens endet[304]. Denn zusätzlich zum obligatorischen Widerrufsvorbehalt wird sie in der Praxis regelmäßig eine Befristung enthalten oder unter einer auflösenden Bedingung stehen (z.B. „bis zum Ablauf eines Monats nach Bekanntgabe der Einspruchsentscheidung bzw. des geänderten Steuerbescheids“)[305]. Sofern und soweit das Finanzamt nun eine Teileinspruchsentscheidung erlässt und damit das Einspruchsverfahren im beschiedenen Umfang beendet, besteht regelmäßig kein Grund mehr, die Aussetzungsentscheidung insoweit aufrecht zu erhalten. Denn jedenfalls mit Eintritt der partiellen Bestandskraft (Bedingungseintritt) kann nicht mehr davon ausgegangen werden, dass insoweit ernsthafte Zweifel an der Rechtmäßigkeit des Steuerbescheides bestehen. Erfasst die auflösende Bedingung den Fall der Teileinspruchsentscheidung nicht mit hinreichender Klarheit, sollte die Finanzbehörde ggf. von dem Widerrufsvorbehalt Gebrauch machen.

---

304 BFH, Beschluss v. 15.6.1998 – VII B 32/9, BFH/NV 1999, 7 (8); FG Sachsen-Anhalt, Beschluss v. 11.7.2006 – 3 V 192/06, EFG 2006, 1719 (1720); *Seer* in Tipke/Kruse, § 361 AO, Rz 9 und bei § 367 Rz 65 a.E. – für eine automatische Beendigung der A.d.V. mit rechtskräftiger Erledigung des Rechtsbehelfs dagegen BFH, Urteil v. 11.2.1987 – II R 176/84, BStBl II 1987, 320 (321); Klein/*Brockmeyer*; § 361 AO Rz 8.

305 Vgl. hierzu die entsprechende Weisung des BMF in AEAO Nr. 8.2.1 zu § 361.

Im Hinblick auf die zwischen den Parteien unstreitigen Punkte wird sich das Ende der Vollziehungsaussetzung infolge einer Teileinspruchsentscheidung ohne Streitfrage jedoch kaum auswirken, da es bei diesen Punkten regelmäßig bereits an den für eine Aussetzung erforderlichen ernstlichen Zweifeln an der Rechtmäßigkeit fehlen wird. Bei der Frage nach der Sachdienlichkeit eines solchen Einwendungsausschlusses infolge einer Teileinspruchsentscheidung ohne Streitfrage spielt § 361 AO daher keine Rolle.

h. Zwingende Bestimmung der Reichweite

§ 367 IIa 2 AO verpflichtet die Finanzbehörden, die Reichweite der Teileinspruchsentscheidung im Tenor anzugeben. Dabei soll ihr Umfang nicht positiv bestimmt werden, sondern vielmehr angegeben werden, hinsichtlich welcher Teile des Einspruchs die Bestandskraft nicht eintreten soll. Die Bestimmung der Reichweite der Entscheidung ist weder Nebenbestimmung noch Grundlagenbescheid. Sie stellt keine ergänzende Bestimmung zum übrigen Regelungsgehalt dar, sondern ist, indem sie Umfang und Reichweite festlegt, Tatbestandsvoraussetzung für den Erlass einer Teileinspruchsentscheidung. Als solche ist sie nicht isoliert anfechtbar[306].

Auch wenn die negative Bestimmung der Reichweite ungewöhnlich ist, stehen ihr im Hinblick auf das Bestimmtheitsgebot keine grundsätzlichen Bedenken gegenüber[307]. Die hinreichende Bestimmtheit des Steuerbescheids ist gem. §§ 119, 157 AO Wirksamkeitsvoraussetzung. Sie hat sich zweifelsfrei aus dem Tenor zu ergeben, damit für den Steuerpflichtigen erkennbar ist, was von ihm verlangt wird[308]. Unabhängig davon, ob man eine positive Tenorierung des Umfangs der Bestandskraft für vorzugswürdig hält[309], wird aufgrund der negativen Formulierung dennoch klar, dass die Steuerfestsetzung hinsichtlich aller nicht

---

306 *Birkenfeld* in HHS, § 367 AO Rz 521; *Bergan/Martin*, DStR 2007, 1384 (1384 f.); *Pahlke* in Pahlke/König, § 367 AO, Rz 69.

307 BFH, Urteile v. 30.9.2010 – III R 39/08, BStBl II 2011, 11 (18) und v. 14.3.2012 – X R 50/09, BStBl II 2012, 536 (538); Klein/*Brockmeyer*, § 367 AO, Rz 20; *Steinger*, DStZ 2008, 674 (677 f.); *Krüger*, DStZ 2009, 810 (814); *Pahlke* in Pahlke/König, § 367 AO, Rz 65; a.A. *Seer* in Tipke/Kruse, § 367 AO, Rz 64 und *Intemann*, DB 2008, 1005 (1008).

308 *Pahlke* in Pahlke/König, § 119 AO, Rz 17; Klein/*Brockmeyer*, § 119 AO, Rz 7.

309 So wohl *Birkenfeld* in HHS, § 367 AO Rz 522 und 524, der die negative Formulierung für „unglücklich" hält, und davon ausgeht, dass „auch durch eine positive Beschreibung der Unanfechtbarkeit" dem Wortlaut des § 367 IIa 2 AO Rechnung getragen werde.

ausdrücklich genannten Punkte ohne rechtzeitige Anfechtung bestandskräftig werden soll. Aufgrund der explizit offen gelassenen Punkte ergibt sich zwingend als Komplementärgröße der Umfang der Bestandskraft[310]. Die negative Abgrenzung der Teilbestandskraft knüpft an die Verpflichtung der Finanzbehörden an, den Einspruch in vollem Umfang zu prüfen und auch in vollem Umfang zu entscheiden. § 367 IIa 2 AO befreit die Verwaltung von der Verpflichtung zur abschließenden und einheitlichen (Gesamt)Einspruchsentscheidung nur im Umfang der in der Norm bestimmten Teile des Einspruchsbegehrens. Zusammen mit der Teil-Einspruchsentscheidung muss der von der Bestandskraft ausgenommene Teil das gesamte Einspruchsvorbringen abdecken[311].

Führt man sich vor Augen, dass der Nichtentscheidungsteil regelmäßig vom Umfang her deutlich hinter dem von der Teileinspruchsentscheidung erfassten Teil zurückstehen wird und sich auf einige wenige konkrete Streitfragen beschränken wird, so dürfte die Nennung der von der Entscheidung ausgenommenen Teile für den Steuerpflichtigen erheblich verständlicher sein, als eine möglicherweise seitenlange Litanei an entschiedenen Punkten. Hält man zudem – wie hier[312] – den Ausschluss nachträglicher Einwendungen in bestimmten Fällen für zulässig und beabsichtigt, so wird klar, dass ein missbräuchliches Offenhalten der Steuerfestsetzung für spätere, bisher noch unbenannte Einwendungen nur unter Verwendung einer negativen Formulierung des Tenors praktisch überhaupt ausgeschlossen werden kann. Es dürfte in diesen Fällen sowohl regelungstechnisch als auch in der sprachlichen Umsetzung kaum möglich sein, den Umfang der Teileinspruchsentscheidung positiv zu begründen[313].

Auch die gängige Verwaltungspraxis, in der Teileinspruchsentscheidung die festgesetzte Steuer betragsmäßig nicht anzugeben, sondern lediglich die von der Bestandskraft ausgenommenen Besteuerungsgrundlagen zu benennen, führt nicht zu einem formalen Mangel. Die Regelung in § 157 I 2 AO, wonach die festgesetzte Steuer nach Art und Betrag zu bezeichnen ist, spricht zwar dafür, dass der Tenor zwingend den konkreten Steuerbetrag zu nennen hat, der aufgrund der Entscheidung an der Bestandskraft nicht teilnimmt[314]. Dieser Grundsatz hat

---

310 *Krüger*, DStZ 2009, 810 (814); ähnlich *Birkenfeld* in HHS, § 367 AO Rz 524 und *Pahlke* in Pahlke/König, § 367 AO, Rz 65; ablehnend *Seer* in Tipke/Kruse, § 367 AO, Rz 64.

311 *Pahlke* in Pahlke/König, § 367 AO, Rz 65.

312 Vgl. im Einzelnen bereits unter B.I.3.g.aa.

313 *Krüger*, DStZ 2009, 810 (814); ähnlich Klein/*Brockmeyer*, § 367 AO, Rz 20.

314 Dies fordern z.B. *Intemann*, DB 2008, 1005 (1008); *Schneider*, StC 2007, 29 (30) und *Pahlke* in Pahlke/König, § 367 AO, Rz 65, sowie im Rahmen der parallelen

auch durch die Einführung der Teileinspruchsentscheidung keine Modifikation erfahren. Der Steuerbescheid bleibt weiterhin ein Verwaltungsakt[315] mit konkretem Regelungsgehalt. Wird nur abstrakt auf den „offen“ bleibenden Sachverhalt oder ein anhängiges Verfahren eingegangen und die konkrete steuerliche Auswirkung dem Einspruchsführer nicht vor Augen geführt, könnten Zweifel am individuellen Regelungscharakter und der Bestimmtheit eines derartig formulierten Tenors aufkommen.

Allerdings führt nach der Rechtsprechung des Bundesfinanzhofs[316] die Nichtbenennung der konkreten Steuerauswirkung weder zur Nichtigkeit noch zur Rechtswidrigkeit der Teileinspruchsentscheidung. Der Senat führt insoweit die im Rahmen von § 165 AO bereits gefestigte Rechtsprechung fort. Auch dort muss die vom Vorläufigkeitsvermerk erfasste Steuerauswirkung nicht ausdrücklich beziffert werden, wenn sich der Änderungsrahmen jedenfalls mittelbar aus dem Vermerk ergibt[317]. Aufgrund der strukturellen Ähnlichkeit zwischen Teileinspruchsentscheidung und Vorläufigkeitsvermerken – beide betreffen abgrenzbare konkrete Streitfragen, über die, anders als hinsichtlich der Steuerfestsetzung im Übrigen, noch nicht abschließend entschieden werden soll – ist es stringent, beide Fälle parallel zu behandeln. Schwierigkeiten und Fehler bei der Ermittlung der nicht von der Bestandskraft erfassten Steuer werden so vermieden.

Zu begrüßen ist, dass auch die Finanzverwaltung die Notwendigkeit anerkennt, etwaige der Teileinspruchsentscheidung bzw. der partiellen Verfahrensruhe zugrunde liegende Musterverfahren im Einzelnen zu benennen[318]. Nicht nachvollziehbar ist allerdings, weshalb dies künftig nicht mehr im Tenor der Entscheidung, sondern nur noch in deren Begründung erfolgen soll[319]. Hier bie-

---

Problematik bei § 165 AO auch *Paus*, DStZ 2005, 487 (488); ebenso wohl auch FG Niedersachsen Urteil v. 12.12.2007 – 7 K 249/07, EFG 2008, 1082 (1085).

315 Vgl. die einschlägigen Normen § 155 I 2 AO i.V.m. § 118 AO.

316 BFH, Urteile v. 30.9.2010 – III R 39/08, BStBl II 2011, 11 (18) und v. 14.3.2012 – X R 50/09, BStBl II 2012, 536 (539).

317 BFH, Urteil v. 6.3.1992 – III R 47/91, BStBl II 1992, 588 (590); Beschluss v. 16.8.1995 – VIII B 156/94, BFH/NV 1996, 125 (Tz 17); Urteil v. 2.3.2000 – VI R 48/97, BStBl II 2000, 332 (333); *Cöster* in Pahlke/König, § 165 AO, Rz 32; *Martin*, Steuerfestsetzung, 2007, S. 104, m.w.N.; kritisch *Heuermann* in HHS, § 165 AO Rz 24 und *Paus*, DStZ 2005, 487 (488).

318 BMF in AEAO Nr. 6.4 zu § 367. Ebenso die Literatur Klein/*Brockmeyer*, § 367 AO, Rz 20; *Seer* in Tipke/Kruse, § 367 AO, Rz 64; *Birkenfeld* in HHS, § 367 AO Rz 521.

319 Ebenfalls ausdrücklich für eine Aufnahme in den Tenor *Birkenfeld* in HHS, § 367 AO Rz 521. Ebenso die ursprüngliche Fassung des AEAO Nr. 6.3. zu § 367, v. 12.7.2007, BStBl. I 2007, 530 (534); weniger kritisch *Dumke* in Schwarz, § 367 AO, Rz 68.

tet es sich an, wie bisher das Musterverfahren im unmittelbaren Zusammenhang mit dem Entscheidungssatz aufzunehmen.

i. Ergebnis

Die ausführliche Befassung mit dem Tatbestandsmerkmal der Sachdienlichkeit und seinen vielfältigen Facetten hat ergeben, dass ihm für die Rechtmäßigkeit einer Teileinspruchsentscheidung wesentliche Bedeutung zukommt. Der unbestimmte Rechtsbegriff der Sachdienlichkeit fungiert gleichsam als Schaltstelle für die Rechtmäßigkeit der Teileinspruchsentscheidung.

Die Teileinspruchsentscheidung ist darauf angelegt, streitige von unstreitigen Teilen eines Einspruchs vorab zu trennen. Im Rahmen der Sachdienlichkeit stehen daher insbesondere die Beschleunigung des Rechtsbehelfsverfahrens und die Herbeiführung einer zeitnahen Entscheidung im Vordergrund. Erforderlich ist, dass sich entscheidungsreife und noch nicht entscheidungsreifen Teile gegenüberstehen und die Vorabentscheidung unabhängig von der Schlussentscheidung ergehen und Bestand haben kann. Im Rahmen der Sachdienlichkeit haben die Behörden ihre eigenen gegen widerstreitende Interessen der Steuerpflichtigen abzuwägen.

Die umfassende Analyse der Sonderproblematik der Sachdienlichkeit einer „Teileinspruchsentscheidungen ohne Streitfrage" kommt zu dem Ergebnis, dass die Sachdienlichkeit auch gegeben ist, wenn die Behörden die Teileinspruchsentscheidung auf unstreitige Teile des Einspruchsverfahrens beschränken und den Streitstoff hierdurch reduzieren. Ein zu berücksichtigendes entgegenstehendes Interesse des Steuerpflichtigen an einer umfassenden Verfahrensruhe besteht nicht, da ihm auch nach Ergehen der Teileinspruchsentscheidung ausreichende Rechtsschutzmöglichkeiten zur Verfügung stehen.

II. Rechtsfolgen

Hinsichtlich der Rechtsfolgen einer Teileinspruchsentscheidung ist unstreitig, dass deren Regelungsgehalt, wie der von abschließenden Einspruchsentscheidungen auch, in Bestandskraft erwächst. Ein gewichtiger – insbesondere für die Effektivität der Teileinspruchsentscheidung höchst relevanter – Streit betrifft jedoch die Frage nach der konkreten Reichweite der Bestandskraft.

Einleitend soll zuvor jedoch kursorisch auf das Ermessen der Finanzbehörden eingegangen werden.

1. Ermessensentscheidung und Vorprägung durch die Sachdienlichkeit

Die Teileinspruchsentscheidung ist, wie sich bereits aus der entsprechenden Formulierung in § 367 IIa AO („kann") ergibt, eine Ermessensentscheidung[320]. Im Rahmen der Rechtsfolgen ist daher einerseits das Entschließungsermessen auszuüben. An dieser Stelle muss sich das Finanzamt darüber klar werden, ob es von der gesetzlich eingeräumten Möglichkeit der Teileinspruchsentscheidung im konkreten Fall Gebrauch machen will. In geeigneten Fällen stellen ein Abwarten bis zur Entscheidungsreife des übrigen Teils, die Aufnahme eines Vorläufigkeitsvermerks oder eine Verfahrensruhe nun nicht mehr die einzigen Handlungsalternativen der Veranlagungsbezirke und Rechtsbehelfsstellen dar. Entscheiden sie sich für den Erlass einer Vorabentscheidung, muss darüber hinaus im Rahmen des Auswahlermessens geklärt werden, in welchem Umfang das Einspruchsverfahren vorab beendet werden soll. In beiden Fällen ist das Ermessen nach Maßgabe von § 5 AO pflichtgemäß auszuüben. Die Finanzbehörden haben ihre Entscheidung am Zweck der Ermächtigung auszurichten. Demgemäß muss die Teileinspruchsentscheidung dazu dienen, entscheidungsreife Teile des Einspruchs zu erledigen[321].

Die Zulässigkeit einer Teileinspruchsentscheidung ist insbesondere von ihrer Sachdienlichkeit abhängig. Aufgrund der bestehenden Verknüpfung der Entscheidungsmöglichkeit mit einem unbestimmten Rechtsbegriff ist bereits auf Tatbestandsebene ein Großteil der ansonsten auf Ebene der Ermessenserwägungen relevanten Gesichtspunkte verbraucht[322]. Ist Sachdienlichkeit gegeben, entspricht es im Regelfall daher billigem Ermessen, eine Teileinspruchsentscheidung zu erlassen. Das Entschließungsermessen ist in einer Weise vorgeprägt, die keine weitere Begründung erfordert[323].

Es ist somit festzuhalten, dass das behördliche Ermessen im Hinblick auf Erlass und Umfang einer Teileinspruchsentscheidung regelmäßig reduziert ist und gegen Null tendiert, sofern und soweit eine Vorabentscheidung sachdienlich wäre. Nur in besonders gelagerten atypischen Fällen wird trotz gegebener Sachdienlichkeit vom Erlass einer Teileinspruchsentscheidung abgesehen wer-

---

320 BFH, Urteil v. 14.3.2012 – X R 50/09, BStBl II 2012, 536 (539).

321 *Birkenfeld* in HHS, § 367 AO Rz 503; *Dumke* in Schwarz, § 367 AO, Rz 70.

322 Allgemein zu dieser Konstellation *Müller-Franken*, Maßvolles Verwalten, S. 433 f.

323 BFH, Urteil v. 30.9.2010 – III R 39/08, BStBl II 2011, 11 (18); kürzlich erneut bestätigt durch Urteil v. 14.3.2012 – X R 50/09, BStBl II 2012, 536 (538) mit Anmerkung *Steinhauff*, AO-StB 2012, 233 f.; *Bergan/Martin*, DStZ 2008, 518 (523).

den können[324]. Insbesondere die alternative Blockade des gesamten Einspruchsverfahrens infolge einer nur partiell gerechtfertigten Verfahrensruhe stellt nun keine gleichwertige Handlungsalternative mehr dar. Unter Rechtsschutzgesichtspunkten eignet sich die Aufnahme eines Vorläufigkeitsvermerks nur dann, wenn keine Zweifel daran bestehen, dass die Interessen des Steuerpflichtigen ausreichend gewahrt werden.

Auch auf Ebene des Auswahlermessens ist der Umfang der Teileinspruchsentscheidung vorgeprägt. Um den gewünschten Beschleunigungseffekt und die Reduzierung des Streitstoffes erreichen zu können, ist es vorteilhaft, soweit wie möglich frühzeitige Klarheit zu schaffen. Auch die mit der Teileinspruchsentscheidung angestrebte Trennung der entscheidungsreifen von den noch nicht entscheidungsreifen Teilen des Einspruchs spricht für eine möglichst weitgehende Vorabentscheidung. Diese Grundentscheidung ist von den Behörden im Rahmen ihrer Ermessensausübung ebenfalls zu berücksichtigen. Auch in dieser Hinsicht ist das Ermessen infolge der Sachdienlichkeit daher vorgeprägt.

Ist das Ermessen also dahingehend intendiert, dass eine Teileinspruchsentscheidung aufgrund ihrer Sachdienlichkeit auch tatsächlich erlassen werden sollte, setzt sich diese Bindung im Rahmen des Auswahlermessens fort. Denn soweit die Sachdienlichkeit reicht, soll das Einspruchsverfahren auch regelmäßig beendet werden.

2. Teilabhilfe als Alternative zur Teileinspruchsentscheidung

Trotz der grundsätzlichen Vorprägung des Entschließungsermessens bei gegebener Sachdienlichkeit, soll an dieser Stelle das Verhältnis von Teilabhilfe und Teileinspruchsentscheidung genauer betrachtet werden. Zwischen ihren jeweiligen Anwendungsbereichen besteht eine begrenzte Schnittmenge, so dass sich die Frage stellt, ob in diesem Konfliktbereich eine Entscheidungsvariante zwingend vorzuziehen ist oder das Entschließungsermessen hier in anderer Weise geprägt ist.

Gleichwohl wird sich eine Entscheidungsalternative zwischen Teilabhilfe und Teileinspruchsentscheidung in der Praxis eher selten stellen. Die Finanzämter werden sich des Teilabhilfebescheides bedienen, wenn sie einem Einspruch teilweise stattgeben. Die formalen Anforderungen des § 366 AO gelten in diesen Fällen nicht. Folge einer Teilabhilfe ist jedoch nicht die partielle Beendigung des Rechtsbehelfsverfahrens. Vielmehr tritt der Änderungsbescheid entspre-

324 Ebenso BFH, Urteil v. 14.3.2012 – X R 50/09, BStBl II 2012, 536 (538).

chend § 365 III 1 AO an die Stelle des angefochtenen Bescheids[325]. Eines weiteren Einspruchs bedarf es nicht. Dementsprechend wird die Steuerfestsetzung auch nicht teilweise bestandskräftig[326]. Dies hat entscheidende Auswirkung auf die den Finanzämtern verbleibenden Änderungsmöglichkeiten. Denn mangels entgegenstehender Bestandskraft haben sie weiterhin die Möglichkeit, die Steuerfestsetzung insgesamt zu ändern und nach entsprechendem Hinweis gem. § 367 II 2 AO auch zu verbösern.

Die Teileinspruchsentscheidung findet dagegen insbesondere Anwendung, wenn ein Teil des Einspruchs als unbegründet zurückgewiesen werden soll. Gemeinsam ist damit beiden Entscheidungsalternativen, dass sie eine Vorabentscheidung über einen Ausschnitt des Rechtsbehelfs treffen. Anders als die Teilabhilfe erwächst die Teileinspruchsentscheidung allerdings in Bestandskraft, wenn sie nicht rechtzeitig angefochten wird[327]. Während eine Teilabhilfe durch § 367 II 3 AO ausgeschlossen ist, um unbegründete Teile eines Einspruchs zurückzuweisen, ist der Anwendungsbereich der Teileinspruchsentscheidung weniger beschränkt. Soweit dem Einspruch abgeholfen wird, ist eine Einspruchsentscheidung zwar nicht erforderlich, aber dennoch möglich. Auch soweit der Einspruch begründet ist, liegt ein entscheidungsreifer Teil vor. § 367 II 3 AO sieht lediglich eine verfahrensmäßige Erleichterung vor, die von der Finanzbehörde nicht zwingend genutzt werden muss[328]. Zudem können in der Teileinspruchsentscheidung stattgebende und zurückweisende Elemente verbunden werden.

Diesem Unterschied zwischen Teilabhilfe und Teileinspruchsentscheidung in ihrer Bindungswirkung trägt *Brockmeyer* nicht ausreichend Rechnung, wenn er ausführt, dass bei teilweiser Abhilfe vor der Einspruchsentscheidung diese den schon abgeholfenen Teil nicht verbösern kann, da insoweit Teilbestandskraft

---

325 Im Fall der völligen Abhilfe ist keine Einspruchsentscheidung erforderlich, da Erledigung der Hauptsache eingetreten ist. Der Steuerpflichtige kann jedoch erneut Einspruch einlegen, wenn eine Beschwer vorliegt – vgl. BFH, Urteil v. 18.4.2007 – XI R 47/05, BStBl II 2007, 736 (737); Klein/*Brockmeyer*; § 367 AO Rz 14; *Bartone* in Beermann/Gosch, § 367 AO Rz 83.

326 BFH, Urteil v. 18.4.2007 – XI R 47/05, BStBl II 2007, 736 (737); *Birkenfeld* in HHS, § 367 AO Rz 342.

327 Zur konkreten Reichweite und den sonstigen Rechtsfolgen im Einzelnen sogleich im Anschluss unter B.II.3.

328 *Jesse*, Einspruch, Teil B Rz 688; *Birkenfeld* in HHS, § 367 AO Rz 338; *Seer* in Tipke/Kruse, § 367 AO, Rz 65; *Dumke* in Schwarz, § 367 AO, Rz 41; ebenso BFH, Urteil v. 29.4.2009 – X R 16/06, BStBl II 2009, 732 (734) – anders noch die Vorinstanz FG München, Urteil v. 22.6.2005 – 10 K 4445/03, EFG 2005, 1509 (1509), die eine Vollabhilfe durch Einspruchsentscheidung als unzulässig ansah.

eingetreten sei. Die gegenteilige höchstrichterlicher Judikatur sei insoweit nicht mehr konsequent[329]. Richtigerweise kann Teilbestandskraft aber auch weiterhin nur als Folge einer (Teil)Einspruchsentscheidung, nicht aber eines Teilabhilfebescheides eintreten. Die Neuregelung hat in diesem Punkt zu keiner Änderung der Rechtslage geführt.

Führt die Überprüfung des Rechtsbehelfsbegehrens dazu, dass in Teilen eine antragsgemäße Korrektur der Steuerfestsetzung geboten ist, während andere Streitpunkte derzeit noch nicht entscheidungsreif sind, stehen mit der Teilabhilfe und dem Erlass einer Teileinspruchsentscheidung mithin zwei echte Entscheidungsalternativen zur Verfügung, welche sich gerade im Hinblick auf ihre Rechtsfolgen, namentlich die Bestandskraft, erheblich voneinander unterscheiden. Es stellt sich daher die Frage, ob neben der Möglichkeit der Teileinspruchsentscheidung die Alternative einer Teilabhilfe ohne Bindungswirkung im Einspruchsverfahren überhaupt noch in Betracht kommt oder ob diese Möglichkeit mit der Gesetzesänderung obsolet bzw. unzweckmäßig geworden ist.

Aus Sicht des Steuerpflichtigen könnte es befremdlich erscheinen, dass nach der gängigen Verwaltungspraxis Entscheidungen zu seinen Ungunsten endgültig durch Teileinspruchsentscheidung ergehen, während er bei ihm günstigen Entscheidungen durch Teilabhilfebescheid weiterhin mit einer nachträglichen Beseitigung der Änderung rechnen muss. Ihm könnte daher daran liegen, auch Abhilfeentscheidungen zu seinen Gunsten mittels Teileinspruchsentscheidung beschieden zu bekommen[330].

Eine Beschränkung des Auswahlermessens der Behörden dürfte durch die Einführung der Teileinspruchsentscheidung dennoch nicht stattgefunden haben. Teilabhilfe und Teileinspruchsentscheidung stehen weiterhin nebeneinander[331], sofern die Steuerfestsetzung in Teilen zugunsten des Einspruchsführers zu korrigieren ist. Auch im Fall einer Teilabhilfe hat es der Steuerpflichtige in der Hand, das Einspruchsverfahren bei später drohender Verböserung durch Einspruchsrücknahme oder Erledigungserklärung zu beenden und auf diesem

329 Klein/*Brockmeyer*, § 367 AO, Rz 14 unter Hinweis auf die gegenteilige, zum Teilabhilfebescheid ergangene Rechtsprechung des BFH v. 6.9.2007 – XI R 51/05, BStBl II 2007, 83; dagegen wie hier *Birkenfeld* in HHS, § 367 AO Rz 544.

330 In diese Richtung wohl Klein/*Brockmeyer*, § 367 AO, Rz 14, der jedenfalls auch im Falle der Teilabhilfe die Möglichkeit einer späteren Verböserung aufgrund eingetretener Teilbestandskraft ausschließt und die Teilabhilfe somit in einem wesentlichen Punkt mit der Teileinspruchsentscheidung – m.E. zu Unrecht – gleichbehandelt.

331 Im Ergebnis ebenso *Birkenfeld* in HHS, § 367 AO Rz 481; *Dumke* in Schwarz, § 367 AO, Rz 61c.

Wege von der zu seinen Gunsten erfolgten Änderung endgültig zu profitieren, ohne dass das Finanzamt die Änderung rückgängig machen kann[332]. Möchte er auf diese Weise von einer nach geläuterter Rechtsauffassung der Finanzbehörden doch unberechtigten Festsetzung zu seinen Gunsten weiter profitieren, muss er hinnehmen, dass mit Beendigung des Einspruchsverfahrens auch die Möglichkeit endet, in den derzeit noch offenen Streitpunkten zu obsiegen.

Darüber hinaus ist zu beachten, dass das förmliche Ergehen einer Teileinspruchsentscheidung auch und vor allem deshalb geboten ist, um dem Steuerpflichtigen zügigen gerichtlichen Rechtsschutz zu ermöglichen. Eine solche Notwendigkeit besteht bei Abhilfeentscheidungen regelmäßig nicht, da dem Antrag des Rechtsbehelfsführers insoweit gerade stattgegeben wurde. Sollte das Finanzamt dennoch dem Korrekturanspruch des Steuerpflichtigen nicht durch Abhilfebescheid, sondern durch Teileinspruchsentscheidung nachkommen, stünde einer solchen Entscheidung auch nicht die fehlende Sachdienlichkeit entgegen. Der Steuerpflichtige hätte hinsichtlich eines Teils seines geltend gemachten Änderungsbegehrens weitgehende Rechtssicherheit. Innerhalb der Klagefrist müsste er sich klarwerden, ob er darüber hinaus noch weitere Punkte begehrt. Vor einer – jedenfalls betragsmäßigen – Verböserung der entschiedenen Punkte wäre er aufgrund der mit der Teileinspruchsentscheidung verbundenen bestandskräftigen Beendigung des Einspruchsverfahrens geschützt.

Die Verwaltungspraxis wird zeigen, wie die Finanzverwaltung die ihr gegebenen Möglichkeiten nutzt. Während Vollabhilfen aufgrund der geringeren formalen Anforderungen wohl auch künftig nicht in Form einer Einspruchsentscheidung ergehen werden, könnte es sich anbieten, auf Teilabhilfebescheide in größerem Umfang zu verzichten. Stellt sich im Rahmen der Vollüberprüfung heraus, dass neben den begründeterweise angegriffenen Punkten andere Streitfragen zunächst nicht entscheidungsreif sind, so kann es sich anbieten, mit einer Abhilfeentscheidung in Form der Teileinspruchsentscheidung auch den weitgehenden Ausschluss unbenannter Einwendungen sicherzustellen. Voraussetzung eines solchen Vorgehens ist jedoch auch in diesem Fall, dass Anhaltspunkte für ein durch den Steuerpflichtigen beabsichtigtes missbräuchliches Offenhalten bestehen.

3. Reichweite der Bestandskraft

Wesentlich für die Effektivität einer Teileinspruchsentscheidung sind die mit ihr verbundenen Rechtsfolgen. Es stellt sich die Frage, welche Verbindlichkeit einer

332 Dies gilt jedenfalls solange keine eigenständigen Korrekturnormen nach §§ 172 ff. AO greifen.

solchen Entscheidung zukommt und wie sich die Vorabentscheidung auf den noch nicht entscheidungsreifen Teil des Einspruchsverfahrens auswirkt. Damit ist die hoch umstrittene Problematik der Reichweite der Bestandskraft einer Teileinspruchsentscheidung angesprochen, der sich die Arbeit im Folgenden widmen wird.

a. Begriff und Wesen der Bestandskraft

Der Verwaltungsakt wird mit seiner ordnungsgemäßen Bekanntgabe gem. § 124 I AO wirksam. Mit Bestandskraft wird dagegen die Verbindlichkeit der Steuerfestsetzung bezeichnet. Da es sich beim Veranlagungsverfahren um ein Massenverfahren handelt, kommt es häufig vor, dass sich ein Steuerverwaltungsakt nachträglich als fehlerhaft und rechtswidrig erweist. In der Folge stellt sich dann die Frage, wie mit dieser Erkenntnis umgegangen werden soll. Die Lösung hängt von der Gewichtung zweier gleichwertiger, aber widerstreitender Prinzipien mit Verfassungsrang ab[333]. Aufgrund des Rechtsstaatsprinzips des Art. 20 III GG muss das Besteuerungsverfahren einerseits auf die Festsetzung der materiell richtigen Steuer gerichtet sein[334]. Danach müsste die Änderung einer fehlerhaften Steuerfestsetzung zur Herstellung des rechtmäßigen Zustands zeitlich unbegrenzt zulässig sein. Andererseits sind – ebenfalls als Ausprägung des Rechtsstaatsprinzips – auch Rechtssicherheit und Vertrauensschutz zu gewährleisten. Der Steuerpflichtige muss auf einen geregelten Verfahrensablauf sowie darauf vertrauen können, dass das Veranlagungsverfahren einen gesicherten und rechtsbeständigen Abschluss findet. Eine Regelung, die zur beliebigen Disposition steht, ist dagegen weitgehend wertlos[335]. Jeder Rechtsstreit muss einmal ein Ende finden. Daher ist um des Rechtsfriedens Willen gegebenenfalls auch die endgültige Festsetzung einer materiell unrichtigen Steuer hinzunehmen.

Während die Herstellung einer gesetzmäßigen und gleichmäßigen Besteuerung stets im Interesse der Allgemeinheit liegt, ist das Interesse des Steuerpflichtigen ambivalent[336]. Wirkt sich die Änderung zu seinen Gunsten aus, überwiegt

---

333 BVerfG, Beschlüsse v. 08.05.1973 – 2 BvL 5/72 u.a., BVerfGE 35, 41 (47); v. 12.03.1996 – 1 BvR 609/90, 1 BvR 692/90, BVerfGE 94, 241 (258); *Loose* in Tipke/Kruse, vor § 172 ff. Rz 2; vgl. auch *Holz*, Materielle Bestandskraft, S. 20 f. und *Arndt*, Aufhebung und Änderung, S. 43.

334 Vgl. auch die einfachgesetzliche Regelung in § 85 AO.

335 *Maurer*, Verwaltungsrecht, § 11 Rz 2; *Trzaskalik*, StuW 1993, 371 (371).

336 *Loose* in Tipke/Kruse, vor § 172 ff. Rz 2.

sein Interesse an der Rechtsrichtigkeit das Verlangen nach Vertrauensschutz. Droht eine Änderung zu seinem Nachteil, ist es umgekehrt.

Auch wenn es nach höchstrichterlicher Rechtsprechung primär Aufgabe der Gerichte ist, letztverbindliche Feststellungen über die geltende Rechtslage zu treffen, ist es auch in anderen Bereichen staatlichen Handelns und insbesondere im Verwaltungsrecht verfassungsrechtlich geboten, dem Betroffenen über die Verbindlichkeit einer Regelung möglichst zügig Gewissheit zuteilwerden zu lassen[337]. Das Rechtsinstitut der Bestandskraft dient dazu, diese verfassungsrechtliche Vorgabe umzusetzen und einen Ausgleich im Spannungsverhältnis zwischen Gesetzmäßigkeit und Gleichmäßigkeit der Besteuerung einerseits sowie Vertrauensschutz und Rechtssicherheit andererseits zu erzielen. Im Rahmen des Verwaltungshandelns ist die Bestandskraft allein der Handlungsform des Verwaltungsaktes vorbehalten und hebt diesen aus allen anderen Handlungsformen heraus[338]. Sie führt dazu, dass ein wirksamer Verwaltungsakt auch dann bestandskräftig und damit verbindlich wird, wenn er fehlerhaft oder ungerechtfertigt ist oder nachträglichen Entwicklungen nicht mehr Rechnung trägt[339]. Allerdings ist diese Verbindlichkeit in ihren Auswirkungen nicht mit der Rechtskraft eines Urteils vergleichbar, welches – abgesehen von sehr eingeschränkten Gründen – grundsätzlich nicht mehr geändert werden kann. Die unterschiedliche Ausgestaltung der Verbindlichkeit trägt der Tatsache Rechnung, dass die Fehleranfälligkeit in Massenverfahren größer ist als im gerichtlichen Verfahren.

Der Umfang der Bestandskraft ist für das Steuerverfahrensrecht spezifisch nach der Abgabenordnung zu bestimmen. Anders als im allgemeinen Verwaltungsrecht[340] ist die Bestandskraft in der Abgabenordnung nicht gesetzlich geregelt. Die gesetzliche Überschrift der §§ 172 ff. AO ist irreführend. Die folgenden Normen definieren nicht das Rechtsinstitut der Bestandskraft, sondern setzen seine Existenz voraus und beschäftigen sich lediglich mit seiner Durchbrechung[341].

---

337 BVerfG, Beschluss v. 20.04.1982 – 2 BvL 26/81, BVerfGE 60, 253 (269 f.); *Merten*, NJW 1983, 1993 (1995); *Holz*, Materielle Bestandskraft, S. 28 ff. – zur Unerreichbarkeit des Ideals einer gleichmäßigen und gesetzmäßigen Besteuerung ausführlich *Tipke*, StRO III, S. 1198 ff.

338 *Musil*, DStZ 2005, 362 (362).

339 *v. Wedelstädt* in Beermann/Gosch, vor §§ 172-177 AO, Rz 14.1.

340 Vgl. dort §§ 43-52 VwVfG.

341 So auch *Loose* in Tipke/Kruse, vor § 172 ff. Rz 1; *v. Wedelstädt* in Beermann/Gosch, vor §§ 172-177 AO Rz 17.

aa. Formelle Bestandskraft

Mit der formellen Bestandskraft wird, ähnlich wie im Prozessrecht[342], die Unanfechtbarkeit des Verwaltungsaktes mit ordentlichen Rechtsbehelfen bezeichnet[343]. Sie beschreibt damit die (einseitige) Verbindlichkeit der Steuerfestsetzung für den Adressaten[344], insbesondere[345] infolge des Ablaufs der einmonatigen Einspruchsfrist des § 355 I AO. Aufgrund dieser relativen Wirkung ist sie insbesondere für den Steuerpflichtigen relevant, eine direkte Auswirkung für die Behörden mit ihr nicht verbunden[346].

Allerdings ergibt sich für die Behörden eine reflexartige und mittelbare Einschränkung ihrer Handlungsmöglichkeiten. Eine Entscheidung in der Sache über einen verfristeten oder anderweitig unzulässigen Einspruch ist ihr nicht möglich. Während im allgemeinen Verwaltungsrecht zur Parallelvorschrift des § 70 VwGO angenommen wird, dass die zuständige Behörde einen verfristeten Widerspruch durch Entscheidung in der Sache heilen kann[347], sind die Finanzämter durch die klare Regelung des § 358 S. 2 AO hieran gehindert[348]. Der Eintritt der formellen Bestandskraft steht nicht zu ihrer Disposition.

bb. Materielle Bestandskraft

Die Bedeutung der im Folgenden in erster Linie relevanten materiellen Bestandskraft ist dagegen weniger eindeutig. Im Prozessrecht bezeichnet die materielle Rechtskraft die Verbindlichkeit der getroffenen gerichtlichen Entscheidung für die Parteien und begründet ein entsprechendes allgemeines Abweichungsver-

---

342 Siehe dort § 110 FGO.

343 BFH, Urteil v. 24.1.2002 – III R 49/00, BStBl II 2002, 408 (409); BMF, AEAO vor §§ 172-177, Nr. 1; *v. Wedelstädt* in Beermann/Gosch, vor §§ 172-177 AO Rz 20; *Frotscher* in Schwarz, vor §§ 172-177 AO Rz 8; *Musil*, DStZ 2005, 362 (362); vgl. auch *Maurer*, Verwaltungsrecht, § 11 Rz 4.

344 Vgl. auch *Ipsen*, Die Verwaltung 17 (1984), 169 (182); *Erichsen/Knoke*, NVwZ 1983, 185 (187) und *Merten*, NJW 1983, 1993 (1995).

345 Weitere Fälle sind Einspruchsverzicht (§ 354 I AO) oder Einspruchsrücknahme nach Ablauf der Einspruchsfrist (§ 362 I AO).

346 *Ipsen*, Die Verwaltung 17 (1984), 169 (183) zur Unanfechtbarkeit, welche er nicht mit formeller Bestandskraft gleichsetzt; *Merten*, NJW 1983, 1993 (1995) spricht von einer Reflexwirkung für die Behörde.

347 Ständige Rechtsprechung, vgl. BVerwG, Urteil v. 21.3.1979 – 6 C 10.78, BVerwGE 57, 342 (344f.); *Kothe* in Redeker/v. Oertzen, VwGO, § 70 Rz 8 – ablehnend z.B. *Geis* in Sodan/Ziekow, VwGO, § 68 Rz 41, m.w.N.

348 Ebenso *Musil*, DStZ 2005, 362 (362); *Saßenroth*, Bestandskraft, S. 42.

bot[349]. Dagegen ist den entsprechenden Regelungen[350] des Verwaltungsverfahrensrechts keine Definition zu entnehmen. Vielmehr werden lediglich Folgerungen aus der Bestandskraft gezogen. Die §§ 43 ff. VwVfG mit dem Titel „Bestandskraft von Verwaltungsakten" beschäftigen sich mit dem Schicksal des Verwaltungsaktes von seiner Bekanntgabe bis zur Aufhebung. Ihnen ist lediglich zu entnehmen, dass die materielle Bestandskraft irgendwo in diesem Bereich anzusiedeln ist[351]. Dagegen verwendet die Abgabenordnung den Begriff der Bestandskraft in einem engeren, sachlich begrenzteren Umfang. Die mit „Bestandskraft" überschriebenen §§ 172 ff. AO beziehen sich allein auf Fragen der Aufhebbarkeit und Abänderbarkeit von Steuerbescheiden[352]. Sie betreffen damit einen deutlich beschränkten Anwendungsbereich. Für eine einheitliche Begriffsbestimmung bieten die Normen daher wenig Erhellendes.

Auch in Rechtsprechung und Literatur herrscht keine Einigkeit über den Begriff der materiellen Bestandskraft[353]. Schon die Bandbreite der teilweise synonym verwendeten Begriffe wie Rechtsbeständigkeit, Abweichungsverbot, Bindungswirkung, Selbstbindung oder Verbindlichkeit machen es schwierig, einen Überblick über die vertretenen Auffassungen zu geben[354]. Ausgangspunkt der Differenzen ist oftmals die Frage nach der Vergleichbarkeit der materiellen Bestandskraft mit der materiellen Rechtskraft von Urteilen. Das Meinungsspektrum reicht hier von der Annahme ähnlicher Rechtswirkungen von Urteil und Verwaltungsakt[355] bis zu der Auffassung, der Begriff der Bestandskraft müsse wegen der strukturellen Unterschiede eigenständig bestimmt werden[356]. Das Bundesverfas-

349 *v. Groll* in Gräber, FGO, § 110 Rz 19; *v. Nicolai* in Redeker/v. Oertzen, VwGO, § 121 Rz 4 f.; MüKo/*Gottwald*, ZPO, § 322 Rz 1.

350 Vgl. §§ 43 ff. VwVfG, §§ 39 ff. SGB X oder eben §§ 172 ff. AO.

351 *Maurer*, Verwaltungsrecht, § 11 Rz 1; *Erichsen/Knoke*, NVwZ 1983, 185 (187); *Saßenroth*, Bestandskraft, S. 43.

352 *Holz*, Materielle Bestandskraft, S. 34.

353 Eine ausführliche und umfassende Darstellung der verschiedenen Auffassungen und mit weiteren Nachweisen findet sich bei *Holz*, Materielle Bestandskraft, S. 24 ff.; vgl. auch *Ipsen*, Die Verwaltung 17 (1984), 169 (178 ff.); *Erichsen/Knoke*, NVwZ 1983, 185 (187); *v. Wedelstädt* in Beermann/Gosch, vor §§ 172-177 AO Rz 17; *Wernsmann* in HHS, vor §§ 130-133 AO Rz 13.

354 *Ipsen*, Die Verwaltung 17 (1984), 169 (170); *Erichsen/Knoke*, NVwZ 1983, 185 (187); *Holz*, Materielle Bestandskraft, S. 25.

355 *Sauer*, DÖV 1971, 150 (155 ff.); *Merten*, NJW 1983, 1993 (1996 f.).

356 *Erichsen/Knoke*, NVwZ 1983, 185 (187 f.); *Musil*, DStZ 2005, 362 (362 f.); *Holz*, Materielle Bestandskraft, S. 33; *Sachs* in Stelkens/Bonk/Sachs, VwVfG, § 43 Rz 11; *Maurer*, Verwaltungsrecht, § 11 Rz 7.

sungsgericht bewegte sich in der Sache zunächst zwischen diesen beiden Positionen indem es annahm, dass beiden Instituten grundsätzlich die gleiche verfassungsrechtliche Funktion zukomme, allerdings auf unterschiedlichen Ebenen[357]. In einer neueren Entscheidung hat es jedoch klargestellt, dass die Bestandskraft von Verwaltungsakten nicht mit der Rechtskraft von gerichtlichen Urteilen vergleichbar sei[358]. Im Hinblick auf Art. 92 GG sei die Herstellung einer letztverbindlichen Entscheidung allein der rechtsprechenden Gewalt vorbehalten.

Die Konturen der materiellen Bestandskraft sind ausgehend von der auch bei Verwaltungsakten verfassungsrechtlich gebotenen Befriedungsfunktion zu bestimmen[359]. An diesem Erfordernis hat auch die neuere verfassungsgerichtliche Rechtsprechung nichts geändert. Materielle Verbindlichkeit wird auch dem Verwaltungsakt beigemessen. Sie ist hier jedoch aufgrund der vielfältigen gesetzlichen Durchbrechungen weniger stark ausgeprägt als beim Urteil, welches nur unter den strengen Voraussetzungen des Wiederaufnahmeverfahrens gem. § 134 FGO i.V.m. §§ 578 ff. ZPO aufgehoben werden kann. Auch die Doppelrolle der Behörde als Entscheidungsträgerin und zugleich als Beteiligte unterscheidet sich wesentlich von der verfahrensrechtlichen Stellung unabhängiger Gerichte[360]. Anders als der Gerichtsprozess ist das Verwaltungsverfahren nicht kontradiktorisch geprägt[361]. Eine über die Beteiligten hinaus gehende Bindung des entscheidenden Gerichts, wie in (§ 155 FGO i.V.m.) § 318 ZPO angeordnet, ist daher weder möglich noch erforderlich. Während das Urteil eine Entscheidung in fremder Sache darstellt, entscheidet die Verwaltung in eigener Angelegenheit[362]. Aufgrund der hiermit verbundenen Selbstbetroffenheit der Behörde kann diese nicht eine dem Gericht vergleichbare Neutralität für sich in Anspruch nehmen. Ihre Entscheidung wird daher immer angreifbarer bleiben und weniger Akzeptanz und damit auch Rechtsfrieden herbeiführen als ein Urteil. Auch die regelmäßig angeführte unterschiedliche Funktion von Urteil und Verwaltungsakt ist nicht von der Hand zu weisen. Während dem Urteil insbesondere eine streitentscheidende Funktion beigemessen wird, steht bei einer jeden Entscheidung der Exekutive die gestaltende Funktion im Vordergrund. Sie wendet die geltende Rechtslage auf den konkreten Einzelfall an und setzt die entsprechende Regelungswirkung gegen-

---

357 BVerfG, Beschluss v. 20.04.1982 – 2 BvL 26/81, BVerfGE 60, 253 (267 ff.).

358 BVerfG, Urteil v. 8.2.2001 – 2 BvF 1/00, BVerfGE 103, 111 (139).

359 BVerfG, Beschluss v. 20.04.1982 – 2 BvL 26/81, BVerfGE 60, 253.

360 BVerwG, Urteil v. 6.6.1975 – IV C 15.73, BVerwGE 48, 271 (276 f.); *Erichsen/Knoke*, NVwZ 1983, 185 (188); *Merten*, NJW 1983, 1993 (1995).

361 *Ipsen*, Die Verwaltung 17 (1984), 169 (183); *Bullinger*, JZ 1963, 467 (469).

362 *Merten*, NJW 1983, 1993 (1995); *Holz*, Materielle Bestandskraft, S. 26.

über dem Bürger fest. Das Hauptaugenmerk im Verwaltungsverfahren liegt daher in der zügigen – ggf. nicht rechtsbeständigen – Reaktion auf die angenommene Verwirklichung eines gesetzlichen Tatbestandes. Zur Wahrung der Funktionsfähigkeit staatlichen Handelns und der effektiven Umsetzung geltenden Rechts steht den Behörden in aller Regel nur ein kurzer Entscheidungszeitraum und ein wesentlich weniger formales und aufwendiges Verfahren zur Seite als es im gerichtlichen Prozess der Fall ist[363]. Ihre Entscheidung ist von vornherein nicht auf Endgültigkeit angelegt, da ihr die Änderungs- oder Aufhebungsmöglichkeit durch ein gerichtliches Urteil bereits immanent ist.

Wie im Schrifttum schon seit längerem beklagt wird[364], ist eine allgemein anerkannte Definition der materiellen Bestandskraft dennoch nicht ersichtlich. Trotz gewisser Ähnlichkeiten zur Rechtskraft von Gerichtsurteilen bestehen zwischen beiden Rechtsinstituten fundamentale Unterschiede, aufgrund derer ein Rückgriff auf die Begriffsbestimmung der Rechtskraft zur Bestimmung der näheren Konturen der materiellen Bestandskraft nur sehr begrenzt in Betracht kommt[365]. Ausgehend von der ihr verfassungsrechtlich zugeschriebenen Befriedungsfunktion geht mit der materiellen Bestandskraft zumindest ein erhöhtes Maß an Verfestigung und Beständigkeit einher[366]. Hierzu muss ihr eine nicht mehr ohne weiteres zu beseitigende, dauerhafte inhaltliche Verbindlichkeit zukommen. Unabhängig von der materiellen Rechtmäßigkeit müssen sich sowohl Steuerpflichtiger als auch Behörde an der Steuerfestsetzung festhalten lassen und diese hinnehmen. Diese rechtliche Verbindlichkeit begründet für beide Seiten ein prinzipielles Aufhebungs- und Abweichungsverbot, das die getroffene materielle Regelung grundsätzlich endgültig fixiert[367].

Für die im Folgenden herauszuarbeitende Reichweite der Bestandskraft im Fall der Teileinspruchsentscheidung weniger relevant ist dagegen der konkrete Zeitpunkt, in dem die materielle Bestandskraft eintritt. Dieser ist umstritten. Vielfach wird der Eintritt der formellen Bestandskraft als Voraussetzung genannt, deren unmittelbare Folge regelmäßig die materielle Bestandskraft

---

363 Vgl. zum Ganzen BVerwG, Urteil v. 6.6.1975 – IV C 15.73, BVerwGE 48, 271 (276 f.).

364 *Musil*, DStZ 2005, 362 (363); *Saßenroth*, Bestandskraft, S. 43.

365 *Sachs* in Stelkens/Bonk/Sachs, VwVfG, § 43 Rz 45; *Erichsen/Knoke*, NVwZ 1983, 185 (188).

366 *Musil*, DStZ 2005, 362 (363).

367 *Sachs* in Stelkens/Bonk/Sachs, VwVfG, § 43 Rz 17 ff.; *Merten*, NJW 1983, 1993 (1996); *v. Groll* in HHS, vor §§ 172-177 AO Rz 17 ff.; *Saßenroth*, Bestandskraft, S. 44; *Seibert*, Bindungswirkung, S. 172.

sei[368]. Grund hierfür ist insbesondere die Überlegung, dass der Verwaltungsakt erst ab diesem Zeitpunkt eine beidseitige Bindungswirkung entfaltet[369]. Eine tatsächliche Verbindlichkeit trete daher erst aufgrund und infolge der Unanfechtbarkeit ein. Materielle Bestandskraft bezeichne folglich die Verfestigung, die der Verwaltungsakt dadurch erlange, dass er nicht mehr unter dem Vorbehalt erfolgreicher Anfechtung stehe[370].

Nach der Gegenauffassung ist die materielle Bestandskraft dagegen losgelöst vom Eintritt der Unanfechtbarkeit zu bestimmen[371]. Ihr ist beizupflichten. Die Bindung der Beteiligten an den Regelungsinhalt des Verwaltungsakts tritt grundsätzlich mit wirksamer Bekanntgabe i.S.v. § 124 I AO ein[372]. Diese Wirkung wird nur durch Einlegung eines zulässigen Einspruchs seitens des Steuerpflichtigen oder durch eine gesetzlich vorgeschriebene (punktuelle) Korrektur seitens der Behörde durchbrochen. Aus Verwaltungssicht hat daher bereits die wirksame Bekanntgabe zur Folge, dass sie die Bindungswirkung nicht mehr aus eigener Kraft verhindern bzw. aufheben kann. Auch der Gesetzgeber knüpft den Begriff der Bestandskraft in den Verwaltungsverfahrensgesetzen – unabhängig von den übrigen terminologischen Unsicherheiten – eindeutig allein an den wirksamen und nicht an den (auch) formell bestandskräftig gewordenen Verwaltungsakt an[373]. Die Normen erfassen damit grundsätzlich sämtliche wirksam bekanntgegebenen Verwaltungsakte bzw. Steuerbescheide unabhängig vom Eintritt der Unanfechtbarkeit[374]. Hinsichtlich der Bindungswirkung besteht für die Finanzbehörden mithin kein Unterschied, ob die Einspruchsfrist bereits ab-

---

368 *v. Groll* in HHS, vor §§ 172-177 AO Rz 12; *Koenig* in Pahlke/Koenig, vor §§ 172-177 AO Rz 4; *Holz*, Materielle Bestandskraft, S. 34; *Erichsen/Knoke*, NVwZ 1983, 185 (188); wohl auch *Merten*, NJW 1983, 1993 (1995).

369 *Erichsen/Knoke*, NVwZ 1983, 185 (188); *Ipsen*, Die Verwaltung 17 (1984), 169 (184 f.); *Holz*, Materielle Bestandskraft, S. 34.

370 *Wernsmann* in HHS, vor §§ 130-133 AO Rz 14; *Maurer*, Verwaltungsrecht, § 11 Rz 6.

371 *Balmes* in Kühn/v. Wedelstädt, vor §§ 172-177 AO, Rz 12; *Frotscher* in Schwarz, vor §§ 172-177 AO Rz 8; *v. Wedelstädt* in Beermann/Gosch, vor §§ 172-177 AO Rz 17; *ders.* in Woerner/Grube, Aufhebung und Änderung, Rz 58; *Trzaskalik* in HHS, § 155 AO Rz 38; *Musil*, DStZ 2005, 362 (363); *Krumm*, DStR 2005, 631 (631); *Seibert*, Bindungswirkung, S. 172 ff; wohl auch *Seer*, DStR 1993, 307 (308).

372 *v. Wedelstädt* in Beermann/Gosch, vor §§ 172-177 AO Rz 17; *Frotscher* in Schwarz, vor §§ 172-177 AO Rz 8; *Kies*, DStR 2001, 1555 (1556).

373 Z.B. §§ 43-52 VwVfG, vgl. auch *Erichsen/Knoke*, NVwZ 1983, 185 (188).

374 *v. Groll* in HHS, vor §§ 172-177 AO Rz 12 nimmt daher die Unanfechtbarkeit als ungeschriebenes Tatbestandsmerkmal an.

gelaufen ist oder nicht[375]. Nach wirksamer Bekanntgabe ermöglicht allein ein zulässiger Einspruch den Behörden eine erneute Überprüfung der Steuerfestsetzung. Dies stellt sich als unmittelbare Folge der materiellen Bestandskraft dar. Der Eintritt der Unanfechtbarkeit ist zur Begründung der Bindungswirkung danach gerade nicht mehr erforderlich. Untermauert wird dieses Ergebnis durch das gesetzliche Erfordernis eines Verböserungshinweises in § 367 II 2 AO. Selbst im Falle eines zulässigen Einspruchs ist die Behörde in der Änderung des erlassenen Verwaltungsaktes nicht völlig frei. Trotz einspruchsbedingten Wegfalls[376] der materiellen Bestandskraft ist das Finanzamt gehalten, den Steuerpflichtigen vor einer verbösernden Änderung anzuhören und auf die Möglichkeit der Einspruchsrücknahme hinzuweisen.

Aufgrund der Gesetzessystematik der §§ 172 ff. AO ist daher im Ergebnis festzuhalten, dass der Eintritt der materiellen Bestandskraft bereits mit wirksamer Bekanntgabe des Verwaltungsaktes eintritt. Als Folge hiervon, ist die Behörde bereits ab diesem Zeitpunkt an die gesetzlichen Korrekturnormen und den durch sie vorgegebenen Änderungsrahmen gebunden. In der Praxis dürfte sich der Streit jedoch kaum auswirken, da eine derart kurzfristig auf die Bekanntgabe folgende Änderung äußerst selten sein dürfte und die Behörde regelmäßig bis nach Ablauf der Einspruchsfrist brauchen wird, um einen Änderungsbescheid wirksam bekanntzugeben.

cc. Besonderheiten bei Vorbehaltsfestsetzungen und vorläufigen Steuerbescheiden

Abweichungen von den dargestellten Grundsätzen der Bestandskraft ergeben sich für Steuerbescheide aufgrund der §§ 164, 165 AO. Die Normen betreffen Steuerfestsetzungen unter dem Vorbehalt der Nachprüfung sowie vorläufige Steuerfestsetzungen. Sie ermöglichen es, die materielle Bestandskraft von vornherein vollständig oder teilweise auszuschließen.

Eine Steuerfestsetzung unter dem Vorbehalt der Nachprüfung ist gem. § 164 I AO möglich, wenn eine Veranlagung erfolgen soll, obwohl der Steuerfall durch die Finanzbehörden noch nicht abschließend geprüft ist. Die Norm ermöglicht damit eine Steuerfestsetzung, bevor die Sach- und Rechtslage abschließend geklärt ist. Die Finanzbehörde ist in diesem Fall von ihrer Ermittlungspflicht nach

375 *Frotscher* in Schwarz, vor §§ 172-177 AO Rz 8; *Ipsen*, Die Verwaltung 17 (1984), 169 (184).

376 Nach der Gegenauffassung: Hinauszögerung des Eintritts der materiellen Bestandskraft.

§ 88 AO befreit[377]. Ansonsten ist der Nachprüfungsvorbehalt an keine weiteren Voraussetzungen geknüpft[378]. Solange der Vorbehalt wirksam ist, kann die Steuerfestsetzung jederzeit gem. § 164 II 1 AO aufgehoben und geändert werden. Der Nachprüfungsvorbehalt entfällt nach § 164 IV 1 AO spätestens mit Ablauf der Festsetzungsfrist. Da der Vorbehaltsvermerk stets den gesamten Bescheid erfasst, bleibt der Steuerfall vollständig offen, die Festsetzung daher insgesamt unverbindlich[379].

Dagegen kann die Steuer nach § 165 I AO nur insoweit vorläufig festgesetzt werden, wie ungewiss ist, ob die Voraussetzungen für ihre Entstehung eingetreten sind. Die Vorläufigkeit erfasst damit, anders als der Nachprüfungsvorbehalt, nicht die gesamte Steuerfestsetzung. Der Bescheid kann folglich nicht in Gänze, sondern nur in Bezug auf bestimmte Punkte offen gehalten werden, hinsichtlich derer die Ungewissheit besteht. Konsequenterweise ist auch der Änderungsumfang aufgrund der Vorläufigkeit nach § 165 II 1 AO auf die im Bescheid genannten Punkte beschränkt[380]. Die gegenüber der Vorbehaltsfestsetzung begrenzte sachliche Reichweite wird durch die erweiterte Geltungsdauer der Vorläufigkeit ausgeglichen. Diese endet nicht automatisch spätestens mit Ablauf der regulären Festsetzungsfrist, sondern wird aufgrund der Ablaufhemmung des § 171 VIII AO auf ein bzw. zwei Jahre nach Kenntnis der Finanzbehörde von der Beseitigung der Ungewissheit ausgedehnt.

(1) Keine Auswirkung auf den Eintritt der formellen Bestandskraft

Keine Auswirkung auf die Unanfechtbarkeit und damit auf die formelle Bestandskraft hat die Steuerfestsetzung unter dem Vorbehalt der Nachprüfung. Die inhaltliche Rechtsbeständigkeit des Verwaltungsaktes gegenüber der Behörde ist keine Voraussetzung der formellen Bestandskraft. Die jederzeitige Aufhebungs- oder Änderungsmöglichkeit des § 164 II 1 AO ändert daher nichts daran, dass der Bescheid mit Ablauf der Einspruchsfrist unanfechtbar wird[381]. Eine Anfech-

---

377 *Seer* in Tipke/Lang, § 21 Rz 283.

378 Zur Kritik hieran vgl. *Hey*, Steuerplanungssicherheit, S. 769 ff.; *Heuermann* in HHS, § 164 AO Rz 5.

379 BFH, Urteil v. 10.6.1999 – IV R 69/98, BStBl II 1999, 691 (692); Klein/*Rüsken*, AO, § 164 Rz 8 und 21; *Seer* in Tipke/Kruse, § 164 AO Rz 29 und 35; *Buciek* in Beermann/Gosch, § 164 AO Rz 74.

380 *Buciek* in Beermann/Gosch, § 165 AO Rz 101; *Seer* in Tipke/Lang, § 21 Rz 290; *Martens*, StuW 1988, 100 (109); *Saßenroth*, Bestandskraft, S. 44.

381 BFH, Urteile v. 13.11.1975 – IV R 61/65, BStBl II 1977, 126 (127) [zu § 165 AO]; v. 22.9.1982 – II R 48/81, BStBl II 1983, 164 (165) [zu § 164 AO]; *Heuermann* in HHS,

tung mit dem Einspruch ist nach Fristablauf wie in allen anderen Fällen unzulässig. In Betracht kommt allenfalls eine Umdeutung in einen – auch nach Ablauf der Rechtsbehelfsfrist zulässigen – Änderungsantrag nach § 164 II 2 AO.

Auch die begrenzte Änderungsmöglichkeit bei vorläufigen Bescheiden i.S.v. § 165 II AO hindert aus ähnlichen Gründen den Eintritt der Unanfechtbarkeit nicht. Einwände gegen die Steuerfestsetzung oder den Vorläufigkeitsvermerk selber können nur innerhalb der Einspruchsfrist geltend gemacht werden[382].

(2) Auswirkung auf die materielle Bestandskraft

Im Hinblick auf die materielle Bestandskraft wirkt sich der Gebrauch der §§ 164, 165 AO dagegen aus. Beide Normen haben zur Folge, dass der mit ihnen versehene Steuerbescheid von Beginn an ganz oder teilweise nicht rechtsverbindlich wird und es seiner Regelung an Endgültigkeit mangelt. Durch den entsprechenden Zusatz signalisiert die Behörde die mehr oder weniger weitgehende Korrigierbarkeit des Bescheides mit der Folge, dass die materielle Bestandskraft in vollem Umfang (§ 164 AO) oder partiell (§ 165 AO) eingeschränkt wird[383].

b. Der Streit um die Bestandskraft von Besteuerungsgrundlagen

Nachdem feststeht, wann und in welchen Fällen Bestandskraft eintritt, stellt sich die Frage nach ihrer konkreten Reichweite. Die Bestandskraft kann den ihr zugedachten Ausgleich zwischen gleichmäßiger Steuerfestsetzung und Rechtssicherheit nur erfüllen, wenn zumindest der konkrete Regelungsinhalt, d.h. der Tenor des Verwaltungsaktes, von ihr erfasst wird. Im Hinblick auf den hier vor allem interessierenden Steuerbescheid besteht der Tenor in dem verfügenden Teil des Bescheides. Der Bestandskraft fähig ist damit insbesondere die Festsetzung einer der Höhe, der Steuerart und dem Veranlagungszeitraum nach konkretisierten Steuer gegenüber einem bestimmten Steuerschuldner[384]. § 157 I AO

---

§ 164 AO Rz 15; *Buciek* in Beermann/Gosch, § 166 AO Rz 18; *Holz*, Materielle Bestandskraft, S. 63.

382 BFH, Urteil v. 23.9.1992 – X R 10/92, BStBl II 1993, 338 (339); *Buciek* in Beermann/Gosch, § 165 AO Rz 88; *Heuermann* in HHS, § 165 AO Rz 44 f.; Klein/*Rüsken*, AO, § 165 Rz 40; vgl. auch *Schmidt*, Korrekturen, S. 15.

383 BFH, Urteil v. 22.9.1982 – II R 48/81, BStBl II 1983, 164 (165); *v. Wedelstädt* in Beermann/Gosch, vor §§ 172-177 AO Rz 18; *Cöster* in Pahlke/Koenig, § 164 AO Rz 9; Klein/*Rüsken*, AO, § 172 Rz 10; *Seer* in Tipke/Lang, § 21 Rz 288, 293; *Wernsmann* in HHS, vor §§ 130-133 AO Rz 30; *Holz*, Materielle Bestandskraft, S. 45, 57.

384 BFH, Beschlüsse v. 17.7.1967 – GrS 1/66, BStBl II 1968, 344 (348) und v. 23.10.1989 – GrS 2/87, BStBl II 1990, 327 (330); *v. Wedelstädt* in Beermann/Gosch, vor §§ 172-

ordnet daher an, dass diese Angaben zwingend im Steuerbescheid enthalten sein müssen.

Eine entsprechend eindeutige Regelung fehlt in Bezug auf die Besteuerungsgrundlagen. Dies führt immer wieder zu der Frage, ob diese bzw. ihre Feststellung ebenfalls in Bestandskraft erwachsen. Der Begriff der Besteuerungsgrundlage ist in § 199 I AO legaldefiniert als „die tatsächlichen und rechtlichen Verhältnisse, die für die Steuerpflicht und die Bemessung der Steuer maßgebend sind". Obwohl im Abschnitt über die Außenprüfung geregelt, ist diese weite Begriffsbestimmung auch in Bezug auf die Bestandskraft von Steuerbescheiden anwendbar[385]. Besteuerungsgrundlagen sind folglich alle rechtlichen oder tatsächlichen Verhältnisse, auf denen die konkrete Steuerfestsetzung beruht oder an die sie anknüpft. Sie stellen die Begründung der Steuerfestsetzung dar. Während die Reichsabgabenordnung[386] noch den ausdrücklichen Hinweis enthielt, dass die Besteuerungsgrundlagen im Steuerbescheid angegeben werden sollten, ist dies nach heutiger Rechtslage nicht mehr der Fall. § 157 II AO stellt jedoch klar, dass die Feststellung der Besteuerungsgrundlagen nur einen unselbständigen Teil des Steuerbescheides darstellt und somit von der Steuerfestsetzung zu trennen ist. Die Feststellung der Besteuerungsgrundlagen erfolgt daher nur inzidenter im Steuerbescheid. Sie erwächst infolgedessen auch nicht selbständig und unabhängig vom verfügenden Teil des Steuerbescheids in Bestandskraft[387].

Zu beachten ist jedoch, dass die Besteuerungsgrundlagen die tragenden Pfeiler der Steuerfestsetzung bilden[388]. Sie allein ermöglichen die Subsumtion unter einen konkreten Besteuerungstatbestand. Die Frage ihrer gesonderten Anfechtbarkeit ist von der Reichweite der Bestandskraft zu trennen. Zutreffend ist daher der Einwand, § 157 II AO sage nichts darüber aus, ob die Feststellung der Besteuerungsgrundlagen an der Bestandskraft des Steuerbescheides teilhabe oder nicht[389]. Aufgrund dieser Regelung verbietet sich allein eine isolierte Anfechtung

---

177 AO Rz 16; *Frotscher* in Schwarz, § 157 AO Rz 4; *Seer* in Tipke/Kruse, § 157 AO Rz 19.

385 *Seer* in Tipke/Kruse, § 157 AO Rz 20; *Frotscher* in Schwarz, § 157 AO Rz 37.

386 § 211 I, II Nr. 1 RAO.

387 BFH, Beschluss v. 17.7.1967 – GrS 1/66, BStBl II 1968, 344 (348); *v. Wedelstädt* in Beermann/Gosch, vor §§ 172-177 AO Rz 16; *Frotscher* in Schwarz, § 157 AO Rz 4.

388 *Martens*, StuW 1993, 335 (341); *Krumm*, DStR 2005, 631 (631).

389 So *Martens*, StuW 1988, 100 (109); *ders.*, StuW 1993, 335 (341); *Krumm*, DStR 2005, 631 (631) – unklar *Seer* in Tipke/Kruse § 157 AO Rz 21 einerseits und § 367 Rz 66 andererseits.

von Besteuerungsgrundlagen mit der Folge, dass der Steuerpflichtige bei Zweifeln an der zutreffenden rechtlichen Würdigung der Besteuerungsgrundlagen nur beschwert ist, wenn sich die Unrichtigkeit konkret auf die Höhe der festgesetzten Steuer ausgewirkt hat[390]. Ein über diese Anfechtungsbeschränkung hinausgehender Regelungsgehalt kann der Norm dagegen nicht entnommen werden.

Gegen eine Erstreckung der Bestandskraft auf die Besteuerungsgrundlagen spricht allerdings die Regelungssystematik der Abgabenordnung. Aus anderen Verfahrensvorschriften ergibt sich, dass im Zusammenhang mit der Bestandskraft von Steuerbescheiden regelmäßig die Auswirkung auf die Steuerfestsetzung selbst entscheidend ist. Dies wird vor allem am Beispiel der Anfechtungsbeschränkung nach § 351 I AO deutlich. Hiernach kann der Steuerpflichtige einen Steuerbescheid, der einen unanfechtbaren Bescheid ändert, nur insoweit angreifen, wie die Änderung reicht. Die Anfechtungsbefugnis ist demnach auf den durch den späteren Bescheid eröffneten steuerlichen Änderungsrahmen begrenzt. Diese Präklusion dient der Absicherung der bereits eingetretenen Bestandskraft[391] und ist deren unmittelbare Folge. Der Steuerpflichtige soll eine für ihn günstige Rechtsposition, auf die er sich infolge der eingetretenen Unanfechtbarkeit nicht mehr berufen kann, nicht mehr (wieder)erlangen können. Durch Anfechtung des Änderungsbescheids soll der Betroffene keine bessere Rechtsposition erlangen können als vor Erlass des Änderungsbescheids. Er darf bei der Anfechtung des Änderungsbescheids nicht zu seinen Gunsten mehr begehren als durch den Tenor des ursprünglichen Bescheides bereits bestandskräftig festgesetzt wurde. Der Einspruchsführer kann daher mit seinem Vorgehen gegen den Änderungsbescheid allenfalls die Beseitigung der durch diesen Bescheid eingetretenen zusätzlichen Belastung erreichen, nicht jedoch eine niedrigere Steuer als sie im ursprünglichen Bescheid festgesetzt wurde.

Der durch § 351 I AO festgelegte Änderungsrahmen bezieht sich allein auf die festgesetzte Steuer, nicht dagegen auf die der Festsetzung zugrunde liegenden materiellen Gründe. Der Änderungsrahmen umfasst den Mehrbetrag, um den der Berichtigungsbescheid die frühere bestandskräftige Steuerfestsetzung überschreitet. Aufgrund der rein betragsmäßigen Beschränkung darf der Steuerpflichtige den Änderungsbescheid mit allen Gründen anfechten. Er kann sich dabei auch auf solche berufen, die er bereits gegen die ursprüngliche Festsetzung hätte einwenden können oder mit deren Vorbringen er in einem ersten Anlauf

---

390 *Seer* in Tipke/Kruse, § 157 AO Rz 21.

391 BFH, Urteil v. 17.3.1964 – I 392/61 U, BStBl III 1964, 373 (374).

gescheitert ist[392]. Würden gerade diese der ursprünglichen Steuerfestsetzung zugrunde liegenden Gründe durch die Bestandskraft erfasst, könnten sie nicht erneut oder in anderer Weise berücksichtigt werden. Für eine Ausdehnung der Bestandskraft auf die Besteuerungsgrundlagen ist daher kein Raum. Mangels Beeinträchtigung der Bestandskraft ist der Austausch von Besteuerungsgrundlagen ohne Korrekturvorschriften möglich, solange und soweit sich hieraus keine Änderungen der festgesetzten Steuer ergeben[393]. Auch für die Fälle des während des Einspruchsverfahrens erlassenen Teilabhilfebescheids hat der Bundesfinanzhof ausdrücklich entschieden, dass den von diesem Bescheid betroffenen Besteuerungsgrundlagen kein erhöhter Bestandsschutz zukomme, sie also auch in diesem Fall nicht bestandskräftig werden[394].

Die vorstehenden Ausführungen gelten ausschließlich für die unselbständige Feststellung von Besteuerungsgrundlagen. Werden diese dagegen gem. § 179 I AO gesondert festgestellt, so erwachsen diese Feststellungen auch selbständig in Bestandskraft. Der Steuerpflichtige kann Einwände gegen die gesonderte Feststellung daher gem. § 351 II AO nicht erfolgreich mit dem (fristgerechten) Einspruch gegen die Steuerfestsetzung geltend machen. Er muss vielmehr den Bescheid über die gesonderte Feststellung unmittelbar angreifen[395]. § 157 II AO enthält eine entsprechende Ausnahme. Dabei sind selbst einzelne Feststellungen innerhalb des Feststellungsbescheides eigenständiger Bestandskraft fähig und gesondert anfechtbar[396].

Wie bereits angedeutet, ist die Reichweite der materiellen Bestandskraft infolge von Teileinspruchsentscheidungen umstritten. In diesem Zusammenhang

392 *Tipke* in Tipke/Kruse, § 351 AO Rz 13 f.; Klein/*Gersch*, AO, § 351 Rz 4; *Pahlke* in Pahlke/Koenig, § 351 AO Rz 21 f.; *Hardtke* in Kühn/v. Wedelstädt, § 351 AO Rz 9 sowie noch zum inhaltsgleichen § 234 RAO BFH, Urteil v. 17.3.1964 – I 392/61 U, BStBl III 1964, 373 (374).

393 FG Münster, Urteil v. 6.6.1997 – 4 K 4800/96 E, EFG 1997, 1346 (1346) ; *v. Wedelstädt* in Beermann/Gosch, vor §§ 172-177 AO Rz 16; *ders.* in Kühn/v. Wedelstädt, § 157 AO Rz 27; *Seer* in Tipke/Kruse, § 157 AO Rz 21.

394 BFH Urteil v. 6.9.2006 – XI R 51/05, BStBl II 2007, 83 (86); vgl. ausführlich hierzu das erstinstanzliche Urteil des FG Düsseldorf v. 16.8.2005 – 10 K 4173/02 E, EFG 2005, 1831 (1832); ebenso *Szymczak* in Koch/Scholz, § 367 AO Rz 13/4; *Seer* in Tipke/Kruse, § 367 AO, Rz 22.

395 BFH v. 28.6.2006 – XI R 31/05, BStBl II 2007, 378 (381) m.w.N.; *v. Wedelstädt* in Kühn/v. Wedelstädt, § 179 AO Rz 7; *Kunz* in Beermann/Gosch, § 179 AO Rz 64; Klein/*Gersch/Ratschow*, AO, § 179 Rz 13.

396 BFH v. 28.6.2006 – XI R 31/05, BStBl II 2007, 378 (381) m.w.N.; *v. Wedelstädt* in Kühn/v. Wedelstädt, § 179 AO Rz 7.

stellt sich insbesondere die Frage nach der Bestandskraft einzelner Besteuerungsgrundlagen. Zunächst soll daher die Systematik des Einspruchsverfahrens darauf hin untersucht werden, ob bislang Fälle denkbar waren, in denen nur über Teile der an sich einheitlichen Steuerfestsetzung entschieden wurde. In der Folge ist zu untersuchen, ob in diesen Fällen nur ein entsprechender Teilsteuerbetrag, oder aber auch die zugrunde liegenden Besteuerungsgrundlagen in Bestandskraft erwachsen. Verwandte Probleme ergeben sich insbesondere im Rahmen der Teilanfechtung oder in den Fällen von § 354 Ia und § 362 Ia AO, welche im Folgenden ebenfalls näher beleuchtet werden sollen.

aa. Teilbestandskraft und Teilanfechtung

Immer wieder kommt die Frage auf, ob sich bestimmte Verfahrenshandlungen auf den gesamten Steuerbescheid auswirken, oder aber nur bestimmte Teile erfassen. Dies gilt auf Seiten des Steuerpflichtigen sowohl bei der Anfechtung von Steuerbescheiden mit dem Einspruch als auch bei Klageerhebung. Auch bei der Teilabhilfe durch die Finanzbehörden können sich ähnliche Fragen stellen. In allen Fällen kommt es darauf an, ob in ihrer Reichweite an sich begrenzte Verfahrenshandlungen den übrigen Teil des Steuerbescheides unberührt lassen. Zu klären ist daher, ob hinsichtlich der entsprechenden Teile eine partielle Bestandskraft eintritt. Die folgenden Ausführungen lassen verwandte Fragen aus dem Bereich der Teileinspruchsentscheidung zunächst außer Betracht.

(1) Grundsatz der Vollanfechtung

Das Steuerverfahrensrecht sieht eine Teilbestandskraft von Steuerbescheiden grundsätzlich nicht vor. Sie wird im Regelfall weder durch den Steuerpflichtigen noch durch die Finanzverwaltung herbeigeführt. Ein Grund hierfür ist die in § 367 II 1 AO vorgesehene Vollüberprüfung aufgrund eines Einspruchs. Anders als im finanzgerichtlichen Verfahren, wo das Gericht über § 96 I 2 FGO an den Klageantrag gebunden ist[397], überprüfen die Finanzbehörden die Steuerfestsetzung grundsätzlich vollständig und unabhängig vom Umfang des konkreten Rechtsschutzbegehrens der Einspruchsschrift[398].

397 Deutlich zur Differenzierung zwischen finanzgerichtlichem und Verwaltungsverfahren *Steinhauff*, juris-PR Steuerrecht, 20/2006, Anm. 2 und BFH, Beschluss v. 10.9.1997 – VIII B 55/96, BFH/NV 1998, 282 (283); vgl. auch *v. Groll* in Gräber, FGO, § 96 Rz 2 f.; *Schmidt-Troje* in Beermann/Gosch, § 96 FGO Rz 13 f.

398 BFH, Beschluss v. 20.7.2007 – VIII B 8/06, BFH/NV 2007, 2069 (2071), m.w.N.; *Bartone* in Beermann/Gosch, § 367 AO Rz 29; *Seer* in Tipke/Kruse, § 367 AO Rz 10; *Birkenfeld* in HHS, § 367 AO Rz 234.

Der Steuerpflichtige wird im Regelfall daher auch mit einer betragsmäßig begrenzten Anfechtung keine Teilbestandskraft der Steuerfestsetzung im Übrigen herbeiführen. Dieses Vorgehen ist von der höchstrichterlichen Rechtsprechung abgesegnet[399]. Der Bundesfinanzhof begründet seine Auffassung damit, dass es aufgrund der Komplexität des Einkommensteuerrechts geboten sei, den Umfang der Anfechtung extensiv auszulegen. Trotz Nennung eines bestimmten Betrages wolle der Steuerpflichtige keine Teilbestandskraft herbeiführen, weil er anderenfalls im Einspruchs- oder Klageverfahren keine weiteren Anträge mehr stellen könne. Er wolle regelmäßig nur die betragsmäßigen Auswirkungen andeuten, die sich bei einer erfolgreichen Anfechtung ergeben würden[400].

(2) Möglichkeit der Teilanfechtung

Die durch die Rechtsprechung aufgestellten Grundsätze stellen andererseits klar, dass – auch wenn regelmäßig nicht gewollt – eine Teilbestandskraft dennoch grundsätzlich möglich ist. Allerdings muss der Steuerpflichtige hierzu eindeutig zu erkennen geben, dass er von einem weitergehenden Klagebegehren absieht und die Klage ausdrücklich auf einen bestimmten Steuerteilbetrag begrenzt. Neben dem in seinem Umfang beschränkten Antrag, ist der Eintritt der partiellen Bestandskraft davon abhängig, dass die betroffene Regelung teilbar ist. Eine solche Teilbarkeit wird bei Steuerbescheiden angenommen, da die Steuerfestsetzung auch bei Festsetzung einer anderen Steuerschuld sinnvoll bleibt[401]. Damit führt die ausdrücklich auf einen Teilbetrag begrenzte Klageerhebung zum Eintritt der formellen und materiellen Bestandskraft im Übrigen.

Problematisch ist jedoch, ob diese für das finanzgerichtliche Verfahren entwickelten Grundsätze auch auf das Einspruchsverfahren übertragbar sind. Hinsichtlich des Grundfalls ergeben sich keine Probleme. Auch die Nennung eines Teilbetrages in der Einspruchsschrift führt demnach im Regelfall nicht zu einer Teilanfechtung. Die Rechtsprechung wird für das Einspruchsverfahren durch den in § 367 II 1 AO niedergelegten Grundsatz der Vollüberprüfung untermau-

399 Grundlegend BFH, Beschluss v. 23.10.1989 – GrS 2/87, BStBl II 1990, 327 (332) zur Zulässigkeit einer Klageerweiterung im finanzgerichtlichen Verfahren; für das Einspruchsverfahren vgl. BFH, Urteil v. 23.4.2003 – IX R 28/00, BFH/NV 2003, 1140 (1141).

400 BFH, Beschluss v. 23.10.1989 – GrS 2/87, BStBl II 1990, 327 (331) sowie Urteil v. 7.2.1992 – III R 61/91, BStBl II 1992, 592 (594).

401 BFH, Beschluss v. 23.10.1989 – GrS 2/87, BStBl II 1990, 327 (330); *v. Wedelstädt*, DB 1997, 696 (698); *Jesse*, Einspruch, Rz B 348 – vgl. im Übrigen auch die vorstehenden Ausführungen unter B.I.2.

ert. Gerade dieser Grundsatz wirft jedoch die Frage auf, ob die ebenfalls in der Rechtsprechung angelegte Möglichkeit der Teilanfechtung auch im außergerichtlichen Rechtsbehelfsverfahren Geltung beanspruchen kann.

Gegen die Übertragbarkeit der Ausnahmen vom Grundsatz der Vollanfechtung könnte der Zweck des Einspruchsverfahrens als verlängertes Verwaltungsverfahren sprechen. So dient das Einspruchsverfahren – im Unterschied zum finanzgerichtlichen Verfahren – nicht allein dem punktuellen Rechtsschutz des Bürgers, sondern auch und vor allem der Selbstkontrolle durch die Finanzbehörden. Sie erhalten durch den Einspruch daher grundsätzlich Befugnisse wie bei der erstmaligen Veranlagung[402]. Bei Erlass des ursprünglichen Steuerbescheides war die Finanzbehörde zur vollumfänglichen Prüfung unabhängig von einem im Einspruchsverfahren gestellten Antrag berechtigt[403]. Andererseits macht der Steuerpflichtige mit einem ausdrücklich eingeschränkten Einspruch gerade deutlich, dass er keine vollumfängliche (Selbst-)Überprüfung durch das Finanzamt wünscht.

Schwierigkeiten bei der Analyse der Rechtsprechung bereitet es, dass diese sich zumeist auf den Grundsatz zurückzieht und die Möglichkeit der außergerichtlichen Teilanfechtung regelmäßig nur *obiter dictum* erwähnt. In einigen Urteilen scheint es so, als ob der erkennende Senat eine Teilanfechtung im Einspruchsverfahren schlichtweg ablehne[404]. Dagegen bejahen andere Senate[405] – und ihnen folgend die Literatur[406] – andererseits auch im Einspruchsverfahren die Möglichkeit der Teilanfechtung teilweise ausdrücklich.

Richtigerweise muss eine Teilanfechtung und ihr folgend auch der Eintritt einer entsprechenden Teilbestandskraft ebenfalls im außergerichtlichen Rechts-

402 BFH, Beschluss v. 20.7.2007 – VIII B 8/06, BFH/NV 2007, 2069 (2071), m.w.N.; *Bartone* in Beermann/Gosch, § 367 AO Rz 28; *Schmidt-Troje/Schaumburg*, Steuerrechtsschutz, Rz I-97.

403 BFH, Beschluss v. 10.9.1997 – VIII B 55/96, BFH/NV 1998, 282 (283); BFH, Urteil v. 4.11.2003 – VIII R 38/01, BFH/NV 2004, 1372 (1374).

404 BFH, Beschlüsse v. 20.7.2007 – VIII B 8/06, BFH/NV 2007, 2069 (2071) und v. 10.9.1997 – VIII B 55/96, BFH/NV 1998, 282 (283); ausdrücklich gegen die Möglichkeit der Teilanfechtung im Einspruchsverfahren *Dumke* in Schwarz, § 367 AO Rz 16; *Hardtke* in Kühn/v. Wedelstädt, § 367 AO, Rz 15.

405 So in BFH, Urteile v. 23.4.2003 – IX R 28/00, BFH/NV 2003, 1140 (1141); v. 7.9.2000 – III R 33/96, BFH/NV 2001, 415 (417) und v. 5.2.1992 – I R 76/91, BStBl II 1992, 995 (996) sowie FG Düsseldorf, Urteil v. 16.8.2005 – 10 K 4173/02 E, EFG 2005, 1831 (1832).

406 *v. Wedelstädt*, DB 1997, 696 (699); *Bartone* in Beermann/Gosch, § 367 AO Rz 28 f.; *Birkenfeld* in HHS, § 367 AO Rz 235; *Jesse*, Einspruch, Rz B 343; *Schmidt-Troje/Schaumburg*, Steuerrechtsschutz, Rz I-99.

behelfsverfahren möglich sein. Der Steuerpflichtige entscheidet mit seinem Einspruch, ob und in wieweit er die Steuerfestsetzung anfechtet und wieder zur Disposition der Finanzbehörden stellt. Bei der Auslegung dieser verfahrensgestaltenden Erklärung ist der tatsächliche Wille des Steuerpflichtigen zu erforschen[407]. Daher kann ein in seinem Umfang ausdrücklich beschränkter Rechtsbehelf nicht ignoriert werden, wenn die übrigen Voraussetzungen einer Teilanfechtung, insbesondere also die Teilbarkeit des Verwaltungsaktes, gegeben sind. An dieser Stelle wird noch einmal deutlich, warum die materielle Bestandskraft bereits mit Wirksamkeit des Verwaltungsaktes eintritt und allein der Steuerpflichtige über den Eintritt der auflösenden Bedingung entscheidet[408].

Die Teilanfechtung widerspricht auch nicht der Gesetzessystematik. Von der Möglichkeit in ihrer Reichweite begrenzter Einsprüche geht auch § 171 IIIa 2 AO aus. Die Norm stellt klar, dass ein zulässiger Einspruch – anders als Anträge außerhalb des Einspruchsverfahrens (§ 171 III AO) und die frühere Rechtsprechung zu Einsprüchen[409] – immer den Ablauf der Festsetzungsfrist hinsichtlich des gesamten Steueranspruchs hemmt. Eine solche Klarstellung und differenzierte Regelung unterstützt aufgrund ihrer Reichweite zwar die Lehre von der Vollanfechtung, sie wäre jedoch überflüssig, wenn Teileinsprüche generell nicht möglich wären. Auch § 157 II AO steht einer Teilanfechtung nicht entgegen. Die Norm schließt lediglich die selbständige Anfechtung einzelner Besteuerungsgrundlagen aus. Aus ihr ergibt sich, dass sich der Einspruch immer gegen den verfügenden Teil des Verwaltungsaktes richten muss[410]. Sofern sich die Teilanfechtung gegen einen betragsmäßig konkretisierten Teil der Steuerfestsetzung richtet, sind die Besteuerungsgrundlagen nicht betroffen. Der Anwendungsbereich des § 157 II AO ist daher nicht tangiert.

(3) Rechtsfolgen einer Teilanfechtung

Das eigentliche Problem besteht jedoch im Hinblick auf die Rechtsfolgen einer Teilanfechtung. Es stellt sich die Frage, welche Überprüfungsbefugnisse die Finanzbehörden infolge einer partiellen Anfechtung erhalten und welches rechtliche Schicksal den nicht angefochtenen Teil des Steuerbescheides trifft.

Hinsichtlich der abstrakten Reichweite der infolge einer Teilanfechtung eingetretenen Bestandskraft ergeben sich zu den vorstehenden Ausführungen kei-

---

407 BFH, Beschluss v. 23.10.1989 – GrS 2/87, BStBl II 1990, 327 (330).

408 So schließt sich der Kreis, vgl. bereits die Ausführungen oben bei B.II.3.a.bb.

409 Vgl. hierzu auch BFH, Urteil v. 8.7.1998 – I R 112/97, BStBl II 1999, 123 (127) – diese Rechtsprechung ist durch die Einfügung des § 173 IIIa AO überholt.

410 *Baum* in Koch/Scholtz, § 157 AO Rz 19; *Cöster* in Pahlke/König, § 157 AO Rz 21.

ne Besonderheiten. Sofern und soweit die Bestandskraft eintritt, bezieht sie sich ausschließlich auf die festgesetzte Steuer. Die Besteuerungsgrundlagen werden von ihr nicht erfasst.

(a) Prüfungsumfang

Der Prüfungsumfang infolge eines Einspruchs ist gesetzlich in § 367 II 1 AO geregelt. Die Norm sieht eine Vollüberprüfung durch die Finanzbehörde vor. Sie enthält jedoch keine ausdrückliche Regelung für den Fall der Teilanfechtung oder eine Beschränkung dahingehend, dass die Vollüberprüfung nur soweit reiche, wie es dem Einspruchsbegehren entspricht. Den einzigen Hinweis auf eine gewollte Beschränkung des Prüfungsumfangs entsprechend dem Anfechtungsumfang könnte eine sprachliche Differenzierung bilden. Dem Wortlaut des § 367 II 1 AO zufolge ist nicht der Verwaltungsakt selbst, sondern „die Sache" in vollem Umfang erneut zu prüfen. Da dieselbe Norm an anderer Stelle auch auf den Begriff des „Verwaltungsakts" abstellt, liegt der Schluss nahe, dass durch die differenzierte Verwendung der Begriffe auch unterschiedliche Bezugsobjekte gemeint sind. Durch die Anordnung der Vollüberprüfung in Bezug auf „die Sache" könnte mithin nicht der gesamte Verwaltungsakt, sondern nur sein durch die partielle Anfechtung zur Disposition gestellter Teil gemeint sein. Hiergegen wendet *v. Wedelstädt*[411] ein, dass sich die unmittelbar im Anschluss (§ 367 II 2 AO) geregelte Verböserungsmöglichkeit auf den „Verwaltungsakt" an sich beziehe. Aus diesem Regelungszusammenhang ergebe sich, dass mit „Sache" ebenfalls der angefochtene Verwaltungsakt insgesamt gemeint sei. Der Einwand überzeugt jedoch nicht. Auch bei einer Teilanfechtung wirkt sich jede Änderung – oder eben auch Verböserung – des Steuerbescheides im Rahmen des Einspruchsverfahrens nicht nur auf den angefochtenen Teil, sondern auf den gesamten Steuerbescheid aus. Trotz eingeschränkten Änderungsumfangs muss und kann nur der gesamte einheitliche Steuerbescheid an die neuen Erkenntnisse angepasst werden, da angefochtener und nicht angegriffener Teil zwar unterschiedliche rechtliche Schicksale erleiden, aber dennoch Bestandteile einer einheitlichen Steuerfestsetzung sind. Daher spricht die sprachliche Differenzierung innerhalb des § 367 II AO keinesfalls zwingend gegen eine Beschränkung des Prüfungsumfangs auf den Anfechtungsumfang.

Eine Beschränkung des Prüfungsumfangs in Fällen der partiellen Anfechtung ist jedoch aus anderen Gründen abzulehnen. Um über eine Änderung der Steuerfestsetzung aufgrund eines Einspruchsbegehrens entscheiden zu können, muss die Finanzbehörde in der Lage sein, nicht nur die durch den Einspruchsführer

411 *v. Wedelstädt*, DB 1997, 696 (699).

zur Disposition gestellte rechtliche Behandlung oder Rechtsfrage, sondern die Steuerfestsetzung insgesamt überprüfen zu können. Nur so hat sie die Möglichkeit, rechtliche oder tatsächliche Fehler im bereits bestandskräftigen - weil nicht angefochtenen - Teil der Steuerfestsetzung aufzudecken und beispielsweise nach §§ 174, 177 AO zu korrigieren[412]. Der tatsächlich zur Verfügung stehende Änderungsrahmen nach Saldierung etwaiger gegenläufiger materieller Fehler ist festzustellen. Den Prüfungsumfang kann der Steuerpflichtige daher richtigerweise auch durch eine Teilanfechtung nicht beeinflussen[413]. Der Möglichkeit einer Teilanfechtung steht demgemäß auch die dem Einspruch gemeinhin beigelegte bloße „Anstoßfunktion"[414] nicht entgegen. Auch die Teilanfechtung zieht die im Rahmen der Selbstüberprüfung des eigenen Handelns gebotene Vollüberprüfung der Steuerfestsetzung nach sich.

(b) Änderungsbefugnis

Mit der Bestimmung des Prüfungsumfangs ist allerdings noch nichts über die Änderungsbefugnisse der Finanzbehörden gesagt. Rechtsprechung und weite Teile der Literatur nehmen allerdings auch in den Fällen der Teilanfechtung eine kongruente, dem Prüfungsumfang entsprechende umfassende Änderungsbefugnis der Finanzbehörden an[415]. Danach kann auch der nicht angefochtene Teil geändert werden. Die Verböserungsmöglichkeit des § 367 II 1 AO soll sich daher auch auf den nicht angefochtenen Teil beziehen. In der näheren Argumentation bleibt oftmals unklar, ob auch hinsichtlich des nicht angefochtenen Teils schon keine Bestandskraft eintreten, oder ob § 367 II 2 AO eine Durchbrechung der Bestandskraft ermöglichen soll.

Eine derartig weitgehende Korrekturmöglichkeit infolge einer Teilanfechtung ist jedoch abzulehnen. Die höchstrichterliche Rechtsprechung und die ihr folgende Literatur sind in diesem Punkt inkonsequent und tragen dem Institut der Bestandskraft nicht ausreichend Rechnung. Indem der Steuerpflichtige einen

412 So auch *Jesse*, Einspruch, Rz B 660.

413 BFH, Beschluss v. 10.9.1997 - VIII B 55/96, BFH/NV 1998, 282 (283); Urteil v. 27.11.1985 - II R 90/83, BStBl II 1986, 243 (244); *Jesse*, Einspruch, Rz B 660. Ausdrücklich insoweit auch BFH, Urteil v. 6.9.2006 - XI R 51/05, BStBl II 2007, 83 (86): „[...] für den Umfang der Prüfungsbefugnis der Finanzbehörde [kommt es] auf den Antrag des Einspruchsführers gerade nicht an".

414 *Stolterfoht*, DStJG 18 (1995), 77 (88 f.).

415 BFH, Urteil v. 4.11.2003 - VIII R 38/01, BFH/NV 2004, 1372 (1374); Beschluss v. 20.7.2007 - VIII B 8/06, BFH/NV 2007, 2069 (2071); *Bartone* in Beermann/Gosch, § 367 AO Rz 33; *Pahlke* in Pahlke/Koenig, § 367 AO Rz 9; Klein/*Brockmeyer*, AO, § 367 Rz 3; *v. Wedelstädt*, DB 1997, 696 (699).

Steuerbescheid nur partiell angreift, tritt hinsichtlich des nicht betroffenen Teils formelle Bestandskraft ein[416]. Die Steuerfestsetzung wird insoweit unanfechtbar. Damit ist sie jedoch der Änderungsbefugnis des § 367 II 2 AO entzogen. Regelmäßig betreffen die Korrekturnormen der Abgabenordnung die Durchbrechung der materiellen Bestandskraft[417]. Eine solche Durchbrechung ist unabhängig vom Eintritt der formellen Bestandskraft bei Vorliegen ihrer jeweiligen gesetzlichen Voraussetzungen möglich. Die Verböserungsmöglichkeit nach § 367 II 2 AO – als besondere Form der Durchbrechung der materiellen Bestandskraft – unterscheidet sich von diesen Korrekturnormen grundlegend. Sie ergibt sich bereits unabhängig von der gesetzlichen Regelung aus dem Charakter des Rechtsbehelfsverfahrens als verlängertes Veranlagungsverfahren und setzt zwingend das Fehlen der formellen Bestandskraft infolge zulässiger Einspruchseinlegung voraus. Der Steuerpflichtige eröffnet der Finanzbehörde diese Korrekturmöglichkeit jedoch nur, wenn und soweit er Einspruch eingelegt hat[418]. Soweit die Steuerfestsetzung infolge des nur partiellen Rechtsbehelfs unanfechtbar geworden ist, bleibt die Entscheidungsbefugnis den Finanzbehörden entzogen und findet eine Verböserung nicht statt[419]. Materielle Fehler im unanfechtbaren Teil können nur aufgrund der allgemeinen Korrekturnormen oder im Rahmen einer Fehlersaldierung berücksichtigt werden[420].

Die infolge der Unanfechtbarkeit eingetretene und vom Steuerpflichtigen ausdrücklich angestrebte (Teil-)Verbindlichkeit verkennen die Befürworter der Gegenauffassung. Zur Entscheidung über den Einspruch ist die Finanzbehörde hinsichtlich des nicht angefochtenen Teils nicht befugt, der Anwendungsbereich des § 367 AO insoweit überhaupt nicht eröffnet. Wird die Möglichkeit einer Teilanfechtung angenommen, so muss hiermit zwingend auch eine dementsprechende Teilbestandskraft zugelassen werden. Deren Durchbrechung kann nicht auf § 367 II 2 AO gestützt werden. Sie ist nicht als materielle Korrekturnorm

416 BFH, Beschluss v. 23.10.1989 - GrS 2/87, BStBl II 1990, 327 (332); Urteil v. 10.3.1993 - I R 93/92, BStBl II 1995, 165 (165) - a.A. wohl BFH, Urteil v. 4.11.2003 - VIII R 38/01, BFH/NV 2004, 1372 (1374) und Urteil v. 6.9.2006 - XI R 51/05, BStBl II 2007, 83 (86).

417 Z.B. §§ 129, 164, 165, 172 ff. AO.

418 *Jesse*, Einspruch, Rz B 657 f.

419 A.A. BFH, Urteil v. 4.11.2003 - VIII R 38/01, BFH/NV 2004, 1372 (1374); Beschluss v. 20.7.2007 - VIII B 8/06, BFH/NV 2007, 2069 (2071); *v. Wedelstädt*, DB 1997, 696 (699); *Bartone* in Beermann/Gosch, § 367 AO Rz 33.

420 *Jesse*, Einspruch, Rz B 657 f.; im Ergebnis ebenso auch *Birkenfeld* in HHS, § 367 AO Rz 218, 393.

konzipiert und eröffnet daher auch keine Korrekturmöglichkeit zu Lasten des Steuerpflichtigen. Die eigentliche Bedeutung des § 367 II 2 AO liegt darin, dass er die verfahrensrechtlichen Anforderungen für einen bestimmten Korrekturfall festlegt[421]. Er stellt klar, dass eine *reformatio in peius* nur nach vorherigem Hinweis auf die Möglichkeit der Einspruchsrücknahme erfolgen darf. Zur Reichweite der Verböserungsbefugnis ist der Regelung dagegen nichts zu entnehmen. Die generelle Bezugnahme auf den Verwaltungsakt begründet nicht eine entsprechend umfangreiche Korrekturbefugnis, sondern ist der Tatsache geschuldet, dass trotz Teilanfechtung die Anpassung nur im Rahmen einer Korrektur des einheitlichen Steuerbescheides erfolgen kann[422].

Dieses Ergebnis wird durch einen Vergleich mit dem allgemeinen Verwaltungsprozessrecht bestätigt. Auch im außergerichtlichen Widerspruchsverfahren werden die Rechtsfolgen einer Teilanfechtung ähnlich behandelt. Sofern es im Vorverfahren zu einer zulässigen Teilanfechtung kommt, hat dies die partielle Bestandskraft des nicht angefochtenen Teils zur Folge. Die Verwaltungsbehörde ist im Umfang der eingetretenen Bestandskraft an Änderungen und insbesondere an einer *reformatio in peius* gehindert, da aufgrund des beschränkten Widerspruchs ihre Entscheidungskompetenz insoweit nicht begründet wurde[423].

Dabei ist die Ausgangslage der im steuerlichen Einspruchsverfahren vergleichbar. Auch im verwaltungsrechtlichen Widerspruchsverfahren wird vom Grundsatz der Vollüberprüfung des angefochtenen Verwaltungsaktes ausgegangen. Der Verwaltung steht daher ebenfalls ein umfassendes Prüfungsrecht zu[424]. Allerdings wird im Rahmen des Vorverfahrens die infolge der Teilanfechtung eingetretene partielle Unanfechtbarkeit und materielle Bestandskraft respektiert. Die Verböserungsmöglichkeit ist im allgemeinen Verwaltungsverfahren zwar nicht ausdrücklich geregelt, wird aber aus allgemeinen Verfahrensgrundsätzen abgeleitet[425]. Dies deckt sich mit der hier vertretenen Auffassung, dass § 367 II

421 Ebenso *Jesse*, Einspruch, Rz B 657.

422 Vgl. hierzu auch die vorstehende Argumentation gegen *v. Wedelstädt*.

423 BVerwG, Urteil v. 16.7.1998 – 7 C 39/97, Buchholz 428 § 1 VermG Nr. 159; *Dolde/Porsch* in Schoch/Schneider/Bier, VwGO, § 68 Rz 47; *Hüttenbrink* in Posser/Wolff, VwGO, § 68 Rz 11; Pietzner/Ronellenfitsch, Assessorexamen, § 40 Rz 20.

424 BVerwG, Urteil v. 21.5.1980 – 8 C 13/79, BVerwGE 60, 140 (142); *Dolde/Porsch* in Schoch/Schneider/Bier, VwGO, § 68 Rz 36; *Hüttenbrink* in Posser/Wolff, VwGO, § 68 Rz 5.

425 BVerwG, Urteil v. 15.4.1983 – 8 C 170/81, BVerwGE 67, 129 (134); *Dolde/Porsch* in Schoch/Schneider/Bier, VwGO, § 68 Rz 47 ff.; *Hüttenbrink* in Posser/Wolff, VwGO, § 68 Rz 11; kritisch *Hufen*, Verwaltungsprozessrecht, § 9 Rz 16 f.

2 AO nicht die – aufgrund der allgemeinen Verfahrensgrundsätze ohnehin gegebene – Möglichkeit der Verböserung selbst eröffnet, sondern lediglich ihre Anwendungsvoraussetzungen konkretisiert. Dennoch führen weder die Teilanfechtung selbst noch der volle Prüfungsumfang zu einer umfassenden Änderungsbefugnis der Verwaltungsbehörden im Widerspruchsverfahren. Die Grenze der Korrekturmöglichkeiten bildet hier der von der Anfechtung umfasste Teil. Die spezialgesetzliche ausdrückliche Anordnung der Verböserungsmöglichkeit für das steuerliche Einspruchsverfahren in § 367 II 2 AO führt zu keiner darüber hinausgehenden Erweiterung der Änderungsbefugnisse und rechtfertigt die *reformatio in peius* hinsichtlich des bestandskräftigen Teils nicht.

Folgt man der hier vertretenen Auffassung, kommt man – anders als die höchstrichterliche Rechtsprechung[426] und weite Teile der Literatur [427] – hinsichtlich der Teilanfechtung zu einer in sich stimmigen Regelungssystematik, die bestehende Verfahrensgrundsätze achtet und den berechtigten Interessen von Einspruchsführer wie Finanzverwaltung Rechnung trägt. Demnach führt auch ein betragsmäßig begrenzter Rechtsbehelf grundsätzlich zu keiner Teilanfechtung. Ist eine solche dennoch im Einzelfall vom Einspruchsführer ausdrücklich gewünscht, so besteht eine entsprechende Möglichkeit. Notwendige Folge ist in diesem Fall die Teilbestandskraft, durch die der betroffene Teil der Steuerfestsetzung späteren Änderungen sowohl durch den Steuerpflichtigen als auch durch die Finanzverwaltung entzogen wird. Der Steuerpflichtige ist insoweit an einer nachträglichen Einspruchserweiterung, die Finanzbehörde an einer Verböserung gehindert. Aufgrund der auch bei der Teilanfechtung weiterbestehenden Vollüberprüfung des Steuerbescheides können jedoch materielle Fehler auch in dem bereits unanfechtbar gewordenen Teil aufgespürt und die Gleichmäßigkeit der Besteuerung im Rahmen der Saldierung hergestellt werden[428].

Seitens der Finanzverwaltung wird – abgesehen von der Möglichkeit der Teileinspruchsentscheidung – keine Teilbestandskraft hergestellt. Dies gilt insbesondere für den Fall eines im laufenden Einspruchsverfahren ergehenden Teilabhilfebescheids. Dieser tritt an die Stelle des angefochtenen Bescheids und wird aufgrund von § 365 III 1 AO zum Gegenstand des Einspruchsverfahrens. Eine Erledigung oder Teilbestandskraft tritt durch die Teilabhilfe nicht ein. Dem teil-

---

426 BFH, Urteil v. 4.11.2003 – VIII R 38/01, BFH/NV 2004, 1372 (1374); Beschluss v. 20.7.2007 – VIII B 8/06, BFH/NV 2007, 2069 (2071).

427 *Bartone* in Beermann/Gosch, § 367 AO Rz 33; *Pahlke* in Pahlke/Koenig, § 367 AO Rz 9; Klein/*Brockmeyer*, AO, § 367 Rz 3; *v. Wedelstädt*, DB 1997, 696 (699).

428 Hierbei wird ein Rückgriff auf § 177 AO nicht erforderlich sein, da es sich weiterhin um eine Saldierung innerhalb eines Einspruchsverfahrens handelt.

weisen Abhilfebescheid kommt keine stärkere Bestandskraft zu, als dem durch ihn geänderten Bescheid. Auch das der Finanzbehörde durch § 367 II 2 AO eingeräumte Recht der Selbstkontrolle wird nicht verbraucht[429]. Eine anschließende verbösernde und abschließende Einspruchsentscheidung darf sich daher auch auf die Besteuerungsgrundlagen beziehen, die zuvor von einem Teilabhilfebescheid betroffen waren[430].

bb. Besonderheiten aufgrund von §§ 354 Ia, 362 Ia AO

Eine systemfremde Ausnahme von der grundsätzlich nicht gegebenen Teilbestandskraft stellen die §§ 354 Ia, 362 Ia AO dar. Sie regeln die Möglichkeit eines teilweisen Einspruchsverzichts bzw. einer Einspruchsrücknahme im Hinblick auf bilaterale Doppelbesteuerungs- oder Schiedsverfahren[431]. Die Einleitung und Durchführung solcher Verfahren setzt regelmäßig die Bestandskraft des betroffenen Verwaltungsaktes voraus[432]. Die Normen sollen frühzeitig die Grundlage solcher Verfahren schaffen und Verzögerungen bei ihrer Durchführung verhindern. Der Gesetzgeber ordnet daher ausdrücklich den Eintritt einer Teilbestandskraft an. Diese ist jedoch von einer entsprechenden verfahrensrechtlichen Erklärung des Steuerpflichtigen abhängig und in ihrer Reichweite durch diese begrenzt[433]. Hierzu muss er die Besteuerungsgrundlagen, auf die sich der Verzicht bezieht, genau bezeichnen.

Unklar ist jedoch, ob aufgrund dieser Regelung auch die von der Verzichtserklärung erfassten Besteuerungsgrundlagen in Bestandskraft erwachsen. Der Gesetzeswortlaut hierzu ist nicht eindeutig. Der Teilverzicht bzw. die Teilrücknahme im Hinblick auf ein bilaterales Verständigungsverfahren werden ermöglicht, die Rechtsfolge ist aber nicht ausdrücklich angeordnet. Regelmäßig haben Einspruchsverzicht oder eine Einspruchsrücknahme die Unzulässigkeit weiterer Einsprüche und die damit verbundene Unanfechtbarkeit bzw. formelle Bestandskraft der Steuerfestsetzung zur Folge.

---

429 So noch FG Hamburg, Urteil v. 18.12.1981 – VI 206/78, EFG 1982, 283 (284).

430 BFH, Urteil v. 6.9.2006 – XI R 51/05, BStBl II 2007, 83 (86); *Seer* in Tipke/Kruse, § 367 AO Rz 46; *Pahlke* in Pahlke/Koenig, § 367 AO Rz 9; *Birkenfeld* in HHS, § 367 AO Rz 443.

431 Siehe hierzu auch Merkblatt des BMF v. 13.7.2006 - IV B 6-S 1300-340/06, BStBl I 2006, 461.

432 *Tipke* in Tipke/Kruse, § 354 AO Rz 6; *Birkenfeld* in HHS, § 362 AO Rz 148; *Werth* in Beermann/Gosch, § 354 AO Rz 19 sowie Tz 3.4 und 4.2 BMF-Merkblatt, BStBl I 2006, 461.

433 BFH, Urteil v. 26.9.2006 – X R 39/05, BStBl II 2007, 222 (225).

Allerdings erwähnen die Normen ausdrücklich die Besteuerungsgrundlagen und ordnen an, dass sie vom Steuerpflichtigen genau zu bezeichnen sind, soweit sich der Verzicht auf sie beziehen soll. Durch diese konkrete Bezugnahme weichen die Regelungen jedenfalls vom Normalfall ab und lassen es möglich erscheinen, dass die Bestandskraft in diesen Fällen auch und gerade die Besteuerungsgrundlagen erfasst.

Der Blick auf die Rechtsprechung ist nicht weiterführend. Anders als teilweise angenommen[434], lässt sich der Rechtsprechung des Bundesfinanzhofs nicht entnehmen, ob sich die Bestandskraft in den Fällen der §§ 354 Ia, 362 Ia AO auch auf die Besteuerungsgrundlagen erstreckt. In dem zitierten Fall beschäftigte sich das Gericht mit der Reichweite und der Auswirkung der zwangsweisen Verfahrensruhe auf das übrige Einspruchsverfahren. Um darzulegen, dass grundsätzlich auch in diesem Fall eine Vollüberprüfung durch die Finanzbehörde zu erfolgen habe, ging das Gericht auch auf die im Entscheidungszeitpunkt einzigen gesetzlich geregelten Ausnahmefälle der Teilbestandskraft ein. Die genaue Reichweite der Teilbestandskraft lässt sich der Urteilsbegründung[435] dagegen nicht entnehmen.

Für den Regelfall einer lediglich auf die festgesetzte Steuer bezogenen Bestandskraft[436] kann vor allem angeführt werden, dass die vom Steuerpflichtigen zu benennenden Besteuerungsgrundlagen allein der Identifikation der von dem Verzicht betroffenen Steuerschuld dienen. Entscheidend für ein ausgleichendes Verständigungsverfahren ist insoweit, dass die zugrunde gelegte Besteuerung auch Bestand hat und der mit Abschluss des Verfahrens gefundene Konsens nicht nachträglich untergraben oder einseitig verschoben wird. Ist die Verbindlichkeit des auf die entsprechende Besteuerungsgrundlage entfallenden Steuerbetrages einmal sichergestellt, so hat dies eine entsprechende definitive Belastung des Steuerpflichtigen zur Folge. Auch die Tatsache, dass eine vollumfängliche – und insofern für Durchführung und Abschluss eines entsprechenden Verständigungsverfahrens ausreichende – Bestandskraft ebenfalls nicht hinsichtlich der zugrunde liegenden Besteuerungsgrundlagen eintritt, streitet dafür, auch in den Fällen der Teilbestandskraft keine höheren Anforderungen zu stellen.

Die vorgenannte Auffassung trägt jedoch den verfahrensrechtlichen Besonderheiten der betroffenen Fallgestaltungen nicht ausreichend Rechnung. Hierbei

---

434 *Pahlke* in Pahlke/Koenig, § 354 AO Rz 15 unter Hinweis auf BFH, Urteil v. 26.9.2006 – X R 39/05, BStBl II 2007, 222.

435 BFH, Urteil v. 26.9.2006 – X R 39/05, BStBl II 2007, 222 (225); offen gelassen ebenso im Urteil v. 6.9.2006 – XI 51/05; BStBl II 2007, 83 (86).

436 So z.B. *Birkenfeld* in HHS, § 362 AO Rz 146; *v. Wedelstädt*, DB 1997, 696 (696).

sind zwei Punkte wesentlich. Zum einen ist zu beachten, dass die Herbeiführung der (Teil-)Bestandskraft, anders als üblicherweise, nicht durch einseitige Behördenhandlung in Form des Erlasses eines Verwaltungsaktes erfolgt. Vielmehr beruht der Eintritt der Teilbestandskraft unmittelbar auf einer verfahrensgestaltenden Erklärung des Steuerpflichtigen selber. Einer solchen ausdrücklichen Verzichtserklärung kommt eine andere Qualität zu, als dem lediglich passiven Verstreichenlassen der Einspruchsfrist[437]. Die genaue Bezeichnung der von der Rücknahme betroffenen Besteuerungsgrundlagen und der unmittelbare Zusammenhang mit einem anstehenden Verständigungs- oder Schiedsverfahren lassen erkennen, dass der Steuerpflichtige die rechtliche Bewertung des gesamten entsprechenden Sachverhalts in eben diesem Verfahren, nicht aber im Rahmen eines etwaigen Einspruchsverfahrens gegen den übrigen Teil des Steuerbescheides geklärt haben möchte. An dieser verfahrensrechtlichen Richtungsentscheidung muss er sich festhalten lassen. Mit seiner Verzichtserklärung veranlasst er – untechnisch gesprochen – die Überführung der rechtlichen Behandlung des streitigen Sachverhalts aus dem Einspruchsverfahren in ein Verständigungs- oder Schiedsverfahren. Damit ist einer (erneuten) Bewertung im Rechtsbehelfsverfahren ein Riegel vorgeschoben.

Zum anderen darf nicht außer Acht gelassen werden, dass die eintretende Bestandskraft auch Auswirkungen auf am eigentlichen Steuerfestsetzungsverfahren nicht beteiligte Dritte hat, die ihre eigene rechtliche Bewertung des Sachverhalts an die bestandskräftige Festsetzung anknüpfen und von ihr abhängig machen. Mit Einleitung eines den Umfang des Steuerzugriffs zwischen verschiedenen Staaten regelnden Vermittlungsverfahrens wird das Steuerschuldverhältnis *de facto* von dritter Seite beeinflusst und mitgestaltet. Während der Steuerpflichtige nicht Beteiligter in diesem Verfahren ist[438], kommt mit der zuständigen Stelle des Drittstaates ein neuer Beteiligter hinzu, der einen kollidierenden Besteuerungsanspruch erhebt. Zielkonflikte bei der Anwendung nationalen Rechts und bilateraler Abkommen können nur sinnvoll und angemessen behoben werden, wenn die bisherige Besteuerung des in seiner grenzüberschreitenden Behandlung streitigen Sachverhalts definitiv und verlässlich feststeht. Nur wenn dies der Fall ist, kann eine Verständigungsvereinbarung zwischen den Finanzbehörden der beteiligten Staaten auf dieser Grundlage zu einer sachgerechten Einzelfalllösung führen. Daher muss feststehen, dass sich

---

437 Auch BFH, Urteil v. 26.9.2006 – X R 39/05, BStBl II 2007, 222 (225) misst der verfahrensrechtlichen Verzichtserklärung des Steuerpflichtigen besondere Bedeutung zu.

438 Vgl. unter Ziff. 3.3.1 des Merkblatts des BMF v. 13.7.2006 – IV B 6-S 1300-340/06, BStBl I 2006, 461 (466).

auch der beteiligte Drittstaat auf die Verbindlichkeit der bisher erfolgten Besteuerung verlassen kann. Die zwischen den Finanzbehörden der betroffenen Staaten getroffene Verständigungsvereinbarung bzw. der Schiedsspruch markiert einen Schlussstrich und stellt die endgültige und umfassende Bewertung eines konkreten besteuerungsrelevanten Sachverhaltes dar. Sowohl der Steuerpflichtige als auch die Finanzbehörden müssen folglich daran gehindert sein, die rechtliche Bewertung des von der Vereinbarung betroffenen Sachverhalts erneut oder erstmalig innerhalb eines Einspruchsverfahrens in Frage zu stellen. Vor Abschluss des Vermittlungsverfahrens wird vom Steuerpflichtigen daher zusätzlich regelmäßig ein Rechtsmittelverzicht gegen die Entscheidung im Schieds- oder Verständigungsverfahren verlangt[439]. Der Steuerpflichtige kann daher auch im Rahmen eines gegen den übrigen Teil weiter möglichen Einspruchsverfahrens nicht mit dem Einwand gehört werden, der Steuerbescheid sei bezüglich des bereits bestandskräftigen Teils fehlerhaft und rechtswidrig. Da insofern aber nicht nur der steuerliche Änderungsrahmen, sondern auch das zulässige tatsächliche Vorbringen beschränkt wird, haben §§ 354 Ia, 362 Ia AO abweichend vom Regelfall über die festgesetzte Steuer hinaus auch die Bestandskraft der zugrunde liegenden Besteuerungsgrundlagen zur Folge[440]. Nur so lässt sich der für die beteiligten Finanzbehörden beider Staaten bestehende Umsetzungszwang hinsichtlich der erzielten Verständigung begründen und verstehen. Die einvernehmlich gefundene Lösung soll nicht mehr nachträglich und einseitig verändert werden können, ohne dass die andere Vertragspartei hierauf noch Einfluss nehmen könnte. Abgerundet wird die Regelungssystematik durch § 175a AO, der eine Durchbrechung der Bestandskraft vorsieht, soweit dies zur Umsetzung der getroffenen Verständigungsvereinbarung bzw. eines Schiedsspruchs erforderlich ist. Erst diese Norm ermöglicht die Änderung und Anpassung der bestandskräftigen Steuerfestsetzung an die getroffene Vereinbarung unabhängig von sonstigen Korrekturnormen. Sie beseitigt somit den konkreten Widerspruch zwischen nationalem Recht und einer völkerrechtlich begründeten Einzelfallregelung[441].

Durch das Zusammenspiel vom Erfordernis einer bestandskräftigen Festsetzung zur Einleitung der Verständigungsverfahren einerseits und eine diese erweiterte Bestandskraft im erforderlichen Umfang durchbrechende Korrektur-

---

439 *Wassermeyer*, DBA, Art. 25 MA, Rz 82; Vogel/*Lehner*, DBA, Art. 25 MA, Rz 219.

440 Ohne Begründung, aber im Ergebnis ebenso *Werth* in Beermann/Gosch, § 354 AO Rz 20 und § 362 AO Rz 20; Klein/*Gersch*, AO, § 354 Rz 2 und § 362 Rz 2; a.A. *Birkenfeld* in HHS, § 362 AO Rz 146; *v. Wedelstädt*, DB 1997, 696 (696).

441 *v. Groll* in HHS, § 175a AO Rz 7.

norm andererseits wird letztlich sichergestellt, dass von dem Steuerbescheid, soweit er teilbestandskräftig geworden ist, faktisch nur noch aufgrund und infolge des Verständigungsverfahrens abgewichen werden kann. Durch die Ablaufhemmung in § 175a S. 2 AO wird die Anpassung auch über die reguläre Festsetzungsfrist hinaus ermöglicht. Eine Änderung der Steuerfestsetzung hinsichtlich des infolge des Verzichts partiell bestandskräftig gewordenen Teils ist nur noch möglich, wenn für diesen Teil eine Korrekturvorschrift der §§ 172 ff. AO, insbesondere § 175a AO, einschlägig ist. Ist dies der Fall, besteht eine Umsetzungspflicht für die Behörden[442].

Im Übrigen Einspruchsverfahren, welches der Steuerpflichtige trotz eingetretener Teilbestandskraft einleiten oder weiterführen kann, sind sämtliche Argumente zulässig, soweit sie vom Teilverzicht nicht betroffen sind. Aufgrund der eingetretenen partiellen Bestandskraft der Steuerfestsetzung kann er die auf diesen Teil entfallende Steuer nicht mehr angreifen. Aufgrund der Bestandskrafterstreckung auch auf die zugrunde liegenden Besteuerungsgrundlagen ist er zudem daran gehindert, auf Argumente zurückzugreifen, die dem vom partiellen Verzicht betroffenen Teil entstammen. Bestandskräftiger und noch offener Teil sind insofern strikt zu trennen. Die Wirkung zeigt sich insbesondere, wenn der Steuerpflichtige im Rahmen des laufenden Einspruchsverfahrens nicht mit allen steuermindernden Argumenten durchdringt. Obwohl hinsichtlich der übrigen vom Einspruch erfassten Steuerfestsetzung noch keine Bestandskraft eingetreten ist, kann er den verbleibenden Änderungsrahmen nicht durch Verweis auf einen Fehler im bereits bestandskräftigen Verfahrensabschnitt ausgleichen. Der Rückgriff auf materielle Fehler zu seinen Lasten in der bestandskräftig gewordenen Festsetzung ist ihm aufgrund der eingetretenen Bestandskraft selbst in diesem Fall verwehrt. Eine Saldierung zwischen den nunmehr selbständigen Teilen der Steuerfestsetzung findet also nicht statt.

Das Saldierungsverbot innerhalb laufender Einspruchsverfahren steht zudem einer Fehlerkorrektur nach § 177 AO entgegen. Auch eine solche Fehlerkorrektur zwischen den einzelnen Bescheidteilen ist ausgeschlossen. Später festgestellte Fehler im von der Verzichtserklärung betroffenen bestandskräftigen Teil können daher weder im noch anhängigen ursprünglichen Einspruchsverfahren noch bei späteren Änderungen bezüglich dieses Teils nach § 177 AO saldiert werden. Diese Korrekturmöglichkeit ist allein bei späteren gegenläufigen Änderungen innerhalb des von §§ 354 Ia, 362 Ia AO betroffenen Teils eröffnet.

---

442 *v. Groll* in HHS, § 175a AO Rz 90.

Dabei ist die Anwendung des § 177 AO bereits innerhalb dieses Teils der Veranlagung unter systematischen Gesichtspunkten problematisch[443]. Hier sollte die Besonderheit der Beteiligung eines dritten Staates an der bilateralen Verständigung nicht ignoriert werden. Die Einigungsbereitschaft seiner Behörden im Schieds- oder Verständigungsverfahren dürfte auch darauf zurückzuführen sein, dass sie von einer exakten Umsetzung des gefundenen Besteuerungskompromisses ausgehen und auf die Durchsetzung der Einzelfallregelung vertrauen. Die abredegemäße Umsetzung ist jedoch in Gefahr, wenn ein nachträglich festgestellter Fehler durch Saldierung nach § 177 AO die eigentlich gem. § 175a AO gebotene Änderung – jedenfalls teilweise – vereitelt. Denn in diesem Fall wird die infolge der Verzichtserklärung des Steuerpflichtigen (zunächst) definitiv gewordene rechtliche Behandlung gerade nicht allein und nach Maßgabe der konkreten Verständigungsvereinbarung angetastet und nach § 175a AO angepasst.

Im Ergebnis ist der von der Literatur vertretenen Auffassung[444] dennoch auch vor dem Hintergrund dieser Kritik zuzustimmen. Denn solange es sich um einen nachträglich erkannten Fehler im Zusammenhang mit dem vom Einspruchsverzicht und der bilateralen Verständigung betroffenen Teil der Steuerfestsetzung handelt, ist ein enger sachlicher Zusammenhang mit dem Verständigungsverfahren gegeben. Infolge der nunmehr aufgedeckten Unrichtigkeit wird oftmals klarwerden, dass der ursprünglich zugrunde gelegte Sachverhalt unzutreffend war und das Verständigungsverfahren nicht in Kenntnis aller relevanten Umstände durchgeführt wurde. Daher ist davon auszugehen, dass das rechtzeitige Bekanntwerden des Fehlers die konkret gefundene Vereinbarung beeinflusst hätte. Eine – wenn auch einseitige – nachträgliche Anpassung der Steuerfestsetzung an die tatsächlichen Gegebenheiten durch die deutschen Finanzbehörden ist daher sachgerecht. Anders hingegen, sofern über die Anwendung des § 177 AO Fehler korrigiert werden sollen, die den übrigen Teil der Steuerfestsetzung betreffen. Diese haben keinen Bezug zum Verständigungsverfahren und dem von ihm betroffenen Sachverhalt. Ist den Behörden hier – verschuldet oder nicht – ein Fehler unterlaufen, so kann dieser nicht auf Kosten der Umsetzung der vereinbarten Änderung nach § 175a AO im Wege der materiellen Fehlerberichtigung mitkorrigiert werden.

---

443 Dieser Blickwinkel bleibt in der Literatur unberücksichtigt. Allgemein wird die Anwendung des § 177 AO auch im Rahmen von Änderungen gem. § 175a AO angenommen, vgl. *v. Groll* in HHS, § 175a AO Rz 37, 95 sowie § 354 AO Rz 62; *Werth* in Beermann/Gosch, § 354 AO Rz 20.

444 Vgl. hierzu insbesondere die Nachweise in der vorstehenden Fußnote 443.

Die Annahme einer in ihrer Reichweite auf die Besteuerungsgrundlagen erweiterten Teilbestandskraft steht auch nicht im Widerspruch zu ihrem Umfang bei regulär bestandskräftig gewordenen Bescheiden. Der Unterschied liegt darin, dass mit einheitlichem Abschluss des Einspruchsverfahrens und Eintritt der den gesamten Steuerbescheid erfassenden Bestandskraft Änderungsmöglichkeiten insgesamt weitgehend ausgeschlossen sind. Einer Bestandskrafterstreckung auf die Besteuerungsgrundlagen bedarf es daher nicht. Dagegen besteht trotz und gerade aufgrund einer nur partiell eingetretenen Bestandskraft die Gefahr, dass der Steuerpflichtige im Rahmen eines zulässigen und noch anhängigen Einspruchs gegen den nicht in Bestandskraft erwachsenen Teil Argumente heranzieht, die infolge seines Verzichts ausgeschlossen sind. Die Notwendigkeit einer Differenzierung zwischen verschiedenen Teilen eines vormals einheitlichen Verfahrens und das hiermit einhergehende Verbot, materielle Fehler der (teil)bestandskräftig gewordenen Steuerfestsetzung zu rügen, ist ein wesentlicher Grund, der gegen eine zwingende Gleichbehandlung beider Fälle spricht.

Im Ergebnis hat die im Rahmen von § 354 Ia/362 Ia AO gegebene Bestandskrafterstreckung auf die Besteuerungsgrundlagen zur Folge, dass später erkannte Fehler sich nicht mehr auf die Steuerfestsetzung im Übrigen auswirken können. Sie sind einer Saldierung sowohl im anhängigen Einspruchsverfahren als auch bei späteren Änderungen im nicht von der Verzichtserklärung betroffenen Teil entzogen. Im Falle eines im Übrigen zum Scheitern verurteilten Einspruchs kann der Steuerpflichtige daher nicht zur Untermauerung seines Rechtsbehelfsbegehrens auf vermeintliche Fehler zu seinen Lasten im bereits teilbestandskräftigen Teil ausweichen. Ist ein Einspruch im Übrigen begründet, können die Finanzbehörden die an sich berechtigte Steueränderung zugunsten des Steuerpflichtigen nicht unter Verweis auf eine Saldierung mit einem Fehler zu seinen Gunsten im teilbestandskräftigen Verfahrensteil verweigern. Die jeweils geltend gemachten Argumente aus dem abgeschlossenen Verfahren sind für beide Seiten bereits präkludiert. Gleiches gilt, wenn sich ein Änderungsbedürfnis außerhalb eines Rechtsbehelfsverfahrens nach §§ 172 ff. AO ergibt. Auch hier besteht zwischen den einzelnen Verfahrensteilen ein umfassendes Saldierungsverbot.

cc. Zwischenergebnis

Die vorstehenden Ausführungen haben insbesondere zweierlei gezeigt. Wie die Analyse der Möglichkeit der Teilanfechtung ergeben hat, bestand bereits vor Einführung der Teileinspruchsentscheidung bei einer entsprechenden ausdrücklichen Absicht des Steuerpflichtigen die Möglichkeit einer Teilanfechtung, welche die Unanfechtbarkeit des nicht angegriffenen Teils und damit eine Teil-

bestandskraft zur Folge hat. Eine solche Teilanfechtung ist vom Steuerpflichtigen auch bei Nennung eines konkreten Betrags im Einspruchsschreiben allerdings regelmäßig nicht gewollt.
Auch in den Fällen eingetretener partieller Bestandskraft sind die Finanzbehörden weiterhin zur vollständigen Überprüfung der gesamten Steuerfestsetzung berechtigt und verpflichtet, was sich nicht zuletzt aus dem Charakter des Einspruchsverfahrens als verlängertes Verwaltungsverfahren ergibt. Eine Beschränkung des Prüfungsumfangs auf den angefochtenen Teil ist daher nicht sachgerecht. Die partielle Unanfechtbarkeit wirkt sich dagegen auf die Änderungsbefugnis der Behörden aus. Abweichend von der höchstrichterlichen Rechtsprechung kommt die Untersuchung zu dem Schluss, dass der Korrekturrahmen nur soweit eröffnet wird, wie die Anfechtung durch den Steuerpflichtigen reicht. Materielle Fehler in der bestandskräftigen Festsetzung finden nur im Rahmen der Saldierung Berücksichtigung.
Darüber hinaus wurde dargelegt, dass sich die Bestandskraft regelmäßig ausschließlich auf die Festsetzung der Steuerschuld erstreckt. Für die im Anschluss zu klärende Frage nach der Reichweite einer Teileinspruchsentscheidung bedeutsam ist jedoch, dass die Abgabenordnung bereits vor Einführung der Teileinspruchsentscheidung in den besonders gelagerten Fällen der §§ 354 Ia/362 Ia AO nach hier vertretener Auffassung eine Bestandskrafterstreckung auf die Besteuerungsgrundlagen vorsah.

c. Folgerungen für die Teileinspruchsentscheidung

Vor dem Hintergrund der vorstehenden Ausführungen stellt sich die Frage, ob mit der Einführung der Teileinspruchsentscheidung innerhalb ihres Anwendungsbereichs auch die Möglichkeit einer sachverhaltsbezogenen Bestandskraft geschaffen wurde. Die Finanzverwaltung geht hiervon aus. Sie ist der Auffassung, dass Fehler in der bestandskräftigen Teileinspruchsentscheidung nicht mehr im Rahmen der abschließenden Einspruchsentscheidung berücksichtigt werden können[445]. Die Bestandskraft soll sich also nicht nur wie üblicherweise auf die festgesetzte Steuer beziehen, sondern darüber hinaus auch bezüglich der Besteuerungsgrundlagen Bindungswirkung entfalten. Die Finanzbehörden machen sich mit ihrer Rechtsauffassung die Ausführungen in der Gesetzesbe-

---

445 BMF auch weiterhin in der aktualisierten Fassung des AEAO Nr. 6.6 zu § 367, v. 31.1.2013, BStBl I 2013, 118. Ebenso Klein/*Brockmeyer*, § 367 AO, Rz 21; *Steinger*, DStZ 2008, 674 (678); *Krüger*, DStZ 2009, 810 (815); wohl auch *Hardtke* in Kühn/v. Wedelstädt, § 367 AO, Rz 26.

gründung zu eigen[446]. Der Anwendungserlass des Bundesfinanzministeriums übernimmt die Formulierung aus dem Bericht des Finanzausschusses Wort für Wort. Bezogen auf den von ihr betroffenen Sachverhalt soll die Teileinspruchsentscheidung also abschließend sein.

aa. Normtextauslegung

Anders als § 179 I AO bei der gesonderten Feststellung, ordnet § 367 IIa AO die Bestandskraft von Besteuerungsgrundlagen nicht ausdrücklich und als Ausnahme zu § 157 II AO an. Auch die §§ 354 Ia, 362 Ia AO, bei denen ebenfalls eine Bestandskraft der Besteuerungsgrundlagen diskutiert wird, nehmen explizit auf die Besteuerungsgrundlagen Bezug. Dennoch wollte der Gesetzgeber offensichtlich genau diese Wirkung auch der Neuregelung beigemessen haben[447]. Ansonsten ist nicht zu erklären, worauf die Feststellung des Finanzausschusses gründen sollte, dass der Steuerpflichtige nach Bestandskraft der Teileinspruchsentscheidung im Rahmen des noch anhängigen Teils des Einspruchs nicht mit Erfolg geltend machen könne, die dort vertretene Rechtsauffassung entspreche nicht dem Gesetz[448]. Eine solche Einschränkung der potentiell zum Erfolg führenden Gründe ist nur denkbar, wenn die Bestandskraft nicht nur die Steuer, sondern darüber hinaus auch den besteuerungsrelevanten Sachverhalt erfasst.

In Anbetracht der üblicherweise deutlichen Anordnung der Bestandskrafterweiterung durch den Gesetzgeber stellt sich die Frage, ob die Ausnahmeregelung in ihrer aktuellen Form hinreichend konkret umgesetzt worden ist. Die Verfechter einer sachverhaltsbezogenen Bestandskraft haben wiederholt den Versuch unternommen, aus dem Normtext Anhaltspunkte für eine solche Auslegung zu finden[449]. Als Anknüpfungspunkt hierfür dient die Verwendung des Begriffs „Teile“ in beiden Sätzen des § 367 IIa AO. Die Verknüpfung der beiden Regelungsinhalte könne nur durch ein einheitliches Verständnis dieses Begriffs geschehen. Wenn sich dieser Begriff in Satz 1 auf die Besteuerungsgrundlagen beziehe, könne ihm bei verständiger Würdigung im Rahmen von Satz 2 keine

---

446 Bericht des Finanzausschusses v. 9.11.2006 zum Gesetzentwurf der Bundesregierung, BT-DrS 16/3368, S. 25.

447 An einer entsprechenden Absicht des Gesetzgebers bestehen in der Literatur zu Recht kaum Zweifel, vgl. nur *Bartone* in Beermann/Gosch, § 367 AO, Rz 75; *Intemann*, DB 2008, 1005 (1007) oder *Krüger*, DStZ 2009, 810 (815).

448 Bericht des Finanzausschusses, BT-DrS 16/3368, S. 25; dem folgend das BMF in AEAO Nr. 6.6 zu § 367.

449 *Steinger*, DStZ 2008, 674 (678); *Krüger*, DStZ 2009, 810 (815); Klein/*Brockmeyer*, § 367 AO, Rz 21.

andere Bedeutung zukommen. Die Einbeziehung der Besteuerungsgrundlagen in die Bestandskraft erfolge daher dadurch, dass nach Satz 2 der Norm die Bestandskraft hinsichtlich solcher Teile des Einspruchs eintrete, bezüglich derer die Finanzbehörde vorab entschieden habe.

Dies erscheint auf den ersten Blick als eine jedenfalls denkbare Auslegungsvariante. Bei genauerem Hinsehen kommen aber bereits Zweifel auf, ob ein untechnischer Begriff wie „Teile" sich überhaupt für derartige Auslegungsbemühungen eignet, oder ob er hierdurch nicht überinterpretiert wird. Die gezogene Schlussfolgerung fußt jedoch zumindest auf der unzutreffenden Annahme, dass mit der in Satz 1 zugelassenen Vorabentscheidung über „Teile des Einspruchs" die Besteuerungsgrundlagen angesprochen seien. Die zugelassene Vorabentscheidung betrifft die zugrunde liegenden Besteuerungsgrundlagen nämlich nur mittelbar. Zuzugeben ist, dass der finanzbehördlichen Entscheidung immer die rechtliche Bewertung eines Lebenssachverhalts, d.h. einer Besteuerungsgrundlage, zugrunde liegt. Allerdings wendet sich der Einspruchsführer mit seinem Rechtsbehelf zwingend gegen den Tenor des Bescheides mit seiner konkreten Steuerfestsetzung – nur hierdurch ist er i.S.v. § 350 AO beschwert. An diesem Streitgegenstand kann auch eine später ergehende Teileinspruchsentscheidung nichts ändern. Denn bei Einlegung des Einspruchs steht naturgemäß noch überhaupt nicht fest, wie und unter Zuhilfenahme welcher Verfahrensschritte das Finanzamt über den Einspruch entscheiden wird. Auf Grundlage dieser Erkenntnis bezieht sich die Teilentscheidung nach Satz 1 daher auf einen bestimmten Teilsteueranspruch.

Verwendet der Satz 2 nun dieselbe Formulierung, so bedeutet dies bei einem einheitlichen Begriffsverständnis, dass gerade nicht die Besteuerungsgrundlage, sondern – wie bisher auch – nur die Steuerfestsetzung von der Bestandskraft umfasst wird. Die Finanzbehörde hat also zu bestimmen, hinsichtlich welcher Teile *der Steuerfestsetzung* keine Bestandskraft eintreten soll. Hierzu passt, dass grundsätzlich auch (nur) die Höhe der von der Bestandskraft ausgenommenen Steuer anzugeben ist, worauf – vergleichbar der Behandlung von Vorläufigkeitsvermerken[450] – nur aus Vereinfachungs bzw. Klarstellungsgründen zu Gunsten einer Benennung der dem entsprechenden Steuerbetrag zugrunde liegenden Besteuerungsgrundlagen verzichtet wird.

Die kritische Auseinandersetzung mit den Wortlautargumenten der Befürworter einer sachverhaltsbezogenen Bestandskraft hat deren Ergebnis widerlegt.

---

450 Hierzu ausdrücklich BFH, Urteil v. 6.3.1992 – III R 47/91, BStBl II 1992, 588 (590 f.) sowie Urteil v. 2.3.2000 – VI R 48/97, BStBl II 2000, 332 (333): die Vorläufigkeit betrifft allein die Steuerfestsetzung, hält sie aber nur für solche Einwendungen offen, die sich auf die im Vermerk genannten Besteuerungsgrundlagen beziehen.

Der Ausgangspunkt ihrer Wortlautanalyse ist ungenau definiert, das Ergebnis in der Schlussfolgerung daher ebenfalls nicht überzeugend. Wortlautgesichtspunkte sprechen gerade gegen eine Bestandskrafterstreckung auf die Besteuerungsgrundlagen.

bb. Systematische Erwägungen

Auch in das derzeitige systematische Gefüge passt eine sachverhaltsbezogene Bestandskraft nur bedingt. Zumindest würde sie die Neuregelung der Teileinspruchsentscheidung mit ihrem negativ formulierten Tenor ideal ergänzen. Erst der umfassende Ausschluss künftiger, diesen Teil betreffender materiellrechtlicher Einwendungen führt die beabsichtigte Entlastungswirkung vollständig herbei. Begrenzt man die Wirkung der Bestandskraft dagegen nur auf den festgesetzen Teilsteuerbetrag, kann nicht ausgeschlossen werden, dass eine in der Teileinspruchsentscheidung getroffene rechtliche Würdigung im Rahmen der Entscheidung über den noch nicht bestandskräftigen Steuerbetrag erneut in Zweifel gezogen wird.

Teilweise wird zudem darauf hingewiesen, dass § 157 II AO der Bestandskraft von Besteuerungsgrundlagen nicht entgegenstehe, da er nur deren Anfechtbarkeit regelt, darüber hinaus aber nichts über die Reichweite einer (Teil-) Einspruchsentscheidung aussage. Mit der Schaffung des neuen Instruments der Teileinspruchsentscheidung sei der Anwendungsbereich des § 157 II AO daher nicht tangiert[451]. Diese eingeschränkte Sichtweise lässt jedoch § 350 AO außer Acht, welcher im gesamten Einspruchsverfahren gilt. Beide Normen ergänzen sich und stellen klar, dass anfechtbarer Regelungsinhalt allein die festgesetzte Steuer ist. Nur diese – und gerade nicht die der Besteuerung zugrunde gelegten Lebenssachverhalte – ist Gegenstand des Einspruchsverfahrens[452]. Daher kann die Entscheidung über den Rechtsbehelf – sei es nun in Form einer Teil- oder einer regulären Einspruchsentscheidung – aber auch nur den sich aus der rechtlichen Bewertung des konkreten Lebenssachverhalts ergebenden Teilsteueranspruch betreffen.

Auch der Wertungswiderspruch zur Reichweite der herkömmlichen Einspruchsentscheidung nach § 367 I 1 AO bleibt ungelöst. Wird das Rechtsbehelfsverfahren umfassend und einheitlich durch eine Einspruchsentscheidung abgeschlossen, wird nach Ablauf der Einspruchsfrist ebenfalls nur die festgesetzte

451 *Steinger*, DStZ 2008, 674 (678); *Krüger*, DStZ 2009, 810 (814).

452 *Bergan/Martin*, DStZ 2010, 643 (645); BFH, Beschluss v. 23.10.1989 – GrS 2/87, BStBl II 1990, 327 (330).

Steuer bestandskräftig. Späteren (steuererhöhenden) Änderungsbescheiden können innerhalb des Änderungsrahmens jegliche Einwände und materiellen Fehler der ursprünglichen, mittlerweile bestandskräftigen Festsetzung entgegengehalten werden (§ 351 AO). Dies gilt unabhängig davon, ob sie bereits zuvor im Rahmen einer Einspruchsentscheidung einmal als unbegründet zurückgewiesen wurden. Nach dem Verständnis der Verfechter einer sachverhaltsbezogenen Bestandskraft würde mit dem Erlass der Teileinspruchsentscheidung und des mit ihr einhergehenden dauerhaften Ausschlusses materieller Rechtsfehler daher eine weitergehende Bindung eintreten als bei einer das gesamte Verfahren abschließenden Einspruchsentscheidung. Ein solches grundlegend geändertes Verständnis der Bestandskraft und ihrer Reichweite im regulären Einspruchsverfahren kann – trotz eines entsprechenden gesetzgeberischen Willens – mittels einer hierauf nicht ansatzweise hinweisenden Gesetzesformulierung nicht angenommen werden.

De lege lata kann allein die Einführung der Teileinspruchsentscheidung die eigenständige Bedeutung der Besteuerungsgrundlagen nicht herbeiführen. Dennoch ist eine solche Regelung keinesfalls ausgeschlossen. Der Gesetzgeber ist ungehindert, die bisherigen handwerklichen Mängel zu beseitigen. Ein gesondertes Feststellungsverfahren entsprechend § 179 I AO dürfte hierzu entgegen *Bergan/Martin*[453] wohl nicht zwingend erforderlich sein, insbesondere da bei Einleitung des Einspruchsverfahrens dessen weiterer Ablauf und damit auch der Erlass einer Teileinspruchsentscheidung noch gar nicht feststeht. Eine Neufassung des Normtextes sollte aber zumindest einerseits die Bestandskraft der Besteuerungsgrundlagen ausdrücklich anordnen und zudem klarstellen, dass es sich hierbei um eine Ausnahme zu § 157 II AO handelt. § 367 IIa AO könnte demnach etwa lauten: „*Die Finanzbehörde kann vorab über Teile des Einspruchs entscheiden, wenn dies sachdienlich ist. Sie hat in dieser Entscheidung zu bestimmen, auf welche Besteuerungsgrundlagen sich die Bestandskraft der Teileinspruchsentscheidung nicht erstrecken soll. §§ 157 II, 177 AO sowie § 367 II 2 AO*[454] *finden insoweit keine Anwendung.*“

Die beabsichtigte beschränkte Abänderungsmöglichkeit hätte der Gesetzgeber auch dadurch erreichen können, dass er der Teileinspruchsentscheidung bezüglich des Nichtentscheidungsteils die Wirkung einer vorläufigen Steuerfestsetzung zugewiesen hätte[455]. Eine Bestandskraft der Besteuerungsgrundlagen

453 *Bergan/Martin*, DStZ 2010, 643 (644).

454 Zu diesem Aspekt vgl. unten bei B.III.3.b im Rahmen der Diskussion über die Verböserungsmöglichkeiten nach einer Teileinspruchsentscheidung.

455 So auch *Bergan/Martin*, DStR 2007, 1384 (1385). Durch eine Kombination aus Vorläufigkeiten gem. § 165 I 2 Nr. 3 und Nr. 4 AO kann diese Wirkung mittlerweile erreicht werden.

wäre dann nicht erforderlich gewesen, da eine Änderung der Steuerfestsetzung nur hinsichtlich solcher Einwendungen offen gehalten wird, die sich auf die vom Vorläufigkeitsvermerk betroffenen Besteuerungsgrundlagen beziehen. Späteren Einwendungen wegen anderer Besteuerungsgrundlagen stünde dagegen die materielle Bestandskraft der Einspruchsentscheidung entgegen. Der Gesetzgeber hat sich aber gerade gegen eine dementsprechende Erweiterung des § 165 AO entschieden und stattdessen bzw. neben den bereits bestehenden Vorläufigkeitsvarianten eine Entscheidungsmöglichkeit im Rechtsbehelfsverfahren geschaffen[456].

Auch unter Berücksichtigung der Gesetzesbegründung wird darüber hinaus nicht vollends klar, in welchem Umfang der Gesetzgeber tatsächlich eine sachverhaltsbezogene Bestandskraft einführen wollte. Nach dem von ihm beabsichtigten Ziel der Aufsplittung des Einspruchsverfahrens in zwei selbständige Teile, ist es einsichtig, dass eine erneute Diskussion der gerade in der Teileinspruchsentscheidung entschiedenen Streitpunkte im Rahmen der abschließenden Einspruchsentscheidung verhindert werden sollte. Die Unabhängigkeit der beiden Entscheidungen ist mithin gewahrt, wenn die spätere Einspruchsentscheidung die frühere Teileinspruchsentscheidung nicht mehr ändern oder tangieren kann. Nach Eintreten der Bestandskraft der beiden Entscheidungen besteht aber zu einer einheitlichen Einspruchsentscheidung kein Unterschied mehr. Die Steuerfestsetzung ist in ihrer Gesamtheit bestandskräftig geworden. Für eine andauernde, darüber hinausgehende sachverhaltsbezogene Bestandskraft der der Teileinspruchsentscheidung zugrundeliegenden Besteuerungsgrundlagen besteht dann kein Bedarf mehr. Mit Eintreten der Bestandskraft der das Rechtsbehelfsverfahren abschließenden Einspruchsentscheidung ist die Gefahr einer erneuten Befassung mit den bereits entschiedenen Streitfragen nicht mehr gegeben. Etwaige Fehler können sich nur noch im Rahmen von Änderungsbescheiden nach §§ 351, 177 AO auswirken. Auch die Gesetzesbegründung schließt Einwände gegen die Teileinspruchsentscheidung daher nur „im weiteren Verfahren über den *noch offenen Teil* der Steuerfestsetzung“[457] aus. Es erscheint daher keinesfalls als gesichert, dass der Gesetzgeber die sachverhaltsbezogene Bestandskraft tatsächlich dauerhaft und nicht nur vorübergehend

456 Zum Verhältnis der vorläufigen Festsetzung – auch nach § 165 I 2 Nr. 4 AO – zur Teileinspruchsentscheidung und zum tatsächlichen Entscheidungsspielraum der unteren Finanzbehörden vgl. bereits oben bei B.I.3.g.cc(3).

457 Bzw. in einem ggf. folgenden Klageverfahren gegen die Endeinspruchsentscheidung, vgl. BT-DrS 16/3368, S. 25 – (Hervorhebungen im obigen Zitat durch den Verfasser).

während des noch laufenden Einspruchs- bzw. Klageverfahren anordnen wollte. Wenn die erweiterte Bestandskraft in Bezug auf die Besteuerungsgrundlagen jedoch möglicherweise nur auflösend bedingt und temporärer Natur wäre, würde dies ein völlig neues Verständnis der Wirkungsweise der Bestandskraft nach sich ziehen. Diese Unklarheit belegt einmal mehr, dass der Gesetzgeber, will er die sachverhaltsbezogene Bestandskraft der Teileinspruchsentscheidung tatsächlich umsetzen, gezwungen ist, dies eindeutig zu normieren und ihren Umfang klar zu definieren. Dabei müssen ihre Wirkungen auf die bisherige Regelungssystematik abgestimmt werden.

Welche Position der Bundesfinanzhof hinsichtlich der Reichweite der Bestandskraft vertritt, ist in seiner ersten wegweisenden Entscheidung zur Teileinspruchsentscheidung noch nicht deutlich geworden. Die Bestandskrafterstreckung auf einen konkreten der Besteuerung zugrunde liegenden Lebenssachverhalt spielte in dem entschiedenen Fall keine Rolle. Eine Formulierung im Zusammenhang mit den Anforderungen an die Bestimmtheit der Teileinspruchsentscheidung lässt jedoch aufhorchen. Sie könnte einen Hinweis darauf geben, dass der Bundesfinanzhof bereits die aktuelle Regelung des § 367 IIa AO für ausreichend hält, um die vom Gesetzgeber beabsichtigte erweiterte Bestandskraft umzusetzen. So hat er ausgeführt, dass eine Teileinspruchsentscheidung nicht allein deshalb mit Erfolg angegriffen werden könne, „weil das FA nur die Besteuerungsgrundlage genannt hat, die nicht bestandskräftig werden soll […]“[458]. Dies könnte darauf hindeuten, dass der Bundesfinanzhof von einer Bestandskraft der zugrunde liegenden Lebenssachverhalte infolge einer Teileinspruchsentscheidung ausgeht, von der nur die im Nichtentscheidungsteil ausdrücklich genannten Besteuerungsgrundlagen ausgenommen sind.

Sicher ist dies jedoch keinesfalls. Die Formulierung könnte gleichfalls aus einer schlichten Kombination des Normtextes zum Nichtentscheidungsteil mit der für die Frage der Bestimmtheit im Streitfall relevanten Nennung der Besteuerungsgrundlagen entstanden sein, ohne dass dem ganzen *obiter dictum* eine solch weitreichende Bedeutung zugemessen war. Denn nur wenig später weist der Senat auf eine Saldierungsmöglichkeit, wie sie bei der vorläufigen Steuerfestsetzung anerkannt sei, hin. Der hiermit erfolgte Verweis auf § 177 AO macht jedoch nur Sinn, wenn eine Korrektur von Fehlern des bereits von der Teileinspruchsentscheidung erfassten Teils überhaupt noch möglich ist. Dies ist bei bestandskräftigen Besteuerungsgrundlagen jedoch gerade nicht der Fall – eine Saldierungsmöglichkeit müsste hier insgesamt ausgeschlossen sein. Zudem

458 BFH, Urteil v. 30.9.2010 – III R 39/08, BStBl II 2011, 11 (18).

bleibt offen, ob der Senat tatsächlich § 177 AO anwenden will, oder ob er nur auf dessen Saldierungsgrundsätze Bezug nimmt. Von einer höchstrichterlichen Klärung der Frage nach der Reichweite der Bestandskraft infolge von Teileinspruchsentscheidungen kann damit derzeit noch nicht ausgegangen werden[459].

Zusammenfassend ist daher festzustellen, dass die Einführung der Teileinspruchsentscheidung in ihrer bisherigen Form noch keine Rechtsgrundlage für eine erweiterte Bestandskraftwirkung bietet. Eine Durchbrechung der Grundsätze der §§ 157 II, 350 AO hat durch die Neuregelung nicht stattgefunden. Eine sachverhaltsbezogene Bestandskraft als Ausnahme von der bisherigen Regelungssystematik hätte ausdrücklich normiert werden müssen[460].

Auch nach wirksamer Bekanntgabe und Bestandskraft der Teileinspruchsentscheidung kann der Steuerpflichtige im noch anhängigen Teil der angefochtenen Steuerfestsetzung daher geltend machen, die in der Teileinspruchsentscheidung vertretene Rechtsauffassung sei rechtswidrig und verletze ihn in seinen Rechten. Die Bestandskraft der Teileinspruchsentscheidung wirkt allein hinsichtlich des durch sie betroffenen Teilsteueranspruchs. Soweit sie die Höhe der Steuer endgültig festsetzt, sind beide Seiten an diese Bewertung gebunden. Darüber hinausgehende Einschränkungen sind mit ihr nicht verbunden. Die Teileinspruchsentscheidung begrenzt daher nur den betragsmäßigen Änderungsrahmen im verbleibenden Rechtsbehelfsverfahren, nicht aber die dafür tauglichen materiell-rechtlichen Gründe.

cc. Verbleibender Handlungsspielraum des Einspruchsführers nach Teileinspruchsentscheidung

Für den Steuerpflichtigen knüpft sich an diesen eher theoretischen und rechtsdogmatischen Streit die konkrete praxisrelevante Frage, inwieweit spätere Einwendungen infolge der Bestandskraft ausgeschlossen sind.

Nach der extensiven Auffassung der Finanzverwaltung, welche auch den von der Teileinspruchsentscheidung betroffenen Besteuerungsgrundlagen Bestandskraft zukommen lässt, umfasst die Präklusion sämtliche Einwendungen, die gegen die Rechtmäßigkeit der Teileinspruchsentscheidung geltend gemacht

---

459 Hierzu kürzlich auch noch einmal FG Sachsen, Urteil v. 23.10.2013 – 6 K 838/13, welches sich zwar mit der Bestandskraft nach Teileinspruchsentscheidungen befasst, die Frage der Bestandskraft der Besteuerungsgrundlagen aber nicht behandelt.

460 Im Ergebnis ebenso *Bergan/Martin*, DStZ 2010, 643 (645) sowie *Seer* in Tipke/Kruse, § 367 AO, Rz 66; *Pahlke* in Pahlke/König, § 367 AO, Rz 67; *Intemann*, DB 2008, 1005 (1007); *Mann*, Stbg 2008, 394 (402 f.); *Zimmermann*, EFG 2010, 376 (377).

werden können. Im Hinblick auf die in § 367 IIa 2 AO gesetzlich angeordnete negative Bestimmung der Reichweite der Bestandskraft von Teileinspruchsentscheidungen, wäre nur noch ein Vorbringen zum ausdrücklich offen gelassenen Rechtskomplex berücksichtigungsfähig[461].

Die nach geltendem Recht vorzugswürdige restriktive Bestimmung des Umfangs der Bestandskraft ist für den Steuerpflichtigen im weiter anhängigen Teil des Rechtsbehelfsverfahrens dagegen in vielen Fällen vorteilhafter. Da hiernach allein die festgesetzte Steuer bestandskräftig wird, ist der Einspruchsführer nicht gehindert, eine der Teileinspruchsentscheidung zugrunde liegende rechtsfehlerhafte Würdigung später erneut zu rügen. Die Präklusion einer bestimmten Begründung oder hinsichtlich konkreter Argumente findet gerade nicht statt. Ein entsprechender Antrag des Steuerpflichtigen ist lediglich durch den nach Erlass der Teileinspruchsentscheidung verbleibenden steuerlichen Änderungsrahmen begrenzt.

Ergeht hinsichtlich des (bisherigen) Nichtentscheidungsteils letztlich eine abhelfende Entscheidung zugunsten des Steuerpflichtigen, bleibt für eine Fehlerkorrektur kein Raum mehr. Der verbleibende, von der Bestandskraft ausgenommene steuerliche Änderungsrahmen wird durch die Abhilfeentscheidung vollständig ausgenutzt. Bedeutung erlangt der Umfang der Teilbestandskraft vor allem im Anschluss an eine für den Steuerpflichtigen nachteilige Entscheidung im Musterverfahren. Er muss nun damit rechnen, dass der noch offene Teil des Einspruchs zeitnah als unbegründet zurückgewiesen wird. Seine letzte Möglichkeit, den noch verbliebenen steuerlichen Änderungsrahmen zu seinen Gunsten auszunutzen, besteht im Aufspüren von materiellen Fehlern der Teileinspruchsentscheidung, welche er der drohenden nachteiligen Änderung bzw. Entscheidung entgegenhalten kann.

Ist die ergangene Teileinspruchsentscheidung in einzelnen Punkten fehlerhaft, so können zur (weitestgehenden) Herstellung der materiell zutreffenden Steuerfestsetzung diese Fehler im Rahmen der abschließenden Entscheidung beseitigt werden[462]. Teile des Schrifttums wenden hierzu die Vorschrift des § 177 AO analog an[463]. Dem wird entgegengehalten, dass die für eine Analogie erforderliche planwidrige Regelungslücke keinesfalls bestehe. Der Gesetzgeber habe die Änderungsvorschriften der §§ 172 ff. AO bewusst nur partiell an die Möglichkeit der Teileinspruchsentscheidung angepasst, indem er § 172 III AO

---

461 Vgl. BMF, AEAO Nr. 6.6 zu § 367.

462 Zur Saldierung und ihren Grenzen allgemein vgl. *v. Groll*, StuW 1993, 312 ff.

463 *Bartone* in Beermann/Gosch, § 367 AO, Rz 54, 63; wohl auch *Bergan/Martin*, DStZ 2008, 518 (523 f.).

neu eingeführt habe[464]. Der Anwendungsbereich des § 177 AO sei bei Teileinspruchsentscheidungen daher nicht gegeben.

Dieser Argumentation kann jedoch nicht gefolgt werden. Aufgrund der Gesetzesbegründung steht fest, dass der Normgeber eine sachverhaltsbezogene Bestandskraft anordnen wollte. Nach Bestandskraft der Teileinspruchsentscheidung wären somit etwaige Fehler nicht mehr zu korrigieren gewesen. Mit der Einfügung des aktuellen § 367 IIa AO ist ihm die Umsetzung dieses Vorhabens jedoch nicht gelungen. Die von Normgeber angestrebte Rechtsfolge wurde verfehlt, ohne dass ihm dies bewusst war. Anders als geplant, wurde daher auch keine wirksame Regelung über die Behandlung und Korrekturmöglichkeiten von Fehlern in der Teileinspruchsentscheidung getroffen. Von einer planwidrigen Regelungslücke kann daher sehr wohl ausgegangen werden. Ihr Fehlen steht einer analogen Anwendung des § 177 AO folglich nicht entgegen. Auch die Tatsache, dass der Gesetzgeber gerade keine Fehlerkorrektur wollte, spricht nicht gegen die analoge Anwendbarkeit des § 177 AO. Denn ein Ausschluss von Korrekturmöglichkeiten konnte gerade nur aufgrund der Anordnung einer sachverhaltsbezogenen Bestandskraft gerechtfertigt werden. Ihr Scheitern führt daher zur Anwendbarkeit der allgemeinen Regeln.

Auch ist der unmittelbare Anwendungsbereich des § 177 AO nicht eröffnet. Die für die Saldierung nach dieser Norm erforderliche Durchbrechung der Bestandskraft ist aufgrund des insoweit noch anhängigen Rechtsbehelfsverfahrens nicht eingetreten[465]. Der zulässige Einspruch hat ihren Eintritt zunächst umfassend verhindert. Die Teilbestandskraft aufgrund der Teileinspruchsentscheidung wird gerade nicht tangiert, da es bei dieser Saldierung allein um die Berücksichtigung von Fehlern im Rahmen der nicht bestandskräftigen Steuerfestsetzung geht. Die Steuerfestsetzung aufgrund der Teileinspruchsentscheidung soll gerade nicht angerührt werden. Eine Saldierung aufgrund von § 177 AO kann daher allenfalls im Wege einer Analogie erfolgen.

Fraglich erscheint jedoch, ob es eines Rückgriffs auf § 177 AO (analog) überhaupt bedarf. Immerhin handelt es sich bei der zu treffenden abschließenden Entscheidung grundsätzlich noch um dasselbe Einspruchsverfahren, zu dem auch die Teileinspruchsentscheidung ergangen ist. Die (sukzessive) Gesamtüberprüfung des Falles macht aber auch und gerade eine Sachprüfung hinsichtlich der Besteuerungsgrundlagen erforderlich und nicht nur eine abstrakte

---

464 *Steinger*, DStZ 2008, 674 (678).

465 *v. Groll* in HHS, § 177 AO Rz 43 f.; *Loose* in Tipke/Kruse, § 177 AO, Rz 1; *v. Wedelstädt* in Beermann/Gosch, § 177 AO, Rz 4 – a.A. offenbar *Bergan/Martin*, DStZ 2010, 643 (645): „§ 177 AO gilt im Einspruchsverfahren direkt".

Überprüfung der Steuer. Stellt sich daher heraus, dass eine rechtliche Bewertung in der bereits ergangenen Teileinspruchsentscheidung unzutreffend war, so ist das verlängerte Veranlagungsverfahren hinsichtlich der noch nicht bestandskräftig festgesetzten Steuer Teil einer einheitlichen Gesamtfallüberprüfung, die hinsichtlich eines konkreten Teilsteueranspruchs noch nicht beendet ist. Eine Durchbrechung der mit der Teileinspruchsentscheidung getroffenen bestandskräftigen Steuerfestsetzung ist gerade nicht erforderlich, da die Teilbestandskraft sich allein auf die festgesetzte Steuer bezieht und die neu zu bewertenden Besteuerungsgrundlagen nicht umfasst. Die Finanzbehörden sind vielmehr zur Überprüfung der bisherigen Bewertung der zugrundeliegenden Besteuerungsgrundlagen verpflichtet, soweit die Steuerfestsetzung noch nicht bestandskräftig ist. Dies umfasst mangels abweichender Regelung auch die Beseitigung bestehender Rechtsfehler. Ein Rückgriff auf eine analoge Anwendung des § 177 AO ist daher für die Bestimmung der im verbleibenden Verfahrensteil noch zulässigen Einwendungen nicht erforderlich. Die Berichtigung und Saldierung von materiellen Fehlern erfolgt im Rechtsbehelfsverfahren bereits aufgrund des Gebots der zutreffenden Steuerfestsetzung nach §§ 85 Satz 1; 365 I; 367 II AO[466]. Auch wenn der Gesetzgeber es versäumt hat, die beabsichtigte Regelung wirksam zu treffen, so kann diese Regelungslücke allein durch einen Rückgriff und eine stringente Anwendung der bisher geltenden Verfahrensvorschriften geschlossen werden.

Der Blick auf § 177 AO ist nach dem Vorstehenden nicht erforderlich, er bestätigt jedoch das zuvor aufgrund der Systematik des Rechtsbehelfsverfahrens gefundene Ergebnis. Denn die von der Finanzverwaltung vertretene Auffassung, nach der Fehler aus der bestandskräftig gewordenen Teileinspruchsentscheidung im Rahmen des noch offenen Teils der angefochtenen Steuerfestsetzung nicht zu berücksichtigen sind, ist nicht nur mit der derzeitigen Ausgestaltung des Einspruchsverfahrens unvereinbar. Sie verstößt darüber hinaus gegen die in § 177 AO niedergelegten Grundsätze. Gerade das Einspruchsverfahren und die Einspruchsentscheidung sind auf die Festsetzung der kraft Gesetzes entstandenen zutreffenden Steuer gerichtet. Wenn aber Saldierungen und Gegensaldierungen sogar im Verfahren über die Rechtmäßigkeit von Änderungen bestandskräftiger Ausgangsbescheide zugelassen sind, dann muss dies – vorbehaltlich einer ausdrücklichen anderweitigen Regelung – erst recht im Einspruchsverfahren gel-

466 *v. Groll* in HHS, § 177 AO Rz 44. Für eine Analogie könnte es zudem an der erforderlichen Vergleichbarkeit der Sachverhalte fehlen, da § 177 AO eine Durchbrechung der Bestandskraft ermöglicht, eine solche im vorliegenden Fall jedoch gar nicht notwendig ist.

ten[467]. Denn eine umfassende Bestandskraft der Steuerfestsetzung ist aufgrund des noch teilweise anhängigen Rechtsbehelfsverfahrens dort gerade noch nicht eingetreten.

Damit steht zweierlei fest. Droht durch die abschließende Einspruchsentscheidung, aus welchen Gründen auch immer, eine Steuererhöhung[468], so kann der Steuerpflichtige – alternativ zur weiterhin möglichen Einspruchsrücknahme – auch mit materiellen Fehlern aus der bestandskräftigen Teileinspruchsentscheidung saldieren und die Verböserung auch auf diesem Wege abwenden. Die Beseitigung solcher Fehler ist aber keinesfalls an eine drohende Steuererhöhung durch die abschließende Einspruchsentscheidung geknüpft. Der Rechtsbehelfsführer kann sich auch auf sie berufen, wenn und soweit sich sein ursprünglich noch offenes Begehren als nicht durchsetzbar erweist. In diesem Fall muss das Finanzamt seinem (Rest-)Einspruch entsprechen, obwohl die noch offene Rechtsfrage zu seinen Lasten zu entscheiden wäre. Denn in diesem Umfang ist die Steuerfestsetzung noch nicht bestandskräftig geworden und kann durch jegliche erstmals oder erneut vorgebrachte Einwände gemindert werden.

Allerdings ist der verbleibende Änderungsrahmen durch die bereits mit der Teileinspruchsentscheidung bestandskräftig festgesetzte Steuer begrenzt. Deren Bestandskraft wirkt sich zwar nicht sachverhaltsbezogen aus, setzt aber der Änderungsmöglichkeit im Rahmen des noch offenen Verfahrensteils Grenzen. Die bereits eingetretene Bestandskraft der Steuer kann auch durch berechtigte Einwände gegen die Teileinspruchsentscheidung nicht mehr überwunden werden. Hierzu hätte der Steuerpflichtige die Teileinspruchsentscheidung selbst im Klagewege anfechten müssen. Sämtliche von ihm vorgebrachten Einwendungen können daher eine Korrektur zu seinen Gunsten nur noch insoweit ermöglichen, als sich die steuerliche Auswirkung in Höhe der noch offenen, durch den Nichtentscheidungsteil bestimmten, Steuer bewegt. Die Steuerfestsetzung kann daher im Ergebnis nur noch im Rahmen der nicht bestandskräftigen Steuer gemindert werden.

Die weiterbestehende Saldierungsmöglichkeit ist allerdings auch im umgekehrten Fall gegeben. Stellt sich während des im Übrigen noch laufenden Einspruchsverfahrens heraus, dass die Teileinspruchsentscheidung Fehler zugunsten des Steuerpflichtigen enthält[469], können diese im Rahmen der abschlie-

467 *Birkenfeld* in HHS, § 367 AO Rz 583; in diese Richtung wohl auch *Intemann*, DB 2008, 1005 (1007).

468 Vgl. zu den Verböserungsmöglichkeiten der Finanzbehörden im Anschluss unter B.III.3.b.

469 Dies kommt insbesondere in Betracht, wenn die Teileinspruchsentscheidung auch stattgebende Elemente beinhaltete.

ßenden Einspruchsentscheidung saldiert werden. Trotz eines erfolgreichen Musterverfahrens kann dies eine (weitere) Änderung zugunsten des Rechtsbehelfsführers verhindern[470].

4. Ergebnis

Nach hier vertretener Auffassung[471] hat die Einfügung des § 367 IIa AO zu keiner Änderung der Rechtslage geführt. Dem Gesetzgeber ist es nicht gelungen, mit der Teileinspruchsentscheidung auch deren sachverhaltsbezogene Bestandskraft einzuführen. Aufgrund dieser handwerklich mangelhaften Umsetzung des angestrebten Zieles erwächst auch bei der Teileinspruchsentscheidung allein die Steuer in Bestandskraft, soweit über sie entschieden wurde. Wenn der Normgeber einer endgültigen rechtlichen Beurteilung der Besteuerungsgrundlagen und ihrer sachverhaltsbezogenen Bestandskraft Vorrang vor der materiellen Richtigkeit der Steuerfestsetzung insgesamt einräumen wollte, hätte er dies im Gesetz deutlich und unmissverständlich zum Ausdruck bringen müssen. Der Steuerpflichtige ist daher nicht daran gehindert, nach Ergehen der Teileinspruchsentscheidung im Rahmen des restlichen Einspruchsverfahrens jegliche neuen Einwände sowie materiellen Fehler der Teileinspruchsentscheidung geltend zu machen. Eine Beschränkung der zur Begründung seines Resteinspruchs tauglichen Gründe findet daher nicht statt. Die eingetretene Bestandskraft der Teileinspruchsentscheidung begrenzt aber betragsmäßig den verbleibenden Änderungsrahmen. Die bereits bestandskräftig festgesetze Steuer kann nicht mehr unterschritten werden. Eine entsprechende Anwendung der Saldierungsregelungen des § 177 AO ist hierfür nicht erforderlich. Die Berücksichtigung und Berichtigung bestehender Fehler erfolgt bereits im Rahmen der Gesamtüberprüfung der Steuerfestsetzung. Die insbesondere auch von der Finanzverwaltung vertretene Gegenauffassung[472], wonach die Bestandskraft der Besteuerungsgrundlagen eine erneute Befassung mit den von der Teileinspruchsentscheidung betroffenen Sachverhalten ausschließt, findet keine ausreichende Grundlage im Gesetz und ist daher abzulehnen.

---

470 Zu den bestehenden Verböserungsmöglichkeiten der Finanzbehörden gleich im Anschluss bei B.III.3.

471 Im Ergebnis ebenso *Seer* in Tipke/Kruse, § 367 AO, Rz 66; *Pahlke* in Pahlke/König, § 367 AO, Rz 67; *Bergan/Martin*, DStR 2007, 1384 (1385); *dies.*, DStZ 2008, 518 (523); *Mann*, Stbg 2008, 394 (402 f.); *Intemann*, DB 2008, 1005 (1007); *Schneider*, StC 8/2009, 20 (21).

472 BMF, AEAO Nr. 6.6 zu § 367; ebenso Klein/*Brockmeyer*, § 367 AO, Rz 21; *Steinger*, DStZ 2008, 674 (678); *Krüger*, DStZ 2009, 810 (815); wohl auch *Hardtke* in Kühn/v. Wedelstädt, § 367 AO, Rz 26.

III. Verhältnis der Teileinspruchsentscheidung zur abschließenden Entscheidung

Soweit der Einspruch durch die Teileinspruchsentscheidung nicht beschieden wird, bleibt das Rechtsbehelfsverfahren weiter anhängig. Hinsichtlich des noch offenen Verfahrensteils kann das Finanzamt je nach Verfahrenslage zwischen verschiedenen Fortführungsmöglichkeiten wählen. Neben der Allgemeinverfügung[473] kommen insbesondere eine weitere Teileinspruchsentscheidung, ein Abhilfebescheid oder eine abschließende Einspruchsentscheidung in Betracht[474].

1. Regulärer Verfahrensabschluss

Die Teileinspruchsentscheidung hat nicht in jedem Fall zur Folge, dass noch eine förmliche, das Verfahren abschließende Einspruchsentscheidung ergehen muss[475]. Allerdings muss sichergestellt sein, dass der noch offene Teil insgesamt einer Entscheidung zugeführt wird. Denn weiterhin gilt gem. § 367 II AO der Grundsatz der Vollüberprüfung. Eine solche Vollüberprüfung ist auch gegeben, wenn die Finanzbehörde dem Einspruch hinsichtlich der zunächst offen gebliebenen Frage abhilft. Denkbar ist zudem ein anderweitiger Verfahrensabschluss. So kann der Steuerpflichtige die weitere Nachprüfung durch Rücknahme seines Einspruchs verhindern[476].

2. Kein nachträglicher Wegfall der Teileinspruchsentscheidung

Das verbleibende Entscheidungsspektrum der Behörden nach Ergehen einer Teileinspruchsentscheidung unterscheidet sich insofern kaum von den ansonsten im Rechtsbehelfsverfahren gegebenen Möglichkeiten. Teilweise wird allerdings angenommen, die Teileinspruchsentscheidung werde hinfällig, wenn während der laufenden Klagefrist ein Änderungsbescheid ergeht[477]. Für einen Teilabhilfebescheid ist dieses Ergebnis nachvollziehbar und zutreffend. Der Teilabhilfebescheid erwächst nicht in Bestandskraft und wird über § 365 III AO Gegenstand des weiter anhängigen Einspruchsverfahrens. Es kommt zu ei-

---

473 Dazu später ausführlich unten im Teilabschnitt C.

474 Zu den verbleibenden Entscheidungsmöglichkeiten vgl. auch *Birkenfeld* in HHS, § 367 AO Rz 540 ff.

475 So auch das BMF, AEAO Nr. 6.6 zu § 367.

476 *Birkenfeld* in HHS, § 367 AO Rz 541.

477 So *Bergan/Martin*, DStR 2007, 1384 (1385 f.), die auch auf die Möglichkeit eines auf § 68 FGO gestützten Wahlrechts zwischen Fortführung des Einspruchsverfahrens und Klage gegen die Teileinspruchsentscheidung eingehen, m.w.N.

ner Auswechselung des Verfahrensgegenstands. Spätere weitere Abhilfe- oder Änderungsbescheide sowie eine folgende Einspruchsentscheidung ersetzen daher auch den Regelungsbereich dieses Teilabhilfebescheids[478].

Eine pauschale Übertragung dieser Grundsätze auf Teileinspruchsentscheidungen dürfte dagegen nicht möglich sein. Dem steht die Teilbestandskraft der Teileinspruchsentscheidung entgegen[479]. Eine solche Bindungswirkung weist der schlichte Teilabhilfe- oder Änderungsbescheid im Rechtsbehelfsverfahren gerade nicht auf. Die Teileinspruchsentscheidung führt zu einer partiellen und vorzeitigen Beendigung des Einspruchsverfahrens. Das Rechtsbehelfsverfahren ist insoweit gar nicht mehr anhängig. Die für die Finanzbehörde infolge der wirksamen Bekanntgabe bereits eingetretene Bindungswirkung[480] kann durch den Erlass eines Änderungsbescheides nicht mehr rückgängig gemacht oder umgangen werden. Nach dieser Entscheidung ist eine Abhilfe hinsichtlich des bereits beschiedenen Teils schon begrifflich nicht mehr möglich. Eine Änderung außerhalb des Einspruchsverfahrens aufgrund eigenständiger Korrekturvorschriften bleibt dagegen weiterhin möglich, die Teileinspruchsentscheidung selbst hierbei jedoch unangetastet.

a. Vergleichbarkeit mit Änderungsbescheid nach herkömmlicher Einspruchsentscheidung

Die Sachlage ähnelt nicht dem Erlass eines Teilabhilfebescheides, sondern ist aufgrund des partiell abgeschlossenen Verwaltungsverfahrens eher mit dem Fall vergleichbar, in dem nach Erlass einer (einheitlichen) Einspruchsentscheidung innerhalb der Rechtsbehelfsfrist[481] und vor Klageerhebung ein Änderungsbescheid ergeht. Da die Einspruchsentscheidung bei Ergehen des Änderungsbescheids noch nicht unanfechtbar geworden ist, greift jedenfalls die Anfechtungs-

---

478 BFH, Urteil v. 6.9.2006 – XI R 51/05, BStBl II 2007, 83 (86); *Seer* in Tipke/Kruse, § 367 AO, Rz 42, 46.

479 *Pahlke* in Pahlke/König, § 367 Rz 20; *Birkenfeld* in HHS, § 367 AO Rz 218; ähnlich auch BMF, AEAO Nr. 6.5 zu § 367.

480 Diese ist unstreitig. Umstritten ist lediglich, ob die Bindung der Finanzbehörden ab wirksamer Bekanntgabe auf einer Selbstbindung oder auf der ihr gegenüber bereits eingetretenen materiellen Bestandskraft beruht; vgl. hierzu bereits oben bei B.II.3.a.bb.

481 Hinweis auf den interessanten Fall einer Teileinspruchsentscheidung innerhalb der noch laufenden Einspruchsfrist unde den damit verbundenen Folgen für eine spätere Einspruchserweiterung, seit 20.1.2014 beim BFH anhängiges Verfahren VI R 80/13.

beschränkung des § 351 AO nicht. Maßgeblich hierfür ist allein der Zeitpunkt der Bekanntgabe des Änderungsbescheides und nicht der Zeitpunkt der tatsächlichen Anfechtung des Änderungsbescheides[482].

Auch der Erlass eines solchen Änderungsbescheides führt hier nicht zu einem Wegfall der Einspruchsentscheidung. Einspruchsentscheidung und Änderungsbescheid stehen zunächst nebeneinander. Die Auswirkungen auf eine bereits erhobene Anfechtungsklage gegen die Einspruchsentscheidung ergibt sich unmittelbar aus § 68 Satz 1 FGO. Parallel zur Regelung des § 365 AO für Änderungen während des Einspruchsverfahrens sieht auch die Finanzgerichtsordnung einen starren Automatismus vor, nach dem der Änderungsbescheid an die Stelle der ursprünglich angefochtenen Einspruchsentscheidung tritt. Einer dementsprechenden Willenserklärung des Klägers bedarf es seit der Neufassung der Norm im Jahr 2001 nicht mehr[483].

Mehr Handlungsspielraum bleibt dagegen dem Steuerpflichtigen, der die Einspruchsentscheidung noch nicht angefochten hat. Innerhalb der laufenden Klagefrist bietet sich ihm neben einer Klage gegen die Einspruchsentscheidung zusätzlich die Möglichkeit der isolierten Einspruchseinlegung gegen den Änderungsbescheid[484]. Entscheidet er sich fristgerecht zur Klage gegen die Einspruchsentscheidung, greift wiederum § 68 FGO[485]. Im diesem Fall wächst der Änderungsbescheid (nachträglich) in das Gerichtsverfahren hinein und nimmt den ursprünglichen Verwaltungsakt in seinen Regelungsinhalt auf[486]. Ein vorheriges Rechtsbehelfsverfahren gegen den Änderungsbescheid ist in diesem Fall entbehrlich. Zum gleichen Ergebnis führt die direkte Klage gegen den Änderungsbescheid. Allerdings ist hier ein Rückgriff auf § 68 Satz 1 AO nicht erforderlich, da sich der Kläger durch seine Klageerhebung gegen den Änderungs-

---

482 BFH, Urteil v. 10.7.1980 – IV R 11/78, BStBl II 1981, 5 (6) sowie kürzlich FG Nürnberg, Urteil v. 27.9.2007 – VI 436/2005, EFG 2008, 352 (353); *Macher*, StuW 1985, 33 (40); *Seer* in Tipke/Kruse, § 351 AO, Rz 11; wenig überzeugend die a.A. von *Birkenfeld* in HHS, § 351 AO Rz 55 ff.

483 Zur Kritik an der Neufassung vgl. *Steinhauff* in HHS, § 44 FGO Rz 321; *ders.*, AO-StB 2010, 119 ff. sowie *Jesse*, DStZ 2005, 139 ff.

484 *Schallmoser* in HHS, § 68 FGO Rz 62; *Stöcker* in Beermann/Gosch, § 68 FGO, Rz 41; *Drüen*, AO-StB 2001, 87 (88); *Leingang-Ludolph/Wiese*, DStR 2001, 775 (776).

485 Nach der Gesetzesänderung des § 68 FGO zum 1.1.2001 erfasst die Norm nunmehr auch ihrem Wortlaut nach Änderungsbescheide, die nach Bekanntgabe der Einspruchsentscheidung und vor Klageerhebung ergangen sind. Vgl. auch *Stöcker* in Beermann/Gosch, § 68 FGO, Rz 39; *Leingang-Ludolph/Wiese*, DStR 2001, 775 (776).

486 *Seer* in Tipke/Kruse, § 68 FGO, Rz 10; *Jesse*, DStZ 2005, 139 (139).

bescheid bereits von vorneherein in der Situation befindet, die § 68 Satz 1 AO erst herstellen soll[487]. Unabhängig davon, welchen der beiden Verwaltungsakte der Steuerpflichtige mit einer zulässigen Klage anfechtet, hat die Klageerhebung damit immer eine umfassende Überprüfung von Einspruchsentscheidung und Änderungsbescheid zur Folge.

Fühlt der Steuerpflichtige sich allerdings nur durch den Änderungsbescheid, nicht aber durch die Einspruchsentscheidung in seinen Rechten verletzt, so braucht er diesen nicht zwangsläufig im Klageverfahren überprüfen zu lassen. § 68 FGO gebietet es nicht, dass gegen die Einspruchsentscheidung Klage erhoben wird, nur um den ändernden Bescheid kraft Gesetzes in das Klageverfahren einzuführen[488]. Die lediglich laufende Klagefrist stellt kein (finanzgerichtliches) Verfahren im Sinne der Norm dar. Verzichtet der Steuerpflichtige auf eine spätere Klage, findet der Automatismus des § 68 FGO keine Anwendung, der Ausschluss des Einspruchs nach seinem Satz 2 greift nicht. Der Steuerpflichtige kann also gegen den Änderungsbescheid regulär Einspruch einlegen.

In dem Einspruchsverfahren wird dann allein die Rechtmäßigkeit des Änderungsbescheids überprüft. Einer weitergehenden Überprüfung der Rechtmäßigkeit der Steuerfestsetzung insgesamt steht dabei entgegen der vorherrschenden Auffassung[489] zwar nicht § 351 AO entgegen. Denn auch die zunächst ergangene (erste) Einspruchsentscheidung ist im Zeitpunkt der wirksamen Bekanntgabe des Änderungsbescheides noch nicht unanfechtbar geworden, da die maßgebliche Klagefrist gerade noch nicht abgelaufen war. Der Änderungsbescheid änderte mithin gerade keinen unanfechtbaren Verwaltungsakt. Der spätere ereignislose Fristablauf mangels Klageerhebung ändert hieran nichts mehr. Der Anwendungsbereich des § 351 AO ist daher nicht eröffnet.

Dennoch ist der Einspruch gegen den Änderungsbescheid nicht dazu geeignet, die Rechtmäßigkeit auch der Einspruchsentscheidung erneut zu überprüfen – er ist insoweit gem. § 348 Nr. 1 AO nicht statthaft. Einwendungen gegen Einspruchsentscheidungen können auch in dieser Konstellation allein durch Klage zum Finanzgericht geltend gemacht werden[490]. Diese Beschränkung des zulässigen Rechtsbehelfs muss auch auf den innerhalb der Einspruchsfrist er-

487 *Seer* in Tipke/Kruse, § 68 FGO, Rz 17.

488 *Schallmoser* in HHS, § 68 FGO, Rz 62.

489 *Seer* in Tipke/Kruse, § 68 FGO, Rz 23; *Schallmoser* in HHS, § 68 FGO, Rz 62; *Drüen*, AO-StB 2001, 87 (88); *Jesse*, DStZ 2005, 139 (140) – in diesem Punkt wie hier *Bergan/Martin*, DStR 2007, 1384 (1386).

490 Zu der Ausnahme bei einem (schlichten) Vollabhilfebescheid, gegen den ein Einspruch statthaft ist vgl. BFH, Urteil v. 18.4.2007 – XI R 47/05, BStBl II 2007, 736 ff.

lassenen und nunmehr angefochtenen Änderungsbescheid durchschlagen, da das Verwaltungsverfahren mit Bekanntgabe der Einspruchsentscheidung insoweit endet. Mit dem erneuten und isolierten Einspruch gegen den Änderungsbescheid kann daher nur noch dessen über die Einspruchsentscheidung hinausgehender selbständiger Regelungsgehalt gerügt werden. Ein anhängiges Rechtsbehelfsverfahren, wie es § 365 III AO voraussetzt, bestand infolge der Einspruchsentscheidung gerade nicht mehr. Die Einspruchsentscheidung bleibt daher trotz der Anfechtung des Änderungsbescheids isoliert bestehen und erwächst mangels Klageerhebung unabhängig von dem Einspruchsverfahren gegen den Änderungsbescheid in Bestandskraft. Obsiegt der Steuerpflichtige im Einspruchsverfahren gegen den Änderungsbescheid, bleibt es beim Ergebnis der Einspruchsentscheidung. Unterliegt er, ist die in der Einspruchsentscheidung erfolgte Steuerfestsetzung (ggf. teilweise) durch den Änderungsbescheid überholt[491].

b. Anwendung dieser Grundsätze auf die Teileinspruchsentscheidung

Gleiches muss auch für die Teileinspruchsentscheidung gelten. Durch eine Änderung während der laufenden Klagefrist wird ihr Bestand nicht automatisch berührt. Entscheidet sich der Steuerpflichtige nur zu einer isolierten Anfechtung des Änderungsbescheids mit dem Einspruch, hat die Änderung auch innerhalb der laufenden Klagefrist keinen Einfluss auf die Teileinspruchsentscheidung. Nur wenn er sich zu einer fristgerechten Klage gegen die Teileinspruchsentscheidung oder den Änderungsbescheid entschließt, tritt der Änderungsbescheid zugunsten eines weitgehend einheitlichen Klageverfahrens gem. § 68 FGO an die Stelle der Einspruchsentscheidung.

Dennoch greift die Kritik einen wunden Punkt auf. Denn tatsächlich ist aufgrund der nur partiellen Beendigung infolge der Teileinspruchsentscheidung ein anderer Teil des ursprünglich einheitlichen Rechtsbehelfsverfahrens noch anhängig i.S.v. § 365 III AO. Soweit ein Änderungsbescheid sich inhaltlich auf diesen Teil bezieht, ist der Anwendungsbereich des § 365 III AO daher auch weiterhin eröffnet[492]. In diesen Fällen tritt der Änderungsbescheid an die Stelle des noch angefochtenen Teils. Ein erneuter Einspruch ist unzulässig. Im Rahmen der abschließenden Entscheidung wird daher auch der Regelungsgehalt des

491 *Schallmoser* in HHS, § 68 FGO Rz 62 – vgl. für den Fall der Änderung nach Teilanfechtung *Jesse*, DStZ 2005, 139 (142).

492 Vgl. zur ähnlichen Differenzierung zwischen beschiedenem und noch anhängigem Teil die sogleich folgenden Ausführungen zu den Verböserungsmöglichkeiten.

Änderungsbescheids überprüft und berücksichtigt werden. Zu einem nachträglichen Wegfall der Teileinspruchsentscheidung kommt es allerdings in keinem Fall. Dies ist nur infolge gerichtlicher Aufhebung der Entscheidung möglich.

3. Verböserungsmöglichkeit

Betrachtet man die Entscheidungsalternativen der Finanzbehörden im laufenden Einspruchsverfahren unter dem Gesichtspunkt der Verböserung, so ist zwischen der Verschlechterung der Steuerfestsetzung und der Verschlechterung der Teileinspruchsentscheidung zu differenzieren.

a. Verböserung der Steuerfestsetzung durch Teileinspruchsentscheidung

Stellt sich im Rahmen der einspruchsbedingten Vollüberprüfung der Steuerfestsetzung heraus, dass die Steuer unzutreffender Weise zu niedrig festgesetzt wurde, ist eine Verböserung unter den Voraussetzungen des § 367 II 2 AO möglich. Diese Verböserung kann auch durch Teileinspruchsentscheidung erfolgen[493]. Insofern besteht keine Abweichung zur herkömmlichen Einspruchsentscheidung. Dabei wird die Verböserungsmöglichkeit auch nicht durch einen vorhergehenden Teilabhilfebescheid eingeschränkt. Dieser tritt gem. § 365 III 1 AO an die Stelle des angefochtenen Verwaltungsaktes. Die Verböserung wird weder durch eine einschränkende Auslegung des § 367 II 2 AO noch durch die Bestandskraft des Änderungsbescheids gehindert. Ihm kommt gerade keine erhöhte Bestandskraft zu[494].

b. Verböserung der Teileinspruchsentscheidung

Eine genauere Betrachtung ist erforderlich, wenn der Fehler zugunsten des Steuerpflichtigen erst nach Ergehen der Teileinspruchsentscheidung auffällt. Zu differenzieren ist danach, ob der Fehler sich auf den von der Teileinspruchsentscheidung bereits umfassten oder auf den noch anhängigen Teil bezieht.

Der Nichtentscheidungsteil einer Teileinspruchsentscheidung wird sich selten auf die Steuerfestsetzung hinsichtlich einer ganzen Einkunftsart beziehen, sondern wird regelmäßig nur die Behandlung einer konkreten Streitfrage, d.h. bestimmter Abzugsposten, offen lassen. Angesichts dieses beschränkten Umfangs dürfte es in der Praxis selten dazu kommen, dass sich im Rahmen der

---

493 *Birkenfeld* in HHS, § 367 AO Rz 543 f.

494 BFH, Urteil v. 6.9.2006 – XI R 51/05, BStBl II 2007, 83 (86); *Seer* in Tipke/Kruse, § 367 AO, Rz 46.

abschließenden Einspruchsentscheidung herausstellt, dass die Steuerfestsetzung gerade in diesem offenen Punkt noch zum Nachteil des Steuerpflichtigen zu ändern ist. Dies gilt insbesondere, wenn man bedenkt, dass die Finanzbehörden im Regelfall die Steuer profiskalisch festsetzen werden, hierzu in Fällen einer zunächst nur behaupteten Verfassungswidrigkeit eines Steuergesetzes aufgrund des ausschließlichen Verwerfungsmonopols der Bundesverfassungsgerichts sogar verpflichtet sind[495]. Ein Unterliegen des Steuerpflichtigen im noch offenen Teil des Rechtsbehelfsverfahrens wird daher in der weit überwiegenden Zahl der Fälle nicht zu einer Nachzahlung führen – der Steuerpflichtige scheitert vielmehr mit seinem Wunsch nach einer Herabsetzung der Steuer. Sollte es dennoch im Einzelfall zu einer geänderten rechtlichen Bewertung hinsichtlich des noch nicht entschiedenen Teils kommen, die zu einer Verböserung der Steuerfestsetzung führen würde, könnte der Steuerpflichtige dies – wie oben festgestellt – jedenfalls durch Rücknahme des Einspruchs oder aber durch Saldierung mit gegenläufigen festgestellten Fehlern verhindern[496].

Allein aufgrund des größeren Umfangs des von der Teileinspruchsentscheidung erfassten Teils ist es wesentlich wahrscheinlicher, dass nach ihrem Erlass ein zu einer Steuererhöhung führender Fehler in der steuerrechtlichen Behandlung der diesem Teil zugrunde liegenden Lebenssachverhalte zutage tritt. Dies gilt insbesondere, wenn die Teileinspruchsentscheidung auch abhelfende Elemente besaß. Nachdem bereits dargelegt wurde, dass sich der Steuerpflichtige auf zu seinen Lasten gehende Fehler in der Teileinspruchsentscheidung bis zur Grenze der eingetretenen Bestandskraft berufen kann, ohne mit einem bestimmten Vorbringen präkludiert zu sein[497], soll an dieser Stelle untersucht werden, ob auch zu seinen Gunsten bestehende Fehler in der Teileinspruchsentscheidung gegebenenfalls bis hin zu einer Verböserung korrigiert werden können.

Solange die erforderliche steuererhöhende Korrektur mit steuermindernden Ansprüchen saldiert werden kann, ergibt sich kein Problem. Das im weiteren Rechtsbehelfsverfahren vom Steuerpflichtigen zu Recht geltend gemachte Steuerminderungsbegehren kann durch die sich bereits zu seinen Gunsten auswirkenden Fehler in der Teileinspruchsentscheidung völlig aufgezehrt werden. Eine (weitere) Korrektur unterbleibt dann. Problematisch wird es dagegen, wenn der

495 *Ossenbühl* in HdbStaatsR III, § 101 Rz 5; *Seer*, DStR 1993, 307 (310); *ders.* in Tipke/Kruse, § 165 Rz 26; *Heuermann*, in HHS, § 165 AO Rz 21 a.E.; *Frotscher* in Schwarz, § 165 AO, Rz 26.

496 Zu dieser Konstellation im Übrigen noch einmal weiter unten am Ende der Ausführungen zu den Verböserungsmöglichkeiten.

497 Vgl. hierzu die umfassende Diskussion oben in diesem Teil bei B.II.3.c.cc.

zu Gunsten des Steuerpflichtigen in der Teileinspruchsentscheidung enthaltene Fehler betragsmäßig größer ist, als der im noch offenen Teil zu korrigierende Fehler zu seinen Lasten. Eine unbegrenzte Saldierung der bestehenden Fehler würde in diesem Fall zu einer steuererhöhenden Korrektur, also einer Verböserung, führen.

aa. Verbleibender regulärer Änderungsrahmen und Beginn der Verböserungswirkung

Denkbar ist, dass während des laufenden Einspruchsverfahrens, aber nach einer (fehlerhaften) Teileinspruchsentscheidung ein Verböserungshinweis ergeht, der Steuerpflichtige den Einspruch im Hinblick auf das noch anhängige erfolgsversprechende Musterverfahren aber nicht zurücknehmen möchte. Es stellt sich daher die Frage, ob eine Verböserung nach Ergehen einer Teileinspruchsentscheidung überhaupt noch möglich sein kann. Denn anders als bei der regulären Verböserung in der abschließenden Einspruchsentscheidung, ist durch die Teileinspruchsentscheidung bereits eine Teilbestandskraft eingetreten. Auf Basis der von der Finanzverwaltung vertretenen extensiven Auffassung würde die Bestandskraft auch der Besteuerungsgrundlagen einer jeglichen Fehlerkorrektur und damit auch einer Verböserung entgegenstehen[498]. Nach dem hier vertretenen restriktiven Verständnis erwächst dagegen nur die entsprechende, von der Vorabentscheidung betroffene Steuerfestsetzung in Bestandskraft. Der noch für eine Anpassung zur Verfügung stehende, nicht bestandskräftige Änderungsrahmen ist dabei der Unterschied zwischen der festzusetzenden Steuer bei einem völligem Obsiegen des Steuerpflichtigen in dem noch nicht entschiedenen Punkt und der – regelmäßig bereits die angefochtene Festsetzung darstellenden – Steuer bei vollständigem Unterliegen in diesem Punkt. Die infolge der Teileinspruchsentscheidung eingetretene Bestandskraft der Steuerfestsetzung wirkt folglich in beide Richtungen. Sie bildet einerseits die Untergrenze der Steuerfestsetzung, die der Steuerpflichtige auch durch eine berechtigte Rüge materieller Fehler nicht mehr unterschreiten kann, wenn er die Teileinspruchsentscheidung nicht rechtzeitig und in zulässiger Art und Weise durch Klage zum Finanzgericht angefochten hat.

Die eingetretene (Teil-)Bestandskraft ist aber auch durch die Finanzbehörden zu respektieren. Die bisher festgesetzte Steuer darf keinesfalls überschritten werden. Die Festsetzung im Ausgangsbescheid bildet die Grenze für eine Änderung. Wird sie überschritten, kommt es zu einer Verböserung. Insofern besteht

498 So wohl auch *Birkenfeld* in HHS, § 367 AO Rz 548.

kein Unterschied zum regulären Einspruchsverfahren. Auch hier muss sich eine Steuerfestsetzung im Einspruchsverfahren jenseits der bisher festgesetzten Steuer an den Zulässigkeitskriterien der Verböserung messen lassen. Eigenständige Bedeutung für den der Behörde verbleibenden Änderungsrahmen bekommt die Teileinspruchsentscheidung, wenn sie auch abhelfende Komponenten enthält. Wird im Rahmen einer Teileinspruchsentscheidung unter anderem auch einem gerügten Punkt stattgegeben, so schränkt dies den Entscheidungsspielraum der Behörde entsprechend ein. In der Höhe, in der dem Begehren des Steuerpflichtigen in der Teileinspruchsentscheidung nachgekommen wird, reduziert sich die ursprünglich festgesetzte Steuer definitiv.

Der Steuerpflichtige wendet sich mit dem Einspruch gegen eine Steuerfestsetzung von EUR 50.000 und rügt die Nichtberücksichtigung von Werbungskosten mit einem Steuerminderungspotential von EUR 2.000 bei den Einkünften aus Nichtselbständiger Arbeit (§ 19 EStG) und von EUR 4.000 bei den Kapitaleinkünften (§ 20 EStG). Zudem begehrt er die Berücksichtigung von Schuldzinsen in Höhe von EUR 6.000 als nachträgliche Werbungskosten des bereits veräußerten Objekts bei den Vermietungseinkünften. Die Frage ihrer Abzugsfähigkeit ist aufgrund eines derzeit anhängigen Musterverfahrens vor dem Bundesfinanzhof noch nicht entscheidungsreif[499]. Eine Überprüfung ergibt jedoch, dass der Einspruch hinsichtlich der nachgeschobenen Werbungskosten zu § 19 EStG begründet ist, die darüber hinaus geltend gemachten Aufwendungen jedoch nicht den Kapitaleinkünften, sondern der privaten Vermögensverwaltung zuzuordnen sind. Eine Teileinspruchsentscheidung wird daher dem Begehren in Höhe von EUR 2.000 stattgeben und den Einspruch im Übrigen zurückweisen. Ausgenommen von der Entscheidung wird die steuerrechtliche Behandlung der geltend gemachten Schuldzinsen mit einer Steuerauswirkung von EUR 6.000 bei den Einkünften gem. § 21 EStG[500].

Nach Bestandskraft der Teileinspruchsentscheidung steht fest, dass der Einspruchsführer eine Herabsetzung der Steuerfestsetzung unter einen Betrag von EUR 42.000 nicht mehr erreichen kann. Nach Ablehnung der geltend gemachten Aufwendungen von EUR 4.000 und einer Zurückweisung des Einspruchs im Übrigen kann er maximal in Höhe

499 Seit 18.2.2011 vor dem BFH anhängiges Verfahren IX R 67/10. Das BMF-Schreiben vom 16.5.2011, BStBl I 2011, 464 betreffend die vorläufige Steuerfestsetzung im Hinblick auf anhängige Musterverfahren erfasst dieses Verfahren nicht. Das Rechtsbehelfsverfahren ruht daher insoweit gem. § 363 II 2 AO (zwischenzeitlich am 20.6.2012 zugunsten des Steuerpflichtigen entschieden). Vgl. zu dieser Problematik ausführlich jüngst *Schallmoser*, FS Spindler, S. 739 ff.

500 Klargestellt sei noch einmal, dass auch durch die Bezugnahme auf die Vermietungseinkünfte keine sachverhaltsbezogene Bestandskraft eintritt. Ihre Nennung im Nichtentscheidungsteil dient allein der besseren Identifikation des von der Teileinspruchsentscheidung ausgenommenen Teils. Die Steuerfestsetzung ist in Höhe von EUR 6.000 für jegliche Steuerminderungsbegehren offen.

der bereits zugesprochenen EUR 2.000 sowie der noch offenen EUR 6.000 obsiegen. Für die Finanzbehörden steht infolge der Entscheidung zugleich fest, dass sich durch die teilweise Stattgabe des Einspruchsbegehrens die maximal festzusetzende Steuer auf EUR 48.000 gemindert hat. Eine Festsetzung darüber hinaus würde zu einer Verböserung führen.

bb. Restriktive Anwendung des § 367 II 2 AO nach Teileinspruchsentscheidung

Es stellt sich jedoch die Frage, ob nach Ergehen einer Teileinspruchsentscheidung die rechtliche Möglichkeit einer Verböserung überhaupt noch besteht. Wie bereits ausgeführt, handelt es sich bei § 367 II 2 AO nicht um eine Befugnisnorm, sondern um eine reine Verfahrensvorschrift. Die Befugnis zur Heraufsetzung der Steuer folgt bereits aus dem Charakter des Einspruchsverfahrens an sich[501]. Ähnlich wie bei der Frage nach einer Verböserungsmöglichkeit bei Teilanfechtung, steht die Steuerfestsetzung jedoch nicht (mehr) in Gänze zur Disposition der Finanzbehörden. Soweit das Rechtsbehelfsverfahren bereits durch Teileinspruchsentscheidung beendet ist, ist dem Finanzamt infolge des Eintritts der Bestandskraft die Änderungsbefugnis genommen. Diese Einschränkung muss auch auf die Verböserungsmöglichkeit durchschlagen. Denn das Rechtsbehelfsverfahren ist insoweit gar nicht mehr anhängig. Die Verböserung ermöglicht gerade keine Durchbrechung der einmal eingetretenen Bestandskraft, sondern setzt ihr Fehlen voraus. Das verlängerte Verwaltungsverfahren, welches die Grundlage einer jeden Verböserungsmöglichkeit bildet, ist insoweit vorzeitig beendet. Sie kann sich damit allenfalls auf die steuerliche Behandlung des noch anhängigen Nichtentscheidungsteils beziehen. Bei Annahme einer sachverhaltsbezogenen Bestandskraft dürfte sich die Steuererhöhung daher nur auf die vom Nichtentscheidungsteil betroffene Besteuerungsgrundlage beziehen[502].

Zu praktischen Unzulänglichkeiten führt der eingeschränkte Verböserungsumfang dagegen, wenn man wie hier eine solche sachverhaltsbezogene Bestandskraft ablehnt. Denn in diesem Fall bleibt nicht die rechtliche Behandlung einer bestimmten Besteuerungsgrundlage offen, sondern ein ganz konkreter Teil der Steuerfestsetzung, ohne dass dieser an einen bestimmten steuerlich relevanten Sachverhalt geknüpft ist. Während es keine Probleme bereitet, die betragsmäßige Grenze für den Beginn des Verböserungsbereichs zu

---

501 Vgl. hierzu die Ausführungen zu den Rechtsfolgen einer Teilanfechtung oben bei B.II.3.b.aa(3)(b) sowie *Birkenfeld* in HHS, § 367 AO Rz 430, m.w.N.

502 So z.B. Klein/*Brockmeyer*, § 367 AO, Rz 20 f.

bestimmen[503], macht es diese Offenheit der Steuerfestsetzung für sämtliche steuererhöhenden oder mindernden Argumente schwierig zu entscheiden, ob die Verböserung die Teileinspruchsentscheidung oder aber den noch anhängigen Teil betrifft. Eine Zuordnung der zur Verböserung führenden rechtlichen Gründe kann nur durch ihre Verknüpfung mit einem konkreten Lebenssachverhalt erfolgen. Auf diese Lebenssachverhalte erstreckt sich die Bestandskraft jedoch gerade nicht. Dennoch kann diese Erkenntnis nicht zu dem Ergebnis führen, eine Verböserung sei daher jederzeit nach entsprechendem Hinweis auch hinsichtlich des bereits von der Teileinspruchsentscheidung umfassten Teils zulässig. Dies würde dem bereits partiell beendeten Rechtsbehelfsverfahren und dem damit verbundenen Wegfall der Verböserungsmöglichkeit nicht ausreichend Rechnung tragen.

An dieser Stelle zeigt sich fatal, dass die mangelnde einheitliche Umsetzung bei der Teileinspruchsentscheidung zu kaum lösbaren Problemen führt. Jedenfalls zur Zuordnung der als verbösernd zu wertenden Lebenssachverhalte kann nur der Blick auf die der Änderung zugrunde liegenden Besteuerungsgrundlagen weiterhelfen. Dieser sollte nach der derzeitigen Konzeption aber gerade nicht ausschlaggebend sein, da er von der Bestandskraftwirkung ausgenommen ist. Die Einführung der Teileinspruchsentscheidung als – jedenfalls von ihren Rechtsfolgen aus betrachtet – Fremdkörper in der bisherigen Regelungssystematik führt dazu, dass das Normengefüge und die bisherigen Grundsätze nicht mehr aufeinander abgestimmt sind. Eine stringente Linie bei der Auslegung der von der Neuregelung mittelbar betroffenen Normen kann daher nicht in jedem Fall durchgehalten werden. Eine solche Orientierung der Verböserungsmöglichkeit an den zugrunde liegenden Besteuerungsgrundlagen kommt der – nach derzeitiger Rechtslage abzulehnenden – sachverhaltsbezogenen Bestandskraft bedenklich nahe. Sie bietet jedoch die einzige Möglichkeit, eine Anwendbarkeit des § 367 II 2 AO auch nach Ergehen einer Teileinspruchsentscheidung zu gewährleisten.

Dieses Ergebnis überzeugt auch im Hinblick auf die höchstrichterliche Rechtsprechung zur eingeschränkten Verböserungsmöglichkeit im Einspruchsverfahren gegen einen Änderungsbescheid, der nach Unanfechtbarkeit des Erstbescheids erlassen wurde. Beide Fälle sind vergleichbar, da die Reichweite des § 367 II 2 AO jeweils unter Berücksichtigung der bereits eingetretenen Bestandskraft zu bewerten ist. Der Bundesfinanzhof hat in diesem Zusammenhang

503 Im vorstehenden Beispiel die ursprünglich festgesetzte Steuer von EUR 50.000 bzw. nach teilweiser Stattgabe des Einspruchs durch Teileinspruchsentscheidung EUR 48.000.

klargestellt, dass § 351 AO zwar grundsätzlich nicht die Befugnis der Finanzbehörden beschränkt, eine höhere Steuer aufgrund von Änderungsvorschriften festzusetzen[504]. Allerdings ist eine Verböserung dennoch nur eingeschränkt zulässig, da § 367 II 2 AO nicht die vollständige Überprüfung des ursprünglichen und bereits bestandskräftigen Erstbescheids eröffnet. Vielmehr ist die Überprüfungsmöglichkeit auf den Verfahrensgegenstand des Einspruchsverfahrens begrenzt. Sie ermöglicht daher eine Überprüfung – und Fehlerbeseitigung – allein im Hinblick auf den angefochtenen Änderungsbescheid, nicht aber im Hinblick auf den Erstbescheid, der nicht Gegenstand des nun anhängigen Rechtsbehelfsverfahrens ist[505]. Eine Verböserung kommt folglich nur in Frage, wenn sie ihre Rechtsgrundlage in dem Änderungsbescheid hat. Der zur nachträglichen Steuererhöhung führende Fehler muss bei Ergehen des Änderungsbescheids unterlaufen sein. Die jetzt zu einer Verböserung führende Steuererhöhung hätte in einem (gedachten) rechtmäßigen Änderungsbescheid also bereits enthalten sein müssen. Aufgrund der eingetretenen Bestandskraft des Erstbescheids kann es damit trotz §§ 367 II 2, 351 AO zu keiner Gesamtaufrollung der Steuerfestsetzung mehr kommen[506].

Übertragen auf die Verböserung nach bestandskräftiger Teileinspruchsentscheidung bedeutet dies, dass die partielle vorzeitige Beendigung des Rechtsbehelfsverfahrens mit ihrer Bestandskraft einer Verböserung entgegen steht, soweit diese sich inhaltlich auf den bereits bestandskräftigen Teil bezieht. Der Besonderheit der Verfahrenstrennung infolge einer Teileinspruchsentscheidung ist auch im Hinblick auf die behördliche Verböserungsbefugnis Rechnung zu tragen. Die Saldierung gegenläufiger Fehler innerhalb des verbleibenden steuerlichen Änderungsrahmens ist nach derzeitiger Rechtslage auch nach Ergehen der Teileinspruchsentscheidung zulässig. Soweit das Rechtsbehelfsverfahren beendet ist, fehlt es jedoch an einer rechtlichen Änderungsbefugnis. Unter Verböserungsgesichtspunkten wird die Steuer, soweit sie sich aus dem Sachverhalt der Teileinspruchsentscheidung ableitet, allein durch diese gestaltet[507]. Dies gebietet

---

504 BFH, Urteil v. 24.10.2000 – IX R 62/97, BStBl II 2001, 124 (126); ebenso FG Baden-Württemberg, Urteil v. 14.5.2003 – 13 K 222/01, EFG 2004, 783 (784).

505 BFH, Urteil v. 24.10.2000 – IX R 62/97, BStBl II 2001, 124 (125); Klein/*Brockmeyer*, § 367 AO, Rz 5; *Seer* in Tipke/Kruse, § 367 Rz 24; *Bartone* in Beermann/Gosch, § 367 AO, Rz 35.

506 FG Düsseldorf, Urteil v. 31.1.1983 – I 281/80, EFG 1983, 537; *Kies*, DStR 2001, 1555 (1559); Klein/*Brockmeyer*, § 367 AO, Rz 5.

507 In diese Richtung wohl auch *Birkenfeld* in HHS, § 367 AO Rz 548 und *Jesse*, Einspruch, Teil B Rz 723.

die Berücksichtigung der eingetretenen Teilbestandskraft. Die Beschränkung ist zwingende Folge des mit ihr einhergehenden partiellen Abschlusses des Rechtsbehelfsverfahrens.

Die Behörden haben den teilweisen Verfahrensabschluss selbst in der Hand. Entscheiden sie sich aus Gründen der Sachdienlichkeit und Effektivität für ein solches Vorgehen, müssen sie sich an der mit dieser Entscheidung verbundenen Einschränkung des eigenen Handlungsspielraums[508] festhalten lassen. Ein „Mehr" an Verbindlichkeit kann nur durch ein „Weniger" an Gestaltungsmöglichkeiten erreicht werden. Mit der Zurückweisung durch Teileinspruchsentscheidung legt sich die Behörde gleichzeitig dahingehend fest, dass eine betragsmäßig darüber hinausgehende Steuerfestsetzung hinsichtlich der bereits beschiedenen Sachverhalte nur noch unter den zusätzlichen Voraussetzungen für Änderungen von bestandskräftigen Verwaltungsakten[509] zulässig sein soll.

Eine saubere, also ohne Rückgriff auf die Besteuerungsgrundlagen auskommende, Lösung der widerstreitenden Systemansätze von Verböserung und Teileinspruchsentscheidung kann darin liegen, im Rahmen einer restriktiven Auslegung des § 367 II 2 AO eine Verböserungsmöglichkeit nur zu eröffnen, solange das Rechtsbehelfsverfahren ungeteilt anhängig ist. Dann erübrigt sich die systemgerecht kaum darstellbare Zuordnung der der Steuererhöhung zugrunde liegenden Gründe. Anders als im Fall der begrenzten Anfechtung durch den Steuerpflichtigen nimmt sich das Finanzamt mit seinem Entschluss zu einer begrenzten Vorabentscheidung selber die Möglichkeit einer Verböserung und muss diese Einschränkung des verbleibenden Entscheidungsspielraumes als zwangsläufige Folge der Bestandskraft dieser verfahrensgestaltenden Maßnahme akzeptieren. Nach dem Vorstehenden steht fest, dass eine Verböserung jedenfalls ausgeschlossen sein muss, sofern sie sich auf eine Besteuerungsgrundlage bezieht, über die zuvor im Rahmen einer Teileinspruchsentscheidung bestandskräftig entschieden wurde.

Auch soweit sich die Steuererhöhung auf eine noch im Rechtsbehelfsverfahren anhängige Besteuerungsgrundlage bezieht, können Zweifel an einer fortbestehenden Verböserungsmöglichkeit aufkommen. Denn mit der Teileinspruchsentscheidung erwächst unstreitig auch ein entsprechender Teil der Steuerfestsetzung bereits in Bestandskraft. Wird mit der Teileinspruchsentschei-

---

508 Auch auf Seiten des Steuerpflichtigen kommt es bereits allein durch die Teilbestandskraft der Steuerfestsetzung im Übrigen zu einer Einschränkung seines Handlungsspielraumes.

509 V.a. §§ 173 ff. AO sowie §§ 164 II, 165 II AO.

dung der Rechtsbehelf folglich bis auf eine konkrete offenbleibende Streitfrage „im Übrigen" zurückgewiesen, ist der verbleibende Änderungsrahmen auf die steuerliche Auswirkung dieses konkreten Punktes begrenzt. Im Übrigen ist die Vollüberprüfung abgeschlossen. Geht man dabei davon aus, dass die ungeklärte, im Nichtentscheidungsteil konkretisierte Streitfrage sich regelmäßig allein zugunsten des Steuerpflichtigen auswirken kann, folgt aus der Zurückweisung des Einspruchs „im Übrigen", dass damit nicht nur die Grenze für eine verbösernde Steuerfestsetzung feststeht. Vielmehr steht als Kehrseite der bestandskräftigen Zurückweisung fest, dass die Steuer nur noch nach unten korrigiert, nicht aber darüber hinaus festgesetzt werden kann. Diese Bestandskraft kann aufgrund der Verböserungsbefugnis gerade nicht mehr durchbrochen werden. Dies ist allein aufgrund von eigenständigen Korrekturnormen, nicht aber im Rahmen eines im Übrigen noch anhängigen Einspruchsverfahrens möglich.

Insofern besteht ein gravierender Unterschied zur Verböserung einer sich einheitlich im Einspruchsverfahren befindlichen Steuerfestsetzung. Aufgrund der Vollanfechtung ist hier bisher noch in keinem Bereich ein Teil der Steuer in Bestandskraft erwachsen. Die bisherige, also die angefochtene, Steuerfestsetzung markiert daher zwar die Schwelle zur Verböserung. Sie enthält jedoch nicht die bestandskräftige „Feststellung", dass ein Steuerzugriff darüber hinaus nicht erfolgen werde bzw. die Vollüberprüfung ansonsten bereits beendet ist.

Die bestandskräftige Teileinspruchsentscheidung wirkt daher in beide Richtungen. Sie setzt dem Steuerminderungsverlangen des Rechtsbehelfsführers eine Grenze. Gleichzeitig bewirkt die vorzeitige Beendigung des Rechtsbehelfsverfahrens, dass eine Steuererhöhung zumindest hinsichtlich des beschiedenen Teils auch nach § 367 II 2 AO nicht mehr möglich ist. Darüber hinaus erscheint es im Rahmen einer restriktiven Auslegung und unter Beachtung der ebenfalls bestandskräftig gewordenen Obergrenze der Steuerfestsetzung vorzugswürdig, die Verböserungsmöglichkeit insgesamt nach dem Erlass einer Teileinspruchsentscheidung zu verneinen.

Ein in der Teileinspruchsentscheidung enthaltener, aber infolge des bestehenden Verböserungsverbots nicht zu korrigierender materieller Fehler zugunsten des Steuerpflichtigen, steht dagegen zur Saldierung im Einspruchsverfahren bereit, wenn und soweit der Rechtsbehelfsführer im noch anhängigen Verfahrensteil obsiegt[510]. Dies ist Folge des weiterhin geltenden Grundsatzes, dass – auch bei der Teileinspruchsentscheidung – die Bestandskraft der Steuerfestsetzung nur die Steuer, nicht aber die Gründe des Bescheids erfasst. Ausgeschlossen ist

510 Vgl. hierzu im Einzelnen oben unter B.II.3.c.cc.

allein die Korrektur eines solchen Fehlers im Rahmen einer verbösernden Steuerfestsetzung.

Die gleichen Grundsätze gelten, wenn die Steuerfestsetzung nach Ergehen einer Teileinspruchsentscheidung aufgrund äußerer Einflüsse zu ändern ist. Beispiele können eine Kontrollmitteilung oder ein Grundlagenbescheid sein. Infolge der eingetretenen Verfahrenstrennung ist zunächst zu klären, welchen inhaltlichen Teil die Änderung betrifft. Da eine eigenständige Korrekturnorm für die Fälle der Grundlagenbescheide nach § 175 I Nr. 1 AO immer, bei der Auswertung von Kontrollmitteilungen mit steuererhöhender Wirkung nach § 173 I AO oftmals gegeben ist, wird eine originäre Anpassung der Steuerfestsetzung regelmäßig möglich sein. Die nachträglichen Feststellungen sind dabei vorzugsweise in dem Teil auszuwerten, der jeweils von der Änderung betroffen ist. Innerhalb dieser Teile kann mit problemlos gegenläufigen Fehlern gem. § 177 AO bzw. im Rahmen des noch anhängigen Einspruchsverfahrens saldiert werden.

Dennoch bleibt auch zwischen den einzelnen Teilen eine Saldierung möglich. Dies ist erneut auf die bloße Bestandskraft eines (Teil)Steueranspruchs zurückzuführen. Nur dieser ist definitiv geworden. In Höhe der noch nicht bestandskräftigen Steuer findet weiterhin eine uneingeschränkte Vollüberprüfung statt. In ihrer Auswirkung gegenläufige Fehler können in herkömmlicher Weise im Rahmen des Einspruchsverfahrens saldiert werden. Ist das Einspruchsverfahren zwischenzeitlich insgesamt beendet, bildet § 177 AO die Grundlage einer Saldierung mit gegenläufigen Fehlern. Insofern unterscheiden sich die einer eigenständigen Korrektur zugänglichen Fehler nicht von sonstigen im Rahmen des noch laufenden Einspruchsverfahrens zu saldierenden Fehlern.

Ergeben sich infolge des Grundlagenbescheides bzw. der Kontrollmitteilung einerseits und aufgrund der Überprüfung im noch anhängigen Einspruchsverfahren andererseits gegenläufige Änderungen, so sind diese im Ergebnis weiterhin und unabhängig von § 177 AO bereits im Einspruchsverfahren miteinander zu saldieren. Die zusätzliche Eröffnung einer Korrekturmöglichkeit nach § 173/175 AO zwingt die Behörden nicht dazu, die Änderung auf diese Norm zu stützen[511].

---

511 Würde man dagegen infolge einer sachverhaltsbezogenen Bestandskraft eine Anwendung von § 177 AO zwischen den beiden Bescheidteilen ablehnen, könnte die Konstellation entstehen, dass eine nach § 175 I AO gebotene Steuerminderung hinsichtlich des teilbestandskräftigen Teils einer (verbösernden) Steuererhöhung im noch anhängigen Einspruchsteil gegenübersteht. Bei einer einheitlichen Saldierung im Einspruchsverfahren würde die ansonsten nur nach Verböserungshinweis durchsetzbare Steuererhöhung die gebotene Steuerminderung ganz oder teilweise

Daher kann eine an sich nach § 173/175 AO gebotene Herabsetzung der Steuer im teilbestandskräftigen Teil von einer infolge der Selbstüberprüfung im noch anhängigen Teil des Einspruchsverfahrens festgestellten erforderlichen Steuererhöhung gemindert oder ganz aufgezehrt werden.

4. Ergebnis

Die Ausführungen haben gezeigt, dass die den Finanzbehörden nach einer Teileinspruchsentscheidung verbleibenden Handlungsalternativen vielfältig sind. Eine abschließende Einspruchsentscheidung ist dabei nicht unbedingt erforderlich. Zudem wurde dargelegt, dass die Bestandskraft der Teileinspruchsentscheidung ihrem nachträglichen Wegfall entgegensteht, auch wenn ein Änderungsbescheid während der noch laufenden Klagefrist gegen die Einspruchsentscheidung ergeht.

Probleme entstehen infolge der mangelnden Abstimmung von Teileinspruchsentscheidung und Verböserungsmöglichkeit. § 367 II 2 AO ist nicht an ein aufgespaltenes Einspruchsverfahren angepasst, da eine Zuordnung der von der Verböserungsmöglichkeit umfassten Steuerfestsetzung nur durch einen Blick auf den zugrunde liegenden Lebenssachverhalt möglich ist. Eine Anhebung der Steuer ist aufgrund der eingetretenen Bestandskraft ausgeschlossen, soweit sie Besteuerungsgrundlagen betrifft, über die bereits in einer Teileinspruchsentscheidung entschieden wurde. Insoweit fehlt es bereits an einem für die Verböserung zwingend erforderlichen anhängigen Rechtsbehelfsverfahren. Die bestehende gesetzliche Verböserungsbefugnis infolge einer Gesamtfallüberprüfung ermöglicht gerade keine Durchbrechung der einmal eingetretenen Bestandskraft, sondern setzt gerade deren Fehlen voraus.

Soweit die Verböserung auf eine Neubewertung des Lebenssachverhalts zurückzuführen ist, der von der Teileinspruchsentscheidung ausgenommen ist, kommt eine Verböserung zwar grundsätzlich in Frage, da die bereits eingetretene Bestandskraft nicht unmittelbar berührt wird. Es spricht allerdings viel dafür, den Anwendungsbereich des § 367 II 2 AO auch in diesem Fall zu sperren, da die Norm von der Einheitlichkeit des Rechtsbehelfsverfahrens ausgeht und für eine Abtrennung

---

aufzehren, wohingegen eine Saldierung bei Änderung nach § 175 I AO außerhalb des Einspruchsverfahrens gerade nicht möglich wäre. Da sich die Saldierungsmöglichkeit mithin alleine aufgrund des Einspruchsverfahrens ergibt, stellt sich die Frage, ob hierin eine unzulässige Umgehung des Erfordernisses eines Verböserungshinweises liegen würde, auch wenn sie keine nachteilige Änderung des Tenors zur Folge hätte.

bestimmter Verfahrensteile durch bestandskräftige Vorabentscheidung weder gedacht noch ausgelegt ist. Die Neuregelung schafft an dieser Stelle keine Rechtssicherheit und offenbart tiefgreifende Abstimmungsprobleme durch eine ungenügende Integration der Neuregelung in die bisherige Regelungssystematik. Dies gilt insbesondere auf Rechtsfolgenebene. Sofern sich der Gesetzgeber nicht zu einer zügigen Nachbesserung durchringt, bleibt die Klärung langwierigen Gerichtsverfahren überlassen, die zu einer ebenso langwierigen Rechtsunsicherheit bei den Betroffenen führen wird. Aus Sicht der Rechtsbehelfsführer ist bei einer Verböserung nach Teileinspruchsentscheidung daher besonderer Zweifel an deren Rechtmäßigkeit angebracht. Im übrigen plädiert der Verfasser für eine restriktive Auslegung des § 367 II 2 AO nach Ergehen einer Teileinspruchsentscheidung.

IV. Rechtsschutz

Infolge der verfahrensrechtlichen Aufspaltung eines einheitlichen Rechtsbehelfs in voneinander unabhängige Einspruchsentscheidungen ist den Rechtsschutzmöglichkeiten gegen die Teileinspruchsentscheidung besondere Aufmerksamkeit zu widmen. Hierbei ist insbesondere zu klären, in welchem Umfang die Anfechtung und Überprüfung einer Teileinspruchsentscheidung möglich ist und in welchem Verhältnis das finanzgerichtliche Verfahren zum gegebenenfalls noch nicht beendeten Einspruchsverfahren steht.

1. Anfechtbarkeit der Teileinspruchsentscheidung

Klarzustellen ist zunächst einmal, dass gegen eine Teileinspruchsentscheidung ein erneuter Einspruch nicht statthaft ist[512]. § 348 Nr. 1 AO steht dem entgegen, da es sich auch bei der Teileinspruchsentscheidung um eine – wenn auch in ihrer Reichweite sachlich begrenzte – Einspruchsentscheidung handelt. Soweit das Finanzamt das Verwaltungsverfahren mit ihrer Hilfe abgeschlossen und beendet hat, bleibt dem Rechtsschutzsuchenden nur noch der Weg zum Finanzgericht. Denn auch insoweit ist das außergerichtliche Vorverfahren i.S.v. § 44 I FGO erfolglos geblieben. Als Rechtsbehelf gegen eine Teileinspruchsentscheidung kommt für den Steuerpflichtigen daher gem. §§ 40 I, 44 II FGO allein die Klageerhebung in Frage. Sie ist gem. §§ 40 I, 47 I, II FGO innerhalb eines Monats nach Bekanntgabe der Teileinspruchsentscheidung zu erheben. Dies führt zu einer Aufspaltung der Rechtsschutzmöglichkeiten. Für den Rechtsschutz gegen Teileinspruchsentscheidung und Schlussentscheidung beginnt die Monatsfrist

512 *Bartone* in Beermann/Gosch, § 367 AO, Rz 55; *Birkenfeld* in HHS, § 348 AO Rz 42.

daher unabhängig voneinander und zu verschiedenen Zeitpunkten zu laufen. Zur Darlegung seiner Klagebefugnis muss der Kläger sinngemäß zum Ausdruck bringen, dass die angefochtene Teileinspruchsentscheidung ihn in seinem Recht auf gesetzmäßige Rechtsanwendung verletze, § 40 II FGO. Besonderheiten gegenüber einer herkömmlichen Klageerhebung bestehen insoweit nicht.

Mit der Einfügung des § 367 IIa AO war keine eigenständige Regelung der Anfechtungsmöglichkeiten gegen die Teileinspruchsentscheidung verbunden. Die allgemein geltenden Grundsätze über die Anfechtung von Einspruchsentscheidungen sind daher an die Eigenarten anzupassen, die sich bei partiellen Vorabentscheidungen ergeben[513].

Eine Rechtsverletzung des Klägers kann auf verfahrensrechtliche sowie materiell-rechtliche Verstöße zurückzuführen sein. So kann er einerseits geltend machen, die verfahrensrechtlichen Voraussetzungen für den Erlass einer Teileinspruchsentscheidung – wie beispielsweise die Sachdienlichkeit[514] – hätten nicht vorgelegen oder ein zunächst erforderlicher Verböserungshinweis sei nicht erfolgt. In diesem Fall beschränkt sich die gerichtliche Überprüfung aufgrund der Bindung an das Klagebegehren (§ 96 I 2 FGO) auf eine Kontrolle der formellen Zulässigkeitsvoraussetzungen der Teileinspruchsentscheidung. Beschränkt sich der Klageantrag auf die Rüge von formellen Verstößen, so ist auch eine isolierte Anfechtung der Teileinspruchsentscheidung möglich[515]. Rügt der Steuerpflichtige allein oder zusätzlich die sachliche Unrichtigkeit der Entscheidung, erfolgt durch das Finanzgericht eine materielle Prüfung des entsprechenden Teilsteueranspruchs.

Ausgehend von diesen beiden möglichen Rechtsverletzungen setzt sich die Arbeit in diesem Teil mit diversen Fragestellungen zum Rechtsschutz gegen Teileinspruchsentscheidungen auseinander.

a. *Isolierte Anfechtbarkeit aufgrund formeller Mängel*

Will sich der Steuerpflichtige allein gegen ihren Erlass als solchen oder Umfang und Reichweite der Teileinspruchsentscheidung zur Wehr setzen, kann er dies nur mit einer Klage gegen die Teileinspruchsentscheidung selbst errei-

---

513 *Birkenfeld* in HHS, § 367 AO Rz 563.

514 Hierzu insbesondere BFH, Urteil v. 30.9.2010 – III R 39/08, BStBl II 2011, 11 (17); allgemein *Seer* in Tipke/Kruse, § 367 Rz 67; *Bergan/Martin*, DStR 2007, 1384 (1385).

515 *Bartone* in Beermann/Gosch, § 367 AO, Rz 55; *Seer* in Tipke/Kruse, § 367 Rz 67; vgl. auch ausdrücklich FG Hamburg, Urteil v. 17.8.2009 – 5 K 208/08, EFG 2010, 374 (374) – insoweit aufrecht erhalten durch die Revisionsentscheidung des BFH, Urteil v. 30.9.2010 – III R 39/08, BStBl II 2011, 11 ff.

chen[516]. Die entsprechende Bestimmung des Nichtentscheidungsteils nach § 367 IIa 2 AO ist weder Nebenbestimmung i.S.v. § 120 AO noch Grundlagenbescheid[517]. Sie konkretisiert lediglich den durch die Teileinspruchsentscheidung abschließend beurteilten Sachverhalt. Es handelt sich daher nicht um eine ergänzende, neben die Hauptregelung tretende Bestimmung, sondern um die untrennbar mit ihr verbundene originäre Bestimmung der Reichweite der Teileinspruchsentscheidung. Sie modifiziert als integraler Bestandteil eines einheitlichen Verwaltungsaktes unmittelbar dessen Inhalt. Daher kann sie nicht isoliert, sondern nur durch Klage gegen die Teileinspruchsentscheidung insgesamt angegriffen werden[518].

Entsprechend der Regelung des § 44 II FGO ist allerdings nach durchgeführtem Vorverfahren der ursprüngliche Verwaltungsakt in der Gestalt, die er durch die Entscheidung über den außergerichtlichen Rechtsbehelf gefunden hat, Gegenstand der Anfechtungsklage. Die Norm steht einer isolierten Anfechtung und Aufhebung allein der Teileinspruchsentscheidung unter Ausklammerung der ursprünglichen Steuerfestsetzung damit grundsätzlich entgegen. Der Steuerpflichtige wird in erster Linie durch den zugrunde liegenden Steuerbescheid belastet, nicht zusätzlich oder gar allein durch die Einspruchsentscheidung. Beide bilden insoweit eine Verfahrenseinheit[519].

Ausnahmen hiervon sind jedoch anerkannt, wenn die (Teil)Einspruchsentscheidung eine selbständige Beschwer enthält, die ein berechtigtes Interesse des Betroffenen an der alleinigen Aufhebung der Rechtsbehelfsentscheidung begründet[520]. Der Steuerpflichtige muss daher ein besonderes rechtliches Interesse an der Wiederholung des Vorverfahrens darlegen. Bei einer fehlerhaften Annahme der Zulässigkeitsvoraussetzungen einer Teileinspruchsentscheidung ist dieses Kriterium erfüllt, wenn der Kläger mögliche Rechtsnachteile geltend

---

516 Klarstellend jüngst noch einmal BFH, Urteil v. 14.3.2012 – X R 50/09, BStBl II 2012, 536 (537): Klagegenstand ist nicht der ursprüngliche Bescheid in Gestalt der Einspruchsentscheidung, sondern allein die Teileinspruchsentscheidung.

517 *Pahlke* in Pahlke/König, § 367 AO, Rz 66; *Bergan/Martin*, DStR 2007, 1384 (1384 f.); BMF, AEAO Nr. 6.4 zu § 367.

518 *Pahlke* in Pahlke/König, § 367 AO, Rz 66; *Bergan/Martin*, DStR 2007, 1384 (1384 f.); BMF, AEAO Nr. 6.4 zu § 367; allgemein zur Anfechtung von Nebenbestimmungen und „modifizierender Auflage" vgl. *Hufen*, Verwaltungsprozessrecht, § 14 Rz 46 ff.

519 BFH, Urteil v. 19.5.1998 – I R 44/97, BFH/NV 1999, 314 (Tz 11); FG Niedersachsen, Urteil v. 28.4.2010 – 2 K 77/09, EFG 2010, 1571 (1571).

520 BFH, Urteil v. 14.3.2012 – X R 50/09, BStBl II 2012, 536 (537) mit Anmerkung *Steinhauff*, AO-StB 2012, 233 f.; *v. Groll* in Gräber, FGO, § 44 Rz 36; vgl. auch FG Niedersachsen, Urteil v. 28.4.2010 – 2 K 77/09, EFG 2010, 1571 (1571).

macht, die ihm infolge der mit dem Erlass der Teileinspruchsentscheidung verbundenen Aufspaltung des Einspruchsverfahrens drohen[521]. Rügt der Kläger daher zutreffenderweise im Rahmen eines entsprechend begrenzten Antrags[522] allein die Rechtswidrigkeit der Teileinspruchsentscheidung mangels Sachdienlichkeit, wegen eines Ermessensfehlers oder infolge eines fehlenden Verböserungshinweises, kann das Finanzgericht die Teileinspruchsentscheidung isoliert aufheben. Eine originäre Änderung durch das Finanzgericht wird in den Fällen einer isolierten Anfechtung nicht in Frage kommen, da es dann allein über das Vorliegen der formellen Voraussetzungen der Teileinspruchsentscheidung, nicht aber über die materielle Rechtmäßigkeit der Steuerfestsetzung zu entscheiden hat.

aa. Umfang und Maßstab der gerichtlichen Überprüfung

Bei der Teileinspruchsentscheidung handelt es sich um eine Ermessensentscheidung der Finanzbehörden, deren einziges Tatbestandsmerkmal zumal durch einen unbestimmten Rechtsbegriff geprägt ist. Im Rahmen einer solchen Koppelungsnorm stellt sich die Frage, wie weit die gerichtliche Überprüfbarkeit einer behördlichen Einzelfallentscheidung reicht.

(1) Volle Überprüfung des Kriteriums der Sachdienlichkeit

Wie eingangs bereits dargestellt[523], handelt es sich bei der Sachdienlichkeit um einen unbestimmten Rechtsbegriff, der auf Tatbestandsseite die Handlungsvoraussetzung für die Finanzbehörden festlegt. Die Sachdienlichkeit der Teileinspruchsentscheidung und ihre Auslegung ist Rechtsfrage und unterliegt als solche einer umfassenden gerichtlichen Überprüfung[524]. Sie fällt daher nicht in den Bereich der nach § 5 AO, § 102 FGO nur einer eingeschränkten finanzgerichtlichen Kontrolle zugänglichen Ermessensüberprüfung.

Sofern Teile der Literatur[525] den Finanzbehörden einen der gerichtlichen Kontrolle weitgehend entzogenen Beurteilungsspielraum zugestehen wollen, kann dem nicht gefolgt werden[526]. Auch die Verknüpfung des unbestimmten Rechtsbegriffs

---

521 FG Hamburg, Urteil v. 17.8.2009 – 5 K 208/08, EFG 2010, 374 (374 f.).

522 BFH, Urteil v. 19.5.1998 – I R 44/97, BFH/NV 1999, 314 (Tz 11).

523 Vgl. oben bei B.I.3.f.

524 *Kruse* in Tipke/Kruse, § 5 AO Rz 18; Klein/*Gersch*, § 6 AO Rz 15.

525 *Birkenfeld* in HHS, § 367 AO Rz 509; *Dumke* in Schwarz (bis 123. Lfg.), § 367 AO Rz 70 – nunmehr aufgegeben vgl. Rz 69.

526 Im Ergebnis ebenso BFH, Urteile v. 30.9.2010 – III R 39/08, BStBl II 2011, 11 (17) und v. 14.3.2012 – X R 50/09, BStBl II 2012, 536 (538); Klein/*Brockmeyer*, § 367 AO Rz 19;

mit der Ermessensermächtigung („kann") auf Rechtsfolgenseite in § 367 IIa 1 AO ändert hieran nichts. Tatbestand und Rechtsfolge sind auch bei solchen Koppelungsnormen regelmäßig nach den jeweils für sie geltenden Regeln zu beurteilen und zu überprüfen[527]. Der unbestimmte Rechtsbegriff und seine Konkretisierung durch die Verwaltung sind daher grundsätzlich gerichtlich voll nachprüfbar. Für eine solche Trennung spricht im Rahmen konditional geprägter Vorschriften, dass sich die Herangehensweisen an einen unbestimmten Rechtsbegriff einerseits und an eine Ermessensermächtigung andererseits grundsätzlich unterscheiden und diese Unterschiede durch eine Zusammenfassung nicht verwässert werden sollten. Dies gilt sowohl aus Sicht der primären Normanwender auf Ebene der Exekutive als auch aus der Perspektive der gerichtlichen Kontrollinstanz[528].

Dem steht auch nicht der Beschluss des Gemeinsamen Senats der obersten Gerichtshöfe des Bundes vom 19. Oktober 1971[529] entgegen. Dieser hat für den Fall des (Steuer-)Erlasses aus Billigkeitsgründen entschieden, dass die Frage der (Un-)Billigkeit einer Steuereinziehung nicht von der Ermessensausübung auf Rechtsfolgenseite getrennt werden könne, da zwischen beiden eine unlösbare Verbindung bestehe[530]. Inhalt und Umfang des Ermessens würden durch den Begriff der Billigkeit näher bestimmt und geprägt. Zudem spreche auch die Entstehungsgeschichte der Vorschrift für eine Berücksichtigung der Unbilligkeit im Rahmen des Ermessens. Bei der Norm handele es sich daher nicht um eine Koppelungsvorschrift, sondern um eine einheitliche Ermessensvorschrift, die insgesamt nur einer eingeschränkten gerichtlichen Kontrolle zugänglich sei.

Diese Rechtsprechung ist jedoch nicht zu verallgemeinern[531] und auf den vorliegenden Fall unanwendbar. Einen solchen allgemeinen Geltungsanspruch

---

Seer in Tipke/Kruse, § 367 AO Rz 61; *Bartone* in Beermann/Gosch, § 367 AO Rz 52; *Intemann*, DB 2008, 1005 (1006).

527 BFH, Urteil v. 30.9.2010 – III R 39/08, BStBl II 2011, 11 (17); vgl. auch *Kruse* in Tipke/Kruse, § 5 AO Rz 23; *Wernsmann* in HHS, § 5 AO Rz 91; *Müller-Franken*, Maßvolles Verwalten, S. 431 ff.; *Maurer*, Verwaltungsrecht, § 7 Tz 55 ff.; *Sachs* in Stelkens/Bonk/Sachs, VwVfG, § 40 Rz 36 ff.

528 *Müller-Franken*, Maßvolles Verwalten, S. 433; Klein/*Brockmeyer*, § 367 AO Rz 19.

529 GmSOGB, Beschluss v. 19.10.1971 – GmS-OGB 3/70, BStBl II 1972, 603 zur „Unbilligkeit" im Rahmen des Steuererlasses nach § 131 I 1 RAO (nunmehr § 227 AO); kritisch z.B. *Bachof*, JZ 1972, 641 ff. und *Müller-Franken*, Maßvolles Verwalten, S. 433 ff.

530 GmSOGB, Beschluss v. 19.10.1971 – GmS-OGB 3/70, BStBl II 1972, 603 (607).

531 *Bachof*, JZ 1972, 641 (641); *Neumann* in Beermann/Gosch, § 5 AO Rz 6; *Sachs* in Stelkens/Bonk/Sachs, VwVfG, § 40 Rz 40 m.w.N.; ausdrücklich gegen eine Übertragbarkeit und Verallgemeinerung auch BVerwG, Urteil v. 5.7.1974 – IV C 50/74, NJW 1975, 70 (74).

erhebt die Entscheidung des Gemeinsamen Senats auch nicht. Der Senat hat festgestellt, dass die Frage, ob eine Koppelungsvorschrift oder eine einheitlich zu betrachtende Ermessensnorm gegeben ist „nur nach Sinn und Zweck der jeweiligen Vorschrift entschieden werden kann“[532]. Zwischen dem Erlass aus Billigkeitsgründen und der Teileinspruchsentscheidung bestehen jedoch entscheidende Unterschiede. Hierbei ist zu beachten, dass die Qualifizierung als einheitliche Ermessensnorm dazu führen würde, dass behördliche Entscheidungen praktisch der gerichtlichen Kontrolle weitgehend entzogen wären. Dies ist aber jedenfalls für den Bereich der Eingriffsverwaltung regelmäßig nicht hinnehmbar[533]. Auch der Gemeinsame Senat hat anerkannt, dass eine der Besonderheiten des entschiedenen Falles darin lag, dass eine Vorschrift, die sich an die Eingriffsverwaltung richtet, ausnahmsweise nicht zu einem Eingriff – der Beitreibung bzw. Festsetzung der Steuer – sondern zu seinem Gegenteil – nämlich zur Unterlassung dieses Eingriffs in Form des Erlasses – ermächtigt[534]. Damit handelt es sich *de facto* um einen Akt der gewährenden Verwaltung, auch wenn er durch Eingriffsbehörden erfolgt[535]. Da der Steuererlass regelmäßig im Interesse des Steuerpflichtigen sein wird, lässt sich eine solche verminderte gerichtliche Kontrolldichte hier möglicherweise noch rechtfertigen[536], auch wenn unter dem Gesichtspunkt des Grundsatzes der Gleichmäßigkeit der Besteuerung Vieles auch hier für eine volle gerichtliche Überprüfbarkeit spricht[537].

Die Vorabentscheidung in Form einer Teileinspruchsentscheidung ist dagegen keine solche Billigkeitsmaßnahme, sondern zwingt den Steuerpflichtigen, sich über sein weiteres Vorgehen, insbesondere im Hinblick auf gerichtlichen

---

532 GmSOGB, Beschluss v. 19.10.1971 – GmS-OGB 3/70, BStBl II 1972, 603 (606); ähnlich *Müller-Franken*, Maßvolles Verwalten, S. 434.

533 *Kruse* in Tipke/Kruse, § 5 AO Rz 25 ff.; Klein/*Gersch*, § 6 AO Rz 15; *Sachs* in Stelkens/Bonk/Sachs, VwVfG, § 40 Rz 40, m.w.N.

534 GmSOGB, Beschluss v. 19.10.1971 – GmS-OGB 3/70, BStBl II 1972, 603 (607).

535 Klein/*Gersch*, § 6 AO Rz 15.

536 *Bachof*, JZ 1972, 641 (645) und *Kruse* in Tipke/Kruse, § 5 AO Rz 27 sprechen von einem „Zirkelschluss“ des GmSOGB, wenn dieser von der ursprünglichen Konzeption der (Vorgänger-)Vorschrift als Ermessensnorm darauf schließe, dass „unbillig“ kein Rechtsbegriff sein könne, da die Norm dann keinen Raum für Ermessen mehr offen lasse, was aber gerade ihrer ursprünglichen Konzeption widerspreche. Sie kritisieren, dass sich die Entscheidung nur unzureichend mit dem gewandelten Verfassungsverständnis zur Rechtsschutzgarantie unter Geltung des Art. 19 IV GG auseinandersetzt. *Kruse* konstatiert gar einen Rückfall in die Dogmatik der (neunzehnhundert) zwanziger Jahre.

537 Ebenso *Kloepfer*, StuW 1971, 277 (281).

Rechtsschutz, sowie über hiermit verbundene Verfahrensfragen kurzfristig klar zu werden, ohne den Ausgang des übrigen Verfahrens zu kennen. Anders als Billigkeitsmaßnahmen erfolgt die Teileinspruchsentscheidung eben nicht einseitig im Interesse des Steuerpflichtigen. Vielmehr dient sie ebenfalls zur Beschleunigung und Verfahrensvereinfachung auf Behördenseite und wird in aller Regel mit einer – zumindest teilweisen – Zurückweisung des Rechtsbehelfs einhergehen. Dies macht es aber auch erforderlich, dass eine solche belastende Maßnahme auf das Vorliegen ihrer tatbestandlichen Voraussetzungen umfassend überprüfbar ist.

Die Letztentscheidungskompetenz über die Frage, welche verbindliche Bestimmung einem unbestimmten Rechtsbegriff beizulegen ist, gehört zu den originären Aufgaben der Gerichte. Sie haben das Recht und die Pflicht, im gerichtlichen Verfahren die Subsumtion des vorgefundenen Sachverhalts unter den unbestimmten Rechtsbegriff durch die Verwaltung umfassend auf ihre Rechtmäßigkeit zu überprüfen[538].

Auch unter Berücksichtigung der allgemein anerkannten Fallgruppen lässt sich eine Einschätzungsprärogative der Verwaltung bei der Überprüfung der Sachdienlichkeit einer Teileinspruchsentscheidung nicht rechtfertigen. Sie kommt regelmäßig nur in Frage, „wenn die gerichtliche Kontrolle an die Funktionsgrenzen der Rechtsprechung stößt"[539]. Dies wird im Rahmen von Prüfungsentscheidungen und beamtenrechtlichen Beurteilungen bei den prüfungsspezifischen Wertungen angenommen, da hier die Einwertung der konkreten Leistung nur im direkten Vergleich mit anderen Prüflingen erfolgen kann und die spezielle Prüfungssituation nicht wiederholbar ist[540]. Auch bei den übrigen anerkannten Fallgruppen – Entscheidungen von Sachverständigenausschüssen[541] oder Prognoseentscheidungen[542] – handelt es sich um Konstellationen, die sich einer gerichtlichen Kontrolle schon aus tatsächlichen Gründen weitgehend entziehen. Sie sind entweder aufgrund ihrer Besetzung mit ausgewiesenen und

538 *Neumann* in Beermann/Gosch, § 5 AO Rz 6; *Kruse* in Tipke/Kruse, § 5 AO Rz 18; *Müller-Franken*, Maßvolles Verwalten, S. 435.

539 BVerfG, Beschluss v. 17.4.1991 – 1 BvR 419/81 und 213/83, BVerfGE 84, 34 (50) – zum Bewertungsmaßstab im Prüfungsrecht bei juristischen Staatsexamina (Berufsexamen).

540 BVerfG, Beschluss v. 17.4.1991 – 1 BvR 419/81 und 213/83, BVerfGE 84, 34 (53 f.); *Wernsmann* in HHS, § 5 AO Rz 68 ff.; *Maurer*, Verwaltungsrecht,§ 7 Tz 43.

541 BVerwG, Urteil v. 25.11.1993 – 3 C 38.91, BVerwGE 94, 307 (311), m.w.N. – zur Prämierung von Weinen.

542 BFH, Urteil v. 11.12.1984 – VIII R 131/76, BStBl II 1985, 354 (358) – zur Schätzung.

unabhängigen Fachleuten gerade durch die Unersetzbarkeit der Meinungsbildung gekennzeichnet oder wie die Prognoseentscheidung durch Wahrscheinlichkeitsurteile infolge der Ungewissheit über den künftigen Geschehensablauf geprägt. Ein vergleichbarer Unsicherheitsfaktor liegt bei der Überprüfung der Sachdienlichkeit dagegen nicht vor. Alle für oder gegen eine Sachdienlichkeit sprechenden Argumente und Faktoren können im Rahmen eines finanzgerichtlichen Verfahrens nachvollzogen werden. Auch eine besondere Sachkunde oder eine spezielle Situationsgebundenheit aufgrund persönlicher Wahrnehmungen spielen bei der Entscheidung keine Rolle.

Mit dem Bundesfinanzhof[543] und weiten Teilen des Schrifttums[544] ist daher von der umfassenden gerichtlichen Überprüfbarkeit der Sachdienlichkeit der ergangenen Entscheidung auszugehen.

(2) Eingeschränkte Überprüfung im Übrigen

Über das Kriterium der Sachdienlichkeit hinaus ist im Rahmen der isolierten Anfechtung insbesondere die sich anschließende Ermessensausübung gerichtlich überprüfbar. Allerdings unterliegt die Ausübung des Folgeermessens nur einer eingeschränkten gerichtlichen Kontrolle und eröffnet der Verwaltung einen Beurteilungsspielraum. Entsprechend der gesetzlichen Vorgaben des § 102 FGO können Teileinspruchsentscheidungen insoweit nur auf Ermessensfehler hin überprüft werden.

Eine isolierte Aufhebung kommt daher nur in Betracht, wenn sich die von der Behörde getroffene Entscheidung außerhalb des ihr eingeräumten Ermessensspielraums bewegt, sich also ein Ermessensfehlgebrauch, eine Ermessensunter- oder -überschreitung feststellen lässt. Es ist jedoch abzusehen, dass durch das vollüberprüfbare Tatbestandsmerkmal der Sachdienlichkeit und die hieraus folgende weitgehende Vorprägung bzw. Reduktion des Ermessensspielraums diesem Bereich wenig eigenständige Bedeutung zukommen wird. Die wesentlichen und für die Rechtmäßigkeit der Teileinspruchsentscheidung regelmäßig entscheidenden Kriterien dürften sich oftmals bereits im Rahmen der Sachdienlichkeit auswirken. Anhaltspunkte für einen Ermessensfehler wären insbesondere denkbar, wenn sich aufgrund der Gesamtlage ergibt, dass trotz Sachdienlichkeit ein besonderer atypischer Sachverhalt vorliegt, der weitere Ermessenserwägun-

543 BFH, Urteil v. 30.9.2010 – III R 39/08, BStBl II 2011, 11 (17) sowie Beschluss v. 21.5.2010 – IV B 88/09, BFH/NV 2010, 1613 (1615); ebenso FG Düsseldorf, Beschluss v. 23.6.2009 – 11 V 1839/09 A (F), EFG 2009, 1817 (1818).

544 Klein/*Brockmeyer*, § 367 AO Rz 19; *Seer* in Tipke/Kruse, § 367 AO Rz 61; *Bartone* in Beermann/Gosch, § 367 AO Rz 52; ebenso *Intemann*, DB 2008, 1005 (1006).

gen zwingend erforderlich macht[545]. Ein weiterer Anwendungsfall könnte die ermessensfehlerhafte Bestimmung des Umfangs der Teileinspruchsentscheidung sein, weil die Behörde nicht erkannt hat, dass noch weitere Teile der Steuerfestsetzung gerügt und damit streitig waren und sich aus diesem Grunde die Teileinspruchsentscheidung (noch) nicht auf sie beziehen durfte[546].

bb. Rechtsfolgen einer isolierten Aufhebung

Infolge der Aufhebung der Teileinspruchsentscheidung muss das Finanzamt erneut über die steuerliche Behandlung der entsprechenden Streitkomplexe entscheiden. Folge einer begrenzten Kassation i.S.v. § 100 I FGO ist daher, dass ein im Übrigen noch anhängiges Einspruchsverfahren hinsichtlich der gesamten Steuerfestsetzung einheitlich fortgesetzt wird.

Ist das übrige Rechtsbehelfsverfahren zwischenzeitlich abgeschlossen worden, kann auch die Aufhebung der Teileinspruchsentscheidung nicht mehr zu einem einheitlichen Abschluss des Rechtsbehelfsverfahrens führen. Das ursprünglich mit der Klage gegen die Teileinspruchsentscheidung verfolgte Rechtsschutzziel des Steuerpflichtigen – Verhinderung der Aufspaltung des Einspruchsverfahrens zugunsten einer einheitlichen Entscheidung – kann folglich nicht mehr erreicht werden. Die begrenzte Wiederaufnahme und Fortführung des Einspruchsverfahrens ermöglicht es dem Steuerpflichtigen jedoch, zusätzliche Argumente vorzutragen oder sich auf neue Tatsachen und Beweismittel zu stützen. Hierbei kann er – wie es seine ursprüngliche Intention gewesen sein mag – auch von zwischenzeitlich eingetretenen Rechtsprechungsänderungen profitieren.

Wiederum stellt sich die Frage, ob eine zwischenzeitlich eingetretene Bestandskraft im Übrigen Rechtsbehelfsverfahren das zulässige Vorbringen in dem nun erneut im Einspruchsverfahren anhängigen Teil begrenzt. Hier kann jedoch nichts anderes als nach Ergehen einer regulären Teileinspruchsentscheidung gelten. Auch in diesem Fall erwächst der unanfechtbare Teil der Steuerfestsetzung nicht in erhöhte sachverhaltsbezogene Bestandskraft. Innerhalb des nicht bestandskräftigen steuerlichen Änderungsrahmens besteht keine Beschränkung des rechtlichen oder tatsächlichen Vorbringens des Steuerpflichtigen. Auch die Finanzbehörden können mit sämtlichen zugunsten des Steuerpflichtigen beste-

545 In diesem Sinne auch BFH, Urteil v. 14.3.2012 – X R 50/09, BStBl II 2012, 536 (539).

546 Vgl. einen ähnlich gelagerten Fall bei FG Sachsen Anhalt, Urteil v. 13.12.2012 – 6 K 1169/08, Tz 40 – juris. Zugegebenermaßen könnte sich diese Thematik aber bereits im Rahmen der Sachdienlichkeit auswirken, da insofern keine zutreffende Trennung der entscheidungsreifen von den noch nicht entscheidungsreifen Teilen erfolgte.

henden Fehlern saldieren. Durch die isolierte Aufhebung der Teileinspruchsentscheidung ist das Verwaltungsverfahren insoweit wieder in den Zustand vor Ergehen der Teileinspruchsentscheidung zurückversetzt. Aus der ursprünglichen Vorabentscheidung wird nun eine nachgelagerte Entscheidung. Wurden im Klageverfahren allein formelle Mängel festgestellt, hat die isolierte Aufhebung der Teileinspruchsentscheidung durch das Finanzgericht zu keiner Sachentscheidung geführt, die von den Finanzbehörden zu berücksichtigen wäre. Auch insoweit ist eine Bindungswirkung trotz rechtskräftigen Urteils nicht gegeben.

Kommt es zu einer isolierten Aufhebung der Teileinspruchsentscheidung nachdem das übrige Rechtsbehelfsverfahren bereits beendet ist, stellt sich außerdem die Frage nach der Rechtsqualität der nunmehr erforderlichen erneuten Entscheidung. Auch wenn sich diese weiterhin nur auf einen sachlich begrenzten Teil bezieht, kann in ihr keine Teileinspruchsentscheidung mehr gesehen werden. Hierzu fehlt ihr aufgrund des bereits weitgehend bzw. zumindest teilweise abgeschlossenen Rechtsbehelfsverfahrens die Eigenschaft einer Vorabentscheidung. Denn aus der ursprünglichen Vorabscheidung ist infolge ihrer isolierten Aufhebung eine nachgelagerte Entscheidung geworden, die das Verwaltungsverfahren nun insgesamt beenden soll. Eines Nichtentscheidungsteils, wie ihn § 367 IIa AO vorsieht, bedarf es nicht mehr. Die Steuerfestsetzung kann unter Berücksichtigung der bereits beschiedenen Teile erfolgen. Die Beschränkung auf einen Teilsteueranspruch ist nun nicht mehr notwendig. Bei einer eventuellen Anfechtung dieser Entscheidung unterliegt die bereits bestandskräftig festgesetzte Steuer einer Änderungssperre. Insofern gelten keine Besonderheiten.

b. Sachliche Unrichtigkeit der Teileinspruchsentscheidung

Darüber hinaus kann der Steuerpflichtige zusätzlich oder ausschließlich auch die Rechtswidrigkeit der in der Teileinspruchsentscheidung enthaltenen materiellen Regelung rügen. Anders als bei der Rüge der fehlenden verfahrensrechtlichen Voraussetzungen für den Erlass einer Teileinspruchsentscheidung ist in diesen Fällen die Besteuerung eines konkreten Lebenssachverhalts oder die Behandlung sonstiger Abzugsposten zu überprüfen. Dabei hat sich das Finanzgericht allein mit der an es herangetragenen Streitfrage zu beschäftigen und den entsprechenden Teil des ursprünglichen Steuerbescheids in Gestalt der Teileinspruchsentscheidung auf seine sachliche Richtigkeit hin zu überprüfen und diese gegebenenfalls zu ändern oder aufzuheben. Ergeht die finanzgerichtliche Entscheidung über die Rechtmäßigkeit der Teileinspruchsentscheidung noch während des hinsichtlich des übrigen Teils laufenden Rechtsbehelfsverfahrens, kann und muss das Finanzamt die (rechtskräftige) richterliche Beurteilung der betreffenden Streitfrage auswerten und sie in der abschließenden – jetzt einheitlichen – Einspruchsentscheidung übernehmen[547].

Hat das Finanzamt dagegen während des laufenden finanzgerichtlichen Verfahrens bereits über den anderen Teil des Einspruchsverfahrens unanfechtbar entschieden, ist das Verwaltungsverfahren insoweit abgeschlossen. Eine einheitliche Rechtsbehelfsentscheidung durch die Finanzbehörden scheidet daher aus. Das Finanzgericht kann die Steuer deshalb bei einem für den Kläger günstigen Ausgang gem. § 100 II 1 FGO selbst ändern oder aber der Finanzbehörde unter den Voraussetzungen von § 100 II 2 FGO aufgeben, die Steuer nach Maßgabe der Entscheidung zu berechnen und den Bescheid entsprechend zu ändern[548].

c. *Beschränkung der gerichtlichen Überprüfung auf die bereits vom Finanzamt beschiedenen Rechtsfragen*

Sofern nicht allein um das Vorliegen der formellen Voraussetzungen für ihren Erlass gestritten wird, zeigen sich an dieser Stelle erneut die Schwierigkeiten, welche mit einer Aufsplittung des Verfahrens durch Teileinspruchsentscheidungen verbunden sind. Die einzelnen Verfahrensteile und die mit ihnen verbundenen rechtlichen und tatsächlichen Fragen sind voneinander isoliert zu behandeln und erleiden unterschiedliche rechtliche Schicksale. Die einzelnen Streitkomplexe sind daher strikt voneinander zu trennen und dürfen nicht miteinander vermischt werden. Überschneidungen sind zu vermeiden. Hierzu ist es erforderlich, dass Streitfragen entweder dem einen oder anderen Teil definitiv zugeordnet werden können. Es muss vermieden werden, dass es zu einer Doppelberücksichtigung desselben Sachverhalts im Einspruchs- und Klageverfahren kommt[549]. Die Trennung muss sicherstellen, dass in dem noch anhängigen Rechtsbehelfsverfahren nicht plötzlich wieder Streifragen aufgeworfen werden, die sich bereits aufgrund der angefochtenen Teileinspruchsentscheidung im finanzgerichtlichen Verfahren

547 *Birkenfeld* in HHS, § 367 AO Rz 566.

548 *Birkenfeld* in HHS, § 367 AO Rz 566.

549 Hier besteht ein entscheidender Unterschied zu den Fällen der klageweisen Teilanfechtung. Eine sich widersprechende oder überschneidende rechtliche Beurteilung ist dort nicht möglich, da dem Gericht zwar ebenfalls von vorneherein nur ein Teil der Steuerfestsetzung zur Überprüfung gestellt wird, das Verfahren aber im Übrigen beendet ist. Da keine verschiedenen Teile der Steuerfestsetzung bei unterschiedlichen Gerichten bzw. Behörden anhängig sind, existiert bei der Teilanfechtung nur eine zur Entscheidung berufene Stelle. Diese kann die behördliche Entscheidung zwar aufheben, es ist jedoch ausgeschlossen, dass einander widersprechende Entscheidungen nebeneinander existieren und Gültigkeit beanspruchen.

befinden. Umgekehrt ist den Finanzgerichten eine Befassung mit sich noch im verlängerten Verwaltungsverfahren befindlichen Fragen verwehrt.

Kommt es zu einer Anfechtung der Teileinspruchsentscheidung vor dem Finanzgericht, stellt sich daher die Frage, wie weit das entsprechende Klagebegehren bzw. kongruent hierzu die gerichtliche Überprüfung reichen darf. Dabei ist der Steuerpflichtige bei der Formulierung seines Rechtsschutzziels bereits beschränkt. Um die Zulässigkeit seiner Klage sicherzustellen, darf sich seine Anfechtung allein auf die durch die Teileinspruchsentscheidung beschiedenen Streitkomplexe beziehen. Hinsichtlich aller darüber hinausgehenden, noch im verlängerten Verwaltungsverfahren anhängigen Punkte fehlt es an einem ganz oder teilweise erfolglos gebliebenen Vorverfahren. Die Zugangsvoraussetzungen nach § 44 I FGO für ein zulässiges finanzgerichtliches Klageverfahren sind insoweit nicht erfüllt. Denn durch die in ihrer Reichweite beschränkte Teileinspruchsentscheidung sind alle weiteren Streitpunkte gerade nicht entschieden worden, wie sich aus dem Nichtentscheidungsteil deutlich entnehmen lässt[550]. Im Übrigen dürfte es insoweit zudem an einer Beschwer fehlen. Eine Notwendigkeit für die Erhebung einer Klage ist derzeit nicht gegeben, da der Steuerpflichtige bisher in diesen Punkten noch nicht unterlegen ist und weiterhin obsiegen kann.

Die fehlende Zulässigkeit hinsichtlich dieser Streitkomplexe kann auch im weiteren finanzgerichtlichen Verfahren nicht ignoriert werden. Dem Kläger ist es daher nicht möglich, sein Klagevorbringen im Rahmen der angefochtenen Steuerauswirkung auszutauschen, falls er mit seinem ursprünglichen Antrag zu scheitern droht. Insoweit unterscheidet sich der Handlungsspielraum von Kläger und Finanzgericht deutlich von den Möglichkeiten nach der klageweisen Anfechtung einer einheitlichen Einspruchsentscheidung. Zwar kann der Kläger sich zur Untermauerung seiner Rechtsauffassung auch auf neue Tatsachen und neue Rechtsansichten stützen. Dies gilt jedoch nur, sofern diese allein den vor dem Finanzgericht anhängigen Streitkomplex betreffen. Soweit dagegen noch im Verwaltungsverfahren anhängige Streitkomplexe betroffen sind, ist eine nachträgliche Erweiterung des Klagebegehrens durch den Kläger[551] ebenso wenig möglich wie eine Stattgabe der Klage durch das Gericht aus Gründen ohne Bezug zum Streitgegenstand[552].

Dies mag auf den ersten Blick verwundern, wenn man sich der Bindungswirkung bestandskräftiger Teileinspruchsentscheidungen erinnert. Aufgrund der

550 FG Niedersachsen, Urteil v. 16.2.2010 – 12 K 119/08, DStRE 2010, 1328 (1329).

551 Grundlegend BFH, Beschluss v. 23.10.1989 – GrS 2/87, BStBl II 1990, 327 (331).

552 Zu dieser grds. Möglichkeit vgl. *Lange* in HHS, § 96 FGO Rz 189.

auf die Steuerfestsetzung beschränkten Reichweite der Bestandskraft von Steuerbescheiden begrenzt die Unanfechtbarkeit einer Teileinspruchsentscheidung nur den verbleibenden steuerlichen Änderungsrahmen, nicht aber die hierfür tragenden Gründe. Trotz Eintritt der Teilbestandskraft kann der Steuerpflichtige daher im noch anhängigen Teil des Einspruchsverfahrens alle Einwendungen geltend machen, von denen er sich eine Minderung der festzusetzenden Steuer verspricht. Legt man dies zugrunde, könnte es naheliegen, auch im Rahmen der klageweisen Anfechtung einer solchen Vorabentscheidung davon auszugehen, dass Gegenstand des sich anschließenden finanzgerichtlichen Verfahrens ebenfalls lediglich ein konkreter Teilsteueranspruch ist. Dann wäre allein das konkrete Begehren „Minderung der festgesetzten Einkommensteuer um EUR 5.000" relevant. Das Gericht könnte der Klage auch aus anderen als den vom Kläger geltend gemachten Gründen stattgeben[553].

Die Fälle sind jedoch nicht vergleichbar. Auch wenn vom Eintritt der Bestandskraft einer Teileinspruchsentscheidung nur der festgesetzte Teilsteuerbetrag umfasst wird, die zugrunde liegenden Besteuerungssachverhalte also gerade nicht einbezogen werden, so lässt sich unter Rechtsschutzgesichtspunkten der Blick auf gerade diese Besteuerungsgrundlagen erneut[554] nicht vermeiden. Allerdings geht es hierbei nicht primär um Fragen der Bestandskraft. Diese ist infolge der rechtzeitigen Anfechtung ohnehin nicht eingetreten. Die klageweise Anfechtung der Teileinspruchsentscheidung hat vielmehr zwingend eine Begrenzung des Streitgegenstandes aufgrund des noch anhängigen Verwaltungsverfahrens zur Folge. Obwohl sich die Beschwer weiterhin nach der insoweit zunächst festgesetzten Steuer, dem Tenor der Einspruchsentscheidung bestimmt, hat die Vorabentscheidung in Form einer Teileinspruchsentscheidung den praktischen Effekt, dass das Klagebegehren nicht nur durch die fragliche Steuerauswirkung, sondern auch durch den zu dieser Festsetzung führenden Lebenssachverhalt begrenzt ist. Nur dessen rechtliche Bewertung und Behandlung steht zur Überprüfung. Der mögliche Streitgegenstand[555] ist von vorneherein durch den Umfang der Teileinspruchsentscheidung begrenzt. Das Gericht darf sich nur mit dem aus dem konkreten Lebenssachverhalt resultierenden Teilsteueranspruch befassen. Abstrakt betrachtet liegt hierin keine Besonderheit. Auch bei den herkömmlichen einheitlichen Einspruchsentscheidungen ist nach § 44 II FGO Verfahrens-

553 So der Regelfall, vgl. *Lange* in HHS, § 96 FGO Rz 189 sowie BFH, Beschluss v. 17.7.1967 - GrS 1/66, BStBl II 1968, 344 (348).

554 Vgl. bereits die Ausführungen zu den Verböserungsmöglichkeiten bei B.III.3.b.bb.

555 Zur letztlich synonymen Verwendung der Begriffe „Klagebegehren" und „Streitgegenstand" zur Bestimmung des Klageziels vgl. *v. Groll* in Gräber, FGO, § 65 Rz 32.

gegenstand einer Anfechtungsklage der ursprüngliche Verwaltungsakt in Gestalt der Rechtsbehelfsentscheidung. Im finanzgerichtlichen Verfahren kann daher nicht über etwas entschieden werden, was nicht bereits Gegenstand des Veranlagungsverfahrens bzw. des Steuerbescheides war. Das finanzgerichtliche Verfahren ermöglicht es dem Rechtsschutz suchenden Steuerpflichtigen grundsätzlich, die Steuerfestsetzung insgesamt überprüfen zu lassen. Genau dies ist aufgrund der begrenzten Vorabentscheidung bei der Anfechtung einer Teileinspruchsentscheidung jedoch ausgeschlossen.

Im Ergebnis führt dies dazu, dass der Steuerpflichtige, der eine Teileinspruchsentscheidung unanfechtbar werden lässt, zwar auf weiteren Rechtsschutz verzichtet, aber die Möglichkeit behält seine zurückgewiesenen Rechtsansichten oder weitere Beweismittel im Rahmen des sich noch im Einspruchsverfahren befindlichen Streitrestes erneut vorzubringen. Der durch die Teileinspruchsentscheidung betroffene Teilsteueranspruch ist jedoch mit Eintritt der Unanfechtbarkeit für ihn definitiv geworden. Dagegen ist der Steuerpflichtige, der sich zu einem gerichtlichen Vorgehen gegen die Teileinspruchsentscheidung durchringt, zwar daran gehindert, den entsprechenden Streitkomplex erneut innerhalb des Einspruchsverfahrens geltend zu machen. Dies ist jedoch interessengerecht, da sich der klagende Steuerpflichtige die Chance auf eine günstige Entscheidung durch das Finanzgericht offenhält. Der entsprechende Teilsteueranspruch ist gerade noch nicht definitiv geworden.

Der Rechtsschutz gegen Teileinspruchsentscheidungen ähnelt damit im Hinblick auf seinen begrenzten sachlichen Umfang der isolierten Anfechtung von Teilurteilen i.S.v. § 98 FGO mit der Revision. Auch im Rechtsmittelverfahren zum Teilurteil darf der Bundesfinanzhof nicht über den durch das Finanzgericht noch nicht entschiedenen Teil befinden. Dies gilt selbst dann, wenn der Restanspruch ebenso zu beurteilen wäre wie der mit der Revision angefochtene Teilanspruch oder die Beteiligten einvernehmlich einen entsprechenden Antrag stellen[556]. Der Rechtsstreit bleibt auf zwei Ebenen verteilt.

Die strikte Aufteilung des ursprünglich einheitlichen Steuersachverhaltes nach Streitkomplexen zeigt erneut, dass ein alleiniges Abstellen auf die festgesetzte Steuer ohne einen Blick auf die zugrunde liegenden Besteuerungsgrundlagen nach einer Teileinspruchsentscheidung kaum möglich ist. Dies gilt sowohl

---

556 *Brandis* in Tipke/Kruse, § 98 FGO Rz 4; *Lange* in HHS, § 98 FGO Rz 36; *v. Groll* in Gräber, FGO, § 98 Rz 3. Für den Zivilprozess grundlegend BGH, Urteil v. 16.6.1959 – VI ZR 81/58, NJW 1959, 1824 mit Anmerkung *Schwab*, NJW 1959, 1824 ff. Zum „Hochziehen" von untergerichtlich anhängigen Streitresten bei Teilurteilen vgl. auch *Semmelmayer*, Berufungsgegenstand, S. 201 ff.

hinsichtlich des Prüfungsumfangs der Finanzgerichte als auch hinsichtlich des verbleibenden Handlungsspielraumes der Finanzbehörden und des Steuerpflichtigen in den Fällen, in denen das übrige Einspruchsverfahren während des laufenden finanzgerichtlichen Verfahrens unanfechtbar beendet wird.

2. Bindung der Parteien durch rechtskräftige Entscheidung

Ergeht infolge der klageweisen Anfechtung der Teileinspruchsentscheidung ein Sachurteil, welches sich nicht auf eine Überprüfung der Verfahrensvoraussetzungen für den Erlass der Vorabentscheidung beschränkt (keine isolierte Anfechtung), wird die materiell-rechtliche Entscheidung in der Sache mit Eintritt ihrer Rechtskraft für die Beteiligten bindend.

Diese Bindungswirkung reicht gem. § 110 I 1 FGO „soweit über den Streitgegenstand entschieden worden ist". Damit wird auf die Teilmenge aller mit dem angefochtenen Steuerbescheid erfassten Besteuerungsgrundlagen verwiesen, zu denen das Gericht selbstentscheidend Feststellungen getroffen hat[557]. Ausschlaggebend für die Rechtskrafterstreckung ist folglich nicht der gesamte, durch Klagegrund und Klageanspruch bestimmte Streitgegenstand[558], sondern nur der tatsächliche Entscheidungsgegenstand. Die Reichweite hängt damit davon ab, inwieweit das Gericht die Behauptung des Klägers, der Verwaltungsakt sei rechtswidrig[559], tatsächlich überprüft hat. Soweit das Gericht einen bestimmten Lebenssachverhalt bei seinem Urteil nicht zugrunde gelegt und rechtlich oder tatsächlich gewürdigt hat, tritt auch keine Bindungswirkung ein[560]. Oftmals stellt der Entscheidungsgegenstand daher nur einen Ausschnitt aus dem Streitgegenstand dar. Geht er über dessen Grenzen hinaus, liegt hierin ein Verstoß gegen § 96 I 2 FGO.

Der Entscheidungsgegenstand und damit auch der Umfang der Bindungswirkung werden durch die Urteilsformel bestimmt. Streitgegenstand und der die Bindungswirkung nach § 110 FGO bestimmende Entscheidungsgegenstand

---

557 BFH, Urteil v. 7.2.1990 – I R 145/87, BStBl II 1990, 1032 (1033); *Seer* in Tipke/Kruse, § 110 FGO Rz 15.

558 Grundlegend zum Begriff des Streitgegenstands im finanzgerichtlichen Verfahren BFH, Beschluss v. 17.7.1967 – GrS 1/66, BStBl II 1968, 344 (346 ff.) sowie *Vogel*, Gutachten 46. DJT (1966), Bd. I, Teil 5, S. 44 ff.; *Gräber*, DStR 1968, 491 (493 ff.).

559 So der Antrag im Regelfall der Anfechtung eines Steuerbescheides. Streitgegenstand der Verpflichtungsklage ist die Rechtsbehauptung des Klägers, er habe einen Anspruch auf Erlass des beantragten Verwaltungsaktes.

560 BFH, Urteil v. 8.6.2000 – IV R 65/99, BStBl II 2001, 89 (91); *Seer* in Tipke/Kruse, § 110 FGO Rz 16; *Fu* in Schwarz, § 110 FGO Rz 18; *Lange* in HHS, § 110 FGO Rz 48.

können mithin voneinander abweichen, so dass die Reichweite der materiellen Rechtskraft hinter dem Umfang der formellen Rechtskraft zurückbleibt[561]. Hingegen erstreckt sich die Bindungswirkung nicht auf die einzelnen Urteilselemente. Die tatsächlichen Feststellungen sowie die Feststellung einzelner Tatbestandsmerkmale oder die der Entscheidung zugrundeliegenden vorgreiflichen Rechtsverhältnisse sind daher nicht erfasst, selbst wenn sie für die Entscheidung tragend gewesen sind. Gleiches gilt für Ausführungen, auf die das Urteil nicht gestützt ist (*obiter dicta*)[562].

a. Stattgebende Urteile

Kommt es zu einer – jedenfalls teilweise – erfolgreichen Klage gegen eine einheitliche Einspruchsentscheidung, steht infolge der gerichtlichen Entscheidung nicht nur fest, dass der angefochtene Verwaltungsakt hinsichtlich der steuerlichen Behandlung einer konkreten Streitfrage rechtswidrig war. Vielmehr hat das Gericht entschieden, dass die Steuerfestsetzung insgesamt (zumindest) um den entschiedenen Betrag zu hoch war. Diese Entscheidung konnte das Gericht aber nur treffen, wenn und weil es die gesamte Steuerfestsetzung insgesamt überprüft hat und zu dem Ergebnis gekommen ist, dass der angegriffene Steuermehrbetrag nicht aus anderen Gründen (d.h. Besteuerungsgrundlagen) festzusetzen gewesen wäre[563].

Aufgrund des nur zur Entscheidung gestellten Verfahrensausschnitts gilt diese Erkenntnis bei Teileinspruchsentscheidungen nicht gleichermaßen. Die Rechtsprechungspraxis der Finanzgerichte führt jedoch auch in diesen Fällen dazu, dass ihren Urteilen nicht nur eine betragsmäßige Bindung in Höhe der ausgeurteilten Steuerminderung zukommt. Bei einem (teilweise) stattgebenden Urteil enthält der Tenor nicht nur die Entscheidung über einen Teilsteueranspruch, sondern regelmäßig in Kurzform auch die rechtliche Begründung für die ausgesprochene Steuerminderung[564]. Bereits unmittelbar aus dem Entscheidungssatz

---

561 *Ziemer/Birkholz*, FGO, § 110 Rz 40; *Brandt* in Beermann/Gosch, § 110 FGO, Rz 96.

562 Zum Ganzen vgl. BFH, Urteil v. 19.12.2006 – VI R 63/02, BFH/NV 2007, 924 (925); *Jesse*, Einspruch, Rz C 502; *v. Groll* in Gräber, FGO, § 110 Rz 10; *Lange* in HHS, § 98 FGO Rz 54, m.w.N.

563 *Gräber*, DStR 1968, 491 (494).

564 Vgl. exemplarisch FG Köln, Urteil v. 30.6.2011 – 10 K 4965/07, abrufbar auf den Seiten des FG Köln http://www.fg-koeln.nrw.de/presse/aktuelle/index.php: „Die Einkommensteuerbescheide für die Jahre [...] werden unter Aufhebung der Einspruchsentscheidung vom [...] dahin geändert, dass die von den Klägern [...] erklärten Verluste aus der Vermietung des Ferienhauses [...] berücksichtigt werden".

lässt sich demnach die bestimmte steuerliche Behandlung eines konkreten Lebenssachverhaltes entnehmen. Mit Eintritt der Rechtskraft der Entscheidung ist das Finanzamt an diese rechtliche Beurteilung gebunden[565]. Allein hinsichtlich der durch das Gericht getroffenen tatsächlichen Feststellungen erfährt die Bindungswirkung durch § 100 I 1 HS 2 FGO eine Einschränkung[566]. Soweit später nicht neue Tatsachen vorgetragen werden, die eine Änderung nach § 173 I Nr. 2 AO ermöglichen, ist einer erneuten Diskussion über die entschiedenen Streitkomplexe innerhalb eines noch anhängigen Einspruchsverfahrens jedoch ein Riegel vorgeschoben. Auch der Steuerpflichtige hat der Entscheidung Rechnung zu tragen. Er ist mit seinem weiteren Vortrag aufgrund der entgegenstehenden materiellen Rechtskraft nicht nur in weiteren Gerichtsverfahren[567], sondern auch im noch anhängigen Teil des Verwaltungsverfahrens präkludiert, soweit der bereits entschiedene Streitkomplex betroffen ist.

Damit unterscheidet sich die gerichtliche Entscheidung in ihrer Bindungswirkung in einem entscheidenden Punkt von Verwaltungsentscheidungen. Sowohl bei Steuerbescheiden als auch bei Einspruchsentscheidungen bezieht sich der Tenor allein auf den festgesetzten Steuerbetrag. Der Begründungsteil ist hier – wie sich auch aus § 157 II AO ergibt – gerade nicht Teil des originären Regelungsgehalts.

b. *Klageabweisung*

Auch wenn der Steuerpflichtige vor dem Finanzgericht mit seinen materiellen Einwendungen gegen die Teileinspruchsentscheidung endgültig nicht durchdringen kann, die steuerliche Behandlung des entsprechenden Streitkomplexes durch die Finanzbehörden also für zutreffend und rechtmäßig befunden wird, stellt sich die Frage inwieweit eine solche (rechtskräftige) gerichtliche Entscheidung auf ein im Übrigen noch anhängiges Rechtsbehelfsverfahren durchschlägt. Aufgrund der Begrenzung des Entscheidungsgegenstands auf den anhängig gemachten Streitgegenstand ergibt sich zunächst, dass dem Kläger in rechtmä-

---

565 BFH, Urteil v. 7.2.1990 – I R 145/87, BStBl II 1990, 1032 (1033); *Rößler*, DStZ 1991, 246 (246); *Lange* in HHS, § 98 FGO Rz 54.

566 Zur Kritik am eingeschränkten Anwendungsbereich des § 100 I 1 FGO vgl. *Vogel*, Gutachten 46. DJT (1966), Bd. I, Teil 5, S. 49 ff.

567 Unzulässigkeit weiterer Klagen mit demselben Streitgegenstand nach dem Grundsatz „*ne bis in idem*". Ausführlich hierzu BFH, Beschluss v. 24.8.2005 – VIII B 36/04, BFH/NV 2006, 86. Aufschlussreich auch die nach Aufhebung in selber Sache ergangene nachgehende Entscheidung des FG Rheinland-Pfalz, Urteil v. 23.6.2009 – 3 K 2633/07, EFG 2011, 853.

ßiger Weise nichts abgesprochen werden kann, was ihm in diesem Verfahren nicht auch positiv zugesprochen werden könnte. Denn nur der geltend gemachte (Teil-)Anspruch wurde dem Gericht zur Entscheidung unterbreitet[568].

Anders als in den vorbehandelten Fällen eines zumindest teilweisen Obsiegens, erfolgt die Tenorierung allerdings nur dahingehend, dass die Klage abgewiesen wird. Unmittelbar aus dem Entscheidungssatz ist also weder ersichtlich, welche rechtlichen Überlegungen zu diesem Ergebnis geführt haben, noch welche potentiell steuermindernden Sachverhalte das Gericht tatsächlich überhaupt überprüft (und abgelehnt) hat[569].

Aufgrund der fehlenden Beschränkung des Tenors auf die Klärung einer bestimmten Streitfrage wird einer solchen Entscheidung daher teilweise – so auch vom Bundesfinanzhof – nicht lediglich die Feststellung beigemessen, der Steuerbescheid sei unter Zugrundelegung der vom Finanzamt angenommenen tatsächlichen Voraussetzungen rechtmäßig. Vielmehr ergebe sich aus dem Tenor, dass die Steuerfestsetzung in dieser Höhe insgesamt rechtmäßig sei[570]. In dieser Allgemeinheit ist dies jedoch zu weitgehend. Ein klageabweisendes Urteil sagt – mangels entsprechender Verböserungsbefugnis des Gerichts – zunächst einmal noch nichts darüber aus, ob die Steuer nicht sogar noch höher festzusetzen gewesen wäre[571]. Auf der anderen Seite dürfte auch eine Ausdehnung der Rechtskraftwirkung auf den endgültigen Ausschluss jeglicher potentieller Steuerminderungspositionen jedenfalls dann nicht angemessen sein, wenn sich durch einen Blick auf die Urteilsgründe zweifellos erkennen lässt, welche rechtlichen Überlegungen für die Entscheidung maßgeblich waren. Zutreffend ist zwar, dass durch die Entscheidung festgestellt ist, dass der angefochtene Verwaltungsakt nicht rechtswidrig war, oder der Steuerpflichtige durch ihn jedenfalls nicht in seinen Rechten verletzt worden ist[572]. Wenn sich anhand der Entscheidungsgründe jedoch zweifelsfrei ergibt, dass bestimmte Punkte des Verwaltungsaktes vom richterlichen Prüfungsprogramm nicht erfasst waren, ist es nicht ein-

568 *Kellermann*, JA 2004, 151 (154).

569 Allgemein zur Rechtskraft klageabweisender Urteile vgl. *Kellermann*, JA 2004, 151 (152 ff.).

570 BFH, Beschluss v. 17.5.2001 – X B 69/00, BFH/NV 2001, 1521 (1521); *Seer* in Tipke/Kruse, § 110 FGO Rz 16.

571 *Vogel*, Gutachten 46. DJT (1966), Bd. I, Teil 5, S. 49 f. A.A. *Gräber*, DStR 1968, 491 (494), der auf die fehlende gerichtliche Verböserungsmöglichkeit nicht eingeht.

572 So bereits *Ziemer/Birkholz*, FGO, § 110 Rz 39. Ihnen folgend *Lange* in HHS, § 110 FGO Rz 62; *Brandt* in Beermann/Gosch, § 110 FGO, Rz 103; vgl. auch BFH, Beschluss v. 17.5.2001 – X B 69/00, BFH/NV 2001, 1521 (1521).

zusehen, wenn der Entscheidung dennoch eine Erklärungswirkung hinsichtlich dieser Punkte beigemessen wird. Umgekehrt kann davon ausgegangen werden, dass die für die Klageabweisung tragenden Gründe von der Bindungswirkung des Urteils mit erfasst werden[573]. Gerade bei der Abweisung einer Anfechtungsklage geht die Bedeutung der Entscheidungsgründe damit über ihre bloße Begründungsfunktion hinaus. Der Entscheidungsgehalt des Urteils ist aus dem Tenor allein nicht erkennbar.

Die Position des Bundesfinanzhofs in dieser Frage bleibt indifferent. Einerseits beharrt er ausdrücklich darauf, dass auch bei klageabweisenden Urteilen allein der Tenor und die festgesetzte Steuer von der Rechtskraftwirkung erfasst werden[574]. Andererseits erkennt er in derselben Entscheidung an, dass die Reichweite der Bindungswirkung im Zweifel durch Auslegung zu ermitteln ist, wobei zum Verständnis der Urteilsformel erforderlichenfalls Tatbestand und Entscheidungsgründe heranzuziehen sind. Da bei klageabweisenden Urteilen Tatbestand und Gründe die einzigen Anhaltspunkte für eine Rechtskraftbestimmung bieten, lässt sich dieses kategorische Festhalten an der Trennung von Rechtskraft und schlichter Begründung ihrer Reichweite nur schwer nachvollziehen. Wenn diese Urteilselemente ohnehin zur Bestimmung der Bindungswirkung herangezogen werden müssen und eine Bindung der Parteien an die sich aus ihnen ergebende Rechtsauffassung hergestellt werden soll, dürfte sich die Auffassung des Bundesfinanzhofs in ihren praktischen Auswirkungen kaum von der Auffassung[575] unterscheiden, die bei einem klageabweisenden Tenor die entscheidungserheblichen Gründe als ebenfalls von der Rechtskraftwirkung erfasst ansieht. Denn Einigkeit besteht jedenfalls insoweit, dass in beiden Fällen eine abweichende rechtliche Beurteilung desselben Sachverhaltes unzulässig ist.

Bezogen auf die Abweisung einer Klage gegen eine Teileinspruchsentscheidung bedeutet dies, dass die der richterlichen Überzeugung zugrunde liegende, aus der Urteilsbegründung ersichtliche rechtliche Beurteilung auch in diesem Fall zu einer Bindung von Verwaltung und Steuerpflichtigem führt. Infolge der Aufspaltung der ursprünglich einheitlichen Steuerfestsetzung kann sich die „Feststellung" der Rechtmäßigkeit dabei denknotwendig nur auf die Teileinspruchsentscheidung und den ihr innewohnenden, sachverhaltsbezogenen rechtlichen Regelungsgehalt beziehen. Dementsprechend kann jeder einmal zur

---

573 *Lange* in HHS, § 110 FGO Rz 54; BGH, Urteil v. 28.9.2000 – VII Z R 57/00, NJW-RR 2001, 310 (310 f.); *Kellermann*, JA 2004, 151 (152).

574 BFH, Urteil v. 19.12.2006 – VI R 63/02, BFH/NV 2007, 924 (925).

575 *Lange* in HHS, § 110 FGO Rz 54; BGH, Urteil v. 28.9.2000 – VII Z R 57/00, NJW-RR 2001, 310 (310 f.); *Kellermann*, JA 2004, 151 (152).

Entscheidung des Gerichts gestellte Sachverhalt auch im Verwaltungsverfahren nicht mehr erneut aufgegriffen und anders gewürdigt werden. Die rechtliche Beurteilung des entsprechenden Streitkomplexes durch das Gericht ist damit abschließend, unabhängig davon, inwieweit das übrige Verwaltungsverfahren noch nicht beendet wurde. Eine rechtliche Neubewertung, die sich in Widerspruch zu der rechtlichen Beurteilung des Gerichts setzt, ist damit ausgeschlossen[576]. Eine Aussage über den Erfolg des Steuerminderungsbegehrens aufgrund anderer (im Einspruchsverfahren zu klärender) Gründe ist hiermit dagegen nicht verbunden.

Die gerichtliche Rechtsauffassung über die zutreffende Beurteilung des von der Teileinspruchsentscheidung betroffenen Streitkomplexes ist mithin unabhängig vom Erfolg der Klage und – wie sich aus den vorstehenden Ausführungen zur Bindungswirkung bei klageabweisenden Urteilen ergibt – letztlich auch von der Reichweite des Tenors zu berücksichtigen.

3. Einheitliche Entscheidung nach Anfechtung sämtlicher Teilentscheidungen

Zu einer Wiedervereinigung der zwischenzeitlich getrennten Verfahrensteile kann es vor dem Finanzgericht kommen. Ficht der Steuerpflichtige auch eine später ergangene abschließende Schlusseinspruchsentscheidung an, während über die Klage gegen die Teileinspruchsentscheidung noch nicht entschieden worden ist, so kann das Finanzgericht die beiden Verfahren gem. § 73 I FGO verbinden. Die Zusammenführung des Klageverfahrens gegen die abschließende Einspruchsentscheidung mit dem gegen die Teileinspruchsentscheidung ermöglicht es dem Finanzgericht, über den Steueranspruch umfassend und einheitlich zu entscheiden[577]. Eine Beschränkung des Streitgegenstands auf einen Teil der Steuerfestsetzung ist dann nicht mehr gegeben.

4. Ergebnis

Die Anfechtung einer Teileinspruchsentscheidung im finanzgerichtlichen Verfahren führt zu einer eingeschränkten und sachverhaltsbezogenen Überprüfung, die von den noch im Verwaltungsverfahren befindlichen übrigen Streitkomplexen strikt zu trennen ist. Soweit das Rechtsbehelfsverfahren noch nicht abgeschlossen ist, fehlt es an einem nach § 44 I FGO erfolglos gebliebenen Vor-

576 So auch *Rößler*, DStZ 1991, 246 (246).

577 *Birkenfeld* in HHS, § 367 AO Rz 565.

verfahren. Die Zugangsvoraussetzung für eine Klage vor dem Finanzgericht ist insoweit nicht erfüllt.

Die Entscheidungsbefugnis des Gerichts bei zulässigen Klagen hängt davon ab, inwieweit der Steuerpflichtige nur die Rechtswidrigkeit der Teilentscheidung oder aber die Rechtswidrigkeit des ursprünglichen Verwaltungsaktes in Gestalt der Teileinspruchsentscheidung geltend gemacht. Infrage kommt sowohl die isolierte Aufhebung der Teileinspruchsentscheidung als auch eine Überprüfung ihres materiellen Regelungsgehalts. Während Umfang und Reichweite der Bestandskraft von Steuerbescheiden allein durch die festgesetzte Steuer bestimmt werden, steht beim Rechtsschutz gegen Teileinspruchsentscheidungen stets auch eine sachverhaltsbezogene Komponente im Blickpunkt. Der Streitgegenstand des finanzgerichtlichen Verfahrens kann nicht losgelöst von dem jeweiligen von der Teileinspruchsentscheidung erfassten besteuerungsrelevanten Lebenssachverhalt bestimmt werden. Unabhängig von dem Erfolg der Klage richtet sich die Bindungswirkung gerichtlicher Urteile gegenüber den Beteiligten wie auch anderen Gerichten nach dem Tenor, wobei jedenfalls bei klageabweisenden Urteilen die konkrete Reichweite anhand der tragenden Entscheidungsgründe zu bestimmen ist.

V. Fazit

Mit der vorliegenden Arbeit erfolgte erstmals eine umfassende Beschäftigung mit der noch in weiten Teilen und Problemfeldern wenig diskutierten Neuregelung des § 367 IIa AO. Die eingehende Untersuchung hat gezeigt, dass die derzeitige Rechtslage weitreichende Probleme aufwirft und eine durchdachte Integration in das bisherige Normengefüge vielfach vermissen lässt. Dem Gesetzgeber ist es in wesentlichen Punkten nicht gelungen, den mit der Teileinspruchsentscheidung angestrebten Paradigmenwechsel beherzt und stringent umzusetzen. Dies gilt insbesondere für den zentralen Punkt der Etablierung einer sachverhaltsbezogenen Bestandskraft infolge von Teileinspruchsentscheidungen. *De lege lata* führen die Versäumnisse zu einer nicht gewollten Situation und nehmen der Teileinspruchsentscheidung einen erheblichen Teil ihrer Effektivität.

C. Die Allgemeinverfügung gem. § 367 IIb AO

Die Arbeit soll abschließen mit einer Darstellung der wesentlichen Neuerungen in Bezug auf die Allgemeinverfügung gem. § 367 IIb AO. Auf diese Möglichkeit der Finanzbehörden wurde bereits an verschiedenen Stellen der Ausführungen zur Teileinspruchsentscheidung eingegangen[578] und die eng aufeinander abgestimmte Regelungssystematik thematisiert.

Anders als Steuerbescheide handelt es sich bei Allgemeinverfügungen um Verwaltungsakte, die sich nicht an einzelne Steuerpflichtige, sondern an einen nach allgemeinen Merkmalen bestimmten oder bestimmbaren Personenkreis richten (§ 118 S. 2 Alt. 1 AO). Auch die Allgemeinverfügung ist nach ihrer Legaldefinition mithin ein Verwaltungsakt, der sich von einem Steuerbescheid jedoch in seinem Adressatenkreis und in der Art seiner Bekanntgabe unterscheidet (§ 122 III, IV AO).

Die Neuregelung ist nach § 18a EGAO[579] bereits der zweite Versuch des Gesetzgebers, Einsprüche durch öffentliche Bekanntmachung zurückzuweisen. Der erste Anlauf zielte darauf, vor dem 1.1.1995 eingelegte Einsprüche wegen angeblicher Verfassungswidrigkeit einer angewendeten Norm durch Veröffentlichung der Entscheidung des Bundesverfassungsgerichts im Bundesgesetzblatt zurückzuweisen, soweit sie sich nach dem Ausgang des Verfahrens als unbegründet herausstellten. Die Regelung diente dazu, massenhaft eingelegte Einsprüche zu erledigen, mit denen die Vorschriften zum Kinderlastenausgleich erfolglos als verfassungswidrig gerügt worden waren[580].

Die aktuelle Regelung soll der Finanzverwaltung nun ebenfalls dazu dienen, unter Zuhilfenahme konkret-genereller Regelungen[581] der Bewältigung von Masseneinsprüchen Herr zu werden[582]. Demnach können Einsprüche durch Allgemeinverfügung zurückgewiesen werden, soweit ihnen infolge beendeter Musterverfahren nicht abgeholfen werden kann. Die bisherige praktische Be-

578 Vgl. hierzu z.B. die ausführliche Diskussion um die Sachdienlichkeit einer „Teileinspruchsentscheidung ohne Streitfrage“, oben bei B.I.3.g.aa(3)(a).

579 Vgl. Art. 97 § 18a EGAO in der Fassung durch das Missbrauchs- und SteuerbereinigungsG v. 21.12.1993 (BGBl I 1993, 2310). Eine ähnliche Regelung findet sich in § 85 IV SGG für das sozialgerichtliche Vorverfahren.

580 *Birkenfeld* in HHS, § 367 AO Rz 602, m.w.N.

581 Z.B. *Pahlke* in Pahlke/König, § 118 AO, Rz 61; *Bergan/Martin*, DStZ 2008, 518 (519).

582 BT-DrS 16/3368, S. 26; BMF, AEAO Nr. 7.2 zu § 367.

deutung der Allgemeinverfügung im Steuerrecht war eher gering[583]. Von der neu geschaffenen Möglichkeit wurde bisher in neun Fällen[584] Gebrauch gemacht.

I. Voraussetzungen und Anwendungsbereich

Als Adressaten einer Allgemeinverfügung i.S.v. § 367 IIb AO kommen nur Steuerpflichtige in Betracht, die sich bei ihrem Erlass in einem zulässigen Rechtsbehelfsverfahren befinden. Unzulässige Einsprüche sind von der Allgemeinverfügung nicht betroffen – sie sind auch weiterhin möglichst zeitnah durch individuelle Einspruchsentscheidung zu verwerfen, falls sie vom Einspruchsführer nicht zurückgenommen werden[585]. Zudem muss das anhängige Rechtsbehelfsverfahren noch hinsichtlich solcher Streitfragen offen sein, die sich auch in dem Musterverfahren gestellt haben. Aufgrund der auf den Steuerbetrag begrenzten Bestandskraftwirkung bedeutet dies letztlich, dass die Steuerfestsetzung nicht hinsichtlich der konkreten Streitfrage noch offen sein muss, sondern ganz generell, dass sich diese Streitfrage auch in dem betroffenen Steuerfall stellt. Ausreichend ist daher, wenn über einen entsprechenden Teilsteueranspruch noch nicht bestandskräftig entschieden wurde. Sofern das Einspruchsverfahren des Steuerpflichtigen (auch) hinsichtlich der durch den Musterprozess entschiedenen Streitfrage bereits beendet ist, entfaltet eine spätere Allgemeinverfügung keine Wirkung mehr.

Die Musterentscheidung muss zwei Kriterien erfüllen, um für den Erlass einer Allgemeinverfügung zu qualifizieren. Zunächst einmal muss sie von einem der in § 367 IIb AO genannten Obergerichte stammen. Anders als bei der Verfahrensruhe nach § 363 II 2 AO kann die Allgemeinverfügung neben den Entscheidungen des Europäischen Gerichtshofs und des Bundesverfassungsgerichts nur auf Entscheidungen des Bundesfinanzhofs, nicht aber der übrigen obersten

---

583 *Pahlke* in Pahlke/König, § 118 AO, Rz 62; *Werth* in Kühn/v. Wedelstädt, § 118 AO, Rz 16.

584 Allgemeinverfügungen der obersten Finanzbehörden der Länder v. 30.3.2007, BStBl I 2007, 274 (Grundsteuer); v. 22.7.2008, BStBl I 2008, 746 (Besteuerung der Einkünfte aus Kapitalvermögen) bzw. 747 (Verfassungsmäßigkeit SolZG); v. 2.3.2011, BStBl I 2011, 143 (Abziehbarkeit von Kinderbetreuungskosten); v. 9.1.2012, Vfg. 2011/0927212 (Verzinsung gem. §§ 233a, 238 AO); v. 25.3.2013, Vfg. 2013/0214448 (Steuerberatungskosten als Sonderausgaben); v. 22.7.2013, Vfg. 2013/0620203 (Steueridentifikationsnummer); v. 13.12.2013, Vfg. 2013/1145596 (1%-Regelung bei berieblichen KfZ) sowie jüngst v. 27.2.2014 (pauschale Aufwendungen für Fahrtkosten bei Dienstreisen).

585 BMF, AEAO Nr. 7.3 zu § 367; *Birkenfeld* in HHS, § 367 AO Rz 610; *Dumke* in Schwarz, § 367 AO Rz 72; *Jesse*, Einspruch, Teil B Rz 747.

Bundesgerichte gestützt werden. Die Sonderregelung für den Abschluss von Einspruchsverfahren durch Allgemeinverfügung besteht zudem nicht für Musterentscheidungen der Instanzgerichte, insbesondere der Finanzgerichte. Darüber hinaus muss der Regelungsgehalt der Musterentscheidung gem. § 367 IIb 1 AO zur Folge haben, dass der Einspruch insoweit als unbegründet zurückzuweisen wäre, ihm also nicht abgeholfen werden kann. Ein anderer Ausgang des Musterverfahrens kann nur durch eine individuelle Entscheidung umgesetzt werden[586]. Eine Allgemeinverfügung mit einem den Einsprüchen stattgebenden Inhalt ist damit nach § 367 IIb AO nicht möglich.

Auch wenn ihr sachlicher Anwendungsbereich nicht vollkommen kongruent ist, handelt es sich bei den Einsprüchen, die durch Allgemeinverfügung zurückgewiesen werden können, im Wesentlichen um Rechtsbehelfsverfahren, die nach § 363 II 2 AO im Hinblick auf ein Musterverfahren vor den entsprechenden Gerichten geruht haben und deren Verfahrensruhe durch abschlägige Entscheidung des Musterverfahrens nunmehr beendet worden ist. Die Reichweite der Allgemeinverfügung ist auf die Zurückweisung der Einsprüche hinsichtlich der in dem Musterverfahren konkret entschiedenen Streitfrage begrenzt. Im Hinblick auf die eingeschränkte Bestandskraftwirkung ist demnach im konkreten Einzelfall letztlich nicht die relevante Streitfrage, sondern der hieraus individuell errechenbare Teilsteueranspruch betroffen.

In der Literatur wurde zutreffend darauf hingewiesen, dass vom Anwendungsbereich des § 367 IIb AO die Festsetzung von Realsteuern i.S.v. §§ 3 II, 22 AO ausgenommen ist, wenn und soweit die Verwaltung den Gemeinden übertragen worden ist[587]. Ist dies der Fall, ordnet § 1 II AO an, dass der siebente Teil der Abgabenordnung über das außergerichtliche Rechtsbehelfsverfahren mit Ausnahme der §§ 351 und 361 AO keine Anwendung findet. Soweit die Gemeinden für die Verwaltung der Realsteuern zuständig sind, ist daher – mangels abdrängender Sonderzuweisung – gegen deren Verwaltungsakte der allgemeine Verwaltungsrechtsweg nach § 40 I VwGO eröffnet[588]. Abhängig davon, in welchem Umfang die Länder von der ihnen durch Art. 108 IV 2, 106 VI 1 GG eingeräumten Möglichkeit zur Kompetenzverlagerung Gebrauch gemacht haben, ist auch ein Abschluss ruhender gerichtlicher Musterverfahren durch Allgemeinverfügung nicht möglich. Ein Großteil der Länder hat allerdings nur die Festsetzung und Erhebung der Realsteuern an die Gemeinden übertragen,

---

586 *Dumke* in Schwarz, § 367 AO Rz 74; Klein/*Brockmeyer*, § 367 AO, Rz 22; *Pahlke* in Pahlke/Koenig, § 367 AO Rz 77.

587 *Bergan/Martin*, DStR 2007, 1384 (1386).

588 *Musil* in HHS, § 1 AO Rz 73.

wohingegen die Verwaltungszuständigkeit für die Ermittlung der Besteuerungsgrundlagen sowie für Festsetzung und Zerlegung der Steuermessbeträge bei den Finanzämtern verbleibt[589].

Unabhängig von dieser recht diffizilen Bestimmung des Anwendungsbereiches von § 367 IIb AO wird der Erlass einer Allgemeinverfügung sich oftmals bereits aufgrund der Tatsache erübrigen, dass in den fraglichen Fällen der Verwaltung von Realsteuern die relevanten Musterverfahren nicht von einem der in der Vorschrift genannten Obergerichte, sondern vom Bundesverwaltungsgericht entschieden werden und sie sich bereits aus diesem Grund nicht für den Erlass einer Allgemeinverfügung eignen. Darüber hinaus stellt sich in vielen Ländern aufgrund der – zumindest teilweisen – Abschaffung des außergerichtlichen Vorverfahrens die Frage nicht mehr, da eine Nachprüfung allein durch die Verwaltungsgerichte stattfindet[590]. Ein abzuschließendes außergerichtliches Rechtsbehelfsverfahren existiert dann gar nicht.

Sofern die entsprechenden Landesgesetze nicht eine vergleichbare ausdrückliche Ermächtigung enthalten, scheiden Allgemeinverfügungen hinsichtlich der durch die Gemeinde zu erlassenden Verwaltungsakte aus[591]. Der Verzicht auf eine individuelle Zurückweisung von Widersprüchen birgt die Gefahr, dass den von der Allgemeinverfügung betroffenen Bürgern gar nicht bewusst wird, dass sich ihr persönliches Verfahren durch eine öffentliche Bekanntgabe erledigt hat, insbesondere weil sie mit einem derartigen Vorgehen der Behörden nicht rechnen. Für einen solchen einschneidenden Eingriff in die Rechte der Steuerpflichtigen ist daher zum einen eine Befugnisnorm zugunsten der Behörden erforderlich, zum anderen eine klare Regelung der Veröffentlichungsmodalitäten. Nur so kann einigermaßen sichergestellt werden, dass die in der Allgemeinverfügung enthaltene verfahrensbeendigende Regelung von den Bürgern überhaupt wahrgenommen wird. Hierbei dürfte sich aufgrund des kommunalen Bezugs auch nicht das Bundessteuerblatt, sondern ein städtisches Veröffentlichungsorgan sowie die Lokalzeitungen eignen.

---

589 Vgl. für Nordrhein-Westfalen § 1 des Gesetzes über die Zuständigkeit für die Festsetzung und Erhebung der Realsteuern v. 16.12.1981, GVBl 1981, 732; die entsprechenden Gesetze der anderen Länder finden sich bei *Musil* in HHS, § 1 AO Rz 64.

590 Ohne Vorverfahren: § 110 JustG NW, § 8a Nds. AGVwGO – in Bayern gem. Art. 15 I BayAGVwGO Wahlrecht zwischen Widerspruch und Klage; weiterhin am Vorverfahren fest halten z.B. Hessen (Anlage zu § 16a HessAGVwGO); Saarland (vgl. AGVwGO SL); Schleswig-Holstein (AGVwGO SH) oder Rheinland-Pfalz (vgl. AGVwGO RP). Kritisch zu diesem „Rechtsbehelfs-Wirrwarr" *Pelka*, FS Lang, S. 981 (985 ff.).

591 Zweifelnd insoweit *Bergan/Martin*, DStR 2007, 1384 (1386).

II. Zuständigkeit und Bekanntgabefiktion

Hinsichtlich der sachlichen Zuständigkeit der Finanzbehörden sowie den Modalitäten ihrer Bekanntgabe gelten für die Allgemeinverfügung Besonderheiten. Abweichend von den Zuständigkeitsregelungen der § 16 AO, § 17 II FVG ordnet § 367 IIb 2 AO die Zuständigkeit der obersten Finanzbehörden an. Auf Bundesebene ist damit über § 1 I Nr. 1 FVG das Bundesfinanzministerium zuständig. Für den Großteil der arbeits und aufkommenintensiven Steuern wie Einkommen, Körperschaft oder Umsatzsteuer, für deren Verwaltung gem. Art. 108 II GG die Landesfinanzbehörden zuständig sind, liegt die Zuständigkeit für den Erlass der Allgemeinverfügungen bei den Länderfinanzministerien als oberste Finanzbehörden[592]. Dies gilt unabhängig davon, ob es sich um Entscheidungen handelt, für die die Länder originär zuständig sind oder um solche, die sie im Rahmen der Bundesauftragsverwaltung nach Art. 108 III, 106 III GG treffen. Soweit letztere Angelegenheiten betroffen sind, ergehen die Entscheidungen im Einvernehmen mit dem Bundesfinanzministerium[593].

Unabhängig von der konkreten Verwaltungszuständigkeit, mithin auch bei Erlass durch eine oberste Landesbehörde, ist die Allgemeinverfügung gem. § 367 IIb 3 AO sowohl im Bundessteuerblatt (Teil I) als auch auf den Internetseiten des Bundesfinanzministeriums[594] zu veröffentlichen. Sie gilt am Tag nach Herausgabe des Bundessteuerblattes als bekanntgegeben. Aufgrund dieser Fiktion der Bekanntgabe ist die vom Gesetz vorgesehene Veröffentlichung im Internet für Zeitpunkt und Wirksamkeit der Bekanntgabe unerheblich. Auch eine fehlerhafte oder unterlassene Veröffentlichung auf den Internetseiten des Bundesfinanzministeriums hat daher auf die Wirksamkeit der Bekanntgabe keine Auswirkung[595]. Daneben kann es angezeigt sein, die Allgemeinverfügung auch durch Pressemitteilungen oder Aushänge in den Finanzämtern der Öffentlichkeit zugängig zu machen. Letzteres ist allerdings ebenfalls keine Voraussetzung für eine wirksame Bekanntgabe. Aufgrund der Bekanntgabefiktion erfolgt eine individuelle Bekanntgabe gegenüber den von ihrem Regelungsgehalt betroffenen Steuerpflichtigen gerade nicht mehr.

---

592 Vgl. etwa für Nordrhein-Westfalen: § 2 I Nr. 1 FVG i.V.m. § 3 LOG NW. – Unzutreffend daher die Verfügung der OFD Münster v. 22.12.2006 (Kurzinfo Verfahrensrecht Nr. 29), DB 2007, 83 (84), die offensichtlich von einer alleinigen Zuständigkeit des BMF ausgeht.

593 *Birkenfeld* in HHS, § 367 AO Rz 611; *Dumke* in Schwarz, § 367 AO Rz 79; *Hagen*, NWB Fach 2, 9453 (9459).

594 www.bundesfinanzministerium.de.

595 Ebenso *Bergan/Martin*, DStZ 2008, 518 (520) und *Birkenfeld* in HHS, § 367 AO Rz 613.

Auch ein sonstiger Anspruch auf Information über den Erlass einer Allgemeinverfügung besteht für die einzelnen Steuerpflichtigen nicht. Die Finanzbehörden müssen ihnen weder persönlich mitteilen, dass sie von den Regelungen einer Allgemeinverfügung betroffen sind, noch dass überhaupt eine solche ergangen ist. Hierfür mangelt es an einer Anspruchsgrundlage. § 89 AO greift nicht. *Bergan/Martin* weisen zu Recht darauf hin, dass jede Begründung eines solchen Informationsanspruchs die mit der Einführung der Allgemeinverfügung bezweckte zügige und ökonomische Verfahrensbeendigung konterkarieren würde[596].

Einer Begründung der Allgemeinverfügung bedarf es gem. §§ 365 I, 121 II Nr. 5 AO nicht.

III. Rechtsfolgen

Die Allgemeinverfügung zielt – wie auch die Teileinspruchsentscheidung – darauf ab, das Einspruchsverfahren hinsichtlich der von ihr betroffenen Punkte bzw. in Höhe ihrer steuerlichen Auswirkung durch Zurückweisung zu beenden. Anders als die Teileinspruchsentscheidung ist die Allgemeinverfügung jedoch keine originäre Streitentscheidung des für den Einzelfall zuständigen Finanzamtes. Der Gesetzgeber geht dennoch davon aus, dass sie zu einer hohen Akzeptanz bei den Betroffenen führt. Grund hierfür ist die Annahme, dass der Steuerpflichtige nach der – für ihn nachteiligen – höchstrichterlichen Klärung einer Streitfrage kein weiteres Interesse an einer individuellen und förmlichen Entscheidung über seinen Rechtsbehelf mehr hat[597]. Diese Erwartung dürfte zutreffend sein[598], da der Steuerpflichtige im Regelfall nicht mehr mit dem Erfolg seines Rechtsbehelfs rechnen wird und das örtliche Finanzamt die ruhenden Verfahren kaum mit einer anderen oder gar ausführlicheren Begründung als das entsprechende Obergericht zurückweisen würde.

1. Ermessensentscheidung

Der Erlass einer Allgemeinverfügung liegt im Ermessen der obersten Finanzbehörden. Sie befinden darüber, ob eine obergerichtliche Entscheidung sich zur Umsetzung durch Allgemeinverfügung eignet. Bei der pflichtgemäßen Ermessensausübung nach Maßgabe des § 5 AO wird ein solches Vorgehen jedoch nur

596 *Bergan/Martin*, NWB direkt Nr. 23 v. 2.6.2008, S. 5.
597 Vgl. die Gesetzesbegründung, BT-DrS 16/3368, S. 26.
598 Im Ergebnis ebenso *Seer* in Tipke/Kruse, § 367 AO Rz 68.

in Frage kommen, wenn eine große Anzahl gleichgelagerter Einspruchsverfahren vorliegt. Nur bei Massenverfahren kann eine deutliche Arbeitsentlastung erreicht werden[599]. In allen anderen Fällen darf der Steuerpflichtige weiterhin eine individuelle Entscheidung über seinen Rechtsbehelf erwarten. Weder der Steuerpflichtige noch die nachgeordneten Finanzbehörden haben jedoch einen Anspruch auf ein bestimmtes Verhalten der obersten Finanzbehörden. Die Entscheidung für oder gegen den Erlass einer Allgemeinverfügung ist durch die Finanzgerichte gem. § 5 AO, § 102 FGO nur eingeschränkt überprüfbar[600].

Trotz obergerichtlicher Klärung einer Rechtsproblematik stellt sich die Frage, ob eine entsprechende Allgemeinverfügung durch die Finanzbehörden ermessenfehlerhaft oder gar rechtsmissbräuchlich wäre, wenn der Musterkläger nach Erschöpfung des Rechtswegs Verfassungsbeschwerde erhoben hat. Den Finanzbehörden könnte vorgeworfen werden, die Masse an Einspruchsführern aus dem Verfahren drängen zu wollen. Da die Steuerpflichtigen jedoch innerhalb der großzügigen Jahresfrist die Möglichkeit zur Klageerhebung haben, ist ein endgültiger Rechtsverlust nicht zu befürchten. Ein solches Vorgehen der obersten Finanzbehörden ist daher zwar zulässig, jedoch wohl eher unwahrscheinlich, da sich zumindest ein Teil der Steuerpflichtigen vor dem Erlass einer Allgemeinverfügung auf die anhängige Verfassungsbeschwerde berufen und so eine (weitere) Zwangsruhe nach § 363 II 2 AO herbeiführen wird. Ob in der Allgemeinverfügung dann sogleich die in diesen Fällen erforderlich gewordene Fortsetzungsmitteilung nach § 363 II 4 Alt. 2 AO gesehen werden kann, darf bezweifelt werden. Der Entlastungseffekt für die Verwaltung würde jedoch erheblich gemindert, wenn vor Ergehen der Allgemeinverfügung zunächst die entsprechenden Steuerpflichtigen ermittelt und mit Fortsetzungsmitteilungen versehen werden müssten.

2. Partielle verfahrensbeendigende Wirkung

Eine verfahrensbeendigende Wirkung aufgrund der Allgemeinverfügung kommt generell nur hinsichtlich solcher Punkte in Frage, die durch das in Bezug genommene Musterverfahren entschieden worden sind. Obwohl eigentlich selbstverständlich, hat der Gesetzgeber dies klargestellt, indem er angeordnet hat, dass anhängige Einsprüche nur „insoweit" durch Allgemeinverfügung zurückgewiesen werden. Soweit sich der Einspruchsführer in seinem Einspruch

---

599 BT-DrS 16/3368, S. 26; *Dumke* in Schwarz, § 367 AO Rz 80; *Bartone* in Beermann/Gosch, § 367 AO, Rz 75.

600 Gegen jede Überprüfbarkeit *Dumke* in Schwarz, § 367 AO Rz 80.

auf Punkte berufen hat, die nicht Gegenstand des anhängigen Verfahrens sind, wird das Rechtsbehelfsverfahren allein durch die Zurückweisung mittels Allgemeinverfügung nicht erledigt. Es bleibt im Übrigen weiter anhängig und muss in anderer Weise – sei es durch Abhilfe, Einspruchsrücknahme oder Einspruchsentscheidung – beendet werden.

Genauerer Betrachtung bedarf jedoch der Fall, in dem der Steuerpflichtige seinen Einspruch allein auf den von Musterverfahren und Allgemeinverfügung betroffenen Streitpunkt gestützt hat. Erledigt die Allgemeinverfügung folglich sämtliche konkret bestehenden Streitpunkte, stellt sich die Frage, ob dies eine umfassende Beendigung des Rechtsbehelfsverfahrens nach sich zieht. Einer solchen Wirkung steht jedoch § 367 II 1 AO entgegen. Danach ist das Finanzamt infolge des Einspruchs zu einer Überprüfung des gesamten Steuerfalles verpflichtet. Was die Teileinspruchsentscheidung angeht, so wurde bereits festgestellt, dass diese die grundsätzlich einheitliche Vollüberprüfung zugunsten einer sukzessiven, aber dennoch weiterhin vollständigen Überprüfung modifiziert[601]. Ähnliches gilt auch hinsichtlich der Allgemeinverfügung. Ihre Möglichkeit dispensiert die lokalen Finanzbehörden nicht davon, sich mit der Überprüfung des Verwaltungsaktes zu befassen. Die Norm des § 367 IIb AO stellt keine *lex specialis* zum Vollüberprüfungsgrundsatz in der Weise dar, dass sie dessen Anforderungen verdrängt. Durch die Beschränkung ihrer Reichweite „soweit" die Musterentscheidung reicht, ergibt sich, dass die Vorschrift gerade keine speziellere Regelung zu § 367 II 1 AO darstellt, sondern diese lediglich ergänzt und modifiziert, ihren Regelungsgehalt im Übrigen aber unberührt lässt[602]. Damit hat der Gesetzgeber am Postulat der Gesamtfallüberprüfung auch bei der Einführung von § 367 IIa/b AO festgehalten. Daher hat das Finanzamt den von der Allgemeinverfügung nicht betroffenen Teil des Steuerbescheids trotz und unabhängig von der Allgemeinverfügung auf seine Rechtmäßigkeit hin zu überprüfen und den Steuerpflichtigen entsprechend zu bescheiden. Diesem Grundsatz würde es jedoch widersprechen, wenn ein (umfassender) Verfahrensabschluss allein durch Allgemeinverfügung möglich wäre[603].

Darüber hinaus dürfte auch der Anfechtungsumfang regelmäßig gegen einen nur durch die Allgemeinverfügung bewirkten Verfahrensabschluss sprechen. In der vorliegenden Arbeit wurde bereits dargelegt, dass im Regelfall auch ein betragsmäßig begrenzter oder auf konkrete Streitpunkte beschränkter Rechts-

601 Vgl. hierzu ausführlich bereits oben bei B.I.3.g.aa(3)(b).

602 So auch *Hagen*, NWB Fach 2, 9453 (9461).

603 *Bergan/Martin*, DStR 2007, 1384 (1386).

behelf nicht zu einer bloßen Teilanfechtung führt[604]. Denn Gegenstand des Einspruchsverfahrens ist der angefochtene Verwaltungsakt und nicht ein Teil der Besteuerungsgrundlagen oder ein einzelner Streitpunkt. Auch wenn sich die Allgemeinverfügung auf sämtliche vom Einspruchsführer vorgebrachten Einwendungen erstreckt, bleibt das Einspruchsverfahren daher im Übrigen anhängig. Der Allgemeinverfügung kommt damit – wie letztlich auch der Teileinspruchsentscheidung – nur eine eingeschränkte verfahrensbeendigende Wirkung zu. Dementsprechend ist das Einspruchsverfahren im Übrigen fortzuführen und eine vollständige Befassung mit dem Einspruch erforderlich[605].

Etwas anderes gilt nur, wenn der Steuerpflichtige durch eine vorher ergangene Teileinspruchsentscheidung bereits in der Weise beschieden ist, dass nur noch die von der Allgemeinverfügung erfassten Streitpunkte offen sind[606]. Hier sind die Finanzbehörden ihrer Prüfungspflicht bereits vor Erlass der Allgemeinverfügung nachgekommen und haben das noch anhängige Einspruchsverfahren auf den Umfang beschränkt, der Gegenstand der späteren Allgemeinverfügung ist. Damit ist sichergestellt, dass der Steuerfall in vollem Umfang einer erneuten rechtlichen Würdigung unterzogen wurde. Verbleibende Punkte, die eine Fortführung des Einspruchsverfahrens rechtfertigen würden, sind danach nicht mehr vorhanden. In einer solchen Konstellation führt die Allgemeinverfügung daher ohne weiteres Behördenhandeln zum Abschluss des Verwaltungsverfahrens.

Damit steht fest, dass der generellen Zurückweisung eines Einspruchs durch Allgemeinverfügung in jedem Fall eine Überprüfung der Steuerfestsetzung im Übrigen durch die örtlichen Finanzbehörden vorangehen oder nachfolgen muss. Die Allgemeinverfügung alleine kann das Einspruchsverfahren nicht beenden.

3. Keine Umsetzung von Reformvorschlägen zur Abkehr vom Vollüberprüfungsgrundsatz

Der Gesetzgeber konnte sich in diesem Punkt bisher nicht zu einer weitergehenderen Regelung durchringen. Eine Gesetzesinitiative des Bundesrates, diesen Punkt nachträglich zu modifizieren, um den Entlastungseffekt für die Finanzämter zu optimieren, ist nicht umgesetzt worden. Der Bundesrat hat-

604 Vgl. oben bei B.II.3.b.aa. – anders nur im Fall der expliziten Teilanfechtung.

605 Ebenso BMF, AEAO Nr. 7.2 zu § 367.

606 BMF, AEAO Nr. 6.5 und 7.2 zu § 367; Klein/*Brockmeyer*, § 367 AO, Rz 2; *Pahlke* in Pahlke/Koenig, § 367 AO Rz 79; *Seer* in Tipke/Kruse, § 367 AO Rz 69; *Bergan/Martin*, DStZ 2008, 518 (519).

te vorgeschlagen, die Regelung zum Vollüberprüfungsgrundsatz in § 367 II 1 AO dahingehend zu ergänzen, dass es im Einspruchsverfahren keiner erneuten Überprüfung in vollem Umfang bedürfe, „wenn bis zum Wirksamwerden der Allgemeinverfügung der Einspruch ausschließlich eine Rechtsfrage nach Absatz 2b Satz 1 betrifft“[607]. Damit wäre ein Abschluss des Einspruchsverfahrens allein durch die Allgemeinverfügung möglich geworden, sofern der Steuerpflichtige keine weiteren Streitpunkte aufgeworfen hätte. Dies hätte faktisch zu einer partiellen Abkehr vom Grundsatz der Vollüberprüfung geführt.

Der potentielle Entlastungseffekt einer solchen Regelung für die Steuerverwaltung wäre nicht zu bezweifeln. Dennoch ist die Nichtumsetzung dieses Vorhabens im Ergebnis zu begrüßen. Zwar ist die begrenzte Zurückweisung einzelner Streitfragen durch Allgemeinverfügung auch unter Berücksichtigung der Rechtsschutzinteressen der Steuerpflichtigen vertretbar. Die aufgrund des begrenzten Umfangs einer Allgemeinverfügung in den übrigen Verfahrensteilen weiterhin erforderliche Einzelfallentscheidung durch die Finanzämter sowie die medienwirksame Bekanntmachung einer Zurückweisung mit Breitenwirkung und die großzügigen Anfechtungsfristen federn die Nachteile der fehlenden individuellen Bekanntgabe *de lege lata* ab. Die (zunächst[608]) nicht umgesetzte Gesetzesinitiative hätte dagegen zur Folge gehabt, dass die betroffenen Steuerpflichtigen nun gar keine individuelle Reaktion des Finanzamts auf ihren Einspruch mehr erhalten würden. Dies wäre nur gerechtfertigt, wenn es sich um eine ausdrücklich auf die von der Allgemeinverfügung betroffenen Streitpunkte beschränkte Teilanfechtung handeln würde. In allen anderen Fällen ist – bei ansonsten weitergeltendem Vollüberprüfungsgrundsatz – zu befürchten, dass gerade die nicht steuerlich beratenen Einspruchsführer von einer solchen Entwicklung überrascht werden und nicht hinreichend geschützt sein könnten[609]. Dies gilt insbesondere, da die Steuerpflichtigen nicht durch eine vorherige Teileinspruchsentscheidung für die noch offenen Streitfragen sensibilisiert werden.

607 Stellungnahme des Bundesrates zum Entwurf eines JStG 2008, v. 18.10.2007, BT-DrS 16/6739, S. 25.

608 Gegenäußerung der Bundesregierung zum Entwurf eines JStG 2008, v. 18.10.2007, BT-DrS 16/6739, S. 35: Danach will die Bundesregierung die Bitte des Bundesrates eingehend auf Fachebene prüfen lassen und möglicherweise in einem späteren Gesetzgebungsverfahren umsetzen.

609 Käme es dagegen zu einer allgemeinen und umfassenden Abschaffung des Vollüberprüfungsgrundsatzes, bestünden gegen eine Verfahrensbeendigung allein durch Allgemeinverfügung weniger Bedenken. Die Steuerpflichtigen würden nur noch eine konzentrierte und punktuelle Überprüfung der Steuerfestsetzung erwarten.

Nur wenn dies der Fall ist, werden sie gezielt in Presse und Medien auf den Erlass einer entsprechenden Allgemeinverfügung achten.

Zudem wird durch die ausdrückliche Tenorierung im Nichtentscheidungsteil einer (wie im Regelfall) zuvor ergangenen vorbereitenden Teileinspruchsentscheidung der Umfang der noch offenen Streitfragen verbindlich festgelegt. Fehlt eine solche klarstellende Teileinspruchsentscheidung, kann nur das Einspruchsschreiben des Steuerpflichtigen herangezogen werden, um zu bestimmen welche Punkte er konkret rügen wollte und ob die ergangene Allgemeinverfügung diese tatsächlich vollständig abdeckt. Ein Streit über die Auslegung des Einspruchsschreibens und seine Reichweite sowie die vom Steuerpflichtigen konkret geltend gemachte Beschwer ist dann vorprogrammiert[610]. Der Steuerpflichtige würde damit zu einer Sorgfalt bei der Formulierung seines Rechtsbehelfes gezwungen, die einem außergerichtlichen, auf Selbstüberprüfung durch die Verwaltung ausgelegten Rechtsbehelfsverfahren nicht angemessen ist. Dies gilt umso mehr, als bei Einspruchseinlegung regelmäßig nicht erkennbar sein wird, welche Streitfragen später zum Gegenstand einer Allgemeinverfügung gemacht werden. Die vorgeschaltete Teileinspruchsentscheidung gibt hierfür einen ersten Anhaltspunkt.

4. Bestandskraftwirkung

Hinsichtlich der Bindungswirkung bestehen ähnliche Probleme wie bei der Teileinspruchsentscheidung[611]. Sofern die örtlichen Finanzbehörden das Einspruchsverfahren nicht bereits durch vorgeschaltete Teileinspruchsentscheidung auf eine künftige Allgemeinverfügung vorbereitet haben, die Allgemeinverfügung also den Schlussakt des Verwaltungsverfahrens bildet, stellt sich erneut die Frage, welche Folgen eine Allgemeinverfügung für das weiter anhängige Rechtsbehelfsverfahren hat. Parallel zu ihrer Bewertung bei der Teileinspruchsentscheidung gehen Gesetzgeber und Verwaltung davon aus, dass die durch Allgemeinverfügung beschiedenen Streitfragen nicht erneut zum Gegenstand des Verwaltungsverfahrens gemacht werden können[612]. Dies würde wiederum auf eine Bestandskraft der Besteuerungsgrundlagen hinauslaufen.

---

610 Es sei noch einmal darauf hingewiesen, dass selbst die durch die fachkundigen Sachbearbeiter der Finanzämter verfassten Nichtentscheidungsteile der Teileinspruchsentscheidungen bei den Betroffenen zu Streit über die konkret erfassten Streitfragen führen können. Ebenso bei den Vorläufigkeitsvermerken nach § 165 I AO.

611 Hierzu ausführlich oben unter B.II.3.

612 So bereits die Gesetzesbegründung, BT-DrS 16/3368, S. 26; ebenso nun das BMF, AEAO Nr. 7.2 zu § 367 sowie *Pahlke* in Pahlke/Koenig, § 367 AO Rz 82.

Anders als bei der Teileinspruchsentscheidung, bei der die Formulierung des § 367 IIa 2 AO den Ausgangspunkt für kontroverse Diskussionen bildet, ergibt sich aus dem Gesetzeswortlaut des § 367 IIb AO kein Anhaltspunkt für eine mögliche Abkehr vom gesetzlichen Regelfall. Danach hat (auch) die Allgemeinverfügung formal nur die Bestandskraft des durch die obergerichtliche Entscheidung betroffenen Teilsteueranspruchs zur Folge. Die steuerliche Behandlung eines konkreten Lebenssachverhalts ist dagegen nicht Teil der Bestandskraft.

Eine Besonderheit könnte man darin erblicken, dass die für den Erlass der Allgemeinverfügung zuständigen Stellen keinen Einblick oder sonstigen individuellen Bezug zu den konkret betroffenen Steuerfällen haben. Anders als in den für die Einspruchsentscheidungen zuständigen, mit den einzelnen Steuerfällen konkret befassten Rechtsbehelfsstellen oder vergleichbaren Organisationseinheiten der örtlichen Finanzämter, können die obersten Finanzbehörden der Länder mittels der Allgemeinverfügung nicht über einen konkreten Teilsteueranspruch entscheiden, sondern nur über die einheitliche Behandlung einer bestimmten Rechtsfrage. Der sich aus der Beantwortung der jeweiligen Rechtsfrage und ihrer Umsetzung im Einzelfall ergebende Teilsteueranspruch ist jedoch nicht in allen Streitfällen gleich. Dies könnte darauf hindeuten, dass mit der Allgemeinverfügung tatsächlich allein über eine Rechtsfrage entschieden wird.

Im Ergebnis ändert jedoch auch diese Besonderheit nichts am Regelungsgehalt der Allgemeinverfügung. Auch wenn die obersten Finanzbehörden beim Erlass der Allgemeinverfügung keine konkrete individuelle Steuerauswirkung für die Betroffenen vor Augen haben werden, ergibt sich gleichwohl durch die abstrakte Verfügung über die Behandlung der obergerichtlich entschiedenen Rechtsfrage für jeden Einzelfall ein errechenbarer Teilsteueranspruch. Mit Einführung des § 367 IIb AO hat der Gesetzgeber lediglich § 157 I AO modifiziert und auf die individuelle Verfügung der festgesetzten Steuer verzichtet.

Die Allgemeinverfügungen sind regelmäßig so formuliert, dass anhängige und zulässige Einsprüche zurückgewiesen werden, soweit mit ihnen eine bestimmte steuerrechtliche Behandlung geltend gemacht wird[613]. Trotz unmittelbarer Bezugnahme auf eine konkrete Rechtsfrage wird mit dieser Formulierung jedoch nur der von der Verfügung betroffene Teilsteueranspruch in abstrakter Weise umschrieben. Dies ist der allgemeinen Gültigkeit der Verfügung für eine Vielzahl von Fällen geschuldet. Mangels ausdrücklicher gesetzlicher Anordnung erwächst infolge der Allgemeinverfügung daher ebenfalls nur der aus der aus-

613 Vgl. exemplarisch die Allgemeinverfügung der obersten Finanzbehörden der Länder v. 2.3.2011, BStBl I 2011, 143 (Abziehbarkeit von Kinderbetreuungskosten).

tenorierten rechtlichen Behandlung errechenbare Steueranspruch in Bestandskraft.

Gleichwohl ist der dem Steuerpflichtigen verbleibende Handlungsspielraum im Unterschied zur Teileinspruchsentscheidung eher gering. Die Möglichkeit, die Finanzbehörden mit neuen oder zusätzlichen Belegen im Rahmen des weiteren Rechtsbehelfsverfahrens doch noch zu einer günstigen Entscheidung in dem von der Allgemeinverfügung betroffenen Punkt zu bewegen, ist hier praktisch ausgeschlossen. Während die Teileinspruchsentscheidung den Rechtsbehelf auch mangels ausreichender Substantiierung steuermindernder Tatsachen zurückweisen kann, betreffen die für eine Allgemeinverfügung qualifizierenden Musterverfahren in aller Regel reine Rechtsfragen. Aufgrund der höchstrichterlichen Klärung wird der Steuerpflichtige jedoch auch mit nachgeschobenem Vorbringen kaum erfolgreich sein, da dies nichts an der rechtlichen Bewertung ändern wird. Obwohl ein formaler Einwendungsausschluss mit der Allgemeinverfügung nicht verbunden ist, wird es in einem noch anhängigen Teil des Rechtsbehelfsverfahrens in der Praxis daher nicht zu einer erneuten Diskussion über die bereits entschiedenen Punkte kommen.

IV. Aliud zur Teileinspruchsentscheidung

Das Verhältnis der Allgemeinverfügung zur Teileinspruchsentscheidung ist nicht einfach zu bestimmen. Es erschließt sich aus dem Gesetz nicht ohne Weiteres[614]. Obwohl beide Maßnahmen an unterschiedliche Voraussetzungen anknüpfen, ist ihnen gemeinsam, dass sie das Einspruchsverfahren nicht in Gänze, sondern nur zu einem Teil beenden. Hieraus wird von Teilen der Literatur geschlossen, dass es sich bei der Allgemeinverfügung auch um eine Teileinspruchsentscheidung handelt[615]. Dieser Schluss ist naheliegend und grundsätzlich nachvollziehbar. Dies gilt insbesondere in Fällen, in denen nach Ergehen der Allgemeinverfügung noch weitere Streitpunkte verbleiben. Hier kommt der Allgemeinverfügung die Wirkung einer Teileinspruchsentscheidung zu. Diese Kategorisierung berücksichtigt jedoch nicht, dass die auf eine Teileinspruchsentscheidung folgende, den noch anhängigen Teil vollumfassend abdeckende, Allgemeinverfügung zu einer Beendigung des Einspruchsverfahrens führt[616]. Dies erkennen auch jene

614 Ebenso *Bartone* in Beermann/Gosch, § 367 AO, Rz 75.

615 *Seer* in Tipke/Kruse, § 367 AO Rz 69; *Bergan/Martin*, DStZ 2008, 518 (519); *dies.*, DStZ 2010, 643 (644 f.).

616 BMF, AEAO Nr. 6.5 und 7.2 zu § 367; Klein/*Brockmeyer*, § 367 AO, Rz 2; *Pahlke* in Pahlke/Koenig, § 367 AO Rz 79.

Teile des Schrifttums an, die der Allgemeinverfügung die Rechtsqualität einer Teileinspruchsentscheidung beimessen[617]. Bei aller Ähnlichkeit weicht die Allgemeinverfügung in diesem entscheidenden Punkt von den Wirkungen einer Teileinspruchsentscheidung ab. Letztere ist niemals in der Lage, ein Rechtsbehelfsverfahren endgültig abzuschließen. Auch die auf eine bereits ergangene Teileinspruchsentscheidung folgende (zweite) Teileinspruchsentscheidung führt nicht zu einer Verfahrensbeendigung, da sie ihrem Wesen nach immer einen Teilsteueranspruch offen lässt, der im Nichtentscheidungsteil nach § 367 IIa 2 AO konkretisiert wird. Sie weist nur dann den sie prägenden Vorabentscheidungscharakter auf, wenn noch ein Rest zur späteren Entscheidung verbleibt. Damit ist sie von der abschließenden Entscheidung zu trennen[618]. Dem Entscheidungstyp der Teileinspruchsentscheidung ist damit die Verfahrensfortführung im Übrigen immanent. Die Allgemeinverfügung entscheidet dagegen zwar ebenfalls über einen Ausschnitt des Rechtsbehelfs bzw. einen Teilsteueranspruch, erfordert jedoch keine Verfahrensfortführung im Übrigen. Ihrer Konstruktion nach ist sie nicht zwingend auf eine Weiterführung des Einspruchsverfahrens angelegt. Einen Nichtentscheidungsteil mit „negativem Tenor" sieht § 367 IIb AO gerade nicht vor. Je nach bisherigem Entscheidungsstand kann sie auch den Schlusspunkt des Verwaltungsverfahrens setzen. Unter diesem Gesichtspunkt kommt ihr die Wirkung einer herkömmlichen Einspruchsentscheidung zu. Die Allgemeinverfügung wird daher konsequenterweise nicht als Teileinspruchsentscheidung, sondern als ein eigenständiges Aliud oder besser noch als besondere Form der Einspruchsentscheidung zu qualifizieren sein[619].

Nach den vorstehenden Ausführungen stellt sich die Frage, wie eine Entscheidung zu qualifizieren ist, die nach einer zunächst ergangenen Allgemeinverfügung erlassen wird. Deckt ihr Regelungsgehalt den noch offenen Teil des Verfahrens vollständig ab, könnte grundsätzlich auch mit einem entsprechenden, die Allgemeinverfügung aussparendem Nichtentscheidungsteil in Form einer Teileinspruchsentscheidung tenoriert werden. Dann würde die Kombination aus Teileinspruchsentscheidung und Allgemeinverfügung – unabhängig von ihrer zeitlichen Reihenfolge – immer zum vollständigen Abschluss des Rechtsbehelfsverfahrens führen, wenn sie zusammengenommen den gesamten Einspruch abdecken. Hiergegen spricht jedoch, dass diese Entscheidung keine Vorabentscheidung mehr darstellt. Der Nichtentscheidungsteil betrifft nicht einen noch

617 *Seer* in Tipke/Kruse, § 367 AO Rz 69; *Bergan/Martin*, DStZ 2008, 518 (519).

618 So wohl auch *Birkenfeld* in HHS, § 367 AO Rz 507.

619 In diese Richtung wohl auch *Bartone* in Beermann/Gosch, § 367 AO, Rz 75; *Lühn*, StB 2007, 292 (295).

offenen Verfahrensbereich, sondern nur einen ohnehin bereits beschiedenen Teil. Auch ohne ausdrücklichen Nichtentscheidungsteil kann sich eine zu diesem Zeitpunkt ergehende Einspruchsentscheidung daher keinesfalls mehr auf diesen Teilsteueranspruch beziehen. Von einer Teileinspruchsentscheidung kann daher nur gesprochen werden, wenn die Entscheidung lediglich einen Teil des noch offenen Verfahrens betrifft. Eine das gesamte derzeit noch anhängige Verfahren abschlägig bescheidende Verfügung wird daher als reguläre (End-) Einspruchsentscheidung zu betrachten sein, auch wenn sie nicht sämtliche in der Vergangenheit einmal streitig gewesene Punkte umfasst.

V. Rechtsschutz

Die Rechtsschutzmöglichkeiten der Steuerpflichtigen sind vor allem durch die besondere Form der Bekanntgabe(fiktion) der Allgemeinverfügung beeinflusst. Um der fehlenden individuellen Bescheidung des Einspruchsführers Rechnung zu tragen, bestimmt § 367 IIb 5 AO, dass die Klagefrist erst mit Ablauf von einem Jahr nach dem Tag der Bekanntgabe[620] endet. Die Frist ist damit deutlich länger bemessen als die reguläre einmonatige Klagefrist des § 47 I FGO und federt so das Informationsdefizit des Steuerpflichtigen infolge der fehlenden individuellen Bekanntgabe ab[621]. Die verlängerte Klagefrist gilt nur im Umfang der Allgemeinverfügung, im Übrigen gilt die Monatsfrist. Damit gelten für eine Klage nach einer Zurückweisung des Einspruchs durch Allgemeinverfügung und für eine Klage nach Erlass einer Einspruchsentscheidung durch die örtlich zuständige Finanzbehörde unterschiedliche Fristen[622].

Zu beachten ist auch der Klagegegner. Denn obwohl die Allgemeinverfügungen von den obersten Finanzbehörden der Länder erlassen werden, richtet sich die Klage gegen das zuständige Finanzamt, das den ursprünglich angefochtenen Steuerbescheid erlassen hat. § 367 IIb 6 AO verweist daher auf § 63 I Nr. 1 FGO.

In der – zusammen mit der Allgemeinverfügung bekannt zu machenden – Rechtsbehelfsbelehrung ist auf die angesprochenen Besonderheiten hinzuweisen[623].

Gleichwohl wird es für den Steuerpflichtigen regelmäßig wenig Sinn machen, gegen die Zurückweisung durch Allgemeinverfügung zu klagen. Eine Klage

620 Tag der Bekanntgabe ist der Tag nach Herausgabe des entsprechenden Bundessteuerblatts, vgl. § 367 IIa 4 AO.

621 *Seer* in Tipke/Kruse, § 367 AO Rz 70.

622 BMF, AEAO Nr. 7.2 zu § 367.

623 *Birkenfeld* in HHS, § 367 AO Rz 627.

könnte nur Aussicht auf Erfolg haben, wenn die obergerichtliche Entscheidung in Zweifel gezogen wird[624]. In der Praxis wird der Erlass einer Allgemeinverfügung daher in aller Regel das Ende aller diesbezüglichen Rechtsstreitigkeiten zur Folge haben, sofern der Musterkläger nicht vor das Bundesverfassungsgericht zieht.

Festzuhalten ist noch, dass jeglicher gerichtlicher Rechtsschutz allein individueller Natur ist. Von einer Aufhebung der Allgemeinverfügung in einem sich anschließenden finanzgerichtlichen Verfahren profitiert daher nur der jeweilige Kläger. Allen anderen Betroffenen gegenüber erwächst die Zurückweisung des Einspruchs mit Ablauf der Jahresfrist in Bestandskraft[625].

VI. Entsprechende Anwendung auf schlichte Änderungsanträge

Vervollständigt werden die gesetzlichen Neuregelungen durch den zeitgleich eingeführten § 172 III AO, der die Zurückweisungsmöglichkeit durch Allgemeinverfügung auf außerhalb des Einspruchsverfahrens gestellte schlichte Änderungsanträge erweitert.

Widerspricht die dem Antrag zugrunde liegende Entscheidung im Musterverfahren dem Änderungsbegehren, scheidet eine Aufhebung oder Änderung der Steuerfestsetzung aus. Die Zurückweisung des Antrags kann dann ebenfalls durch Allgemeinverfügung erfolgen. Zusammen mit den Möglichkeiten nach § 367 IIb AO wird den Finanzbehörden eine umfassende, zügige und rationelle Abwicklung von Massenanträgen nach Klageabweisung im Musterverfahren ermöglicht.

In der Praxis werden die Allgemeinverfügungen nach § 367 IIb und § 172 III AO regelmäßig in einem einheitlichen BMF-Schreiben verbunden[626].

Abweichend vom Regelfall ist gegen die Zurückweisung des Antrags der Einspruch gem. § 348 Nr. 6 AO nicht statthaft[627]. Innerhalb der Jahresfrist kommt allein eine Klage in Betracht.

---

624 *Birkenfeld* in HHS, § 367 AO Rz 627.

625 *Bergan/Martin*, DStR 2007, 1384 (1386).

626 Exemplarisch sei hier auf die Allgemeinverfügung v. 2.3.2011, BStBl I 2011, 143 (Abziehbarkeit von Kinderbetreuungskosten) verwiesen.

627 *Seer* in Tipke/Kruse, § 367 AO Rz 56; *v. Wedelstädt* in Beermann/Gosch, § 172 AO, Rz 85; Klein/*Rüsken*, § 172 AO, Rz 76 – die Gegenauffassung von *Pahlke* in Pahlke/Koenig, § 367 AO Rz 66 und *Frotscher* in Schwarz, § 172 AO Rz 113 ist im Hinblick auf die klare Regelung des § 348 Nr. 6 AO kaum haltbar.

VII. Fazit

Die vorstehenden Ausführungen haben die Anwendungsvoraussetzungen der Allgemeinverfügung und die mit ihr verbundenen Verfahrensbesonderheiten sowie ihre Stärken und Schwächen, insbesondere im Hinblick auf ihre begrenzte verfahrensbeendigende Wirkung, dargestellt und kritisch beleuchtet. In geeigneten Fällen kommt ihr gerade im Anschluss an eine zunächst ergangene Teileinspruchsentscheidung erhebliche Bedeutung bei der effektiven Abwicklung massenhafter Einspruchsverfahren zu.

Dabei hat sich gezeigt, dass vor allem der vorbereitende Erlass einer Teileinspruchsentscheidung zur Herstellung eines einheitlichen Verfahrensstands in den Masseneinsprüchen eine Zurückweisung der Einsprüche unter Verzicht auf eine individuelle Bekanntgabe rechtfertigen kann. Eine isolierte, also nicht in Verbindung mit bzw. im Nachgang zu einer Teileinspruchsentscheidung ergehende Allgemeinverfügung wird in der Verwaltungspraxis dagegen kaum anzutreffen sein.

Der enge Regelungszusammenhang mit der Teileinspruchsentscheidung führt jedoch dazu, dass Unzulänglichkeiten bei der rechtlichen Ausgestaltung der Teileinspruchsentscheidung auch auf die Wirkungsweise der Allgemeinverfügung durchschlagen. Insbesondere der nach hier vertretener Ansicht mit einer Teileinspruchsentscheidung derzeit nicht erreichbare Ausschluss künftiger Einwendungen kann dazu führen, dass der bezweckte Verfahrensabschluss durch Erlass einer Allgemeinverfügung scheitert, wenn der Einspruchsführer zwischenzeitlich neue oder zusätzliche Streitpunkte aufgeworfen hat.

Auch wenn die Allgemeinverfügung ergeht, ohne dass die sie erlassenden Verwaltungsbehörden einen konkreten, individuellen Steuerfall vor Augen haben, hat sie ebenfalls nur die Bestandskraft eines entsprechenden Teilsteuerbetrages zur Folge. Eine sachverhaltsbezogene Bestandskraft der zugrunde liegenden Besteuerungsgrundlagen ist mit ihr nicht verbunden. Rechtsschutzmöglichkeiten sind innerhalb der verlängerten Klagefrist gegeben, dürften faktisch jedoch wenig Aussicht auf Erfolg bieten, da die – tatbestandlich zwingende – nachteilige Entscheidung im obergerichtlichen Musterverfahren regelmäßig auch künftige Klageverfahren beeinflussen wird.

D. Gesamtergebnis und Resümee

Abschließend betrachtet zeigt sich, dass Einführung von Teileinspruchsentscheidung und sie flankierender Allgemeinverfügung ein erster Schritt in die richtige Richtung war. Sie war die überfällige Reaktion des Gesetzgebers zur Sicherstellung der Handlungsfähigkeit der durch die massenhafte Einlegung von Einsprüchen immens überlasteten Finanzämter. Allerdings konnten die Neuregelungen die an sie gestellten hohen Erwartungen nur teilweise erfüllen.

I. Zusammenfassung der Ergebnisse

Die erstmalige Ermöglichung einer Teileinspruchsentscheidung erfolgte vor dem Hintergrund stetig steigender Einspruchszahlen. Auslöser für die massenhaft eingelegten Rechtsbehelfe waren sowohl das Bestreben der Steuerpflichtigen, mithilfe der gesetzlichen Verfahrensruhe eine vollständige Blockade des Rechtsbehelfsverfahrens zu erreichen, als auch der ausufernde Versuch der Finanzämter, eben diese Verfahrensruhe durch die breite Verwendung von Vorläufigkeitsvermerken zu verhindern bzw. zu beenden. Die jeweiligen Versuche, die eigenen Interessen ohne Rücksicht auf entgegenstehende Belange und Notwendigkeiten weitgehend durchzusetzen, hat zu einer für beide Seiten kaum noch hinnehmbaren Lage geführt. Die Zeit war damit reif für eine Neuausrichtung.

Eine Gegenüberstellung der Rechtsfolgen der ursprünglichen alleinigen Handlungsalternativen hat ergeben, dass eine Gleichwertigkeit von vorläufiger Steuerfestsetzung nach § 165 I 2 AO und zwangsweiser Verfahrensruhe gem. § 363 II 2 AO aufgrund bestehender Rechtsschutzdefizite nicht gegeben ist. In vielen Fällen konnte nur eine Verfahrensruhe den berechtigten Rechtsschutzinteressen der Steuerpflichtigen ausreichend Rechnung tragen. Vor diesem Hintergrund stellt sich die Einführung der Teileinspruchsentscheidung in ihrem Grundanliegen durchaus als Schritt in die richtige Richtung dar. Sie ermöglicht es den Behörden, einerseits die umfassende Blockade des Rechtsbehelfsverfahrens infolge der gesetzlichen Zwangsruhe zu beenden. Andererseits besteht aufgrund dieser neuen Möglichkeit des partiellen Verfahrensabschlusses keine Notwendigkeit mehr, die Steuerpflichtigen unter Verwendung unklarer Vorläufigkeitsvermerke zu bescheiden. Die nunmehr auf einen engen Bereich begrenzte Verfahrensruhe schützt den Einspruchsführer effektiv im Umfang seines konkreten Rechtsbehelfsbegehrens, ist aber auch unter dem Gesichtspunkt der Verfahrensoptimierung besser hinzunehmen und erleichtert den Finanzämtern den Umgang mit Masseneinsprüchen.

Im Rahmen der Befassung mit der eigentlichen Neuregelung des § 367 IIa AO wurde festgestellt, dass die für eine Teileinspruchsentscheidung erforderliche Teilbarkeit des Verwaltungsaktes auch bei herkömmlichen Steuerbescheiden gegeben ist. Die deutlich strengere Auffassung für Teilurteile gem. § 98 FGO im finanzgerichtlichen Verfahren ist nicht übertragbar, da der Wortlaut des § 367 IIa AO nicht auf den Streitgegenstand abstellt, sondern auch andere geeignete Aufteilungskriterien wie die Entscheidungsreife ermöglicht.

Allerdings hat sich gezeigt, dass die Etablierung einer partiellen Bestandskraft infolge einer Teileinspruchsentscheidung systematisch wie dogmatisch nicht unproblematisch ist. Gerade durch die Aufgabe einer einheitlichen Vollüberprüfung zugunsten einer sukzessiven Überprüfung besteht die Gefahr, dass erst nach partiellem Verfahrensabschluss erkannt wird, dass die Vorabentscheidung fehlerhaft war.

Bei der Auseinandersetzung mit den einzelnen Eingriffsvoraussetzungen war vor allem das Merkmal der Sachdienlichkeit und ihr Vorliegen bei der „Teileinspruchsentscheidung ohne Streitfrage" umstritten. Die Thematik wurde unter verschiedenen Blickwinkeln eingehend problematisiert. Ausgehend vom Zweck des Einspruchsverfahrens und den mit der Einführung der Teileinspruchsentscheidung verfolgten Zielen der Verfahrensbeschleunigung und Reduzierung des Streitstoffes hat sich gezeigt, dass eine Zurückweisung von Einsprüchen mittels Teileinspruchsentscheidung auch hinsichtlich derzeit unstreitiger Punkte möglich und zulässig ist. Als Sachdienlichkeitskriterium kommt nicht allein das Interesse des Einspruchsführers nach schnellerem Rechtsschutz in Betracht. Vielmehr hat eine Abwägung mit den Interessen der Finanzbehörden an einer effektiven und flexiblen Durchführung des Rechtsbehelfsverfahrens zu erfolgen. Hierbei ist zu berücksichtigen, dass einerseits eine Rechtsschutzverkürzung zu Lasten der Steuerpflichtigen zu vermeiden ist, andererseits aber der Einspruch nicht zu verfahrensfremden Zwecken missbraucht werden soll. Eine Interessenabwägung ergibt daher, dass entscheidungsreife Punkte von einer möglichen Teileinspruchsentscheidung erfasst werden können und sollen, während das Rechtsbehelfsverfahren hinsichtlich derzeit nicht entscheidungsreifer Punkte offen gehalten werden muss. Nicht gesondert gerügte, d.h. aktuell nicht streitbefangene Punkte erfordern keine Verfahrensruhe, da insoweit kein weiterer Klärungsbedarf besteht. Im Rahmen der Vollüberprüfung können sie daher zusammen mit den entscheidungsreifen Punkten von der Teileinspruchsentscheidung erfasst werden. Das Rechtsbehelfsverfahren wird hierdurch auf den erforderlichen Rahmen beschränkt, ohne dass berechtigte Interessen der Steuerpflichtigen beeinträchtigt würden. Die Offenhaltung des Einspruchsverfahrens hinsichtlich etwaiger späterer günstiger Entwicklungen ist für einen effektiven Rechtsschutz der Einspruchsführer gerade nicht erforderlich. Die zeitgleiche Einführung von Teileinspruchsentscheidung und Allgemeinverfügung zeigt zudem, dass der Gesetzgeber die Teileinspruchsentscheidung dazu vorgesehen hat, um eine große Menge an individuellen Einspruchsverfahren zunächst auf einen einheitlichen Stand zu bringen und sie sodann nach Möglichkeit insgesamt durch Allgemeinverfügung abzuschließen. Damit muss auch die Vorabentscheidung über unstreitige Punkte möglich sein. Der Steuerpflichtige ist hinreichend geschützt, da er nicht nur die materielle Rechtmäßigkeit der Steuerfestsetzung, sondern ebenfalls die Sachdienlichkeit – auch isoliert – gerichtlich umfassend überprüfen lassen kann. Gegen das von den Finanzbehörden praktizierte Vorgehen, Teileinspruchsentscheidungen ohne Streitfrage zu erlassen, bestehen daher letztlich keine durchgreifenden Bedenken.

Dennoch kommt die Arbeit zu dem Ergebnis, dass insbesondere bei einer beabsichtigten Zurückweisung (auch) bisher unstreitiger Punkte dem Einspruchsführer im Rahmen einer Anhörung Gelegenheit gegeben werden sollte, sein Vorbringen zu erweitern. Zweckmäßig erscheint es darüber hinaus, diese Aufforderung mit einer Fristsetzung nach § 364b AO zu verbinden. Aufgrund der hiermit verbundenen Präklusionswirkung steht nach ereignislosem Fristablauf fest, dass weitere Streitpunkte nicht mehr mit Erfolg vorgetragen werden können. Ein Verfahrensabschluss durch Teileinspruchsentscheidung (ohne Streitfrage) wird hierdurch noch weniger angreifbar.

Ist die Steuerfestsetzung bereits gem. § 165 I 2 AO sowohl nach Ziffer 1 als auch Ziffer 2 vorläufig, so wird eine Verfahrensruhe regelmäßig nicht erforderlich sein und daher ausscheiden. Eine allein auf § 165 I 2 Nr. 3 AO beschränkte Vorläufigkeit führt dagegen nicht in jedem Fall zu ausreichendem Rechtsschutz. Die Untersuchung hat ergeben, dass auch nach der neuesten Rechtsprechung des Bundesfinanzhofes, nach der eine verfassungskonforme Auslegung ebenfalls eine Änderungsmöglichkeit aufgrund der Vorläufigkeit eröffnet, Entscheidungsalternativen verbleiben, in denen der Vorläufigkeitsvermerk dem Steuerpflichtigen keinen der Verfahrensruhe vergleichbaren Schutz bietet. Die vor Einführung der Teileinspruchsentscheidung bestehenden Defizite konnten in diesen Fällen zwar vermindert, nicht aber vollständig beseitigt werden. Hier bleiben insbesondere Musterverfahren vor dem Bundesfinanzhof problematisch, in denen die anhängige Streitfrage sowohl unter verfassungsrechtlichen (§ 165 I 2 Nr. 3 AO greift) als auch einfachgesetzlichen (§ 165 I 2 Nr. 3 AO greift nicht) Gesichtspunkten entschieden werden kann. Diese Unsicherheit kann nicht zu Lasten des Steuerpflichtigen des Steuerpflichtigen gehen. Die Teileinspruchsentscheidung ist daher nur insoweit sachdienlich, wie gesichert feststeht, dass die bestehende Vorläufigkeit ausreichenden Schutz gewährt. Einfachgesetzliche Auslegungsalternativen müssen zwingend vom Nichtentscheidungsteil erfasst sein, da hier nur eine Verfahrensruhe ausreichende Sicherheit bietet. Sofern die Finanzbehörden eine solche partielle Verfahrensruhe vermeiden wollen, sollten sie in weitaus größerem Umfang als bisher von der Möglichkeit des § 165 I Nr. 4 AO Gebrauch machen.

Auf Rechtsfolgenebene hat sich gezeigt, dass das den Finanzbehörden eingeräumte Ermessen bei Vorliegen der Sachdienlichkeit sowohl auf Ebene des Entschließungs- als auch des Auswahlermessens weitgehend intendiert und vorgeprägt ist. Der für eine isolierte Ermessensentscheidung verbleibende Spielraum der Behörde ist daher sehr gering.

Ist das Einspruchsbegehren teilweise begründet, stehen mit Teilabhilfe und Teileinspruchsentscheidung zwei gleichwertige Handlungsalternativen nebeneinander. Eine Beschränkung des Auswahlermessens der Finanzbehörden zugunsten der einen oder anderen Variante besteht nicht. Allerdings macht nur eine (teilweise) Zurückweisung des Einspruchs auch die Eröffnung einer weiteren Rechtsschutzmöglichkeit in Form der Klage erforderlich. Handelt es sich um eine reine Teilabhilfe ohne zurückweisende Elemente, besteht daher keine Notwendigkeit für den Erlass einer Teileinspruchsentscheidung. Durch die allein mit ihr verbundene weitgehende verfahrensbeendigende Wirkung infolge eintretender Bestandskraft kann sich die Teileinspruchsentscheidung in geeigneten Fällen aus Sicht der Finanzbehörden jedoch als vorzugswürdig erweisen.

Die Befassung mit dem Institut der materiellen Bestandskraft hat ergeben, dass diese der Rechtskraft von Urteilen nicht vergleichbar ist, da beide unterschiedliche Funktionen erfüllen und beim Erlass von Verwaltungsakten die gestaltende Funktion der Exekutive im Vordergrund steht. Maßgeblich für den Eintritt der Bestandskraft ist ein Aufhebungs- und Abweichungsverbot zur endgültigen Fixierung der materiellen Regelung.

Ausgehend von der allein auf die konkrete Steuerfestsetzung bezogenen Bestandskraft wurde in Vorbereitung auf die im Rahmen der Teileinspruchsentscheidung zu klärenden Probleme dargelegt, dass auch eine Teilanfechtung im Ausnahmefall möglich ist, diese jedoch nicht zu einer Abkehr vom Grundsatz der Vollüberprüfung führt und den Prüfungsumfang der Finanzämter nicht wirksam beschränken kann. Hinsichtlich der Änderungsbefugnis wirkt sich die partielle Anfechtung dagegen aus, so dass der von der Anfechtung umfasste Teil die Grenze der Korrekturmöglichkeiten darstellt. Der gegenteiligen Rechtsprechung des Bundesfinanzhofs kann insoweit nicht zugestimmt werden. Eine Verböserung hinsichtlich des bestandskräftigen Teils scheidet nach hier vertretener Auffassung u.a. deshalb aus, weil die für eine Steuererhöhung erforderliche fehlende Unanfechtbarkeit gerade nicht gegeben ist.

In Bezug auf die konkreten Rechtsfolgen von Teileinspruchsentscheidungen kann der vorherrschenden Verwaltungsauffassung nicht gefolgt werden. Die Analyse hat ergeben, dass die Neuregelung nicht dazu geführt hat, dass infolge der Teileinspruchsentscheidung auch eine Bestandskraft der Besteuerungsgrundlagen hergestellt wird. Neben fehlenden Anhaltspunkten im Normtext für diese – vom Gesetzgeber zweifelsfrei beabsichtigte – Rechtsfolge spricht auch die derzeitige Regelungssystematik gegen eine solche Durchbrechung bestehender Grundsätze. Da es sich bei der Implementierung einer sachverhaltsbezogenen Bestandskraft um eine in dieser Form bisher unübliche Rechtsfolge gehandelt hätte, wäre eine eindeutige Regelung erforderlich gewesen. Infolge der handwerklichen Mängel bei der Normierung der Teileinspruchsentscheidung konnte der gesetzgeberische Reformwille nicht entsprechend umgesetzt werden. Das gesetzgeberische Ziel eines dauerhaften Einwendungsausschlusses wurde damit verfehlt. Die allein auf die festgesetzte Steuer bezogene Bestandskraft bewirkt nur eine Begrenzung des betragsmäßigen Änderungsrahmens im verbleibenden Teil des Rechtsbehelfsverfahrens, nicht jedoch eine Begrenzung der zum Erfolg führenden materiell-rechtlichen Gründe. Für den Steuerpflichtigen ist mit der Teileinspruchsentscheidung daher nicht die Präklusion bestimmter Argumente verbunden. Er kann sowohl eine zusätzliche Begründung für sein Steuerminderungsverlangen vortragen als auch eine der Teileinspruchsentscheidung zugrunde liegende rechtsfehlerhafte Würdigung später erneut rügen. Soweit die Steuerfestsetzung infolge der Teileinspruchsentscheidung bereits bestandskräftig geworden ist, kann er eine Minderung unter diesen Betrag jedoch nicht mehr erreichen.

Das Nebeneinander von rein steuerbezogener Bestandskraft und teilweise weiter anhängigem Verwaltungsverfahren führt zu Unsicherheiten bei der Bestimmung der verbleibenden Verböserungsmöglichkeiten der Behörden innerhalb des Einspruchsverfahrens. Während bei der Festlegung der für den Beginn der Verböserungswirkung relevanten betragsmäßigen Grenzen keine Probleme bestehen, ist eine Verböserung der Teileinspruchsentscheidung selbst nicht mehr möglich, da das Rechtsbehelfsverfahren insoweit bestandskräftig beendet wurde. Die Verböserungsmöglichkeit ist gerade an die fehlende Bestandskraft gebunden und ermöglicht nicht ihre Durchbrechung. Da eine Zuordnung der zu einer Steuererhöhung führenden Gründe aber zwangsläufig einen Blick auf die zugrunde liegenden Besteuerungsgrundlagen erforderlich macht, plädiert die Arbeit für eine restriktive Auslegung des § 367 II 2 AO, wonach jegliche Verböserungsmöglichkeiten mit Erlass einer Teileinspruchsentscheidung enden. Die Norm ist für die Besonderheiten eines aufgespaltenen Rechtsbehelfsverfahrens nicht ausgelegt. Würde die Entscheidung über das Bestehen einer Verböserungsmöglichkeit dagegen von der Zuordnung der von der Steuererhöhung betroffenen Besteuerungsgrundlagen zum einen oder anderen Teil des Einspruchsverfahrens abgängig sein, so würde man ihnen damit eine der sachverhaltsbezogenen Bestandskraft bedenklich nahekommende Bedeutung zukommen lassen. Eine Fehlersaldierung ist dagegen infolge der beschränkten Bestandskraftwirkung auch zwischen den beiden Teilen der Steuerfestsetzung jederzeit möglich.

Die Verfahrenstrennung infolge einer Teileinspruchsentscheidung ist auch in einem späteren finanzgerichtlichen Klageverfahren zu berücksichtigen. Steuerpflichtiger wie Finanzgericht sind an diese Aufteilung gebunden. Es gilt daher eine strikte Trennung zwischen Rechtsbehelfs- und Klageverfahren. Der Rechtsstreit bleibt auf zwei Ebenen verteilt. Soweit das Verwaltungsverfahren noch nicht beendet ist, fehlt es gem. § 44 FGO an einem erfolglosen Vorverfahren, so dass weder Steuerpflichtiger noch Finanzgerichte über diesen Teil disponieren können. Die gerichtliche Überprüfung ist auf die bereits vom Finanzamt in der Teileinspruchsentscheidung beschiedenen Rechtsfragen beschränkt.

Eine rechtskräftige gerichtliche Entscheidung über die in einer Teileinspruchsentscheidung getroffene materiell-rechtliche Regelung entfaltet für ein im Übrigen noch anhängiges Rechtsbehelfsverfahren dagegen durchaus sachverhaltsbezogenc Bindungswirkung. Entscheidungsgegenstand und Tenor umfassen regelmäßig nicht nur die Entscheidung über das Bestehen eines konkreten Teilsteueranspruchs, sondern erklären die bestimmte Behandlung eines besteuerungsrelevanten Lebenssachverhalt als für die Beteiligten verbindlich. In der Folge ist auch im noch anhängigen Einspruchsverfahren eine abweichende Beurteilung desselben Sachverhalts durch Finanzbehörden und Steuerpflichtigen unzulässig. Anders als im behördlichen Verfahren, wird durch eine gerichtliche Entscheidung *de facto* eine sachverhaltsbezogene Bindungswirkung hergestellt. Ein Einwendungsausschluss tritt mithin nicht bereits durch Abschluss des Einspruchsverfahrens mittels Teileinspruchsentscheidung, sondern erst infolge eines rechtskräftigen Urteils ein.

II. Resümee und Ausblick – Desiderata

Die Zusammenfassung der wesentlichen Ergebnisse der Arbeit hat noch einmal deutlich gemacht, welche Probleme auch nach der Einführung der Neuregelung fortbestehen bzw. welche darüber hinaus neu geschaffen wurden. Der Gesetzgeber hat die Problematik der ausufernden Massenverfahren in einem ersten Schritt erkannt und die ihr zugrunde liegenden Ursachen herausgearbeitet. Mit der Schaffung der Möglichkeit einer Teileinspruchsentscheidung hat er den Finanzbehörden ein neuartiges Instrument an die Hand gegeben, um ihre Verwaltungsaufgaben mit den zur Verfügung stehenden Ressourcen weiterhin angemessen erfüllen zu können. Diese Intention ist zu begrüßen, da alle bisherigen Versuche in diese Richtung gescheitert sind und die bestehenden Probleme nicht zu lösen vermochten. Die Neuregelung hat weitreichende Möglichkeiten zur Verfahrensbeendigung geschaffen und versucht praktischen Bedürfnissen nach einer dauerhaft tragfähigen und effizienten Verschlankung des außergerichtlichen Rechtsbehelfsverfahrens ohne Beschneidung berechtigter Interessen der Steuerpflichtigen gerecht zu werden. Sie bietet nun erstmals die Chance, ein in Teilen derzeit nicht entscheidungsreifes Einspruchsverfahren weitgehend einer abschlägigen Entscheidung zuzuführen. Eine faktische Blockade des gesamten Verfahrensfortgangs infolge einer lediglich partiellen gesetzlichen Verfahrensruhe findet daher seit der Neuregelung nicht mehr statt. Allerdings hat sich gezeigt, dass dies nur als erster Schritt in die richtige Richtung verstanden werden kann. Es besteht grundlegender Korrektur- und Nachbesserungsbedarf. Während Probleme an der einen Stelle gelöst wurden, kamen an anderer Stelle neue hinzu. In ihrer derzeitigen Form bilden die Neuregelungen lediglich ein Fragment, welches Anlass zu vielfältigen, aber vermeidbaren Streitigkeiten zwischen Einspruchsführer und Finanzbehörden gibt.

Dreh- und Angelpunkt der Kritik ist die gescheiterte Normierung eines Einwendungsausschlusses aufgrund der fehlenden sachverhaltsbezogenen Bestandskraft. Dem Gesetzgeber ist hier vorzuwerfen, diesen zentralen Punkt nicht hinreichend deutlich in der Norm verankert zu haben. Die beabsichtigte Effektivität geht daher in weiten Bereichen verloren und mindert auch die Sachdienlichkeit einer solchen Vorabentscheidung. Nur ein wirksamer Einwendungsausschluss hätte in allen Fällen die vom Gesetzgeber erwünschte Verfahrenskonzentration zur Folge gehabt. Aus Sicht der Steuerpflichtigen ist dieser Mangel durchaus zu begrüßen, ermöglicht er ihnen doch trotz Teileinspruchsentscheidung einen weiten Handlungsspielraum zu ihren Gunsten, während sie einer drohenden Verböserung oftmals durch Einspruchsrücknahme entgehen können. Dennoch erscheint es sinnvoll, durch eine klarstellende Regelung gerade diesen Spielraum zu beschneiden und eine sachverhaltsbezogene Bestandskraft zu etablieren. Nur so kann aus dem derzeit recht milden Mittel ein scharfes, aber letztlich den Interessen beider Seiten effektiv dienendes Schwert werden.

Vor allem eine – *de lege ferenda* zu fordernde – Bestandskraft der zugrunde liegenden Besteuerungsgrundlagen kann zu einer interessengerechten – weil (nur) das berechtigte Rechtsschutzverlangen des Steuerpflichtigen berücksichtigenden – Beschränkung des Einspruchsverfahrens führen. Die tatsächliche Reduzierung des Streitstoffes und nicht nur des streitigen Steuerbetrages muss das eigentliche Ziel der Reformbemühungen sein. Auf diese Weise kann das Rechtsbehelfsverfahren auch unter Berücksichtigung der knappen personellen Verwaltungsressourcen den individuellen Anliegen der Einspruchsführer gerecht und auf seine eigentliche Funktion konzentriert werden. Echte, derzeit nicht entscheidungsreife Streitpunkte müssen und können so weiterhin geklärt bzw. für weitere Entwicklungen offen gehalten werden, während alle übrigen Punkte schnell und sachnah entschieden werden.

Die Verwirklichung eines solchen gesetzgeberischen Großprojektes erfordert jedoch nicht nur die punktuelle Integration einer entsprechenden Neuregelung. Eine ausreichende Integration der Teileinspruchsentscheidung in die bestehende Regelungssystematik des Einspruchsverfahrens ist nicht erfolgt. Mit einer Einführung der sachverhaltsbezogenen Bestandskraft von Besteuerungsgrundlagen infolge von Teileinspruchsentscheidungen steht die Systematik des Rechtsbehelfsverfahrens in ihrer bisherigen Form insgesamt auf dem Prüfstand. Nicht nur die Regelungen zu Verböserungsmöglichkeiten und zur Fehlerkorrektur zwischen den nunmehr selbständigen Teilen der Steuerfestsetzung sind anzupassen. Es empfiehlt sich auch darüber nachzudenken, ob die sachverhaltsbezogene Wirkung der Bestandskraft nur für die Dauer des außergerichtlichen Rechtsbehelfsverfahrens angeordnet werden sollte. Nach umfassendem Abschluss des Verwaltungsverfahrens durch Teileinspruchsentscheidung und abschließende Einspruchsentscheidung oder Abhilfe im Übrigen besteht kein Grund mehr, die Anknüpfung der Bestandskraft an konkrete Lebenssachverhalte aufrecht zu erhalten. Die strikte Trennung der Verfahrensteile ist allein aufgrund der unterschiedlich weit fortgeschrittenen Verfahrensstadien notwendig. Ein Grund für die zwingende Zuordnung einzelner Streitpunkte oder Argumente zum einen oder anderen Teil besteht nach diesem Zeitpunkt nicht mehr. Es besteht kein Unterschied mehr zur Beendigung durch herkömmliche, einheitliche Einspruchsentscheidung. Das Verfahren ist nun wieder auf einem einheitlichen Stand, etwaige spätere Korrekturen könnten wieder nach den altbewährten Regeln vorgenommen werden.

Auch der systematisch derzeit gegen eine sachverhaltsbezogene Bestandskraft sprechende Wertungswiderspruch zur Reichweite der herkömmlichen Einspruchsentscheidung könnte so größtenteils entkräftet werden. Der Einwand ging dahin, dass es unverständlich sei, warum einer teilweisen Vorabentscheidung eine höhere Bestandskraft zukommen sollte als einer herkömmlichen Einspruchsentscheidung. Würde diese Wirkung nun lediglich auf den Zeitraum bis zur Unanfechtbarkeit der im Übrigen noch im Rechtsbehelfsverfahren anhängigen Steuerfestsetzung befristet, käme es in der Folge wieder zu einer Gleichbehandlung der Entscheidungsalternativen – die sachverhaltsbezogene Bestandskraft würde entfallen.

Zu überdenken ist auch, ob im Rahmen einer solchen Reform noch unverändert am Grundsatz der Vollüberprüfung und am Verständnis des Einspruchsverfahrens als verlängertem Verwaltungsverfahren zur Selbstüberprüfung durch die Finanzbehörden festgehalten werden kann. Mit Einführung einer sachverhaltsbezogenen (Teil-)Bestandskraft verliert die sukzessive Gesamtüberprüfung an Bedeutung. Durch die abschließende rechtliche Vorabbeurteilung konkreter Sachverhalte kommt eine spätere Saldierung gegenläufiger Fehler innerhalb des Einspruchsverfahrens nicht mehr in Betracht. War schon die Einführung der Teileinspruchsentscheidung in ihrer aktuellen Form ein Schritt zur Verselbständigung der Verfahrensteile, so würde die Einführung einer sachverhaltsbezogenen Bestandskraft tatsächlich deren vollständige Trennung bedeuten.

Obwohl die ursprüngliche Konstruktion dogmatisch vorzugswürdig erscheint, ist die umfassende Selbstüberprüfung infolge des Vollüberprüfungsgrundsatzes aufgrund der hohen Arbeitsbelastung in den Finanzämtern bereits jetzt vielfach rein theoretischer Natur. Die Behörden sind faktisch nicht in der Lage, eine umfassende Überprüfung der Steuerfestsetzung durchzuführen. Wird ihnen aber die Möglichkeit eingeräumt, tatsächlich und (für das Verwaltungsverfahren) abschließend nicht nur über einen konkreten Teilsteueranspruch, sondern aufgrund der sachverhaltsbezogenen Komponente der Bestandskraft auch über bestimmte Rechtsfragen zu entscheiden, so drängt sich die Frage auf, ob nicht dem Steuerpflichtigen ebenfalls das Recht zur Teilanfechtung im Hinblick auf eine konkrete Streitfrage, d.h. ohne Auslösung einer Vollüberprüfung, zugestanden werden sollte. Hierin dürfte ebenfalls ein wesentlicher Konstruktionsfehler der Neuregelung liegen. Die derzeitige Rechtsprechung, die zwar in Ausnahmefällen eine Teilanfechtung zulässt, ihr aber keinerlei Beschränkung der behördlichen Änderungsbefugnis und dementsprechend auch keine Teilbestandskraft zuweist, führt zu einem Ungleichgewicht. Nur wenn der Steuerpflichtige in die Lage versetzt wird, mittels eines Teileinspruchs das Rechtsbehelfsverfahren von Beginn an auf einzelne Besteuerungsgrundlagen zu beschränken und so eine Verböserung des restlichen Teils von vorneherein auszuschließen, kann eine verfahrensrechtliche Gleichbehandlung insbesondere zur „Teileinspruchsentscheidung ohne Streitfrage“ hergestellt werden. In diesem Fall müsste ebenfalls eine Neufassung des § 157 II AO und wohl auch des § 350 AO in die Reformbemühungen einbezogen werden.

Die derzeit bestehende Regelung trägt den vielfältigen, untereinander eng miteinander verwobenen systematischen Aspekten nicht ausreichend Rechnung. Es ist festzustellen, dass der Gesetzgeber die Reichweite und Auswirkungen der erfolgten punktuellen Änderung nicht genügend bedacht oder aber unterschätzt hat. Die aktuelle Rechtslage ist in Sachen Teileinspruchsentscheidung daher weiter zu entwickeln. Hierzu werden nicht nur zusätzliche und kurzfristige Einzelanpassungen und korrekturen, sondern ein „großer Wurf“ zur Reformierung der Rechtsbehelfssystematik erforderlich sein. Man wird sich von der utopischen Wunschvorstellung einer echten und umfassenden Selbstüberprüfung durch die Finanzbehörden endgültig verabschieden müssen. Ein striktes Festhalten an diesen Kategorien ist mit den praktischen Anforderungen an ein modernes Massenverfahren nicht mehr in Einklang zu bringen.

Dabei darf allerdings nicht außer Acht gelassen werden, dass das (derzeit) hochkomplexe und ständigen Veränderungen unterworfene Besteuerungsverfahren gerade auch den nicht beratenen Steuerpflichtigen die Möglichkeit zu umfassendem außergerichtlichen Rechtsschutz weiterhin bieten muss. Sind diese nicht in der Lage, den vermeintlichen Fehler genau zu benennen, muss ihnen auch ein weiterhin unbegrenzter Antrag zur Verfügung stehen. Nur so kann sichergestellt werden, dass sie infolge eines ungenauen Antrags nicht Gefahr laufen, aufgrund zwischenzeitlich eingetretener Teilbestandskraft mit einer Präzisierung oder Ausdehnung ihres Begehrens präkludiert zu sein.

Obwohl die mit der Einführung der Teileinspruchsentscheidung verfolgten Reformansätze tatsächlich nur bedingt umgesetzt wurden, kann die Kritik nicht allein den Gesetzgeber treffen. Die Fokussierung auf die bestehenden Mängel in der handwerklichen Umsetzung des gesetzgeberischen Willens bei der Implementierung von Teileinspruchsentscheidung und Allgemeinverfügung dürfen nicht den Blick auf die in Teilen auch durch die Handhabe der Finanzbehörden selbst sowie durch die Rechtsprechung verursachte Verschärfung der Ausgangssituation verstellen. Vor allem in Bezug auf die mit einiger zeitlicher Verzögerung nachgeschobene Möglichkeit der vorläufigen Steuerfestsetzung im Hinblick auf einfachgesetzliche Fragen gem. § 165 I 2 Nr. 4 AO nutzt die Verwaltung den ihr zur Prävention von massenhaften Einspruchsverfahren vom Gesetzgeber an die Hand gegebenen Maßnahmenkatalog nur unzureichend. Dies ist schwer verständlich, da auf diesem Weg wohl bereits ein nicht unwesentlicher Teil der

Steuerpflichtigen von einer Einspruchseinlegung abgehalten würde. Übrig blieben würden vor allem die Problemfälle, in denen es den Rechtsbehelfsführern nicht auf individuellen Rechtsschutz hinsichtlich konkreter Fragen, sondern insbesondere um ein Offenhalten für künftige Entwicklungen ankommt. Hier wäre die Teileinspruchsentscheidung mit effektivem und weitreichendem Einwendungsausschluss infolge der sachverhaltsbezogenen Bestandskraft die geeignete Reaktion der Behörden.

Trotz Einführung der Teileinspruchsentscheidung besteht daher für den Gesetzgeber weiterhin Handlungsbedarf, um die bisherigen Mängel der Norm zu beheben. Angesichts der Komplexität des außergerichtlichen Rechtsbehelfsverfahrens sollte sich dabei nicht auf punktuelle Nachbesserungen beschränkt werden, sondern die Rechtsschutzsystematik insgesamt an die Anforderungen eines modernen Massenverfahrens angepasst werden.

Das Ergebnis der vorliegenden Arbeit kann daher nur ein Appell an Gesetzgeber, Finanzbehörden und Rechtsprechung sein, den bestehenden Handlungsbedarf zu erkennen und die derzeitige Rechtslage anzupassen und fortzuentwickeln sowie von bereits bestehenden Gestaltungsspielräumen umfassend Gebrauch zu machen. Eine Weiterentwicklung der aktuellen Situation ist erforderlich, da die Teileinspruchsentscheidung in ihrer aktuellen Form die ihr zugedachten Aufgaben nicht wirkungsvoll erfüllen kann. Die Genese des außergerichtlichen Rechtsbehelfsverfahrens kann an dieser Stelle nicht enden, sondern muss zwingend fortgesetzt werden.

Eine Reform in der angedeuteten Stoßrichtung wäre sowohl für die Verwaltung als auch für den Steuerbürger sinnvoll, da sie einerseits eine ressourcenschonende Bewältigung der Einspruchsverfahren ermöglicht und berechtigterweise erhobene Einwände bereits im behördlichen Verfahren ausräumen kann. Andererseits können zweckwidrige Hinauszögerungstaktiken effektiv unterbunden und so der personelle und zeitliche Freiraum geschaffen werden, der zur Bearbeitung und Entscheidung tatsächlicher Streitigkeiten erforderlich ist.

Literaturverzeichnis

Arndt, Hans-Wolfgang / *Schumacher*, Andreas — Kinder, Kinder … oder: Die unterschiedliche Leistungsfähigkeit der Senate des Bundesverfassungsgerichts, NJW 1999, 745-750

Arndt, Marcus — Rücknahme und Widerruf von Verwaltungsakten – Aufhebung und Änderung von Steuerbescheiden, Diss., Berlin 1998 (zitiert: *Arndt*, Aufhebung und Änderung)

Bachof, Otto — Neue Tendenzen in der Rechtsprechung zum Ermessen und zum Beurteilungsspielraum – zum Beschluss des Gemeinsamen Senats der obersten Gerichtshöfe des Bundes vom 17.10.1971, JZ 1972, 641-646

Balke, Michael — Vorläufigkeitsvermerke, Teileinspruchsbescheide und effektiver Rechtsschutz – Anmerkung zum Urteil des FG Niedersachsen v. 12.12.2007 – 7 K 249/07, NWB Nr. 35 v. 25.8.2008, S. 3273-3280 = Fach 2, S. 9863-9870

Effektiver Rechtsschutz gegen verfassungswidrige Steuergesetze – Zugleich ein Aufruf für den Einsatz des vorläufigen Rechtsschutzes gegen die grundgesetzwidrige pro-futuro-Rechtsprechung des BVerfG, in: Gestaltung der Steuerrechtsordnung, Festschrift für Joachim Lang zum 70. Geburtstag, S. 965-980

Bauersfeld, Heide Veronika — Die Verbandslast – Ein Beitrag zur Dogmatik der nichtsteuerlichen Abgaben unter besonderer Berücksichtigung der Sonderabgaben im engeren Sinne, Diss., Baden-Baden 2010 (zitiert: *Bauersfeld*, Verbandslast)

Baum, Michael / *Szymczak*, Manfred — Vorläufige Steuerfestsetzung im Hinblick auf anhängige Musterverfahren – Anmerkungen zum BFH-Urteil v. 30.9.2010 – III R 39/08 und zu den Änderungen des AEAO, NWB 2011, 1772-1781

Beermann, Albert / *Gosch*, Dietmar [Hrsg.] — Abgabenordnung – Finanzgerichtsordnung mit Nebengesetzen, EuGH-Verfahrensrecht, Kommentar, Loseblatt, Bonn, Stand 02/2013 (zitiert: *Bearbeiter* in Beermann/Gosch)

Bergan, Maik / *Martin*, Sascha — Die Verfahrensruhe nach § 363 Abs. 2 Satz 2 AO – Zwang ohne Ausweg?, DStR 2006, 1923-1926

Allgemeinverfügung und Teileinspruchsentscheidung – die Wunderwaffe der Finanzverwaltung im Kampf gegen Massenrechtsbehelfe?, DStR 2007, 1384-1388

Teileinspruchsentscheidung und Allgemeinverfügung, DStZ 2008, 518-527

Allgemeinverfügung und Teileinspruchsentscheidung – Antworten zu ausgewählten Praxisfragen, NWB direkt Nr. 23 v. 2.6.2008, S. 4-5

Die Teileinspruchsentscheidung – Kann Weniger mehr als Mehr sein? – Zugleich Replik zu Krüger (DStZ 2009, 810), DStZ 2010, 643-647

Bilsdorfer, Peter / *Morsch*, Anke / *Schwarz*, Hansjürgen — Handbuch des steuerlichen Einspruchsverfahrens, 2. Auflage, Berlin 2008 (zitiert: *Bilsdorfer/Morsch/Schwarz*, Handbuch)

Birk, Dieter — Verfassungskonforme Auslegung im Steuerrecht, StuW 1990, 300-307

Birkenfeld, Wolfram / *Daumke*, Michael — Das neue außergerichtliche Rechtsbehelfsverfahren, 2. Auflage, Köln 1996 (zitiert: *Birkenfeld/Daumke*, Rechtsbehelfsverfahren)

Bittner, Dietmar — Finanzgerichtsordnung, Kommentar, Loseblatt, Neuwied u.a. Stand 12/2008 (zitiert: *Bittner*, FGO)

Brockmeyer, Hans Bernhard — Klagen gegen vorläufige Steuerbescheide wegen verfassungsrechtlicher Streitpunkte, DStZ 1996, 1-5

Bullinger, Martin — Die Bestandskraft belastender Verwaltungsakte, JZ 1963, 466-470

Bydlinski, Franz — Juristische Methodenlehre und Rechtsbegriff, 2. Auflage, Wien u.a. 1991 (zitiert: *Bydlinski*, Methodenlehre)

Drüen, Klaus-Dieter — Der Automatismus der Klageänderung nach Änderung des Bescheids – Beratungshinweis zur Neuregelung des § 68 FGO ab 2001, AO-StB 2001, 87-90

Eckhoff, Rolf — Vom konfrontativen zum kooperativen Steuerstaat, StuW 1996, 107-122

Ende, Claudia — Der Vorläufigkeitsvermerk in der steuerlichen Beratungspraxis, DStR 2006, 878-882

Gesetzgeber plant Erweiterung der Regelung zum Vorläufigkeitsvermerk, DStR 2008, 2197-2200

Erichsen, Hans-Uwe / *Knoke*, Ulrich — Bestandskraft von Verwaltungsakten, NVwZ 1983, 185-192

Gräber, Fritz — Die Bedeutung der Entscheidung des Großen Senats des Bundesfinanzhofes zur Frage des Streitgegenstandes bei der Anfechtungsklage, DStR 1968, 491-497

Gräber, Fritz [Begr.] — Finanzgerichtsordnung mit Nebengesetzen – Kommentar, 7. Auflage, München 2010 (zitiert: *Bearbeiter* in Gräber, FGO)

Groll, Rüdiger v. — Zu den Grenzen des Saldierens im Steuerrecht, StuW 1993, 312-321

Günther, Karl-Heinz — Das Einspruchsverfahren gegen Verwaltungsakt der Finanzverwaltung, Teil I, AO-StB 2008 Teil I, S. 280-285

Hagen, Jürgen — Regelungen zur Abwicklung von Masseneinsprüchen und -anträgen, NWB Nr. 44 v. 29.10.2007, S. 3859-3870 = Fach 2, S. 9453-9464

Herden, Christian — Nichtanwendung von Entscheidungen des Bundesfinanzhofs, in: Steuerrecht im Rechtsstaat – Festschrift für Wolfgang Spindler zum 65. Geburtstag, S. 445-461, Köln 2011

Herzog, Roman — Das Bundesverfassungsgericht und die Anwendung einfachen Gesetzesrechts, Regensburg 1991. [Schriften der Juristischen Studiengesellschaft Regensburg e.V., Heft 6] (zitiert: *Herzog*, Bundesverfassungsgericht)

Hey, Johanna — Steuerplanungssicherheit als Rechtsproblem, Habil., Köln 2002 (zitiert: *Hey*, Steuerplanungssicherheit)

Umsetzung der Rechtsprechung des Europäischen Gerichtshofs im nationalen Steuerrecht – Geltungserhaltende Normreduktion und gesetzgeberische Korrekturpflichten zwischen gemeinschaftsrechtlichem Anwendungsvorrang und Verfassungsrecht, StuW 2010, 301-320

Holz, Bertram — Zur materiellen Bestandskraft von Steuerverwaltungsakten, insbesondere von Steuerbescheiden, einschließlich der Korrekturvorschriften der §§ 130, 131 und 172-177 AO, Diss., Tübingen 1993 (zitiert: *Holz*, Materielle Bestandskraft)

Hufen, Friedrich — Verwaltungsprozessrecht, 8. Auflage, München 2011 (zitiert: *Hufen*, Verwaltungsprozessrecht)

Intemann, Jens — Ausgewählte Probleme der Teileinspruchsentscheidung, DB 2008, 1005-1008

Ipsen, Jörn — Verbindlichkeit, Bestandskraft und Bindungswirkung von Verwaltungsakten, Die Verwaltung 17 (1984), 169-195

Isensee, Josef / *Kirchhof*, Paul [Hrsg.] — Handbuch des Staatsrechts der Bundesrepublik Deutschland,

Band III: Demokratie – Bundesorgane, 3. Auflage, Heidelberg 2005
(zitiert: *Bearbeiter* in HdbStaatsR)

Jesse, Lenhard — Problemfelder des § 68 FGO, DStZ 2005, 139-145

Einspruch und Klage im Steuerrecht – mit Musterformularen und praktischen Beispielen, 3. Auflage, München 2009
(zitiert: *Jesse*, Einspruch)

Kammann, Evert — Die vorbehaltslose Steuerfestsetzung im Verhältnis zur Steuerfestsetzung unter Vorbehalt der Nachprüfung – Gesetzliche Konzeption und Rechtswirklichkeit des Steuerfestsetzungssystems der AO 1977, StuW 1982, 149-168

Kellermann, Markus — Die Rechtskraft klageabweisender Urteile, JA 2004, 151-155

Kies, Dieter — Besonderheiten bei Einspruchsverfahren gegen korrigierte Steuerbescheide, DStR 2001, 1555-1559

Kirchhof, Paul — Der verfassungsrechtliche Auftrag zur Besteuerung nach der finanziellen Leistungsfähigkeit, StuW 1985, 319-329

Rechtsstaatliche Anforderungen an den Rechtsschutz in Steuersachen, in: Trzaskalik, Christoph, Rechtsschutz in Steuersachen, DStJG 18 (1995), 17-46

Klein, Franz [Begr.] — Abgabenordnung – einschließlich Steuerstrafrecht – Kommentar, 11. Auflage, München 2012 (zitiert: Klein/*Bearbeiter*)

Kloepfer, Michael — „Unbilligkeit" nach § 131 AO als Rechtsfrage vor dem Gemeinsamen Senat der obersten Gerichtshöfe des Bundes – Zum Vorlagebeschluß des BVerwG vom 13.2.1970, StuW 1971, 277-282

Koch, Karl / *Scholtz*, Rolf-Detlev [Hrsg.] — Abgabenordnung – AO, 5. Auflage, Köln u.a. 1996 (zitiert: *Bearbeiter* in Koch/Scholtz)

Krüger, Elmar — Zum Für und Wider der Teileinspruchsentscheidung gem. § 367 Abs. 2a AO, DStZ 2009, 810-818

Krumm, Marcel — Zur materiellen Bestandskraft im Verhältnis zwischen Steuerfestsetzungs- und Feststellungsverfahren, DStR 2005, 631-634

Lang, Joachim — Reaktionen der Finanzverwaltung auf mißliebige Entscheidungen des Bundesfinanzhofs, StuW 1992, 14-24

Prinzipien und Systeme der Besteuerung von Einkommen, in: Ebling, Iris, Besteuerung von Einkommen, DStJG 24 (2001), S. 49-133

Konkretisierungen und Restriktionen des Leistungsfähigkeitsprinzips, in: Festschrift für Heinrich Wilhelm Kruse zum 70. Geburtstag, S. 313-338, Köln 2001

Leingang-Ludolph, Beate / *Wiese*, Gabriele — Automatische Klageänderung bei Änderungs- oder Ersetzungsbescheiden durch § 68 FGO n.F., DStR 2001, 775-780

Lieber, Bettina — Präklusion im Steuerverfahren, Diss., Frankfurt a/M u.a. 1998 (zitiert: *Lieber*, Präklusion)

Lingemann, Wolfgang — Teil-Einspruchsbescheid gem. § 367 Abs. 2a AO bei vorläufigen Steuerfestsetzungen ermessensfehlerhaft, AO-StB 2008, 153-154

Löhlein, Peter — Die „Zwangsruhe" des § 363 Abs. 2 Satz 2 AO als Steuerrechtsproblem, insbesondere im Hinblick auf die Erhebung der Vermögensteuer, DStR 1998, 282-283

Lüdicke, Jürgen — Kostenerstattungsansprüche in steuer- und abgabenrechtlichen Vorverfahren, Diss., Köln 1986
(zitiert: *Lüdicke*, Kostenerstattungsansprüche)

Lühn, Tim — Teileinspruchsentscheidung und Allgemeinverfügungen bei Änderungsanträgen und Masseneinsprüchen nach dem JStG 2007, StB 2007, 292-296

Lühn, Tim / *Tepper*, Frank — Änderung der vorläufigen Festsetzung durch das Steuerbürokratieabbaugesetz, BB 2009, 591-594

Macher, Ludwig — Die beschränkte Anfechtbarkeit von Steuerverwaltungsakten - ein Beitrag zu § 351 AO, StuW 1985, 33-53

Mann, Martin — Teileinspruchsentscheidung gem. § 367 Abs. 2a AO – Rechtsschutzverkürzung par excellence oder zahnloser Papiertiger?, Stbg 2008, 394-404

Martens, Joachim — Vorläufige Entscheidungen im Steuerrecht, StuW 1988, 100-110

Die Funktion von Besteuerungsgrundlagen, StuW 1993, 335-341

Martin, Sascha — Vorläufige Steuerfestsetzung und Aussetzung der Steuerfestsetzung nach § 165 Abgabenordnung, Diss., Marburg 2007 (zitiert: *Martin*, Steuerfestsetzung)

Maunz, Theodor / *Dürig*, Günter [Begr.] — Grundgesetz – Kommentar, Loseblatt, München Stand 11/2012 (zitiert: *Bearbeiter* in Maunz/Dürig, GG)

Maurer, Hartmut — Allgemeines Verwaltungsrecht, 18. Auflage, München 2011 (zitiert: *Maurer*, Verwaltungsrecht)

Merten, Detlef — Bestandskraft von Verwaltungsakten, NJW 1983, 1993-1998

Müller-Franken, Sebastian — Maßvolles Verwalten – Effiziente Verwaltung im System exekutiver Handlungsmaßstäbe am Beispiel des maßvollen Gesetzesvollzugs im Steuerrecht, Habil., Tübingen 2004 (zitiert: *Müller-Franken*, Maßvolles Verwalten)

Musil, Andreas — Aktuelle Fragen der Bestandskraft von Steuerbescheiden, DStZ 2005, 362-369

Pahlke, Armin / *Koenig*, Ulrich [Hrsg.] — Abgabenordnung, Kommentar §§ 1-368, 2. Auflage, München 2009 (zitiert: Pahlke/König)

Paus, Bernhard — Zur Reichweite eines Vorläufigkeitsvermerks, Anmerkungen zu dem BFH-Urteil vom 26.2.2004 XI R 50/03, DStZ 2006, 487-489

Pelka, Jürgen — Rechtsbehelfs-Wirrwarr im Abgabenrecht – Zur Abschaffung des Widerspruchsverfahren nach der VwGO, in: Gestaltung der Steuerrechtsordnung, Festschrift für Joachim Lang zum 70. Geburtstag, S. 981-1000

Pezzer, Heinz-Jürgen — Finanzgerichtsbarkeit im gewaltengeteilten Verfassungsstaat, DStR 2004, 525-534

Pietzner, Rainer / *Ronellenfitsch*, Michael — Das Assessorexamen im Öffentlichen Recht – Widerspruchsverfahren und Verwaltungsprozess, 12. Auflage, München 2010 (zitiert: *Pietzner/Ronellenfitsch*, Assessorexamen)

Posser, Herbert / *Wolff*, Heinrich Amadeus [Hrsg.] — Verwaltungsgerichtsordnung – Kommentar, München 2008 (zitiert: *Bearbeiter* in Posser/Wolff, VwGO)

Rauscher, Thomas / *Wax*, Peter / *Wenzel*, Joachim [Hrsg.] — Münchner Kommentar zur Zivilprozessordnung mit Gerichtsverfassungsgesetz und Nebengesetzen.

Band 1, 3. Auflage, München 2008 (zitiert: MüKo/*Bearbeiter*, ZPO)

Redeker, Konrad / *Oertzen*, Hans-Joachim von [Begr.] Verwaltungsgerichtsordnung – Kommentar, 15. Auflage, Stuttgart 2010 (zitiert: *Bearbeiter* in Redeker/v. Oertzen, VwGO)

Rößler, Gerhard Teilurteile und Zwischenurteile um finanzgerichtlichen Verfahren, BB 1984, 204-209

Anmerkung zu BFH, Urteil v. 7.2.1990 – I R 145/87 in DStZ 1991, 246

Rüthers, Bernd / *Fischer*, Christian / *Birk*, Axel Rechtstheorie – Begriff, Geltung und Anwendung des Rechts, 5. Auflage, München 2010 (zitiert: *Rüthers/Fischer/Birk*, Rechtstheorie)

Sachs, Michael [Hrsg.] Grundgesetz, Kommentar, 6. Auflage, München 2011 (zitiert: *Bearbeiter* in Sachs, GG)

Sangmeister, Bernd Das Bundesverfassungsgericht und das Verfassungsprozessrecht, dargestellt am Beispiel seiner Beschlüsse zur Familienbesteuerung v. 10.11.1998, StuW 2001, 168-187

Saßenroth, Anna Die Bestandskraft deutscher Steuerbescheide im Licht der Rechtsprechung des EuGH, Diss., Berlin u.a. 2009 (zitiert: *Saßenroth*, Bestandskraft)

Sauer, Hubert Die Bestandskraft von Verwaltungsakten – zugleich ein Beitrag zur Problematik der Rücknahme rechtswidriger belastender Verwaltungsakte, DÖV 1971, 150-158

Schallmoser, Ulrich Ein paar Gedanken zu nachträglichen Schuldzinsen bei den Einkünften aus Vermietung und Verpachtung, in: Steuerrecht im Rechtsstaat – Festschrift für Wolfgang Spindler zum 65. Geburtstag, S. 739-748, Köln 2011

Schick, Walter Die Verfahren des Steuerrechts, StuW 1992, 197-232

Schmidt, Eckehard Moderne Steuerungssysteme im Steuervollzug, in: Widmann, Werner A., Steuervollzug im Rechtsstaat, DStJG Band 31 (2008), S. 37-58

Schmidt, Richard Korrekturen von Verwaltungsakten im Steuerprozeß – mit einer rechtsvergleichenden Analyse zu sozialgerichtlichen Vorschriften, Diss., Aachen 1999
(zitiert: *Schmidt*, Korrekturen)

Schmidt-Troje, Jürgen / *Schaumburg*, Heide — Der Steuerrechtsschutz, 3. Auflage, Köln 2008 (zitiert: *Schmidt-Troje/Schaumburg*, Steuerrechtsschutz)

Schneider, Hans-Peter — Teileinspruchsentscheidung - ein Foulspiel der Finanzverwaltung?, StC 12/07, 29-32

Teileinspruchsentscheidungen: Rechtsmittel einlegen!, StC 8/09, 20-23

Schoch, Friedrich/ *Schneider*, Jens-Peter / *Bier*, Wolfgang [Hrsg.] — Verwaltungsgerichtsordnung, Kommentar, Loseblatt, München, Stand 08/2012 (zitiert: *Bearbeiter* in Schoch/Schneider/Bier, VwGO)

Schwab, Karl Heinz — Anmerkung zu BGH, Urteil v. 16.6.1959 - VI ZR 81/58 in NJW 1959, 1824-1827

Schwarz, Bernhard [Hrsg.] — AO - Praxiskommentar, Loseblatt, Freiburg, Stand 04/2013 (zitiert: *Bearbeiter* in Schwarz)

Schwenke, Michael — Ist eine „Ergreiferprämie" nach österreichischem Vorbild sinnvoll? - Zum Beschluss des BVerfG vom 10.11.1998 - 2 BvR 1057/01, 1226/91, 980/91, DStR 1999, 404-408

Seer, Roman — Das Spannungsverhältnis zwischen der Bestandskraft des Steuerbescheides und der Verfassungsmäßigkeit einer Steuergesetzesnorm, DStR 1993, 307-313

Defizite im finanzgerichtlichen Rechtsschutz - zugleich eine kritische Auseinandersetzung mit dem 2.FGO-Änderungsgesetz vom 19.12.2000, StuW 2001, 3-18

Der Vollzug von Steuergesetzen unter den Bedingungen einer Massenverwaltung, in: Widmann, Werner A., Steuervollzug im Rechtsstaat, DStJG 31 (2008), S. 7-36

Seer, Roman / *Wendt*, Volker — Die Familienbesteuerung nach dem so genannten „Gesetz zur Familienförderung" vom 22.12.1999, NJW 2000, 1904-1911

Seibert, Max-Jürgen — Die Bindungswirkung von Verwaltungsakten, Diss., Baden-Baden 1989 (zitiert: *Seibert*, Bindungswirkung)

Semmelmayer, Johann — Der Berufungsgegenstand, Diss., Berlin 1996 (zitiert: *Semmelmayer*, Berufungsgegenstand)

Sodan, Helge / *Ziekow*, Jan [Hrsg.] — Verwaltungsgerichtsordnung – Großkommentar, 3. Auflage, Baden-Baden 2010 (zitiert: *Bearbeiter* in Sodan/Ziekow, VwGO)

Söffing, Matthias — Neuordnung des außergerichtlichen Rechtsbehelfsverfahrens 1.1.1996, DStR 1995, 1489-1494

Söhn, Hartmut / *Spindler*, Wolfgang [u.a.] — Hübschmann·Hepp·Spitaler, Abgabenordnung / Finanzgerichtsordnung, Kommentar, Loseblatt, Köln, Stand 04/2013 (zitiert: *Bearbeiter* in HHS)

Spindler, Wolfgang — Der Nichtanwendungserlass im Steuerrecht, DStR 2007, 1061-1066

Steinbeiß-Winkelmann, Christine / *Ott*, Georg — Das Widerspruchsverfahren als Voraussetzung des Gerichtszugangs in VwGO, FGO und SGG, NVwZ 2011, 914-919

Steinger, Hans-Martin — Zur Frage der Sachdienlichkeit von Teil-Einspruchsentscheidungen nach § 367 Abs. 2a Satz 1 AO, DStZ 2008, 674-680

Steinhauff, Dieter — Anmerkung zu BFH 4. Senat, Urteil vom 15.12.2005 – IV R 23/05, juris-PR SteuerR 20/2006, Anmerkung 2

Wie aus einer rechtschützenden eine rechtschutzverkürzende Regelung wurde – Beispiele aus der Rechtsprechung zur Regelung in § 68 Satz 1 FGO, AO-StB 2010, 119-126

Auswirkungen von Vorläufigkeitsvermerken und Teil-Einspruchsentscheidungen auf den Rechtsschutz des Steuerpflichtigen, SteuK 2011, 139-144

Zulässigkeit einer Teileinspruchsentscheidung bezüglich unstreitiger Bestandteile des Bescheids, AO-StB 2012, 233-234

Stelkens, Paul / *Bonk*, Heinz Joachim / *Sachs*, Michael [Hrsg.] — Verwaltungsverfahrensgesetz – Kommentar, 7. Auflage, München 2008 (zitiert: *Bearbeiter* in Stelkens/Bonk/Sachs, VwVfG)

Stolterfoht, Joachim — Die Verwirklichung des Rechtsschutzes im außergerichtlichen Rechtsbehelfsverfahren, in: Trzaskalik, Christoph, Rechtsschutz in Steuersachen, DStJG 18 (1995), S. 77-114

Strahl, Martin [ms] — Unzureichende Vorläufigkeit, KÖSDI 12/2008, 16312

Streck, Michael — Der Steuerstreit, 2. Auflage, Köln 1994 (zitiert: *Streck*, Steuerstreit)

Abwehrstrategien zur Ausschlussfrist nach § 364b AO, StuW 1996, 183-185

Szymczak, Manfred — Das außergerichtliche Rechtsbehelfsverfahren ab 1996, DB 1994, 2254-2264

Tettinger, Peter J. [Begr.] / *Mann*, Thomas — Einführung in die juristische Arbeitstechnik – Klausuren – Haus- und Seminararbeiten – Dissertationen, 4. Auflage, München 2009 (zitiert: *Tettinger/Mann*, Juristische Arbeitstechnik)

Thiel, Jochen — Probleme der Steuerfestsetzung unter Vorbehalt der Nachprüfung, StuW 1977, 237-242

Thouet, Horst / *Thouet*, Philipp — Das Ruhen des Verfahrens gem. § 363 Abs. 2 AO, DStZ 1999, 87-91

Die Vorläufigkeit und der Kinderlastenausgleich – Muster ohne Wert?, Stbg 1999, 262-263

Tiedchen, Susanne — Änderungen des außergerichtlichen Rechtsbehelfsverfahrens durch das Grenzpendlergesetz, BB 1996, 1033-1044

Tipke, Klaus — Die Steuerrechtsordnung,

Band I – Wissenschaftsorganisatorische, systematische und grundrechtlich-rechtsstaatliche Grundlagen, 2. Auflage, Köln 2000

Band III – Föderative Steuerverteilung, Rechtsanwendung und Rechtsschutz, Gestalter der Steuerrechtsordnung, Köln 1993 (zitiert: *Tipke*, StRO)

(Steuer-)Gerechtigkeit in der Mitverantwortung von Bürger und Staat, in: Brandt, Jürgen, Mitverantwortung von Bürger und Staat für ein gerechtes Steuerrecht, Tagungsband des Vierten Deutschen Finanzgerichtstags 2007, S. 21-48

Tipke, Klaus / *Kruse*, Heinrich Wilhelm / *Seer*, Roman / *Brandis*, Peter / *Drüen*, Klaus-Dieter / *Loose*, Matthias — Abgabenordnung – Finanzgerichtsordnung, Kommentar (ohne Steuerstrafrecht), Loseblatt, Köln, Stand 11/2012 (zitiert: *Bearbeiter* in Tipke/Kruse)

Tipke, Klaus / *Lang*, Joachim [Begr.] — Steuerrecht, 21. Auflage, Köln 2013 (zitiert: *Bearbeiter* in Tipke/Lang)

Trzaskalik, Christoph — Über die Vorbehaltsfestsetzung und die Steueranmeldung, StuW 1993, 371-379

Vogel, Klaus — Empfiehlt sich eine Anpassung der Vorschriften über die Berichtigung und Änderung von Steuerbescheiden an das Allgemeine Verwaltungsrecht, und welche sonstigen Reformen sind auf diesem Gebiet in Betracht zu ziehen?, Verhandlungen des sechsundvierzigsten Deutschen Juristentages (1966), Band I (Gutachten), Teil 5, München 1966

Vogel, Klaus [Begr.] / *Lehner*, Moris [Hrsg.] — Doppelbesteuerungsabkommen, 5. Auflage, München 2008 (zitiert: Vogel/Lehner, DBA)

Wagner, Klaus J. — Die Ausschlußfristen nach § 364b AO – Segen oder Last?, StuW 1996, 169-182

Wassermeyer, Franz [Hrsg.] — Doppelbesteuerung – Kommentar zu allen deutschen Doppelbesteuerungsabkommen, Loseblatt, München Stand 01/2013 (zitiert: *Wassermeyer*, DBA)

Wedelstädt, Alexander v. — Grenzpendlergesetz: Änderungen der Abgabenordnung, DB 1994, 1260-1263

Teilanfechtung und ihre Folgen, DB 1997, 696-701

Rechtsschutz in Fällen des Zweifels an der Vereinbarkeit einer Rechtsnorm mit höherrangigem Recht – Anmerkung zur Änderung des AEAO durch BMF-Schreiben vom 17.3.2011 und zum BFH-Urteil vom 30.9.2010 – III R 39/08, DB 2011, 788-791

Wermke, Matthias / *Kunkel-Razum*, Kathrin / *Scholze-Stubenrecht*, Werner [Hrsg.] — Der Duden in zwölf Bänden – Band 10, Das Bedeutungswörterbuch, 4. Auflage, Mannheim u.a. 2010 (zitiert: Duden, Bedeutungswörterbuch)

Woerner, Lothar — Der Streitgegenstand bei der finanzgerichtlichen Anfechtungsklage – Zum Beschluss des Großen Senats vom 17.7.1967 – GrS 1/66, BB 1968, 1030-1033

Die Steuerrechtsprechung zwischen Gesetzeskonkretisierung, Gesetzesfortbildung und Gesetzeskorrektur, in: Tipke, Klaus, Grenzen der Rechtsfortbildung durch Rechtsprechung und Verwaltungsvorschriften im Steuerrecht, DStJG 5 (1982), 23-51

Woerner, Lothar / *Grube*, Georg [Begr.] — Aufhebung und Änderung von Steuerverwaltungsakten, 9. Auflage, Stuttgart 2005 (zitiert: *Bearbeiter* in Woerner/Grube, Aufhebung und Änderung)

Ziemer, Herbert / *Birkholz*, Hans — Finanzgerichtsordnung – Kommentar, 3. Auflage, München 1978 (zitiert: *Ziemer/Birkholz*, FGO)

Zimmermann, Thomas — Anmerkung (zum Urteil des FG Hamburg v. 17.8.2009 – 5 K 208/08), EFG 2010, 376-377

Zöller, Richard [Begr.] — Zivilprozessordnung – mit FamFG und Gerichtsverfassungsgesetz, den Einführungsgesetzen, mit internationalem Zivilprozessrecht, EG-Verordnungen, Kostenanmerkungen, 30. Auflage, Köln 2013 (zitiert: Zöller/*Bearbeiter*, ZPO)

FSC
www.fsc.org
MIX
Papier | Fördert gute Waldnutzung
FSC® C083411

Kolibri 360 GmbH
Ferdinand-Jühlke-Straße 7
99095 Erfurt, Deutschland
produktsicherheit@kolibri360.de